G. I. GURDJIEFF

BEELZEBUBS ERZÄHLUNGEN FÜR SEINEN ENKEL

AF382424

G. I. GURDJIEFF

All und Alles

Erste Serie

G. I. GURDJIEFF

Beelzebubs Erzählungen für seinen Enkel

Eine objektiv unparteiische Kritik des Lebens des Menschen

Erstes Buch

TRIANGLE EDITIONS, INC.

Die englische Ausgabe von G. I. Gurdjieffs Werk aus dem Jahr 1949 lautet
>Beelzebub's Tales to His Grandson,
An Objectively Impartial Criticism of the Life of Man.
All and Everything. First Series<

Die deutsche Fassung des Werkes,
aus dem Englischen übersetzt von Louise March,
erschien 1950 im Verlag der Palme, Innsbruck, 1967 in Editions Janus, Paris
und dem Freytag Verlag, München, in Kommission,
1981 im Sphinx Verlag, Basel, und 2000 im Diederichs Verlag, München.

Verantwortlich für diese durchgesehene Auflage: SAKEM e.V.
www.gurdjieff-arbeit.de

2010
ISBN 978–0–9823518–0–2 (*Erstes Buch*)
Copyright ©Triangle Editions, Inc., New York

Druck: Libri Plureos GmbH, Friedensallee 273, 22763 Hamburg
Printed in Germany.

PLAN DES GESAMTWERKES

ALL UND ALLES
IN 3 SERIEN

I. Serie

BEELZEBUBS ERZÄHLUNGEN
FÜR SEINEN ENKEL
oder
EINE OBJEKTIV-UNPARTEIISCHE KRITIK DES
LEBENS DES MENSCHEN

II. Serie

BEGEGNUNGEN MIT BEMERKENSWERTEN
MENSCHEN

III. Serie

DAS LEBEN IST NUR WIRKLICH,
‚WENN ICH BIN‘

Das Ganze ist nach völlig neuen Prinzipien logischer Erwägung geschrieben und strengstens auf die Lösung der folgenden drei Hauptprobleme gerichtet:

Die erste Serie,

um ohne Schonung und Kompromiß die im Denken und Fühlen des Lesers seit Jahrhunderten eingewurzelten Meinungen und Ansichten über alles in der Welt Existierende zu vernichten.

Die zweite Serie,

um den Leser mit dem für eine neue Schöpfung nötigen Material bekanntzumachen und dessen Richtigkeit und Qualität zu beweisen.

Die dritte Serie,

um im Denken und Fühlen des Lesers — anstelle der jetzt von ihm wahrgenommenen eingebildeten Welt — eine Vorstellung zu bilden, die der in Wirklichkeit existierenden Welt entspricht.

WOHLWOLLENDER RAT

aus dem Stegreif eigenhändig vom Autor geschrieben,
als er das Buch in Druck gab.

Den zahlreichen Folgerungen und Schlüssen nach, zu denen
ich in meinen experimentellen Forschungen über die Art kam,
wie der moderne Mensch neue Eindrücke, Gehörtes oder
Gelesenes, verwertet, und auch dem Sinn einer Volksweisheit
nach, deren ich mich soeben erinnerte und die aus sehr alten
Zeiten auf unsere Tage kam und besagt:

„Jedes Gebet kann von den Höheren Mächten nur dann
erhört und eine entsprechende Antwort nur dann erlangt werden, wenn es dreimal gesagt wird:

Erstens – für das Wohlergehen oder den Seelenfrieden
unserer Eltern.

Zweitens – zum Wohle unseres Nachbarn

Und erst Drittens — zu unserem eigenen", halte ich es für
nötig, auf der ersten Seite dieses ersten, jetzt ganz beendeten
und schon in Druck gegebenen Buches folgenden Rat zu er-
teilen:

„Lies jede meiner Schriften dreimal:

Erstens — wenigstens so mechanisch, wie du gewöhnt bist, alle deine modernen Bücher und Zeitungen zu lesen;

Zweitens — so als ob du einer anderen Person vorläsest;

Und erst Drittens — versuche in das Wesen meiner Schriften einzudringen.“

Erst dann kannst du dir deine dir allein eigene Meinung über meine Schriften bilden. Und nur dann kann sich meine Hoffnung verwirklichen, daß je nach deinem Verständnis du den besonderen Nutzen für dich daraus gewinnen wirst, den ich dir mit meinem ganzen Sein wünsche.

DER AUTOR

INHALT

Erstes Buch

Zweites Buch

Seite

Drittes Buch

I. Kapitel

ERWACHEN DES DENKENS

Zu den Überzeugungen, die sich im Laufe meines verantwortlichen, sonderbar eingerichteten Lebens in meinem allgemeinen Bestand gebildet haben, gehört auch die — und ist unbezweifelbar — daß immer und überall auf Erden unter den Menschen aller möglichen Bildungsstufen und aller möglichen Äußerungsmöglichkeiten der in ihrer Individualität für alle möglichen Ideale geformten Faktoren die Neigung besteht, am Anfang eines neuen Unternehmens laut oder wenigstens in Gedanken jenen bestimmten sogar jedem ganz ungebildeten Menschen verständlichen Ausspruch zu tun, der in verschiedenen Epochen verschieden formuliert worden ist und in unseren Tagen mit den folgenden Worten: „Im Namen des Vaters und des Sohnes und im Namen des heiligen Geistes. Amen."

Deshalb tue auch ich jetzt, wo ich mich an dies für mich neue Geschäft, nämlich die Schriftstellerei, begebe, diesen Ausspruch und tue ihn nicht nur laut, sondern sogar sehr deutlich und mit einer, wie die alten Tuluzeten gesagt hätten, „vollends-geäußerten-Betonung" — so vollends natürlich, wie sie in meinem allgemeinen Bestand aus schon geformten und für eine solche Äußerung tief eingewurzelten Gegebenheiten allein entstehen kann — Gegebenheiten, die sich im allgemeinen in der Natur des Menschen während seines vorbereitenden Alters bilden und später während seines verantwortlichen Lebens in ihm die Natur und belebende Wirkung einer solchen Betonung hervorbringen können.

Da ich in dieser Weise begonnen habe, kann ich jetzt ganz ruhig sein und dürfte sogar nach Auffassung der religiösen Moral, wie sie unter den Zeitgenossen herrscht, nicht den geringsten Zweifel hegen, daß alles Weitere in diesem meinem neuen Unternehmen, wie man sagt, „wie geschmiert" weitergehen wird.

Auf jeden Fall habe ich so begonnen, und wie es weitergehen wird, dafür kann man einstweilen mit dem Blinden sagen: „Wir werden sehen."

Zunächst und vor allem will ich meine eigene und noch dazu meine rechte Hand, die — obgleich sie im Augenblick durch einen Unfall, den ich kürzlich erlitt, leicht verletzt ist — doch wirklich meine eigene Hand ist und mir nicht einmal in meinem ganzen Leben versagt hat — auf mein Herz legen, natürlich auf mein eigenes — über dessen Unbeständigkeit ich mich hier jedoch nicht auslassen möchte — und offen gestehen, daß ich persönlich nicht die geringste Lust zum Schreiben habe, aber durch Umstände, die nicht von mir abhängen, dazu gezwungen bin, wobei ich selbst noch nicht weiß, ob diese zufällig entstanden sind oder absichtlich von fremden Mächten bedingt wurden, sondern nur weiß, daß diese Umstände mich zwingen, nicht einfach „irgend etwas Beliebiges" zu schreiben, was — sagen wir — angenehm in den Schlaf lullt, sondern gewichtige dicke Bände.

Wie dem auch sei, ich mache mich ans Werk:...
Doch wie beginnen?

Ach, zum Teufel!... Wiederholt sich tatsächlich die gleiche sehr unangenehme und höchst seltsame Empfindung, die ich erlebte, als ich vor ungefähr drei Wochen in Gedanken Programm und Folge der Ideen zurechtlegte, die ich zu verbreiten mir vorgenommen habe, und als ich auch nicht wußte, wie ich beginnen sollte?
Diese damals erlebte Empfindung kann ich jetzt nur mit

den Worten formulieren als „die Furcht-in-der-Flut-seiner
-eigenen-Gedanken-umzukommen".

Damals hätte ich, um diese unangenehme Empfindung
loszuwerden, zu jener verderblichen Eigenschaft Zuflucht
nehmen können, die in mir wie in jedem heutigen Menschen ist und allen von uns schon eingeboren und die uns
— ohne daß wir irgendeinen Gewissensbiß verspüren —
alles, was wir wollen, „auf später" verschieben läßt.

Damals hätte ich dies sehr leicht tun können, weil es, ehe
ich wirklich zu schreiben begonnen hatte, schien, daß
da noch viel, viel Zeit sei; jetzt aber ist dies nicht länger
mehr möglich, und so muß ich unbedingt, wie man sagt,
„auch-wenn-ich-berste", beginnen.

Aber womit, tatsächlich, beginnen?

Hurra…! Heureka…!

Fast alle Bücher, die mir im Leben in die Hände kamen,
fingen mit einem Vorwort an.

So muß wohl auch ich mit etwas Derartigem beginnen.
Ich sage „Derartigem", weil ich im allgemeinen immer
im Prozeß meines Lebens, seitdem ich einen jungen von
einem Mädchen unterscheiden konnte, alles, ganz entschieden alles, nicht so machte, wie die anderen zwei-
beinigen mir ähnlichen Vernichter der Naturgüter es machen. Deshalb muß ich jetzt auch im Schriftstellern — ja
bin vielleicht sogar aus Prinzip dazu verpflichtet — es
anders machen als die anderen Schriftsteller sonst.

Auf jeden Fall werde ich statt mit dem üblichen Vorwort ganz einfach mit einer Warnung beginnen.

Mit einer Warnung zu beginnen, wird das richtigste
für mich sein, wenn auch nur, weil dies in keinem Wider-
spruch zu keinem meiner organischen, psychischen und
sogar „eigensinnigen" Prinzipien steht, und ist zu gleicher
Zeit sehr ehrlich — natürlich im objektiven Sinn — weil
ich selbst und alle, die mich gut kennen, zuversichtlich
erwarten, daß durch meine Schriften für die meisten Leser

sofort — und nicht allmählich, wie es mit der Zeit allen Menschen früher oder später gehen muß — all ihre ererbten oder durch eigene Arbeit erworbenen „Reichtümer" in der Gestalt von nur naive Träume hervorrufenden „beruhigenden-Begriffen" und auch ihre schönen Vorstellungen über ihr jetziges Leben und ihre Aussichten auf die Zukunft verschwinden werden.

Professionelle Schriftsteller fangen Einleitungen dieser Art gewöhnlich damit an, daß sie sich mit allen möglichen hochtrabenden und überschwenglichen sozusagen „aufgeblasenen" Titulierungen an den Leser wenden.

Darin allein will ich mir ein Beispiel an ihnen nehmen und auch mit einer Anrede beginnen, aber ich werde mich bemühen, sie nicht so „süßlich" ausfallen zu lassen, wie sie es gewöhnlich tun, dank besonders ihres verderblichen Klügelns, womit sie die Empfindungen des mehr oder weniger normalen Lesers kitzeln.

Also…

Meine geehrten, hochgeschätzten, willensstarken und natürlich sehr geduldigen edlen Herren und meine sehr verehrten, reizenden und unparteiischen Damen… Verzeihung, ich habe das wichtigste ausgelassen — und meine keineswegs hysterischen Damen!

Ich habe die Ehre, Ihnen mitzuteilen, daß, obwohl — Umstände halber, die in einem der letzten Stadien meines Lebensprozesses entstanden sind — ich mich jetzt ans Schreiben von Büchern begebe, ich doch in meinem ganzen Leben noch nie weder ein Buch noch verschiedene sogenannte „belehrende Artikel" verfaßt habe, noch nicht einmal einen Brief, in dem es unbedingt nötig gewesen wäre, sogenannte „Grammatikalität" zu beachten, weshalb ich, obgleich ich jetzt daran bin, ein professioneller Schriftsteller zu werden, jedoch keineswegs Übung weder hinsichtlich der bestehenden professionellen Regeln und Verfahren noch betreffs der sogenannten „bon-ton-

4

literarischen-Sprache" habe, gezwungen bin, keineswegs so zu schreiben, wie es die gewöhnlichen „patentierten-Schriftsteller" tun, an deren Schreibart ihr aller Wahrscheinlichkeit nach schon so gewöhnt seid, wie an euren eigenen Geruch.

Meiner Meinung nach liegt das Schlimme für euch in diesem Fall vielleicht hauptsächlich darin, daß man euch schon in der Kindheit einen ausgezeichnet arbeitenden Automatismus für die Aufnahme aller möglichen neuen Eindrücke eingepflanzt hat, der jetzt in voller Harmonie mit eurer allgemeinen Psyche funktioniert, und dank dieses „Segens" braucht ihr jetzt in eurem verantwortlichen Leben überhaupt keine individuelle Anstrengung mehr zu machen.

Offen gestanden, lege ich selbst den Schwerpunkt meines Bekenntnisses nicht auf meine Unkenntnis der schriftstellerischen Regeln und Verfahren, sondern darauf, daß ich, was ich die „bon-ton-literarische-Sprache" nenne, nicht besitze, die im gegenwärtigen Leben nicht nur von Schriftstellern, sondern auch von jedem gewöhnlichen Sterblichen unbedingt gefordert wird.

Was das Erste angeht, nämlich meine Unkenntnis der verschiedenen schriftstellerischen Regeln und Verfahren, so kümmert mich dies nicht sehr. Und es kümmert mich deshalb nicht sehr, weil solche „Unkenntnis" jetzt schon im Leben der Menschen ganz an der Ordnung ist. Dieser Segen entstand und blüht jetzt überall auf Erden dank jener außerordentlichen neuen Krankheit, mit der seit zwanzig oder dreißig Jahren irgendwie besonders die meisten Leute aus allen drei Geschlechtern befallen werden, die mit halb offenen Augen schlafen und deren Gesichter in jeder Hinsicht ein fruchtbarer Boden für alle möglichen Pimpel sind.

Diese seltsame Krankheit zeigt sich darin, daß, wenn der Kranke gerade lesen und schreiben kann und seine

Miete für drei Monate im voraus bezahlt hat, er (sie oder es) unbedingt entweder einen „belehrenden-Artikel" schreibt oder ein ganzes Buch.

Da ich diese neue menschliche Krankheit und ihre epidemische Verbreitung auf Erden gut kenne, habe ich, wie ihr einsehen müßt, das Recht, anzunehmen, daß ihr, wie die gelehrten „Mediziner" sagen würden, dagegen „gefeit" seid, und daß ihr deshalb nicht sichtlich entrüstet seid über meine Unkenntnis der schriftstellerischen Regeln und Verfahren.

Diese Auffassung drängt mich, den Hauptnachdruck in meiner Warnung auf meine Unkenntnis der literarischen Sprache zu legen.

Zu meiner Selbstrechtfertigung und vielleicht auch, um den Tadel in eurem „Wachbewußtsein" ob meiner Unkenntnis dieser im heutigen Leben unerläßlichen Sprache zu verringern, halte ich es für nötig, mit demütigem Herzen und von Scham geröteten Wangen zu gestehen, daß, obgleich diese Sprache mir auch in meiner Kindheit gelehrt wurde und obgleich sogar einige der Älteren, die mich auf ein verantwortliches Leben vorbereiteten, mich dauernd —ohne es an einschüchternden Mitteln„fehlen-zu-lassen" — eine Unmenge der verschiedenen Nuancen auswendig lernen ließen, die insgesamt dieses moderne Vergnügen ausmachen, trotzdem — unglücklicherweise natürlich für euch — von allem, was ich damals auswendig lernte, nichts hängen und nichts für meine jetzige Tätigkeit als Schriftsteller übrigblieb.

Und nichts blieb hängen, keineswegs — wie mir kürzlich klargemacht wurde — durch meine Schuld, auch nicht durch die Schuld meiner früheren verehrten und nicht verehrten Lehrer, sondern diese menschliche Arbeit war ob eines unwahrscheinlichen und ganz außerordentlichen Ereignisses vergeblich, das sich im Augenblick meiner Erscheinung auf Gottes Welt zutrug und darin bestand

— wie ein bestimmter in Europa gut bekannter Okkultist mir nach einer sehr eingehenden sogenannten „psycho-physiko-astrologischen" Untersuchung erklärte — daß in jenem Augenblick durch das Loch, das unsere verrückte lahme Ziege in die Fensterscheibe gemacht hatte, die Tonvibrationen drangen, die im Nachbarhaus aus einem Edison-Phonograph kamen, und die Hebamme in ihrem Mund eine mit Kokain getränkte Pille deutscher Marke hatte, die noch dazu keineswegs „Ersatz" war, und die sie zu diesen Klängen ohne das gebührende Vergnügen lutschte.

Außer diesem im alltäglichen Leben der Menschen seltenen Ereignis ergab sich meine jetzige Lage auch daraus, daß ich später in meinem vorbereitenden und erwachsenen Leben — und dies, ich muß gestehen, fand ich selbst nach langen Überlegungen in der Art des deutschen Professors, des Herrn Stumpfsinnschmausen, heraus — stets sowohl instinktiv als auch automatisch und manchmal sogar bewußt, das heißt aus Prinzip, vermied, diese Sprache im Verkehr mit anderen anzuwenden. Und ob einer solchen Kleinigkeit, und vielleicht nicht Kleinigkeit, äußerte ich mich wiederum dank dreier Gegebenheiten, die sich in meinem allgemeinen Bestand während meines heranwachsenden Alters gebildet hatten, und über die ich euch etwas später in diesem ersten Kapitel meiner Schriften unterrichten will.

Wie dies auch gewesen sein mag, die Tatsache steht fest, beleuchtet von allen Seiten wie eine amerikanische Reklame, und kann durch keine Kraft, selbst nicht durch das Fachwissen der Spezialisten in „Narrenpossen", geändert werden, daß, obgleich ich, der kürzlich noch sehr vielen Leuten als ein recht guter Lehrer von Tempeltänzen galt, jetzt ein professioneller Schriftsteller geworden bin und natürlich recht viel schreiben werde — da es mir von Kindheit an eigen ist, alles,-was-ich-tue,-reichlich-zutun — ich — da ich jedoch, wie ihr seht, die dafür nötige automatisch erworbene und automatisch geäußerte Übung nicht habe — gezwungen bin, alles, was ich ersonnen habe, in gewöhnlicher, einfacher, alltäglicher, vom Leben geformter Sprache zu schreiben, ohne alle literarischen Manipulationen und ohne alle grammatischen Klügeleien.

Doch das Maß ist noch nicht voll!... Habe ich doch das Wichtigste noch nicht entschieden — in welcher Sprache ich schreiben soll.

Obgleich ich in Russisch zu schreiben begann, kann man doch in dieser Sprache, wie der Weiseste der Weisen Mulla-Nassr-Eddin*) sagen würde, nicht-weit-kommen.

Die russische Sprache ist sicherlich sehr gut. Ich liebe sie sogar, jedoch... nur, um Anekdoten zu erzählen und um jemandes Stammbaum mit wenig ehrenden Beiwörtern aufzuzählen...

Die russische Sprache ist wie die englische, die auch sehr gut ist, jedoch nur, um im smoking room, dieweil man auf bequemen Sesseln sitzt — die Füße auf einen anderen gestreckt — über gefrorenes Fleisch aus Australien oder manchmal über die indische Frage zu sprechen.

Diese beiden Sprachen sind wie das Gericht, das man in Moskau Solianka nennt, und in diese Moskauer Solianka geht — außer mir und dir — alles hinein, alles was du nur willst, selbst der Abend-Tschesma**) der Scheherazade.

---

*) Mulla-Nassr-Eddin, oder wie man ihn auch nennt, Hodja-Nassr-Eddin, ist, wie es scheint, in Europa und Amerika wenig bekannt. In allen Ländern des Kontinents Asien aber kennt man ihn sehr gut. Diese legendäre Persönlichkeit entspricht ungefähr dem in vielen Ländern Europas bekannten Till Eulenspiegel. Diesem Nassr-Eddin werden viele populäre Erzählungen des Ostens zugeschrieben, in der Art von Sinnsprüchen, sowohl aus alter Zeit überlieferte als auch neu entstandene.

**) Tschesma = Schleier.

Ich muß auch noch sagen, daß ich durch alle möglichen zufälligen und vielleicht nicht zufällig geformten Umstände meiner Jugend sehr viele Sprachen hatte lernen müssen und noch dazu sehr ernsthaft und natürlich immer mit Selbstzwang sie sprechen, sie lesen und schreiben lernte und sie so beherrschte, daß, wennich diesem unerwartet vom Geschick mir jetzt aufgezwugenen Beruf folge und mich entschließen würde, keinen Vorteil aus dem durch Übung erworbenen „Automatismus" zu ziehen, ich jedenfalls in jeder von ihnen schreiben könnte.

Wenn ich aber diesen automatisch erworbenen, durch lange Übung schon leicht laufenden Automatismus am besten verwenden will, muß ich entweder in russisch oder in armenisch schreiben, weil es die Umstände in den letzten zwei oder drei Jahrzehnten meines Lebens mit sich brachten, daß ich zum Verkehr mit anderen diese beiden Sprachen gebrauchen mußte und folglich die meiste Übung in ihnen habe.

Ach, zum Teufel!...

Selbst in einem solchen Fall beginnt einer der für den normalen Durchschnittsmenschen ungewöhnlichen Aspekte meiner eigenartigen Psyche bereits mein Ganzes zu quälen.

Der Hauptgrund für mein jetziges Unglück in meinem schon fast überreifen Alter kommt daher, daß von Kindheit an zusammen mit viel anderem für das gegenwärtige Leben auch unnötigem Quatsch eine solche Inhärenz meiner sonderbaren Psyche eingepflanzt worden war, die immer und in allem automatisch meinem Ganzen angibt, nur nach Volksweisheit zu handeln.

So kommt im gegebenen Fall — wie immer in ähnlichen noch unbestimmten Lebensfällen — ein Ausspruch populärer Weisheit in mein — für mich bis zur Spötterei unerfolgreich konstruiertes — Hirn und, wie man sagt, rennt darin herum, ein Ausspruch, der im Leben der Menschen in sehr alten Zeiten existierte und auf unsere Tage in der folgenden Formulierung überging: „Jeder-Stock-muß-unbedingt-zwei-Enden-haben".

Wenn man den Grundgedanken und die wirkliche Bedeutung, die in dieser seltsamen Wortformulierung verborgen sind, zu verstehen sucht, muß meiner Meinung nach vor allem im Bewußtsein jedes mehr oder weniger gesund denkenden Menschen die Vermutung entstehen, daß der Gesamtheit von Ideen, auf der der in diesem Ausspruch verborgene Sinn beruht und aus der er fließen muß, eine von den Menschen jahrhundertelang erkannte Wahrheit zugrunde liegt, die Wahrheit nämlich, daß jede im Leben des Menschen vorkommende Ursache — ganz gleich aus welcher Erscheinung sie stammt, als eine von zwei einander entgegengesetzten Wirkungen anderer Ursachen — ihrerseits obligatorisch auch zwei ganz entgegengesetzte Wirkungen haben muß, wie z. B. wenn etwas, das aus zwei verschiedenen Ursachen stammt, Licht hervorbringt, muß es unbedingt ein dem entgegengesetztes Phänomen hervorrufen, was besagen will, Dunkelheit; oder ein Faktor, der im Organismus einer lebenden Kreatureinen Impuls von spürbarer Befriedigung hervorruft, muß unbedingt auch das Gegenteil erzeugen, das heißt Nichtbefriedigung, natürlich auch spürbar, und so fort und so weiter immer und in allem.

Wenn ich in dem gegebenen Fall diese von Jahrhunderten geformte und durch einen Stock, der wie gesagt, tatsächlich zwei Enden hat, ausgedrückte Volksweisheit anwende und dabei ein Ende als gut und das andere als schlecht gilt und ich den zuvor besagten, nur durch lange Übung in mir erworbenen Automatismus gebrauche, wird es für mich natürlich sehr gut sein, aber für den Leser muß diesem Sprichwort nach gerade das Gegenteil davon kommen, und was das Gegenteil von gut ist, muß sogar jeder, der keine Hämorrhoiden hat, sehr leicht verstehen. In anderen Worten, wenn ich von meinem

Vorrecht Gebrauch mache und das gute Ende des Stockes für mich in Anspruch nehme, muß das schlechte Ende unbedingt auf-des-Lesers-Kopf fallen.

Dies kann tatsächlich geschehen, weil im Russischen sozusagen die Feinheiten philosophischer Fragen nicht ausgedrückt werden können, an die ich in meinen Schriften recht ausgiebig rühren will, wogegen im Armenischen, wo dies zwar möglich ist, zum Unglück aller heutigen Armenier zeitgenössische Begriffe keinen Ausdruck finden können.

Um die Bitternis meines dadurch verursachten inneren Schmerzes zu lindern, muß ich sagen, daß ich in meiner frühen Jugend, als ich mich für philosophische Fragen interessierte und sehr von ihnen erfüllt war, armenisch allen anderen Sprachen, die ich damals sprach, sogar meiner Heimatsprache vorzog.

Diese Sprache war damals hauptsächlich deshalb meine Lieblingssprache, weil sie eigenartig war und in nichts den benachbarten oder verwandten Sprachen glich.

Alle ihre, wie gelehrte Philologen sagen, Tonalitäten waren ihr allein eigen und stimmten meiner damaligen Auffassung nach vollkommen mit der Psyche der Leute dieser Nation überein.

Aber in den letzten dreißig bis vierzig Jahren hat sich diese Sprache vor meinen Augen so verändert, daß an Stelle einer eigenartigen selbständigen aus einer fernen Vergangenheit auf uns gelangten Sprache eine solche daraus wurde und jetzt existiert, die, wenn auch eigenartig und selbständig, so doch, wie man sagen kann, ein „clownartiges-Potpourri" von Sprachen darstellt, dessen Klänge insgesamt dem Ohr eines mehr oder weniger bewußten und verständnisvollen Zuhörers genau wie türkische, persische, französische, kurdische und russische Worttöne erscheinen und wie noch andere „unverdauliche" und unartikulierte Laute.

Fast dasselbe kann man von meiner Heimatsprache — dem Griechischen — sagen, die ich in meiner Kindheit sprach und deren, wie man sagen könnte, „Geschmack-an-automatisch-assoziativer-Kraft" ich mir bis heute bewahrt habe. In ihr könnte ich alles, was ich will, ausdrücken; trotzdem aber kann ich sie unmöglich für meine Schriften gebrauchen, und zwar aus dem einfachen und zugleich komischen Grund, daß jemand meine Schriften abschreiben und in die anderen benötigten Sprachen übersetzen muß. Wer aber könnte dies tun?

Es kann mit Sicherheit gesagt werden, daß selbst der beste Kenner des modernen Griechisch einfach nichts von dem verstehen würde, was ich in meiner Heimatsprache, so wie ich sie mir in der Kindheit aneignete, schreiben würde, weil meine teueren, wie man sie nennen mag, „Landsleute", die auch von dem Wunsch angesteckt waren, um jeden Preis den Repräsentanten moderner Zivilisation auch in ihrer Konversation gleichzukommen, während der letzten dreißig oder vierzig Jahre meine teure Heimatsprache genau so behandelten wie die Armenier die ihre, in ihrem Streben, es der russischen Intelligenz gleichzutun.

Die griechische Sprache, deren Geist und Wesen ich ererbte, und die, die von den heutigen Griechen gesprochen wird, sind einander so ähnlich, wie nach einem Ausdruck Mulla-Nassr-Eddins ein-Nagel-einer-Totenmesse ähnlich ist.

Was also ist da zu tun?

Ach! . . . nur keine Sorgen, geschätzter Käufer meiner Klügeleien! Solange es genug französischen Armagnac und „Heisarische Basturma" gibt, werde ich schon einen Weg sogar aus dieser schwierigen Lage finden.

Ist mir dies doch schon nichts Neues mehr!

Geriet ich doch so oft im Leben schon in schwierige Lagen und auch wieder heraus, daß dies für mich schon eine Sache der Gewohnheit geworden ist.

Einstweilen will ich im gegebenen Fall teils in russisch und teils in armenisch schreiben, um so mehr als sich unter den Leuten, die sich immer um mich „herumtreiben", verschiedene mehr oder weniger in diesen beiden Sprachen auskennen und ich zunächst die Hoffnung hege, daß sie aus diesen Sprachen für mich erträglich abschreiben und übersetzen können.

In jedem Fall, ich wiederhole es noch einmal — damit du es ja nicht vergißt, so wie du gewöhnlich alles vergißt und wie du vergißt, dein Ehrenwort dir und anderen gegenüber zu halten — daß ich, was immer für eine Sprache ich gebrauche, ausdrücklich immer und in allem, was ich die „bon-ton-literarische-Sprache" genannt habe, vermeiden werde.

Eine außerordentlich sonderbare Tatsache, die im höchsten Grade — vielleicht höher als eure Vorstellung gewöhnlich reicht— eures Wissensdurstes würdig ist, besteht darin, daß von meiner frühesten Kindheit an, das heißt, seit in mir der Drang entstand, Vogelnester zu vernichten und die Schwestern meiner Freunde zu necken, in meinem, wie die Theosophen des Altertums ihn nannten, „planetischen Körper" und noch dazu — ich weiß nicht warum — hauptsächlich in der „rechten-Hälfte" eine instinktive unwillkürliche Empfindung entstand, die sich dann in der Periode meines Lebens, in der ich ein Tanzlehrer wurde, allmählich in ein bestimmtes Gefühl verwandelte, und daß dann, als ich durch diesen Beruf mit vielen Leuten verschiedener „Typen" zusammenkam, auch in meinem sogenannten „Verstand" die Überzeugung entstand, daß diese Sprachen von Leuten zusammengestellt werden, die, was die Kenntnis der gegebenen Sprachen angeht, solch zweifüßigen Tieren genau ähnlich sind, die unser geschätzter Mulla-Nassr-Eddin mit den Worten charakterisiert: „Wenn-es-solche-Leute-nicht-gäbe,-würden-sich-die-Schweine-in-der-Qualität-von-Orangen-nicht-auskennen."

Diese Art Leute unter uns, die sozusagen „Motten" geworden sind und das Gut, das uns von unseren Vorfahren und der Zeit bereitet und hinterlassen worden ist, verzehren, haben nicht die geringste Vorstellung und haben wahrscheinlich nicht einmal von der offensichtlich schreienden Tatsache gehört, daß während des vorbereitenden Alters im Gehirnfunktionieren jeder Kreatur und des Menschen natürlich auch eine besondere und bestimmte Eigenschaft erworben wird, deren automatische Verwirklichung und Äußerung die alten Korkulaner „Assoziationsgesetz" nannten, und daß der Denkprozeß in jeder Kreatur, besonders im Menschen, ausschließlich nach diesem Gesetz verläuft.

Da ich jetzt zufällig die Frage berührt habe, die in der letzten Zeit für mich zu einer meiner „Lieblingsideen" geworden ist, nämlich den Prozeß des menschlichen Denkens, halte ich es für möglich, ohne den entsprechenden für die Beleuchtung dieser Frage vorgesehenen Platz abzuwarten, schon jetzt in diesem ersten Kapitel zu sagen — wenigstens was das Axiom betrifft, das ich zufällig kennengelernt habe — daß es auf Erden in der Vergangenheit in jedem Jahrhundert üblich war, daß jeder Mensch, der das Recht zu erwerben sich erkühnte, anderen und sich selbst als ein „bewußt-Denkender" zu gelten, schon in den frühen Jahren seiner verantwortlichen Existenz davon unterrichtet sein mußte, daß der Mensch im allgemeinen zwei Arten von Denken hat: eine durch Gedanken, zu deren Ausdruck Worte gebraucht werden, die immer einen relativen Sinn haben, und eine andere, die dem Menschen wie auch allen Tieren eigen ist und die ich „Denken-in-Formen" nennen möchte.

Die zweite Art von Denken, „Denken-in-Formen", durch die eigentlich der genaue Sinn auch aller Schriften aufgenommen und nach bewußter Gegenüberstellung mit den schon in unseren Besitz gelangten Kunden uns angeeignet werden muß, bildet sich im Menschen je nach den Verhältnissen von Ort, Zeit, Klima und der ganzen Umgebung, in der der betreffende Mensch entstand und wo seine Existenz bis zu seiner Mündigkeit verfloß.

Dementsprechend bilden sich im Hirn der Menschen verschiedener Rassen und Lebenslagen und verschiedener geographischer Örtlichkeiten über ein und denselben Gegenstand oder über ein und dieselbe Idee ganz verschiedene selbständige Formen, die während ihres Funktionierens, das heißt ihres Assoziierens, in ihm diese oder jene Empfindung hervorrufen, die subjektiv eine bestimmte Vorstellung bedingen, und diese Vorstellungen werden durch dieses oder jenes Wort ausgedrückt, das nur dem äußeren subjektiven Ausdruck dieser Vorstellung dient.

Deshalb gewinnt jedes Wort für ein und dasselbe Ding oder ein und dieselbe Idee für Leute verschiedener geographischer Örtlichkeiten und Rassen sehr bestimmten und ganz verschiedenen sozusagen „inneren-Gehalt".

Mit anderen Worten, wenn im allgemeinen Bestand irgendeines Menschen, der auf einer beliebigen Örtlichkeit entstand und sich bildete, sich aus den Resultaten spezifischer lokaler Einflüsse und Eindrücke eine „bestimmte Form" bildet und diese Form in ihm assoziativ die Empfindung eines bestimmten „inneren-Gehaltes" hervorruft und folglich einer bestimmten Vorstellung oder eines bestimmten Begriffes, zu dessen Ausdruck er dies oder jenes Wort gebraucht, das ihm schließlich gewohnt und, wie ich gesagt habe, subjektiv wird, nimmt der Zuhörer, in dem sich durch die verschiedenen Verhältnisse seines Entstehens und seines Heranwachsens betreffs des gegebenen Wortes eine Form von ganz verschiedenem „innerem-Gehalt" gebildet hat, dasselbe Wort in ganz verschiedenem Sinne auf und versteht es unbedingt ganz anders.

Diese Tatsache kann man übrigens bei aufmerksamer und unparteiischer Beobachtung sehr deutlich feststellen,

wenn man dem Meinungsaustausch von Leuten beiwohnt, die zwei verschiedenen Rassen angehören oder in
verschiedenen geographischen Ortlichkeiten entstanden
und herangewachsen sind.

Also, munter daherstolzierender Kandidat zum Käufer
meiner Klügeleien, — da ich dich gewarnt habe, daß ich
nicht so schreiben werde, wie „Berufsschriftsteller" gewöhnlich schreiben, sondern ganz anders, rate ich dir,
ehe du ans Lesen meiner weiteren Darlegungen gehst,
sehr ernstlich nachzudenken und dich erst dann daran
zu begeben; sonst müßte ich nämlich um deine Hör- und
anderen aufnehmenden und auch verdauenden Organe
besorgt sein, die jedenfalls schon so vollends an die „literarische-Sprache-der-Intelligenz", die zur heutigen Zeit
überall auf Erden herrscht, gewöhnt sind, daß das Lesen
meiner Schriften sehr sehr kakophonisch auf dich wirken
wird und du davon — weißt du was — deinen Appetit
für dein Lieblingsgericht verlieren könntest und für das,
was dein „Inneres" besonders kitzelt und dann in dir vor
sich geht, wenn du deine Nachbarin siehst, die schöne
Brünette.

Daß meine Sprache, oder, genauer gesagt, die Art
meines Denkens eine solche Wirkung haben kann, davon
bin ich ob oft wiederholter Erlebnisse in der Vergangenheit schon so mit meinem ganzen Sein überzeugt wie ein
„wohlgezüchteter-Esel" von dem Recht und der Gerechtigkeit seiner Hartnäckigkeit.

Da ich dich jetzt vor dem Wichtigsten gewarnt habe,
kann ich schon über alles Weitere ruhig sein. Selbst wenn
jetzt für dich ein Mißverständnis durch meine Schriften
entstehen sollte, bist du und nur du allein schuld; mein
Gewissen ist rein wie, sagen wir... das des Exkaisers
Wilhelm.

Nun denkst du aller Wahrscheinlichkeit nach, daß ich
natürlich ein junger Mann mit angenehmem Äußeren und,

wie manche es ausdrücken, „verdächtigem Inneren" als ein Anfänger im Schriftstellern offenbar absichtlich originell sein will, in der Hoffnung, dadurch berühmt und somit reich zu werden.

Wenn du das wirklich glaubst, bist du tatsächlich sehr auf dem Holzweg.

Erstens bin ich nicht jung; habe ich doch schon so lange gelebt, daß ich dies Leben, wie man sagt, „nicht-nur-aus-dem-eff-eff-kenne,-sondern-auch-durch-dick-und-dünn-ging" und zweitens schreibe ich überhaupt nicht, um dadurch Karriere zu machen oder um, wie man sagt, „mit-festem-Fuß-auf-der-Erde-zu-stehen", durch eben jenen Beruf, der, wie ich hinzufügen muß, meiner Ansicht nach viele Gelegenheiten liefert, ein Kandidat d i r e k t für die „Hölle" zu werden — vorausgesetzt natürlich, daß sich solche Leute durch ihr Sein überhaupt bis dahin vervollkommnen können, sie, die selbst überhaupt nichts wissen und trotzdem allen möglichen „Unsinn" fabeln und dadurch automatisch Autorität gewinnen, wodurch sie fast eine der Hauptursachen werden, die insgesamt stetig von Jahr zu Jahr die ohnedies schon äußerst flache Psyche der Menschen noch weiter verflachen.

Und was meine persönliche Karriere anbelangt, so habe ich sie dank aller hohen und niederen und — wenn du willst — sogar rechten und linken Mächte schon längst verwirklicht und stehe schon längst auf „festen-Füßen", und noch dazu auf sehr guten Füßen, und bin überzeugt, daß ihre Kraft noch viele Jahre dauern wird, zum Ärger aller meiner früheren und jetzigen und zukünftigen Feinde.

Ja, mir scheint, daß du auch noch eine soeben in meinem wahnwitzigen Hirn entstandene Idee vernehmen sollst, und zwar, daß ich von dem Drucker, dem ich mein erstes Buch geben werde, dieses erste Kapitel meiner Schriften so drucken lassen will, daß jeder es lesen kann, ohne die Seiten des Buches selbst aufzuschneiden, worauf er, wenn er darin erfährt, daß es nicht in der üblichen Weise geschrieben ist, das heißt, um sehr bequem und angenehm aufregende Bilder und einschlummernde Träumereien in des Lesers Denken hervorrufen zu helfen, das Buch, wenn er will, ohne weitere Verhandlungen mit dem Buchhändler zurückgeben und sein Geld, das er vielleicht mit seinem eigenen Schweiß verdient hat, wiedererhalten kann.

Ich werde dies unbedingt tun, um so mehr als mir gerade jetzt die Geschichte, die sich einmal mit einem transkaukasischen Kurden zutrug, wieder einfiel, die ich in meiner ganz frühen Kindheit hörte und die in späteren Jahren, so oft sie mir in entsprechenden Fällen einfiel, jedesmal in mir einen anhaltenden und unauslöschlichen Impuls von Rührung hervorrief. Ich denke, es wird sehr nützlich für mich und auch für dich sein, wenn ich dir diese Geschichte ein wenig ausführlich erzähle.

Es wird hauptsächlich deshalb sehr nützlich sein, weil ich den „Kern", oder, wie heutige reinrassige jüdische Geschäftsleute sagen würden, den „Zimmes" dieser Geschichte zu einem der grundlegenden Prinzipien dieser neuen literarischen Form machen will, die ich zur Erreichung des Zieles, das ich durch diesen neuen Beruf verfolge, anzuwenden gedenke.

Dieser transkaukasische Kurde machte sich einmal von seinem Dorf aus geschäftehalber nach der Stadt auf. Dort sah er auf dem Markte in der Bude eines Obsthändlers eine schön aufgebaute Auslage von allen möglichen Früchten.

In dieser Auslage fiel ihm eine „Frucht" auf, die sehr schön in Farbe und Form war und ihm ihrem Aussehen nach so gefiel, daß er sich, obwohl er fast kein Geld hatte, entschloß, unbedingt wenigstens eine dieser Gaben der großen Natur zu kaufen und zu kosten.

18

Und so trat er aufgeregt und mit einer ihm nicht eigenen Dreistigkeit in die Bude ein, und indem er mit seinen schwieligen Fingern auf die „Frucht" deutete, die ihm gefiel, fragte er den Händler nach ihrem Preis. Der Händler antwortete, daß ein Pfund dieser „Frucht" sechs Groschen koste. Unser Kurde fand diesen Preis durchaus nicht hoch und beschloß ein ganzes Pfund zu kaufen.

Nach Beendigung seiner Geschäfte in der Stadt kehrte er noch desselben Tages wieder zu Fuß nach Hause zurück.

Als er dann bei Sonnenuntergang über Berg und Tal ging und dabei unwillkürlich das äußerlich Sichtbare der immer bezaubernden Teile der Großen Natur, der allgemeinen Mutter, wahrnahm und dazu die reine Luft einsog, die von den üblichen Ausdünstungen der Industriestädte nicht vergiftet war, verspürte unser Kurde auf einmal — wie es ganz natürlich ist — den Wunsch, sich auch an gewöhnlicher Nahrung zu laben; und so setzte er sich an den Wegrand, nahm Brot und die gekauften „Früchte", die ihm so gefallen hatten, aus seinem Proviantsack und fing gemächlich an zu essen.

Doch... o Schreck!!!... Bald fing alles in ihm zu brennen an. Nichtsdestoweniger jedoch aß er ruhig weiter. Und dieses unglückliche zweifüßige Geschöpf unseres Planeten aß ruhig weiter, nur ob jener besonderen von mir zuerst vermerkten menschlichen Inhärenz, deren Prinzip ich — da ich beschloß, sie der von mir geschaffenen neuen literarischen Form zugrunde zu legen — gleichsam zu einem „Leuchtturm" machen will, der mich zu einem meiner Ziele führen soll. Den Sinn und die Bedeutung dieses Prinzips wirst auch du sicherlich bald verstehen, natürlich je nach dem Grade deiner Auffassungsgabe beim Lesen eines der folgenden Kapitel meiner Schriften — vorausgesetzt natürlich, daß du es wagst, weiter zu lesen — oder womöglich wirst du sogar schon etwas am Ende dieses ersten Kapitels „wittern".

Also gerade in dem Augenblick, wo unser Kurde von all den ungewohnten in ihm vor sich gehenden Empfindungen dieses seltsamen Mahles im Schoße der Natur ganz benommen war, kam des gleichen Weges ein anderer aus demselben Dorfe, der unter denen, die ihn kannten, als sehr klug und erfahren galt; als er sah, daß das ganze Gesicht des Kurden puterrot war und aus seinen Augen Tränen flossen, daß er aber dessen ungeachtet, gleichsam ganz von der Erfüllung seiner Hauptpflicht in Anspruch genommen, tatsächlich „rote-Pfeffer-Schoten" aß, sagte er zu ihm:

„Was machst du denn da, du Jericho-Idiot! Du wirst ja lebendig verbrennen! Höre doch auf, dieses außergewöhnliche und deiner Natur ungewohnte Produkt zu essen!"

Unser Kurde aber antwortete ihm: „Keineswegs werde ich aufhören; habe ich doch meine letzten sechs Groschen dafür bezahlt! Und müßte ich selbst meine Seele aufgeben, ich würde weiter essen!"

Worauf unser — wie man schon von ihm glauben muß — entschiedener Kurde es keineswegs aufgab, sondern ruhig fortfuhr, „Pfeffer-Schoten" zu essen.

Nach dem, was du jetzt schon aufgenommen hast, hoffe ich, daß in deinem Denken vielleicht schon eine entsprechende Assoziation langsam entsteht, die schließlich in dir — wie es manchen heutigen Menschen geschieht — das herbeiführt, was man Verstehen nennt, und daß du im gegebenen Falle verstehst, warum ich eben, da ich diese menschliche Inhärenz — deren unvermeidliche Äußerung darin besteht, daß, wenn man einmal für etwas Geld bezahlt hat, man es unbedingt bis zum Ende ausnutzen will — gut kenne und oftmals von ihr betroffen war, warum ich von der in meinem Denken entstandenen Idee in meinem allgemeinen Bestand begeistert bin und alle mir zu Gebote stehenden Maßnahmen ergreifen will, damit, wenn du, wie man sagt, „mein-Nächster-im-Geist" — für

20

den Fall, daß du dich als einer entpuppst, der schon ans Lesen von Büchern gewohnt ist, wenn auch nur von solchen, die in der erwähnten „Sprache-der-Intelligenz" geschrieben sind — schon Geld für meine Schriften bezahlt hast und erst danach erfährst, daß sie nicht in der dir gewohnten, bequemen und leicht lesbaren Sprache geschrieben sind, du dann nicht durch die besagte menschliche Inhärenz gezwungen bist, meine Schriften um jeden Preis zu Ende zu lesen, so wie der arme transkaukasische Kurde gezwungen war, den ihm nur seinem Aussehen nach gefallenden, sonst aber, „Spaß-beiseite", edlen roten Pfeffer zu essen.

Und so will ich, um ein durch diese Inhärenz möglicherweise entstehendes Mißverständnis zu vermeiden — wozu sich die Gegebenheiten im allgemeinen Bestand des heutigen Menschen durch sein häufiges ins Kino gehen bilden und weil er nie eine Gelegenheit versäumt, dem anderen Geschlecht ins linke Auge zu schauen — daß dies mein Einleitungskapitel in der besagten Weise gedruckt werde, damit jeder es lesen kann, ohne das Buch selbst aufzuschneiden. Andernfalls wird der Buchhändler, wie man sagt, „sich sträuben" und sich unbedingt wieder nach dem Hauptprinzip der Kaufleute im allgemeinen äußern, das von ihnen in den Worten formuliert wird: „Du-bist-schon-mehr-ein-Einfaltspinsel-als-ein-Fischer,-wenn-du-den-Fisch,-der-den-Köder-schon-angebissen-hat,-wieder-ziehen-läßt", und wird sich dann weigern, ein schon aufgeschnittenes Buch zurückzunehmen. Diese Möglichkeit bezweifle ich keineswegs und erwarte ohne weiteres eine solche Gewissenlosigkeit von den Buchhändlern.

Und die Gegebenheiten, die meine Gewißheit betreffs dieser Gewissenlosigkeit seitens der Buchhändler hervorbringen, bildeten sich in mir vollständig damals, als ich als professioneller „Indischer-Fakir" zur völligen Aufklärung einer gewissen „ultra-philosophischen Frage" unter anderem auch mit dem assoziativen Äußerungsprozeß der automatisch konstruierten Psyche heutiger Buchhändler und Ladenkommis bekannt wurde, wenn sie den Käufern Bücher aufhängen.

Da ich all das kenne und von Natur aus gerecht und seit dem Unglück, das ich erlitt, bis zum Extrem einfühlend geworden bin, kann ich nicht anders als wiederholen, das heißt dich noch einmal warnen und dir sogar dringendst raten, eh du mein erstes Buch aufschneidest, dies erste Kapitel meiner Schriften sehr aufmerksam und sogar mehr als einmal durchzulesen.

Für den Fall aber, daß du ungeachtet meiner Warnung dennoch wünschen solltest, dich mit dem weiteren Inhalt meiner Darlegungen bekannt zu machen, bleibt mir nichts anderes übrig, als dir mit meiner ganzen „echten-Seele" einen recht, recht guten Appetit zu wünschen und daß du alles, was du liest, nicht nur zu deinem eigenen Wohl, sondern auch zu dem all deiner Nächsten verdauen mögest. Ich sagte mit meiner „echten-Seele", weil ich, der ich in der letzten Zeit in Europa lebe und häufig mit Leuten zusammenkomme, die gern bei jeder passenden und unpassenden Gelegenheit leichtfertig einen heiligen Namen, der nur für des Menschen inneres Leben da sein sollte, in den Mund nehmen — das heißt mit Leuten, die grundlos fluchen — weil ich, wie ich schon sagte, im allgemeinen nicht nur theoretisch wie die heutigen Menschen, sondern auch praktisch Sprichwörter, die sich in Jahrhunderten gebildet haben, befolge und so auch das Sprichwort, das im gegebenen Fall sehr gut paßt und in den Worten zum Ausdruck kommt: „Mit-den-Wölfen-muß-man-heulen", beschloß ich, um nicht in den in Europa bestehenden Gebrauch, auch in gewöhnlicher Unterhaltung zu fluchen, Disharmonie zu bringen, auch im Verkehr mit anderen zu fluchen; um aber gleichzeitig das Gebot, das von den Lippen des heiligen Mose kam, zu befolgen, nämlich

„heilige-Namen-nicht-zu-mißbrauchen", habe ich beschlossen, einen besonderen Fall aus der sozusagen „neugebackenen" Modesprache, das heißt aus dem Englischen, zu benutzen, und von da an fluche ich bei entsprechenden Gelegenheiten bei meiner „englischen-Seele".

In dieser Sprache werden nämlich die Worte soul, „Seele",und sole, „Fußsohle", nicht nur gleich ausgesprochen, sondern sogar fast gleich geschrieben.

Ich weiß nicht, wie es mit dir, schon halb ein Kandidat zum Käufer meiner Schriften, steht, ich weiß nur, daß meine eigenartige Natur selbst mit meinem stärksten geistigen Wunsch nicht anders kann, als sich über eine solche von Menschen moderner Kultur geäußerte Tatsache zu empören, wonach das Allerhöchste im Menschen, was unserem ALLER VATER DEM SCHÖPFER besonders teuer ist — noch eh der Betreffende sich klar gemacht hat, was es ist— tatsächlich mit dem Allerniedrigsten und Schmutzigsten am Menschen benannt und oft auch dafür gehalten wird.

Doch nun genug des „Philosophierens"; kehren wir lieber zu der Hauptaufgabe dieses Einführungskapitels zurück, das unter anderem dazu bestimmt ist, einerseits die schläfrigen Gedanken sowohl in mir als im Leser aufzurütteln und anderseits den Leser vor etwas zu warnen.

Also, Plan und Reihenfolge der von mir beabsichtigten Darlegungen habe ich mir schon im Kopf zurechtgelegt, welche Form sie aber beim Niederschreiben annehmen werden, das, gestehe ich offen, weiß ich mit meinem Bewußtsein einstweilen selbst noch nicht, wenn ich auch mit meinem Unterbewußtsein schon deutlich fühle, daß im ganzen etwas sozusagen „Scharfes" herauskommen und auf den allgemeinen Bestand jedes Lesers etwa in der Art wirken wird wie die Pfefferschoten auf den armen transkaukasischen Kurden.

Da du jetzt die Geschichte unseres Landsmannes, des

entschiedenen transkaukasischen Kurden, kennst, halte ich
es schon für meine Pflicht, ein Bekenntnis abzulegen, um
dadurch, eh ich mit der Darlegung dieses ersten Kapitels
all meiner weiteren beabsichtigten Schriften fortfahre,
deinem sogenannten „reinen-Wachbewußtsein" zur Kenntnis zu bringen, daß ich in dem weiteren Teil dieses War-
nungskapitels meine Gedanken absichtlich in einer solchen
Reihenfolge und mit einer solchen „logischen-Gegenüber-
stellung" darlegen werde, daß das Wesen einiger wirklicher Begriffe von selbst automatisch von diesem „Wachbewußtsein" — das die meisten Menschen in ihrer Unkenntnis für das wirkliche Bewußtsein halten, was ich aber
als Einbildung dartue und experimentell beweise — in
was du das Unterbewußtsein nennst übergehe, das meiner
Meinung nach das wirkliche menschliche Bewußtsein sein
sollte, und dort von selbst mechanisch jene Umwandlung
bewirke, die im allgemeinen im ganzen Bestand eines
Menschen vor sich gehen und ihm aus seinem eigenen
bewußten aktiven Denken die Resultate geben sollte, die
ihm als Mensch eigen sein sollten und ihn von ein- und
zweihirnigen Tieren unterscheiden.

Ich beschloß, dies unbedingt so zu machen, damit dieses
einleitende Kapitel, das dazu bestimmt ist, dein Bewußtsein zu wecken, völlig seinen Zweck erfülle und nicht nur
an dein — bisher nur meiner Meinung nach — eingebildetes „Bewußtsein" reiche, sondern auch an dein wirkliches Bewußtsein, was besagen will, an das, was du
dein Unterbewußtsein nennst, und dich zwinge, zum
erstenmal aktiv nachzudenken.

Im allgemeinen Bestand eines jeden Menschen, ohne
Anbetracht seiner Vererbung und seiner Erziehung, bilden
sich zwei selbständige Bewußtseine, die sowohl in ihrem
Funktionieren als auch in ihrem Manifestieren fast nichts
miteinander gemein haben. Ein Bewußtsein bildet sich aus
den Wahrnehmungen aller möglichen zufälligen oder von

24

seiten der anderen, absichtlich geschaffenen mechanischen
Eindrücke, worunter man auch die „Klänge" verschiedener Worte rechnen muß, die tatsächlich, wie gesagt,
leer sind; und das andere Bewußtsein bildet sich sowohl
aus den sozusagen „schon-früher-geformten-materiellen
Resultaten", die mit dem entsprechenden Teil des allgemeinen Bestandes eines Menschen verschmolzen sind und
erblich auf ihn kamen, als auch aus den Gegebenheiten,
die durch sein absichtliches Erwecken der assoziativen
Gegenüberstellungen dieser in ihm schon vorhandenen
„materialisierten-Gegebenheiten" entstehen.

Die gesamte Bildung wie auch Äußerung dieses zweiten menschlichen Bewußtseins, das kein anderes ist, als
was man das „Unterbewußtsein" nennt und das aus den
„materialisierten-Resultaten" von Vererbung und den
durch eigene Absichten verwirklichten Gegenüberstellungen gebildet wird, sollte — meiner Meinung nach, die
sich in vielen Jahren experimenteller Forschungen unter
außerordentlich günstigen Verhältnissen gebildet hat —
im allgemeinen Bestand eines Menschen vorherrschen.

Als Resultat dieser meiner Überzeugung, die bis jetzt dir
zweifellos als Produkt der Phantasie eines getrübten Geistes erscheint, kann ich jetzt, wie du selbst begreifst, dieses
zweite Bewußtsein nicht umgehen und bin, von meinem
Wesen gedrängt, verpflichtet, den allgemeinen Aufbau dieses ersten Kapitels meiner Schriften, nämlich des Kapitels,
das das Vorwort für alles Weitere sein soll, so zu machen,
daß es die in diesen deinen beiden Bewußtseinen angehäuf-
ten Vorstellungen erreicht und an ihnen in der für mein Ziel
erforderlichen Weise „rüttelt".

Indem ich meine Darlegungen mit dieser Berechnung
fortsetze, muß ich vor allem dein eingebildetes Bewußtsein
davon unterrichten, daß ich dank dreier bestimmter son-
derbarer Gegebenheiten, die sich in meinen allgemeinen
Bestand während verschiedener Perioden meines vorbe-

reitenden Alters kristallisierten, jetzt wirklich einzigartig bin, was das, sagen wir, „Verstricken-und-Verwickeln" aller angeblich im allgemeinen Bestand der Menschen, mit denen ich in Berührung komme, fest eingewurzelten Begriffe und Überzeugungen betrifft.

Hab' ich's nicht gewußt... ich fühle schon in deinem „falschen" — nach dir zwar „echten" — Bewußtsein, wie „geblendeten Fliegen" gleich alle die Haupt„güter" darin herumschwirren, die erblich auf dich von deinem Onkel und deiner Mutter kamen und die insgesamt immer und überall in dir wenigstens — und das allerdings recht gut — den Impuls von Neugier hervorrufen, wie im gegebenen Falle so rasch als möglich herauszufinden, warum ich, ein Anfänger in der Schriftstellerei, dessen Namen noch nicht einmal in den Zeitungen Erwähnung fand, plötzlich so einzigartig geworden bin.

Laß es nur gut sein! Ich persönlich bin mit dem Entstehen dieser Neugier, wenn auch nur in deinem „falschen" Bewußtsein zufrieden, da ich schon aus Erfahrung weiß, daß dieser des Menschen unwürdige Impuls manchmal sogar aus diesem Bewußtsein in seine Natur übergehen und damit ein würdiger Impuls werden kann, der Impuls des Wissensdurstes, der seinerseits zur besseren Aufnahme und sogar zum näheren Verständnis für das Wesen jedes Objektes, auf das sich, wie es manchmal geschieht, die Aufmerksamkeit eines heutigen Menschen konzentrieren dürfte, verhilft, und deshalb bin ich mit Freuden bereit, die in dir in diesem Augenblick entstandene Neugier zu befriedigen.

Also höre zu und versuche, meine Erwartungen zu rechtfertigen und nicht zu enttäuschen. Meine originelle Persönlichkeit, die schon verschiedene bestimmte Individuen von beiden Chören des Gerichtssitzes oben, wo objektive Gerechtigkeit herrscht, und auch hier auf Erden eine bisher sehr beschränkte Anzahl von Leuten „wittern", erklärt

26

sich aus drei zweitrangigen spezifischen Gegebenheiten, die sich in mir während meines heranwachsenden Alters zu verschiedenen Zeiten bildeten. Die erste dieser Gegebenheiten wurde gleich vom Anfang ihres Entstehens an gleichsam der hauptsächliche richtunggebende Hebel meines gesamten Ganzen und die zwei anderen sozusagen die „verlebendigenden-Quellen" zur Speisung und Vervollkommnung dieser ersten Gegebenheit.

Diese erste Gegebenheit entstand, als ich noch, wie man sagt, „ein kleiner Knirps" war. Meine teure jetzt verstorbene Großmutter war damals noch am Leben und über hundert Jahre alt.

Als meine Großmutter — das Himmelreich sei ihr beschieden — im Sterben lag, führte mich meine Mutter, wie es damals Sitte war, zu ihrem Bett, und als ich ihre rechte Hand küßte, legte meine teure jetzt verstorbene Großmutter mir ihre sterbende Linke auf den Kopf und sagte flüsternd, aber sehr deutlich:

„Ältester meiner Enkel, höre und erinnere dich immer an mein strenges Vermächtnis: tu nie im Leben, was die anderen tun."

Nachdem sie dies gesagt, schaute sie auf meinen Nasenbogen, und da sie offenbar mein Erstauntsein und mein dunkles Verständnis von dem, was sie gesagt hatte, gewahrte, fügte sie ein wenig ärgerlich und anspornend hinzu:

„Entweder tue nichts — geh nur in die Schule — oder tue etwas, was sonst niemand tut."

Darauf gab sie ohne Aufschub und mit einem deutlichen Impuls von Verachtung für alle um sie herum und mit löblicher Selbsterkenntnis ihre Seele direkt in die Hände Seiner Wahrhaftigkeit, des Erzengels Gabriel selbst.

Ich denke, es wird interessant und sogar lehrreich für dich sein, einfach zu wissen, daß all dies damals einen solch starken Eindruck auf mich machte, daß es mir unmöglich war, die anderen um mich herum zu ertragen, weshalb ich mich, sobald wir das Zimmer verlassen hatten, wo der sterbliche „planetische Körper" der Ursache der Ursache meiner Entstehung lag, sehr leise, ohne von den anderen bemerkt zu werden, nach dem Verschlag stahl, wo in der Fastenzeit die Küchenabfälle und Kartoffelschalen für unsere „Dreckfeger", was besagen will, für unsere Schweine, aufbewahrt wurden, und daß ich dort lag, ohne zu essen und zu trinken, im Sturm erregter und verwirrter Gedanken — von denen es damals zu meinem Glück erst eine sehr kleine Menge in meinem Gehirn gab — bis zur Rückkehr meiner Mutter vom Friedhof, die dann durch ihr Weinen, als sie mein Fehlen entdeckte und mich vergeblich suchte, „mich-zu-mir-selbst" brachte, worauf ich sofort aus dem Verschlag auftauchte und von seinem Rand, wo ich zuerst Halt machte, mit ausgestreckter Hand auf sie zurannte und mich an ihren Rock hing; dann stampfte ich unwillkürlich mit dem Fuß auf und ahmte, ich weiß nicht warum, das Schreien des Esels nach, der unserem Nachbarn, einem Schultheiß, gehörte.

Warum dies damals einen solch starken Eindruck auf mich machte und ich mich fast automatisch so seltsam äußerte, ist mir bis jetzt noch nicht klar, obgleich ich in den letzten Jahren, besonders in den Tagen, die „Fastnacht" genannt werden, viel darüber nachdachte und den Grund dafür zu entdecken suchte.

Ich kam dabei nur zu der logischen Annahme, daß es vielleicht nur deshalb war, weil das Zimmer, in dem diese heilige Handlung stattgefunden, die eine solch ungeheure Bedeutung für mein ganzes ferneres Leben haben sollte, bis zur letzten Spalte mit dem Duft eines besonderen Weihrauchs angefüllt war, der vom „Alten Athos" kam und unter den Anhängern aller Glaubensschattierungen der christlichen Religion sehr beliebt war.

Wie dies auch gewesen sein mag, diese Tatsache bleibt auch jetzt noch eine reine Tatsache.

In den Tagen, die diesem Ereignis folgten, ging nichts Besonderes in meinem allgemeinen Zustand vor, es sei denn, daß man damit in Verbindung bringen will, daß ich während dieser Tage öfter als gewöhnlich mit den Füßen in der Luft, das heißt auf meinen Händen ging.

Meine erste Tat, die offensichtlich nicht mit den Äußerungen der anderen in Übereinstimmung war, wenn sie auch ohne Teilnahme nicht nur meines Bewußtseins, sondern sogar meines Unterbewußtseins vor sich ging, geschah genau am vierzigsten Tag nach dem Tod meiner Großmutter, als unsere ganze Familie, unsere Verwandten und alle, die meine teure Großmutter, die von jedermann geliebt worden war, hochgeschätzt hatten, sich, wie es Sitte war, auf dem Kirchhof versammelten, um über ihren sterblichen Resten, die im Grab ruhten, was man den „Requiemdienst" nennt, zu verrichten, begann ich plötzlich, scheinbar ohne Grund, statt zu tun, was unter den Menschen aller Schichten von greifbarer und ungreifbarer Moral und aller materieller Lagen üblich ist, nämlich statt einfach wie vernichtet dazustehen mit einem Ausdruck von Schmerz im Gesicht und sogar, wenn möglich, mit Tränen in den Augen, um das Grab herumzuhüpfen, gleichsam tanzend, und zu singen:

> „Mit allen Heiligen im Himmelreich
> Hier kam ihr kein anderer gleich…
> Ei, ei, ei!
> Mit allen Heiligen im Himmelreich
> Hier kam ihr kein anderer gleich…"

und so fort und so weiter.

Und genau von da an entstand allmählich in meinem allgemeinen Bestand ein „Etwas", das, was alles mögliche sozusagen „Nachäffen" angeht, das heißt das Imitieren der gewöhnlichen automatisierten Äußerungen derer um mich herum, immer und in allem, wie ich es jetzt nennen würde, einen „unwiderstehlichen-Drang" hervorruft, alles nicht so zu tun wie die anderen.

In meinem damaligen Alter beging ich Streiche folgender Art:

Wenn zum Beispiel meine Brüder, Schwestern und die Nachbarskinder, die mit uns spielten, den Ball zuerst in die Luft warfen, warf ich ihn zu demselben Zweck zuerst hart auf den Boden und fing ihn erst, wenn er zurückschnellte und nach einem Purzelbaum und auch dann nur mit dem Daumen und Mittelfinger der linken Hand; oder wenn alle anderen Kinder mit dem Gesicht nach vorn auf Schlitten den Hügel hinunterfuhren, versuchte ich, was die Kinder damals „Hinterseite-voraus" nannten, und noch dazu jedesmal besser; oder wenn man uns Kindern verschiedene Arten sogenannter „Abaranischer-Bäckereien" gab, schleckten sie gewöhnlich alle anderen Kinder, ehe sie sie in den Mund steckten, zuvor ab, offenbar um ihren Geschmack zu kosten und um das Vergnügen zu verlängern, ich aber … beroch sie zuerst und hielt sie vielleicht sogar an mein Ohr und lauschte aufmerksam; dann erst murmelte ich fast unbewußt, jedoch nichtsdestoweniger ernsthaft vor mich hin: „Geschieht-dir-recht; — geschieht-dir-recht; — iß-nicht, — was-bekommt-dir-schlecht", und rhythmisch entsprechend summend nahm ich nur einen Bissen und schluckte ihn, ohne ihn zu kosten, gleich hinunter und so fort und so weiter.

Das erste Ereignis, in dessen Verlauf in mir eine der zwei erwähnten Gegebenheiten entstand, die die „verlebendigenden-Quellen" zur Speisung und Vervollkommnung des Vermächtnisses meiner verstorbenen Großmutter wurden, ereignete sich gerade in dem Alter, als ich aus einem kleinen Knirps wurde, was man einen „Lausbuben"

nennt, und schon aussah, wie man manchmal sagt, wie ein
„Kandidat-zu-einem-jungen-Mann-mit-angenehmem-
Äußeren-und-noch-unbestimmtem-Inneren".

Und dies Ereignis geschah unter den folgenden Umständen, die vielleicht eigens vom Schicksal selbst zusammengebracht worden waren.

Ich legte einmal mit einer Anzahl anderer junger Lausbuben auf dem Dach eines Nachbarhauses Schlingen für
Tauben, als einer der Jungen, der über meinen Kopf gebeugt
mir dabei aufmerksam zuschaute, plötzlich sagte:

„Wenn es nach mir ginge, würde man die Roßhaar-
schlinge so legen, daß sich die große Zehe der Taube nie
darin fängt, weil, wie unser Zoologielehrer uns kürzlich
erklärte, sich gerade während der Bewegung in jeder
Zehe der Taube eine Reservekraft konzentriert, weshalb,
wenn die große Zehe in der Schlinge gefangen wird, die
Taube sie sicherlich leicht brechen kann."

Ein anderer Knabe, der mir gegenüber lehnte und von
dessen Mund übrigens, wenn immer er sprach, Speichel
reichlich in allen Richtungen spritzte, fiel über die Bemerkung des ersten Jungen her und stieß mit einer tüch-
tigen Quantität von Speichel die folgenden Worte hervor:

„Halt deine Gosche, du hoffnungsloser Sproß der
Hottentotten! Bist du doch eine Frühgeburt, genau wie
dein Lehrer! Selbst wenn es wahr ist, daß die größte
physische Kraft der Taube in ihrer großen Zehe konzentriert ist, um so mehr müssen wir danach trachten,
gerade diese Zehe in der Schlinge zu fangen. Nur dann
liegt für unser Ziel — das heißt für das Fangen jener
unglücklichen Taubengeschöpfe — Bedeutung in jener
Gehirnbesonderheit, die allen Trägern jenes weichen und
schlüpfrigen ‚Etwas' eigen ist und darin besteht, daß, wenn
durch andere Handlungen, von denen seine unwichtige
Äußerungsfähigkeit abhängt, ein periodisch nötiger gesetzmäßiger sogenannter ‚Bestandswechsel' entsteht,

dann diese kleine sozusagen ‚gesetzmäßige-Verwirrung‘, die zur Belebung anderer Handlungen im allgemeinen Funktionieren vor sich gehen sollte, den Schwerpunkt des ganzen Funktionierens — in dem dieses schlüpfrige ‚Etwas‘ eine sehr kleine Rolle spielt — sofort für eine Zeit von seinem gewohnten Platz auf einen anderen übergehen läßt, wodurch im allgemeinen Funktionieren oft unerwartete, bis zur Verrücktheit lächerliche Resultate erzielt werden.“

Er stieß die letzten Worte mit einem solchen Sprudel von Speichel hervor, daß mir schien, als ob mein Gesicht der Wirkung eines „Zerstäubers“ ausgesetzt war — und keineswegs eines „Ersatz“erzeugnisses — wie ihn die Deutschen zum Färben von Material mit Anilinfarben erfunden haben.

Dies war mehr als ich ertragen konnte, und ohne meine geduckte Stellung zu ändern, sprang ich auf ihn und stürzte mit voller Kraft mit meinem Kopf gegen seine Magengrube, was ihn sofort umfallen und, wie man sagt, sein „Bewußt-sein-verlieren“ ließ.

Ich weiß nicht und will auch gar nicht wissen, in welchem Sinn sich das Resultat in eurem Denken betreffs der Kunde über das meiner Meinung nach außerordentliche Zusammenkommen von Lebensumständen, die ich jetzt beschreiben will, bildet; für mein Denken war dies Zusammenkommen jedenfalls ein ausgezeichnetes Material, mich glauben zu lassen, daß das von mir beschriebene Ereignis, das sich in meiner Jugend zutrug, möglicherweise nicht einfach zufällig geschehen, sondern absichtlich von gewissen fremden Mächten geschaffen worden war.

Die Sache ist die, daß mir diese Geschicklichkeit erst einige Tage vor diesem Ereignis von einem griechischen Priester aus der Türkei beigebracht worden war, der, weil er von den Türken um seiner politischen Überzeugung willen verfolgt worden war, von dort hatte fliehen müssen, und nachdem er in unserer Stadt angekommen, von meinen

Eltern für mich als Lehrer der neugriechischen Sprache angestellt worden war.

Ich weiß nicht, auf welchen Gegebenheiten seine politischen Überzeugungen und Ideen beruhten, aber ich erinnere mich sehr gut, daß in allen Gesprächen mit diesem griechischen Priester, selbst als er mir den Unterschied in den Exklamationsworten im Alt- und im Neugriechischen erklärte, tatsächlich immer seine Träume sehr deutlich zum Ausdruck kamen, sobald als möglich nach der Insel Kreta zurückzugehen und sich dort so zu äußern, wie es einem echten Patrioten zukommt.

Also, als ich die Wirkung meiner Geschicklichkeit sah, war ich, wie ich gestehen muß, sehr erschreckt und dachte, da ich damals noch nichts von der Wirkung eines Stoßes auf diese Stelle des Körpers wußte, daß ich den Knaben getötet hätte.

Im gleichen Augenblick, da ich diese Furcht empfand, fiel ein anderer Junge, der Vetter dessen, der das erste Opfer meiner sozusagen „Geschicklichkeit-in-Selbstverteidigung" geworden war, ohne eine Sekunde zu zögern und offenbar von einem Gefühl, genannt „Blutsverwandtschaft", überkommen, über mich her und schlug mir mit vollem Schwung mit der Faust ins Gesicht.

Durch diesen Schlag gingen mir, wie man sagt, „die-Augen-über", und gleichzeitig füllte sich mein Mund, als ob er mit der Grütze für die künstliche Füllung von tausend Hähnchen vollgestopft worden wäre.

Als etwas Zeit vergangen war und diese beiden seltsamen Empfindungen sich allmählich in mir beruhigten, entdeckte ich tatsächlich, daß etwas Fremdes in meinem Munde war, und als ich es mit den Fingern herauszog, stellte es sich als nichts Geringeres als ein Zahn von großen Ausmaßen und seltsamer Form heraus.

Als mich die anderen Jungen diesen außerordentlichen Zahn betrachten sahen, stellten sie sich um mich herum und starrten ihn auch mit großer Neugier und seltsamem Schweigen an.

Zu dieser Zeit kam der Junge, der ohnmächtig dagelegen hatte, zu sich, stand auf und starrte mit den anderen Knaben auf meinen Zahn, als ob nichts weiter geschehen wäre.

Dieser seltsame Zahn hatte sieben Vorsprünge, und am Ende eines jeden hing plastisch ein Tropfen Blut, und durch jeden einzelnen Tropfen schien klar und bestimmt einer der sieben Brechungen der Manifestationen des weißen Strahles.

Nach dem für uns Lausbuben ungewöhnlichen Schweigen brach wieder der gewöhnliche Lärm aus, und in diesem Lärm wurde beschlossen, sofort zum Barbier zu gehen, einem Spezialisten im Zahnausziehen, und ihn zu fragen, warum dieser Zahn gerade so aussah. So stiegen wir alle vom Dach herab und begaben uns zum Barbier. Ich, als der „Held-des-Tages", stolzierte allen voraus.

Der Barbier sagte nach einem flüchtigen Blick, daß dies einfach ein „Weisheitszahn" sei und daß all die des männlichen Geschlechts einen solchen haben, die, bis sie zum erstenmal „Papa" und „Mama" sagen, nur von der Milch ihrer eigenen Mutter genährt werden und die beim ersten Blick, unter vielen anderen Gesichtern, das ihres eigenen Vaters herausfinden können.

Das Resultat der ganzen Gesamtheit der Wirkung dieses Ereignisses, dem mein armer „Weisheitszahn","zum-Opfergefallen" war, bestand darin, daß mein Bewußtsein von da an anfing, nicht nur dauernd in Verbindung mit allem den Wesenskern des Vermächtnisses meiner verstorbenen Großmutter — das Himmelreich sei ihr beschieden — aufzunehmen, sondern, daß auch in jener Zeit, weil ich nicht zu einem „diplomierten-Zahnarzt" gehen konnte, um die Höhle dieses verlorenen Zahnes behandeln zu lassen, was ich übrigens nicht tun konnte, weil unser Wohnort zu

34

weit von den modernen Kulturzentren entfernt war, chronisch aus dieser Höhle ein „Etwas" sickerte, was — wie mir kürzlich durch einen sehr berühmten Wetterpropheten erklärt wurde, dessen, wie man sagt, „Busenfreund" ich zufällig geworden war, weil wir uns häufig in Pariser Nachtlokalen auf dem Montmartre trafen — die Eigenschaft hatte, ein Interesse und die Tendenz zu erwecken, die Entstehungsursache jeder „verdächtigen-wirklichen-Tatsache" herauszufinden, und diese nicht erblich auf meinen allgemeinen Bestand gelangte Eigenschaft machte mich allmählich und automatisch schließlich zu einem Spezialisten in der Untersuchung aller „verdächtigen-Phänomene", die mir so häufig in den Weg kommen.

Diese Eigenschaft, die sich in mir nach diesem Ereignis bildete, als ich mich, natürlich unter Mitwirkung unseres ALL-ALLGEMEINEN-MEISTERS-DES-SCHONUNGSLOSEN-HEROPAS, das heißt „des-Laufes-der-Zeit" in einen jungen Mann, wie ich ihn charakterisierte, verwandelte, wurde ein tatsächlich unauslöschlicher, mein Bewußtsein mächtig erwärmender und stets flammender Herd.

Der zweite der zuvor erwähnten verlebendigenden Faktoren, diesmal für die völlige Verschmelzung des Vermächtnisses meiner teueren Großmutter mit allen Gegebenheiten, die meine allgemeine Individualität ausmachen, war die Gesamtheit der Eindrücke, die ich durch die zufällig aufgenommene Kunde erhielt, betreffs der unter uns auf Erden stattgefundenen Geschichte über die Entstehung jenes „Prinzips", das später — wie es sich aus den Forschungen des Herrn Alan Kardek in einer „völlig-geheimen" spiritistischen Sitzung ergab — überall unter Wesen unseresgleichen auf den übrigen Planeten unseres großen Weltalls eines der Haupt-„Lebensprinzipien" wurde.

Die verbale Formulierung dieses jetzt schon „All-universellen-Lebensprinzips" ist folgende:

„Schmausen-wir, — so-schmausen-wir-das-Porto-
eingeschlossen."

Da dieses jetzt schon universelle „Prinzip" eben auf
dem Planeten entstand, auf dem auch du entstandest und
auf dem du noch dazu fast immer auf einem Bett von
Rosen und oft Foxtrott tanzend existierst, halte ich es
nicht für mein Recht, vor dir die Kunde zu verbergen, die
ich betreffs einiger Einzelheiten der Entstehung dieses
jetzt universellen Prinzips kenne.

Bald nachdem die besagte neue Inhärenz meiner Natur
eingepflanzt worden war, nämlich der unerklärliche
Drang, die wahren Gründe zu erforschen, aus denen
die verschiedenen „wirklichen-Tatsachen" entstehen, be-
schäftigte ich mich bei meinem ersten Aufenthalt im
Herzen Rußlands in der Stadt Moskau — wo ich nichts
anderes zur Befriedigung meiner psychischen Bedürfnisse fand — mit der Erforschung russischer Sagen und
Sprichwörter, wobei ich einmal — ob zufällig oder als
Resultat einer objektiven gesetzmäßigen Folgerichtigkeit,
weiß ich nicht — folgendes erfuhr.

Als ein Russe, der, seiner äußeren Erscheinung nach,
denen um ihn herum als einfacher Kaufmann galt, einmal aus seiner Provinzstadt geschäftshalber in die zweite
russische Hauptstadt, nach Moskau, zu fahren hatte, bat
ihn sein Sohn, noch dazu sein Lieblingssohn — weil er
ausschließlich seiner Mutter glich — ihm ein bestimmtes
Buch mitzubringen.

Als dieser große unbewußte Autor des „All-universellen-
Lebensprinzips" in Moskau ankam, soff er sich, wie es
damals und auch heute noch dort üblich ist, mit einem
seiner Freunde mit echtem „russischem-Wodka" voll.

Und als diese zwei Einwohner dieser sehr großen heutigen
Gruppierung zweifüßiger Kreaturen die entsprechende
Anzahl von Gläsern dieses „russischen-Segens" geleert
hatten und dann über was man „Volksbildung" nennt

diskutierten — der Frage, mit der man schon seit langem Unterhaltungen beginnt — fiel unserem Kaufmann plötzlich assoziativ die Bitte seines teuren Sohnes ein, worauf er beschloß, sich sofort mit seinem Freund nach einem Buchladen aufzumachen, um das Buch zu kaufen.

Im Laden blättert der Kaufmann das Buch durch und fragt den Verkäufer, der es ihm gereicht hat, nach seinem Preis.

Der Verkäufer antwortet, daß das Buch sechzig Kopeken koste.

Als unser Kaufmann aber sieht, daß der Preis auf dem Einband des Buches mit nur fünfundvierzig Kopeken angegeben ist, denkt er in einer seltsamen und für Russen im allgemeinen ungewöhnlichen Weise nach, macht dann eine Bewegung mit seinen Schultern, wirft sich in die Brust wie ein Offizier der Garde, steht wie erstarrt und sagt nach einer kleinen Pause sehr ruhig, aber mit einer Betonung, die große Autorität ausdrückt:

„Hier steht doch fünfundvierzig Kopeken, warum verlangt ihr dann sechzig?"

Darauf erwidert der Verkäufer mit einem Gesicht — man sagt — wie ein „Ölgötze", wie es allen Verkäufern eigen ist, daß das Buch tatsächlich nur fünfundvierzig Kopeken koste, daß es aber für sechzig verkauft werden müsse, weil fünfzehn Kopeken für das Porto daraufgeschlagen worden waren.

Nach dieser Antwort war es offensichtlich, daß etwas in unserem russischen Kaufmann, der durch diese zwei ganz entgegengesetzten, aber offenbar zu vereinbarenden Tatsachen verwirrt war, vor sich ging, und dieweil er auf die Decke sah, dachte er wieder nach, diesmal wie ein englischer Professor, der eine Kapsel für Rizinusöl erfunden hat, wandte sich dann plötzlich an seinen Freund und gab zum erstenmal auf Erden die verbale Formulierung von sich, die, da sie in ihrem Wesen eine unbezweifelbare objektive Wahrheit ausdrückt, von da an den Charakter eines Sprichwortes annahm.

Und zwar sagte er zu seinem Freunde damals folgendes: „Was tut's schon, mein Lieber, nehmen wir das Buch. Sind wir doch heute sowieso am Schmausen und ‚schmausen-wir,-so-schmausen-wir-das-Porto-eingeschlossen‘."

Sobald ich Unglückseliger, der verurteilt ist, im Leben die Freuden der „Hölle" zu erfahren, all dies erkannt hatte, begann sofort etwas sehr Seltsames in mir, das ich nie zuvor und nie wieder erlebt habe, und hielt eine recht lange Zeit an: es war nämlich, als ob alle möglichen, wie moderne „Hivinze" sagen, „Wettrennen" in mir zwischen allen verschieden-quelligen Assoziationen und gewöhnlich sich in mir vollziehenden Erlebnissen vor sich gingen.

Gleichzeitig brach in der ganzen Gegend meiner Wirbelsäule ein heftiges, fast unerträgliches Jucken aus und eine auch unerträgliche Kolik genau im Zentrum meines sogenannten „Plexus-Solaris"; und all dem, das heißt diesen zwiespältigen einander gegenseitig aufregenden Empfindungen, machte nach einer Weile plötzlich ein solcher innerer ruhiger Zustand Platz, wie ich ihn nur einmal noch in den folgenden Jahren erlebte, als die Zeremonie der großen Einweihung in die Brüderschaft der „Begründer-des-Butter-aus-der-Luft-Machens" mit mir vollzogen wurde; und als später „Ich", das heißt jenes „unbekannte-Etwas" von mir, das in alten Zeiten ein Sonderling — der von denen um ihn herum, so wie wir jetzt auch noch solche Leute nennen, ein „Wissenschaftler" genannt wurde — als ein „relativ-übertragbares-Entstehen-abhängig-von-der-Qualität-des-Funktionierens-des-Denk-Fühl-und-organischen-Automatismus" definiert hatte und das ein anderer auch berühmter Wissenschaftler des Altertums, der Araber Mal-el-Lel, in eine Definition brachte, die der nicht weniger berühmte griechische Wissenschaftler Xenophon später von ihm entlieh und in einer anderen Weise wiederholte als „das-Gesamtresultat-von-Bewußtsein-Unterbewußtsein-und-Instinkt"; also, als dieses selbe „Ich" in diesem Zustand meine verwirrte Aufmerksamkeit auf mich selbst lenkte, stellte ich zuerst sehr deutlich fest, daß alles — bis auf jedes Wort — was dieses Sprichwort erklärt, das ein „all-universelles-Lebensprinzip" geworden ist, in mir in eine bestimmte kosmische Substanz verwandelt wurde und mit den Gegebenheiten verschmolz, die schon lange zuvor durch das Vermächtnis meiner verstorbenen Großmutter sich kristallisiert und in ein „Etwas" verwandelt hatten, das meinen allgemeinen Bestand durchdringt und sich für immer in jedem Atom dieses allgemeinen Bestandes festsetzt, und zweitens, daß mein unseliges „Ich" dann sehr genau empfand und mit einem Impuls von Ergebung die für mich traurige Tatsache erkannte, daß ich mich von diesem Augenblick an immer — ob ich will oder nicht — in allem ohne Ausnahme, nach der in mir geformten „Inhärenz" zu äußern hätte, die nicht durch die Gesetze der Vererbung, noch unter dem Einfluß der umgebenden Verhältnisse sich geformt hatte, sondern in meinen allgemeinen Bestand durch die Wirkung dreier äußerer zufälliger Ursachen, die nichts miteinander gemein hatten, entstanden war, nämlich: erstens durch das Vermächtnis eines Menschen, der ohne den geringsten Wunsch meinerseits die passive Ursache der Ursache meines Entstehens geworden war, zweitens weil mir ein Zahn von einem Raufbold, hauptsächlich ob des „Geiferns" eines anderen, ausgehauen worden war, und drittens dank der verbalen Formulierung, die von den trunkenen Lippen einer mir ganz fremden Person gekommen war, eines gewissen Kaufmannes „Moskauischer-Sorte".

Wenn ich, bevor ich dieses „all-universelle-Lebensprinzip" kannte, schon alle Äußerungen anders als die anderen zweifüßigen Tiere meinesgleichen, die mit mir auf ein und demselben Planeten entstehen und vegetieren, gemacht hatte, so hatte ich dies automatisch und manchmal halb bewußt getan, aber nach diesem Ereignis, tat ich sie bewußt und noch dazu mit einer instinktiven Empfindung zweier ineinanderschmelzender Impulse von Selbsterkenntnis und Selbstbefriedigung ob richtiger und ehrenhafter Erfüllung meiner Pflicht der Großen Natur gegenüber.

Es muß sogar hervorgehoben werden, daß, obgleich ich schon vor diesem Ereignis alles nicht so machte wie die anderen, meine Äußerungen doch kaum meinen Landsleuten um mich herum in die Augen stachen, aber von dem Augenblick an, wo das Wesen dieses Lebensprinzips in meine Natur überging, gewannen einerseits all meine Äußerungen, sowohl die absichtlichen, für ein Ziel bestimmten, als auch die einfachen, die sozusagen „aus-reiner-Faulheit" geschahen, verlebendigende Kraft und halfen der Bildung von „Hühneraugen" an den Wahrnehmungsorganen jeder Kreatur meinesgleichen ohne Ausnahme, sobald sie ihre Aufmerksamkeit direkt oder indirekt auf meine Handlungen richtete, und anderseits begann ich selbst in Übereinstimmung mit dem Vermächtnis meiner verschiedenen Großmutter alle meine Einfälle bis zu den äußerst möglichen Grenzen auszuführen. Und so erwarb ich automatisch die Gewohnheit, am Anfang von etwas Neuem oder auch bei einem Wechsel, natürlich nur größeren Maßstabes, immer in Gedanken oder laut auszusprechen: „Schmausen-wir,-so-schmausen-wir-das-Porto-eingeschlossen".

Und auch jetzt zum Beispiel, wo ich umständehalber, die nicht von mir abhängen, sondern aus den seltsamen und zufälligen Umständen meines Lebens kommen, Bücher zu schreiben habe, bin ich ebenfalls gezwungen, es in Übereinstimmung mit jenem gleichen Prinzip zu tun, das allmählich durch verschiedene außerordentliche, vom Leben selbst geformte Kombinationen bestimmt wurde und mit jedem Atom meines allgemeinen Bestandes verschmolzen ist.

Diesmal will ich dieses mein psycho-organisches Prinzip damit zu verwirklichen beginnen, daß ich dem Brauch aller Schriftsteller, so wie er von den fernsten Zeiten auf die Gegenwart kam — nämlich zum Thema ihrer verschiedenen Schriften Ereignisse zu nehmen, die angeblich auf der Erde stattfanden oder stattfinden — nicht folge, sondern statt dessen zum Maßstab der Ereignisse meiner Schriften — das ganze Weltall nehme. Denn auch in diesem Falle gilt „wenn-schon,-denn-schon", was besagen will, „;schmausen-wir,-so-schmausen-wir-das-Porto-eingeschlossen".

Jeder Schriftsteller kann im Maßstab der Erde schreiben, ich aber bin nicht jeder.

Wie kann ich mich auf diese im objektiven Sinne „Kleinigkeit-von-Erde" beschränken? Dies tun, das heißt für meine Schriften die gleichen Themen wählen wie im allgemeinen alle Schriftsteller, darf ich nicht, wenn auch nur, weil, was unsere gelehrten Spiritisten behaupten, plötzlich tatsächlich wahr werden und meine Großmutter davon erfahren könnte, und verstehst du, was ihr geschehen könnte, meiner teuren geliebten Großmutter? Sie würde sich im Grabe herumdrehen, nicht einmal, wie man gewöhnlich sagt, sondern — wie ich sie verstehe, besonders jetzt, wo ich mich schon recht „geschickt" in die Lage eines anderen versetzen kann — viele viele Male, bis sie sich schließlich in einen „Irischen-Wetterhahn" verwandeln würde.

Bitte, Leser, bleibe ruhig... Ich werde natürlich auch über die Erde schreiben, aber mit einer solch unparteiischen Einstellung, daß sowohl dieser verhältnismäßig kleine Planet selbst als auch alles auf ihm dem Platz entsprechen, den sie in Wirklichkeit einnehmen und den sie sogar deiner eigenen gesunden Logik nach, zu der du dank meiner

Führung gelangt bist, in unserem großen Weltall einnehmen müssen.

Ich muß natürlich auch zu den verschiedenen sogenannten „Helden" meiner Schriften andere Typen wählen, als die im allgemeinen von den Schriftstellern aller Ränge und Epochen auf Erden gezeichnet und verherrlicht werden, das heißt Typen in der Art von Müller und Meier, die durch ein Mißverständnis entstehen und die im Prozeß ihrer Bildung bis zu was „verantwortliches-Leben" genannt wird, überhaupt nichts von dem erwerben, was einem Ebenbild Gottes, das heißt einem Menschen, zu haben sich ziemt, und die fortschreitend bis zum letzten Atemzug nur jene verschiedenen Reize entwickeln, als da sind „Lüsternheit", „Geilheit", „Verliebtheit", „Boshaftigkeit", „Weichherzigkeit", „Neid" und ähnliche menschenunwürdige Laster.

Ich beabsichtige, in meinen Schriften Helden eines solchen Typs darzustellen, die jeder, wie man sagt, „ob-er-will-oder-nicht", mit seinem ganzen Sein als wirklich empfinden muß und über die in jedem Leser sich unbedingt Gegebenheiten zu der Vorstellung kristallisieren müssen, daß sie tatsächlich „jemand" sind, nicht einfach „irgendeiner".

Während ich in den letzten Wochen mit krankem Körper zu Bett lag, entwarf ich im Geist einen Überblick über meine künftigen Schriften und dachte mir die Form und Folge ihrer Darlegung aus, und dabei beschloß ich, zum Haupthelden der ersten Serie meiner Schriften... weißt du, wen?... den großen Beelzebub selbst zu machen, wenn auch diese Wahl von Anfang an, im Denken der meisten meiner Leser, solche Gedankenassoziationen hervorbringen dürfte, die in ihnen alle möglichen automatischen einander widersprechender Impulse hervorbringen müssen, ob der Wirkung jener Gesamtheit von Gegebenheiten, die sich in der Psyche der Menschen durch alle bestehenden anomalen Verhältnisse unseres äußeren Lebens unausbleiblich formen und sich im allgemeinen im Menschen durch die berüchtigte sogenannte „religiöse-Moral" kristallisieren, wie sie in ihrem Leben existiert und eingewurzelt ist; also deshalb müssen sich in ihnen unausbleiblich Gegebenheiten zu einer unerklärlichen Feindseligkeit mir persönlich gegenüber bilden.

Aber weißt du was, Leser?

Für den Fall, daß du dich trotz meiner Warnung entschließen solltest zu wagen, dich mit meinen weiteren Schriften bekanntzumachen, und mit einem Impuls von Unparteilichkeit dich bemühen solltest, den eigentlichen Kern der Fragen aufzunehmen und zu verstehen, die ich zu beleuchten beschlossen habe, und auch im Hinblick auf die der menschlichen Psyche inhärente Eigentümlichkeit, daß der Aufnahme selbst des Guten nur dann kein Widerstand entgegengesetzt wird, wenn sozusagen ein „Kontakt-gegenseitiger-Offenheit-und-gegenseitigen-Vertrauens" besteht, möchte ich dir jetzt offen die in mir entstandenen Assoziationen gestehen, die endlich in der entsprechenden Sphäre meines Bewußtseins die Gegebenheiten hervorgebracht haben, die meine ganze Individualität drängen, zum Haupthelden meiner Schriften gerade ein solches Individuum zu wählen, als welches sich eben dieser Herr BEELZEBUB deinem inneren Blick darstellt.

Ich tat dies nicht ohne Schlauheit.

Meine Schlauheit liegt einfach in der logischen Annahme, daß, wenn ich ihm diese Aufmerksamkeit erweise, er unbedingt — wie ich inzwischen schon nicht mehr bezweifle — sich mir dankbar erzeigen und mir mit allen ihm zu Gebote stehenden Mitteln bei meinen beabsichtigten Schriften helfen wird.

Herr Beelzebub ist zwar, wie man sagt, „aus-anderem-Teig" gemacht, aber da er auch denken kann, und was das Wichtigste ist — wie ich durch die Abhandlung

des berühmten katholischen Mönchs, des Bruders Fulon,
erfuhr — einen gelockten Schwanz hat, so ziehe ich, da ich
vollends durch Erfahrung überzeugt bin, daß Locken niemals natürlich sind, sondern nur durch verschiedene künstliche Manipulationen erworben werden können — gemäß
der in meinem Bewußtsein durch das Lesen von Büchern
über Chiromantie geformten „gesunden-Logik" — den
Schluß, daß auch dieser Herr Beelzebub ein gutes Stück
Eitelkeit besitzen und es deshalb höchst beschämend
finden muß, einem nicht zu helfen, der für seinen Namen
Reklame macht.

Nicht umsonst sagt unser berühmter und unvergleich-
licher Mulla-Nassr-Eddin häufig:

„Ohne-schmieren-kann-man-nirgends-erträglich-leben,-
noch-nicht-einmal-atmen."

Und ein anderer auch irdischer Weiser, der dies nur dank
der krassen Dummheit der Leute wurde, namens Till Eulenspiegel, drückte dasselbe mit folgenden Worten aus:

„Wer-gut-schmeert-der-gut-fährt."

Da ich diese und viele andere in Jahrhunderten im ge-
meinschaftlichen Leben der Menschen geformten Sprüche voll echter Volksweisheit kenne, habe ich beschlossen,
gerade Herrn Beelzebub zu „schmieren", der, wie jeder
versteht, Möglichkeiten und Wissen mehr als zur Genüge
für alles hat.

Genug, alter Kerl! Spaß beiseite, sogar philosophi-
schen — hast du doch, scheint es, mit all diesen Ab-
schweifungen eins der in dir ausgearbeiteten Hauptprin-
zipien verletzt, das dem System zugrunde liegt, das zur
Einführung deiner Träume ins Leben durch einen solchen
neuen Beruf zuerst geplant war, das Prinzip, das darin
besteht, nie zu vergessen und immer die Tatsache in Betracht zu ziehen, daß die Denk-Funktion des heutigen
Lesers geschwächt ist, ihn also nicht durch die Aufnahme
zahlreicher Ideen in kurzer Zeit zu ermüden.

Als ich einen der Leute, die immer um mich herum sind und „begierig,-ins-Paradies-unbedingt-mit-Schuhen-an-zu-kommen", bat, alles was ich in diesem Einführungs-kapitel geschrieben habe, mir laut vorzulesen, stellte mein, wie man sagt, „Ich" fest und erkannte mit Sicherheit – natürlich unter Teilnahme aller bestimmten, in meiner originellen Psyche während der letzten Jahre geformten Gegebenheiten, die mir unter anderem ein Verständnis der Psyche der Kreaturen meinesgleichen verschiedener Typen gab - daß im allgemeinen Bestand jedes Lesers, ohne Ausnahme, unausbleiblich durch dieses erste Kapitel allein, ein „Etwas" entstehen muß, das automa-tisch mir persönlich gegenüber Feindseligkeit hervorruft.

Eigentlich ist es nicht das, was mich jetzt hauptsächlich beunruhigt, sondern vielmehr die Tatsache, daß ich am Ende dieses Lesens auch feststellte, daß in der Gesamt-summe alles in diesem ersten Kapitel Dargelegten, mein gesamtes Ganzes, in dem das zuvor erwähnte „Ich" einen sehr kleinen Teil ausmacht, sich ganz entgegen einem der Grundgebote unseres all-allgemeinen Lehrers geäußert hat, den ich besonders schätze, Mulla-Nassr-Eddin, das dieser mit den Worten formuliert: „Rühr-nicht-an-ein-Wespennest".

Die Aufregung, die das ganze System, das mein Fühlen ausmacht, durchdrang, entstand, als ich erkannte, daß im Leser unbedingt ein unfreundliches Gefühl mir gegen-über entstehen muß, hörte dann aber plötzlich auf, als ich mich an ein altes russisches Sprichwort erinnerte, das da sagt: „Keine-Beleidigung,-die,-wie-alle-Wunden,-die-Zeit-nicht-heilt".

Aber die in meinem Gefühl entstandene Aufregung, die aus der Erkenntnis kommt, daß ich ein Gebot Mulla-Nassr-Eddins zu befolgen versäumte, beunruhigt mich jetzt nicht nur ernstlich, sondern es begann, sobald ich dies verstand, damit ein sehr seltsamer Prozeß in meinen beiden erst kürzlich erworbenen „Seelen" und nahm die Form eines ungewöhnlichen Juckens an und nimmt noch dauernd zu, bis er jetzt einen fast unerträglichen Schmerz in der Gegend ein wenig unter der rechten Hälfte meines schon ohnedies überarbeiteten „Plexus-solaris" hervorruft.

Warte, warte einen Augenblick... Dieser Prozeß hört, wie mir scheint, schon auf, und es entsteht in allen Tiefen meines Bewußtseins oder, sagen wir einstweilen, „sogar-in-meinem-Unterbewußtsein" alles, was der vollen Versicherung dient, daß er vollends aufhören wird, weil ich mich an ein anderes Stück Lebensweisheit erinnerte, dessen Sinn mein Denken zu der Überlegung brachte, daß, wenn ich auch tatsächlich entgegen dem Rat des hochgeschätzten Mulla-Nassr-Eddin gehandelt habe, ich jedoch unabsichtlich nach dem Prinzip des höchst sympathischen und, wenn auch nicht überall auf Erden wohlbekannten, so doch für jeden, der ihn einmal getroffen hat, unvergeßlichen Juwels, des Karapet von Tiflis, gehandelt habe.

Und da hilft schon nichts ... Da dieses Einleitungskapitel schon einmal so lang geworden ist, macht es auch nichts aus, wenn ich es noch ein wenig mehr verlängere und hier noch über diesen außerordentlich sympathischen Karapet von Tiflis erzähle.

Vor allem muß ich sagen, daß die Eisenbahnstation von Tiflis vor zwanzig oder fünfundzwanzig Jahren eine „Dampfpfeife" hatte.

Sie pfiff jeden Morgen, um die Eisenbahnarbeiter und Stationsangestellten zu wecken, und, da der Bahnhof von Tiflis auf einer Anhöhe lag, hörte man diese Pfeife fast in der ganzen Stadt, und sie weckte nicht nur die Eisenbahnarbeiter, sondern auch die Einwohner der Stadt Tiflis selbst.

Wenn ich mich recht entsinne, führte die Stadtverwaltung von Tiflis sogar einen Briefwechsel mit dem Eisen-

46

bahnvorstand betreffs der Störung des Morgenschlafes der friedlichen Bürger.

Den Dampf jeden Morgen aus der Pfeife zu entlassen, war die Aufgabe eben dieses Karapets, der damals in diesem Depot angestellt war.

Und wenn er sich des Morgens dem Seil näherte, mittels dessen der Dampf durch die Pfeife entlassen wurde, winkte er mit den Händen nach allen Seiten, bevor er das Seil anfaßte und zog, und schrie feierlich und laut, wie ein mohammedanischer Mulla von einem Minarett:

„Deine Mutter ist eine…, dein Vater ist ein…, und dein Großvater ist erst recht ein… Daß deine Augen, Ohren, Nase, Milz, Leber, Hühneraugen…" und so weiter, kurzum er sprach in verschiedenen Tonlagen alle Fluchworte aus, die er kannte, und zog erst dann das Seil.

Als ich von diesem Karapet und seiner Gewohnheit hörte, besuchte ich ihn an einem Feierabend mit einem kleinen Burduk von Kachetischem Wein und, nachdem ich die dortigen unerläßlichen sogenannten „Toast-Rituale" erfüllt hatte, fragte ich ihn — natürlich in einer entsprechenden Form und wie es sich dem Komplex lokaler „Liebenswürdigkeiten" gemäß, die für die gegenseitige Beziehung dort bestanden, geziemte — warum er dies tue.

Nachdem er sein Glas mit einem Zug geleert und das berühmte georgische Lied „Trinken wir noch ein Tröpfchen", das immer dort beim Trinken gesungen wird, beendet hatte, antwortete er gemächlich folgendermaßen:

„Daß ihr den Wein nicht wie die Leute heutzutage trinkt, was besagen will, nicht bloß dem Schein nach, sondern tatsächlich ehrlich, beweist mir schon, daß ihr über meine Gewohnheit nicht aus Neugier etwas wissen wollt — wie unsere Ingenieure und Techniker, die mich in der letzten Zeit nicht in Ruhe ließen — sondern wirklich aus Wissensdrang, und deshalb will ich — und halte es sogar für meine Pflicht — euch aufrichtig den ganzen Grund

meiner inneren sozusagen „peinlichen-Betrachtungen"
zu bekennen, die mich dazu führten und mich allmählich
zu einer solchen Gewohnheit brachten."

Dann erzählte er folgendes:

„Früher arbeitete ich nachts im Bahnhof und reinigte
die Heizkessel; als aber diese Dampfpfeife hierhergebracht
wurde, zog der Stationsvorsteher offenbar mein Alter und
meine Untauglichkeit für schwere Arbeit in Betracht und
trug mir auf, mich nur damit zu beschäftigen, den Dampf
aus der Pfeife zu entlassen, wofür ich pünktlich jeden
Morgen und Abend erscheinen muß.

„Schon in der ersten Woche dieses neuen Dienstes
bemerkte ich, daß ich mich nach der Erfüllung dieser
Pflicht für ein bis zwei Stunden irgendwie nicht recht
wohl fühlte.

„Und als dieses seltsame Gefühl von Tag zu Tag zunahm
und schließlich zu einem bestimmten instinktiven Unwohlsein führte, weshalb mir der Appetit für ‚Machoch'
verging, dachte ich von da ab viel darüber nach, um
die Ursache herauszufinden. Ich dachte wohl immer besonders intensiv nach, wenn ich zu meiner Arbeit ging
oder von ihr heimkehrte, aber wie sehr ich mich auch
bemühte, ich konnte mir doch nichts auch nur annähernd
darüber klarmachen.

„So ging es fast ein halbes Jahr, und als die Schwielen
an meinen Händen vom Seil der Dampfpfeife schon ganz
hart geworden waren, verstand ich eines Tages plötzlich und ganz zufällig, warum ich dieses Unwohlsein
empfand.

„Den Anstoß zu meinem richtigen Verständnis, aus dem
sich schließlich in mir eine unerschütterliche Überzeugung
bildete, gab ein gewisser Ausruf, den ich zufällig unter
folgenden recht sonderbaren Umständen hörte.

„Als ich eines Morgens, nachdem ich nicht genug ge-
schlafen hatte — da ich die erste Hälfte der Nacht bei

48

der Taufe der neunten Tochter meines Nachbarn zugebracht hatte und die andere Hälfte mit dem Lesen eines
sehr interessanten und seltenen Buches, das mir zufällig
in die Hände gefallen war und den Titel trug: ‚Träume
und Zauberei‘ — also als ich eilig dahinlief, um den
Dampf zu entlassen, sah ich plötzlich an der Ecke einen
mir bekannten Feldscher, einen Angestellten der Bürgermeisterei, der mir zuwinkte, zu halten.

„Die Pflicht dieses meines Feldscherfreundes war, daß
er zu gewissen Zeiten in Begleitung eines Assistenten
mit einem besonders gebauten Wagen durch die Stadt zu
gehen und alle herumlungernden Hunde, die er sah, die
an ihrem Kragen kein Metallschild trugen — wie sie von
der Bürgermeisterei gegen Zahlung der Steuer ausgege-
ben wurden — zu erfassen und in das Stadtschlachthaus
zu bringen hatte, wo sie für zwei Wochen auf öffentliche
Kosten erhalten und mit Schlachthausabfällen ernährt
wurden; wenn nach Verlauf dieser Zeit die Besitzer der
Hunde sie nicht abgeholt und die festgesetzte Steuer bezahlt hatten, wurden diese Hunde mit einer gewissen
Feierlichkeit einen gewissen Gang hindurchgetrieben,
der direkt in einen eigens dafür gebauten Ofen führte.

„Nach kurzer Zeit floß am anderen Ende aus diesem
berühmten wohltuenden Ofen mit einem wunderbar gur-
gelndem Klang eine bestimmte Quantität von durch-
sichtigem und ideal reinem Fett, zum Profit der Väter unserer Stadt, für die Herstellung von Seife und vielleicht
noch für etwas anderes, und mit einem glucksenden
Klang, der dem Ohr nicht weniger wunderbar war, strömte
eine gute Quantität recht nützlicher Substanzen zum
Düngen heraus.

„Um diese Hunde zu fangen, ging dieser mein Feldscher-
freund in der folgenden einfachen und bewundernswert
geschickten Weise vor.

„Er besorgte sich irgendwo ein großes altes gewöhnliches Fischernetz, das er dann bei seinen sonderbaren Ausflügen, zum allgemeinen menschlichen Wohl, durch die verkommenen Viertel unserer Stadt in einer besonderen Weise auf seinen starken Schultern trug, und wenn ein Hund ohne ‚Paß‘ in den Gesichtskreis seiner alles sehenden und für alle Hundearten schrecklichen Augen kam, stahl er sich ohne Hast und mit der Sanftheit eines Panthers ganz nah an ihn heran, erwartete einen günstigen Augenblick, wo der Hund von irgend etwas, das er sah, interessiert und angezogen war, warf sein Netz über ihn und verstrickte ihn rasch darin, brachte dann den Wagen herbei, und wenn er den Hund dann entstrickte, fand sich dieser in einem Käfig, der zu dem Wagen gehörte.

„Gerade als mein Bekannter, dieser Feldscher, mir zu halten winkte, war er daran, sein Netz im nächsten passenden Augenblick auf sein nächstes Opfer zu werfen, das in diesem Augenblick mit wedelndem Schwanz dastand und nach einer Hündin schaute. Gerade als mein Freund sein Netz werfen wollte, erklangen plötzlich die Glocken einer benachbarten Kirche, die die Leute zur Frühmesse rief.

„Über dieses unerwartete Geläut in solcher Morgenstille erschrak der Hund und sprang mit einem Satz zur Seite und mit voller Hundegeschwindigkeit die leere Straße davon.

„Der Feldscher war darüber so wütend, daß ihm das Haar, selbst unter den Armhöhlen, zu Berge stand, warf sein Netz auf das Pflaster, spuckte über seine linke Schulter und schrie laut:

„ ‚Teufel, was für eine Zeit zu läuten!‘

„Sobald der Ausruf des Feldschers meinen nachdenkenden Apparat erreichte, schwirrten darin verschiedene Gedanken herum, die mich schließlich meiner Ansicht nach zu dem richtigen Verständnis führten, warum sich in mir das zuvor besagte instinktive Unwohlsein eingestellt hatte.

„Im ersten Augenblick, da ich dies verstand, entstand sogar ein Gefühl von Scham über mich selber, daß ein so einfacher und klarer Gedanke mir nicht früher in den Kopf gekommen war. Fühlte ich doch mit meinem ganzen Sein, daß meine Wirkung auf das allgemeine Leben kein anderes Resultat erzeugen konnte, als eben das, das es bisher schon in mir erzeugt hatte.

„Und tatsächlich muß jeder, der von dem Lärm, den ich mit der Dampfpfeife mache, aus seinem süßen Morgenschlaf geweckt wird, zweifellos mich ‚bei-allem-unter-der-Sonne‘ verfluchen, mich, die Ursache dieses höllischen Lärms, und so müssen natürlich zweifellos, von allen Seiten, alle möglichen bösartigen Wünsche auf mich einströmen.

„Als ich an jenem bedeutenden Morgen meine Pflichten erledigt hatte und in der üblichen bedrückten Stimmung in einer benachbarten ‚Kneipe‘ saß und ‚Hachi‘ mit Knoblauch aß und weiter darüber nachdachte, kam ich zu dem Schluß, daß, wenn ich all die, die mein Dienst zum Wohl einiger von ihnen, wie es scheint, stört, im voraus verfluche, dann nach den Erklärungen des Buches, das ich in der Nacht zuvor gelesen hatte, wieviel auch die, wie man sagen kann, ‚die-sich-in-der-Sphäre-des-Idiotismus-befinden‘, das heißt zwischen Schlaf und Dösen, mich verfluchen würden, dies — wie das gleiche Buch erklärt — überhaupt keine Wirkung mehr auf mich ausüben könne.

„Und tatsächlich, seit ich dies tue, fühle ich nicht länger das besagte instinktive ‚Unwohlsein‘.“

Und nun, geduldiger Leser, muß ich wirklich dieses erste Kapitel zu Ende bringen. Es muß nur noch unterzeichnet werden.

Der, welcher…

Halt! Du noch nicht zur Vernunft Gekommener! Mit einer Unterschrift läßt sich nicht spaßen, sonst wird man wieder mit dir verfahren, wie schon einmal in einem Reich Mitteleuropas, wo du die Miete für ein Haus, das du nur drei Monate lang bewohnt hattest, zehn Jahre lang zahlen mußtest, nur weil du eigenhändig ein Papier unterzeichnet hattest, das dich verpflichtete, den Mietskontrakt jedes Jahr zu erneuern.

Natürlich muß ich nach dieser und noch manch anderen Lebenserfahrung auf jeden Fall, was meine Unterschrift angeht, sehr, sehr vorsichtig sein.

Also denn:

Der in der Kindheit „Tatak" hieß, in früher Jugend „Darki", später „der schwarze Grieche", in seinen mittleren Jahren „der turkestanische Tiger", und der jetzt schon nicht irgendein Beliebiger ist, sondern der echte „Herr" oder „Mister" GURDJIEFF oder Neffe des „Fürsten Muchranski" oder endlich einfach ein „Tanzlehrer".

II. Kapitel

EINFÜHRUNG
WARUM BEELZEBUB IN UNSER
SONNENSYSTEM KAM

Es war objektiver Zeitrechnung nach im Jahre 223 nach
der Weltschöpfung oder, wie man auf Erden sagen würde,
im Jahre 1921 nach Christi Geburt.

Durch das Weltall flog das Schiff der „Zwischen-Raum-
Verbindung"-„Karnak".

Es flog aus den Regionen des „Assuparazata", das
heißt aus den Regionen der „Milchstraße", vom Planeten
„Karatas" zum Sonnensystem „Pandeznoch", dessen
Sonne auch „Polarstern" genannt wird.

Auf dem besagten Zwischen-Raum-Schiff befand sich
Beelzebub samt seinen Angehörigen und Getreuen.

Er war auf dem Wege nach dem Planeten „Revosvradendr" zu einer besonderen Konferenz, an der teilzunehmen er auf die Bitte seiner langjährigen Freunde
hin eingewilligt hatte.

Nur die Erinnerung an diese alten Freundschaften hatte ihn dazu gebracht, diese Einladung anzunehmen; denn
er war schon alt, und die weite Reise mit allem Drum
und Dran war für einen von seinen Jahren keine leichte
Aufgabe.

Erst ganz kurz vor dieser Reise war Beelzebub auf den
Planeten „Karatas" heimgekehrt, wo er entstanden war,
und weit weg von dem er viele Jahre seiner Existenz in
einer seiner Natur fremden Umgebung zugebracht hatte,

von Umständen gezwungen, die nicht von seinem Wesen abhingen.

Dieser langjährige Aufenthalt, der nicht für ihn paßte, die damit verbundenen Wahrnehmungen, die seiner Natur ungewohnt waren, die Erlebnisse, die seinem Wesen keineswegs entsprachen, hatten nicht versäumt, merkliche Spuren in seinem allgemeinen Bestand zu hinterlassen.

Außerdem hatte die Zeit allein ihn schon alt gemacht; die besagten ungewöhnlichen Existenzbedingungen aber hatten Beelzebub, jenen Beelzebub, der eine so ausnehmend kräftige, feurige und schöne Jugend gehabt hatte, auch in einer ungewöhnlichen Weise altern lassen.

Lange, lange zuvor, als Beelzebub noch daheim auf dem Planeten „Karatas" existierte, war er ob seiner außerordentlichen Auffassungsgabe in den Dienst auf der „Sonne Absolut" genommen worden, wo der Hauptsitz Seiner UNENDLICHKEIT UNSERES HERRN UND HERRSCHERS ist; daselbst wurde Beelzebub mit anderen seinesgleichen in den Dienst Seiner UNENDLICHKEIT gestellt.

Damals nun, da Beelzebubs Vernunft ob seiner Jugend noch nicht geformt war und sein Denken, noch unreif und deshalb hitzig, in ungleichmäßigen Assoziationen floß, da nämlich, wie es noch nicht vollständig verantwortlich gewordenen Wesen eigen ist, sein Denken auf engen Begriffen basierte — damals sah er in der Weltregierung etwas, was ihm „unlogisch" zu sein schien, und im Verein mit seinen Gefährten, gleich ihm noch nicht vollends geformten Wesen, mischte er sich in etwas ein, was ihn nichts anging.

Dank der ungestümen und kraftvollen Natur Beelzebubs gewann seine und seiner Gefährten Einmischung bald alle Geister, und es fehlte nicht viel, daß sie das Zentralreich des Megalokosmos fast zu einer Revolution gebracht hätten.

Als Seine UNENDLICHKEIT dies erfuhr, sah er sich trotz seiner Alliebe und Allverzeihung gezwungen, Beelzebub und seine Gefährten in eine der entfernten Einöden des Weltalls, nämlich auf das Sonnensystem „Ors" zu verbannen, das die dortigen Einwohner einfach „Das Sonnensystem" nennen, und er bestimmte einen der Planeten dieses Sonnensystems, nämlich den Planeten „Mars", zu ihrem Existenzort und gab ihnen das Recht, auch auf anderen Planeten, doch nur dieses selben Sonnensystems, zu existieren.

Unter den Verbannten waren außer den besagten Gefährten Beelzebubs auch viele, die einfach mit ihm übereinstimmten, und ferner die Getreuen und Untergebenen Beelzebubs und seiner Gefährten.

Sie alle kamen an diesen entfernten Platz mit ihren Kindern und Hausgenossen, und es bildete sich in kurzer Zeit auf dem Planeten Mars eine ganze Kolonie dreizentrischer Wesen von verschiedenen Planeten des Zentralteiles unseres großen Weltalls.

Diese ganze für den erwähnten Planeten ungewöhnliche Bevölkerung paßte sich allmählich ihrem neuen Existenzort an, und viele von ihnen fanden sogar irgendeine Beschäftigung, um sich die langen Jahre ihrer Verbannung zu verkürzen.

Entweder fanden sie eine Betätigung auf eben diesem Planeten „Mars" oder auf benachbarten Planeten, nämlich auf solchen, die wegen ihrer weiten Entfernung vom Zentrum und der Kargheit ihrer Formationen beinahe gänzlich vernachlässigt waren.

In den folgenden Jahren siedelten viele von ihnen nach und nach auf eigenes Gutdünken oder aus Nöten allgemeinen Charakters vom Planeten Mars auf andere Planeten über; Beelzebub selbst aber blieb mit seinen Getreuen auf dem Planeten Mars und richtete sich seine Existenz daselbst mehr oder weniger erträglich ein.

Zu seinen Hauptbeschäftigungen gehörte die Einrichtung eines Observatoriums auf dem Planeten Mars zur Beobachtung ferner Punkte des Weltalls und der Existenzbedingungen der Wesen auf den benachbarten Planeten; es mag hinzugefügt werden, daß dies sein Observatorium später überall im Weltall bekannt und sogar berühmt wurde.

Obgleich das Sonnensystem „Ors" wegen seiner Entfernung vom Zentrum und aus vielen anderen Gründen vernachlässigt worden war, hatte doch unser HERR UND HERRSCHER von Zeit zu Zeit seine Gesandten auf die Planeten dieses Systems geschickt, um die Seins-Existenz der auf ihnen entstehenden dreihirnigen Wesen mehr oder weniger so zu regulieren, daß ihr Existenz-Prozeß mit der allgemeinen Weltharmonie in Übereinstimmung komme.

So war einst auf einen Planeten dieses Sonnensystems, nämlich auf den Planeten „Erde", als solch ein Gesandter Seiner UNENDLICHKEIT, ein gewisser Aschiata Schiämasch geschickt worden. Und da Beelzebub dazumal in Verbindung mit dessen Mission irgend etwas Notwendiges geleistet hatte, flehte der erwähnte Gesandte, als er wieder auf die Sonne Absolut zurückkehrte, Seine UNEND-LICHKEIT inständig an, dem einst jungen und hitzigen, jetzt aber schon betagtem Beelzebub Verzeihung zu gewähren.

Auf diese Bitte Aschiata Schiämaschs hin und in Anbetracht der bescheidenen und einsichtsvollen Existenz Beelzebubs selbst, verzieh ihm unser ERSCHAFFER UND SCHÖPFER und erlaubte ihm, zu seinem Entstehungsort zurückzukehren.

Deshalb war eben Beelzebub nach langer Abwesenheit nun wieder im Zentrum des Weltalls.

Sein Einfluß und seine Autorität hatten sich während seiner Verbannung nicht nur nicht geschwächt, sondern im Gegenteil sehr verstärkt, da alle um ihn deutlich erkannten, daß durch Beelzebubs langjährigen Aufenthalt unter den erwähnten ungewohnten Verhältnissen sein Wissen und seine Erfahrung sich unzweifelhaft erweitert und vertieft haben mußten.

Und als sich nun auf einem der Planeten des Sonnensystems Pandeznoch Ereignisse von großer Wichtigkeit zutrugen, beschlossen die alten Freunde Beelzebubs, ihn zu stören und ihn zu einer Konferenz über diese Ereignisse einzuladen.

Und die Folge davon war eben, daß Beelzebub die weite Reise auf dem Schiffe Karnak machte, vom Planeten Karatas zum Planeten Revosvradendr.

Auf diesem großen Raum-Schiff „Karnak" waren als Passagiere Beelzebubs Angehörige und Getreue und außerdem noch viele Wesen, die zu der Schiffsmannschaft gehörten.

Zu der Zeit, von der unsere Erzählung spricht, waren alle Passagiere entweder mit der Erfüllung ihrer Pflichten beschäftigt oder übten einfach aus, was man „aktives-Seins-Denken" nennt.

Unter allen Passagieren des erwähnten Schiffes fiel ein sehr hübscher Junge auf, der immer in der Nähe Beelzebubs war.

Das war Hassin, ein Sohn von Beelzebubs Lieblingssohn Tuluf.

Beelzebub hatte seinen Enkel Hassin zum erstenmal nach seiner Rückkehr aus der Verbannung gesehen, und da er sein gutes Herz gleich erkannte und auch demzufolge, was man „Familienneigung" nennt, gewann er ihn sofort lieb.

Und da diese Zeit gerade mit jener zusammenfiel, wo die Vernunft des kleinen Hassin entwickelt werden mußte und Beelzebub viel freie Zeit hatte, so übernahm er selbst die Erziehung seines Enkels und nahm von da an Hassin überallhin mit.

Deshalb begleitete Hassin Beelzebub auch auf dieser weiten Reise und war unter denen, die immer um ihn waren. Hassin seinerseits gewann seinen Großvater dermaßen lieb, daß er keinen Schritt ohne ihn tun wollte und alles, was der Großvater sagte oder lehrte, gierig aufnahm. Zu der Zeit, von der wir sprechen, saß Beelzebub mit Hassin und seinem ergebenen alten Diener Ahun, der ihn immer und überall begleitete, auf dem oberen „Kaßnik", das heißt auf dem oberen Deck des Schiffes Karnak, unter einer „Kalnokranonis", was etwas vorstellt, was man eine große „Glasglocke" nennen würde; sie unterhielten sich dort miteinander und betrachteten zu gleicher Zeit den grenzenlosen Raum.

Beelzebub erzählte von dem Sonnensystem, auf dem er viele Jahre zugebracht hatte.

Diesmal schilderte er gerade die Eigentümlichkeiten der Natur eines Planeten namens „Venus".

Mitten in seiner Schilderung wurde Beelzebub gemeldet, daß der Kapitän des Schiffes ihn gern sprechen möchte, und Beelzebub gab dieser Bitte nach.

III. Kapitel

WARUM DAS SCHIFF „KARNAK" IM FALLEN VERSPÄTUNG HATTE

Kurz darauf trat der Kapitän ein, und nachdem er vor Beelzebub alle Zeremonien ausgeführt hatte, die Beelzebubs Rang entsprachen, sagte er:

„Wollen Hochehrwürden mir gestatten, um dero unbestreitbare Meinung über eine auf unserem Kurs uns bevorstehende Unvermeidlichkeit zu fragen, die unser sanftes Fallen auf kürzestem Wege hindern wird.

„Die Sache ist die, daß, wenn wir unserem geplanten Kurs folgen, unser Schiff nach zwei ‚Kilpreno'*) das Sonnensystem ‚Wuanik' kreuzen wird.

„Und gerade dort, wo unser Schiff passieren muß, muß ungefähr ein ‚Kilpreno' zuvor ein großer Komet, der zu diesem Sonnensystem gehört, durchkommen, mit Namen ‚Sakur', manchmal auch der ‚Wahnwitzige' genannt.

„Wenn wir uns also an die vorgesehene Richtung halten, müssen wir unvermeidlich jenen Raum durchkreuzen, durch den dieser Komet kommen wird.

„Es ist aber Hochehrwürden bekannt, daß dieser ‚wahnwitzige' Komet auf seiner Bahn immer viel ‚Zilnotrago'**) verpufft, das, kommt es in den planetischen Körper eines

---

*) Das Wort „Kilpreno" bedeutet in der Sprache Beelzebubs eine gewisse Zeitspanne, die ungefähr jener Zeitspanne entspricht, die wir „Stunde" nennen.

**) Das Wort „Zilnotrago" ist die Bezeichnung für ein besonderes Gas, ähnlich dem, was wir „Blausäure" nennen.

Wesens, fast alle Funktionen solange stört, bis dieses ‚Zilnotrago' wieder aus ihm ausgeschieden ist.

„Um das ‚Zilnotrago' zu vermeiden", fuhr der Kapitän fort, „wollte ich zuerst mit unserem Schiff um diese Sphären herumfahren. Doch wäre dazu ein großer Umweg nötig, was die Dauer unserer Fahrt sehr verlängern würde.

„Abzuwarten, bis das ‚Zilnotrago' sich verflüchtigt hat, würde anderseits noch mehr Zeit erfordern.

„Im Hinblick auf den schroffen Gegensatz der zwei zur Wahl stehenden Möglichkeiten, kann ich selbst nicht entscheiden, was zu tun ist, und deshalb habe ich es gewagt, Hochehrwürden zu belästigen, um dero kompetenten Rat zu hören."

Als der Kapitän mit seiner Rede zu Ende war, dachte Beelzebub kurz nach und sagte dann folgendes:

„Ich weiß tatsächlich nicht, was ich Ihnen raten soll, mein teurer Kapitän … oder doch … auf dem Sonnensystem, auf dem ich lange existierte, gibt es einen Planeten, welcher ‚Erde' heißt. Auf diesem Planeten Erde entstanden und entstehen noch immer höchst sonderbare dreizentrische Wesen, und unter den Wesen eines Kontinents dieses Planeten, der ‚Asien' genannt wird, entstand und existierte ein sehr weises dreihirniges Wesen, das man dort Mulla-Nassr-Eddin nennt.

„Und dieser irdische Weise Mulla-Nassr-Eddin", fuhr Beelzebub fort, „hat für alle besonderen großen wie kleinen Situationen in der Existenz der dortigen Wesen einen passenden und deftigen Spruch.

„Da alle diese Sprüche voll zutreffender Wahrheit für die dortige Existenz sind, richtete auch ich mich immer gern nach ihnen, um eine angenehme Existenz unter den Wesen dieses Planeten zu haben.

„Und auch im gegebenen Falle möchte ich, mein teurer Kapitän, mich eines seiner weisen Sprüche bedienen.

„In einer Lage wie der unseren würde er wohl sagen:

„‚Du kannst nicht über deine Knie springen, und unsinnig ist es, seinen eigenen Ellbogen küssen zu wollen.'

„Ich sage Ihnen jetzt dasselbe, und ich füge noch hinzu: Man kann nichts tun als sich fügen, wenn einem ein Ereignis bevorsteht, das von Mächten kommt, die einem unermeßlich überlegen sind.

„Die Frage kann nur die sein, welcher von den zwei Auswegen, die Sie nannten, gewählt werden soll, ob man nämlich irgendwo warten oder einen Umweg machen soll.

„Sie sagen, daß der Umweg unsere Reise sehr verlängern, das Warten aber noch mehr Zeit kosten würde.

„Nun gut, mein teurer Kapitän, nehmen wir an, daß wir den Umweg machen und damit sogar etwas Zeit gewinnen. Was meinen Sie? Wird es sich lohnen, die Maschinenteile unseres Schiffes arbeiten und sich abnützen zu lassen, damit wir etwas früher an das Ziel unserer Reise gelangen?

„Wenn der Umweg für unser Schiff auch nur den kleinsten Schaden mit sich bringen könnte, sollte man, meiner Meinung nach, Ihren zweiten Vorschlag vorziehen, nämlich irgendwo warten, bis der Weg von diesem schädlichen ‚Zilnotrago' wieder frei ist, wodurch wir wenigstens unserem Schiff unnützen Schaden ersparen.

„Wir aber werden uns bemühen, die Zeit dieser unvorhergesehenen Verzögerung mit etwas für uns alle Nützlichem auszufüllen.

„Ich persönlich zum Beispiel würde mich mit großem Vergnügen mit Ihnen über heutige Schiffe im allgemeinen und unser Schiff im besonderen unterhalten.

„Es ist nämlich in dieser Hinsicht während meiner Abwesenheit von hier sehr viel Neues geleistet worden, wovon ich noch nichts weiß.

„Zum Beispiel waren zu meiner Zeit die großen Zwischen-Raum-Schiffe derart kompliziert und schwerfällig, daß beinahe die Hälfte ihrer Leistung darauf ging, die Materialien mitzuschleppen, die zur Ausarbeitung der Kräfte dienten, die ihre Fortbewegung bewerkstelligten.

„Dagegen sind die heutigen Schiffe in ihrer Einfachheit und der Freiheit, die auf ihnen herrscht, ein wahres ,Seligstokirno'.

„Die Wesen genießen auf diesen Schiffen eine solche Einfachheit und Freiheit für alle Seins-Äußerungen, daß man manchmal vergißt, daß man sich nicht auf einem Planeten befindet.

„Darum, mein teurer Kapitän, möchte ich gern wissen, wie man zu dieser Wohltat kam und wie die heutigen Schiffe arbeiten.

„Doch gehen Sie einstweilen und treffen Sie alle nötigen Vorkehrungen für das uns bevorstehende Anhalten. Wenn Sie dann vollkommen frei sind, kommen Sie wieder zu mir, und wir werden die Zeit unserer unvermeidlichen Verzögerung mit Unterhaltungen verbringen, die für uns alle nützlich sind."

Als der Kapitän gegangen war, sprang Hassin plötzlich auf und fing an zu hüpfen, in die Hände zu klatschen und auszurufen:

„Wie froh bin ich, wie froh bin ich, wie bin ich darüber froh!"

Beelzebub nahm diese freudigen Äußerungen seines Lieblings mit Wohlwollen auf, der alte Ahun aber konnte sich nicht zurückhalten, den Kopf vorwurfsvoll zu schütteln und — halb zu sich selbst — den Knaben einen „wachsenden Egoisten" zu nennen.

Als Hassin hörte, wie Ahun ihn nannte, blieb er vor ihm stehen, sah ihn schalkhaft an und sagte:

„Sei mir nicht böse, guter Ahun, der Grund meiner Freude ist nicht Egoismus, sondern nur dies für mich zufällig glückliche Zusammentreffen. Hast du verstanden? Mein lieber Großvater beschloß nicht nur einfach Halt zu machen, sondern versprach auch dem Kapitän, sich mit ihm zu unterhalten.

„Und du weißt doch, daß Unterhaltungen mit meinem lieben Großvater stets Erzählungen über Gegenden, wo er gewesen ist, mit sich bringen, und du weißt auch, wie schön er sie mitteilt und daß sich durch diese Erzählungen viele neue und interessante Kunden in unserem Bestand kristallisieren.

„Wo ist da Egoismus? Hat er doch selbst, nachdem er alle Umstände dieses unvorhergesehenen Falles mit seiner weisen Vernunft erwogen hat, aus eigenem freien Willen beschlossen, haltzumachen, was seine festgesetzten Pläne nicht allzusehr aus dem Geleise zu bringen scheint.

„Mich dünkt, daß mein teurer Großvater keinen Grund zur Eile hat, um so weniger, als es alles, was er zu seiner Ruhe und Bequemlichkeit braucht, auf der Karnak gibt, wo es auch viele gibt, die ihn lieben und die er liebt.

„Erinnerst du dich nicht, daß er kürzlich einmal sagte: ‚Mächten,-die-höher-sind-als-wir,-dürfen-wir-uns-nicht-widersetzen‘, und daß er noch hinzufügte, daß man solchen Mächten nicht nur keinen Widerstand leisten dürfe, sondern daß man sich füge und alle ihre Resultate mit Ehrfurcht annehmen und zu gleicher Zeit die wunderbaren und vorausgesehenen Werke unseres HERRN UND SCHÖPFERS preisen und verherrlichen müsse?

„Nicht über unser Mißgeschick freue ich mich, sondern daß ein unvorhergesehenes Ereignis, das von oben gekommen ist, uns noch einmal die Möglichkeit gibt, den Erzählungen meines teuren Großvaters zu lauschen.

„Bin ich daran schuld, daß die Umstände für mich zufällig höchst günstig und glücklich sind?

„Nein, teurer Ahun, man sollte mich nicht nur nicht tadeln, sondern mit mir zusammen der Quelle aller daraus entstehenden wohltuenden Resultate danken.“

Beelzebub hatte dem Schwatzen seines Lieblings die ganze Zeit aufmerksam und lächelnd zugehört, und als dieser fertig war, sagte er:

„Du hast recht, lieber Hassin, und weil du recht hast, will ich dir noch vor der Rückkehr des Kapitäns erzählen, was immer du dir wünschest."

Als der Knabe dies hörte, lief er sofort herbei, setzte sich Beelzebub zu Füßen und sagte nach kurzem Nachdenken:

„Mein teurer Großvater, du hast mir schon so viel über jenes Sonnensystem erzählt, wo du so viele Jahre verbracht hast, daß jetzt vielleicht ich sogar logisch fortfahren könnte, die Einzelheiten der Natur dieses eigenartigen Zipfels unseres Weltalls zu beschreiben.

„Jetzt aber möchte ich gern wissen, ob auf den Planeten dieses Sonnensystems dreihirnige Wesen wohnen und ob sich in ihnen ‚höhere-Seins-Körper' bekleiden.

„Darüber erzähle mir, bitte, jetzt, teurer Großvater", schloß Hassin, wobei er Beelzebub liebevoll ansah.

„Ja", erwiderte Beelzebub, „auf beinahe allen Planeten auch dieses Sonnensystems wohnen dreihirnige Wesen, und in fast allen von ihnen können sich ‚höhere-Seins-Körper' bekleiden.

„Nur bekleiden sich ‚höherer-Seins-Körper' oder, wie sie auf einigen Planeten dieses Sonnensystems genannt werden, ‚Seelen', nicht in solchen dreihirnigen Wesen, die auf jenen Planeten vorkommen, die von den Emanationen unserer Allerheiligsten Sonne Absolut erst dann erreicht werden, nachdem diese Emanationen ihre volle Kraft durch wiederholte Brechungen langsam verloren haben und schließlich diese belebende Kraft zur Bekleidung ‚höherer-Seins-Körper' nicht mehr enthalten.

„Gewiß, mein Knabe, auf jedem einzelnen Planeten auch dieses Sonnensystems bilden sich die planetischen Körper dreihirniger Wesen und nehmen ein Äußeres an, das der

64

Natur des gegebenen Planeten entspricht, und passen sich in ihren Einzelheiten an die sie umgebende Natur an.

„Zum Beispiel auf dem Planeten, auf den wir Verbannte alle verwiesen waren, das heißt auf dem Planeten Mars, haben dreizentrische Wesen ‚planetische-Körper', welche die Form, wie soll ich sagen… eine Form wie ein ‚Karun' haben, nämlich einen langen und breiten Rumpf mit großem Fettvorrat und einen Kopf mit sehr großen, hervorstehenden, leuchtenden Augen. Auf dem Rücken dieses enormen ‚planetischen-Körpers' befinden sich zwei große Flügel, wogegen die untere Seite mit zwei verhältnismäßig kleinen Füßen, doch mit sehr starken Krallen versehen ist.

„Fast die ganze Kraft dieses enormen ‚planetischen-Körpers' wird von der Natur zur Erzeugung von Energie für die Augen und Flügel dieser Wesen verwandt.

„Deshalb können die auf diesem Planeten vorkommenden dreihirnigen Wesen überall klar sehen, wie immer auch die ‚Kldazachti'*) sei, und sich auch leicht bewegen, nicht nur auf dem Planeten selbst, sondern auch in seiner Atmosphäre. Einigen von ihnen gelingt es sogar manchmal, über den Bereich ihrer Atmosphäre hinauszugelangen.

„Auf einem anderen Planeten, der ein wenig niedriger liegt als der Planet Mars, sind die auf ihm vorkommenden dreihirnigen Wesen ob der großen Kälte, die dort herrscht, mit dichter und weicher Wolle bedeckt.

„Die äußere Form dieser dreizentrischen Wesen ähnelt der eines ‚Tussuks', das heißt sie stellt etwa eine ‚Doppelkugel' dar, wobei die eine, die obere Kugel als Behälter für die Hauptorgane des ganzen ‚planetischen-Körpers' und die andere, die untere Kugel als Behälter für die Organe zur Transformation der ersten und zweiten Seins-Nahrung dient.

„Die obere Kugel hat drei nach außen gehende Öff-

____

*) „Kldazachti" heißt Dunkelheit.

nungen, von denen zwei dem Gesicht und die dritte dem Gehör dienen.

„Die andere, die untere Kugel hat nur zwei Öffnungen, eine vorn, um die erste und zweite Seins-Nahrung aufzunehmen, die andere hinten, um die Reste auszuscheiden, die der Organismus nicht mehr länger braucht. An der unteren Kugel sind zwei sehr starke sehnige Füße befestigt, und an jedem von ihnen ist ein Auswuchs, der für sie das gleiche ist wie für uns die Finger.

„Es gibt, mein teurer Knabe, in diesem Sonnensystem noch einen anderen ganz kleinen Planeten, den man ‚Mond‘ nennt.

„Dieser sonderbare kleine Planet kommt auf seinen Umdrehungen oft unserem Planeten Mars sehr nahe, und ich beobachtete manchmal viele ‚Kilprenos‘ hindurch mit großem Vergnügen durch das ‚Teskuano‘*) in meinem Observatorium den Existenzprozeß der dreihirnigen Wesen dieses kleinen Planeten.

„Die Wesen dieses Planeten haben sehr schwächliche planetische Körper, dafür aber einen sehr starken ‚Geist‘ und somit außerordentliche Ausdauer und Leistungsfähigkeit.

„In ihrer äußeren Form ähneln sie dem, was man dort große ‚Ameisen‘ nennt, und wie diese, krabbeln und arbeiten auch sie die ganze Zeit sowohl auf als auch in ihrem Planeten herum.

„Die Resultate ihrer unaufhörlichen Tätigkeit sind jetzt schon deutlich zu sehen.

„So stellte ich einmal unter anderem fest, daß sie während zweier unserer Jahre ihren ganzen Planeten sozusagen durchbohrten.

„Diese Arbeit mußten sie wegen der anomalen lokalen klimatischen Verhältnisse unternehmen, die dadurch bedingt sind, daß dieser Planet unerwartet entstanden ist

---

*) „Teskuano“ bedeutet Fernrohr.

und die Regulierung seiner klimatischen Harmonie von den höheren Mächten nicht vorausbestimmt worden war.

„Das ‚Klima' auf diesem Planeten ist wirklich ‚verrückt' und in seiner Veränderlichkeit den blödsinnig hysterischen Frauen voraus, die es auf einem Planeten dieses selben Sonnensystems gibt, von dem ich dir noch erzählen werde.

„Manchmal ist ein solcher Frost auf diesem Mond, daß alles durch und durch erfriert und daß es den Wesen ganz unmöglich ist, in offener Atmosphäre zu atmen, und dann wieder herrscht plötzlich eine solche Hitze, daß ein Ei in seiner Atmosphäre in einem Moment gekocht werden kann.

„Nur während zwei kurzer Perioden, nämlich bevor und nachdem er eine volle Runde um seinen Nachbarn gemacht hat — einen anderen benachbarten Planeten — ist das Wetter auf diesem sonderbaren kleinen Planeten so wunderbar, daß während einiger Drehungen um sich selbst der ganze Planet aufblüht und verschiedene Produkte für die ‚erste-Seins-Nahrung' jener Wesen in größerem Maße hervorbringt, als sie im allgemeinen während ihrer Existenz in dem von ihnen eingerichteten sonderbaren ‚inneren-Planeten-Reich' brauchen, wo sie von allen Schrullen eines so ‚verrückten' Klimas geschützt sind.

„Diesem kleinen Planeten am nächsten ist ein anderer größerer Planet, der ebenfalls manchmal dem Planeten Mars sehr nahe kommt und ‚Erde' genannt wird.

„Der erwähnte Mond ist nichts als ein Teil dieser Erde, und diese muß immerfort seine Existenz erhalten.

„Auf dem soeben erwähnten Planeten Erde entstehen ebenfalls dreihirnige Wesen, und auch sie haben alle Gegebenheiten, um in sich ‚höhere-Seins-Körper' bekleiden zu können.

„Was aber ihre ‚Geisteskraft' anbelangt, so können sie keineswegs mit den Wesen verglichen werden, die auf dem zuvor erwähnten kleinen Planeten vorkommen.

„Die äußere Bekleidung der Wesen dieses Planeten Erde gleicht unserer eigenen. Nur ist erstens ihre Haut etwas schleimiger als die unsrige, und zweitens haben sie keinen Schwanz, und ihr Kopf ist nicht mit Hörnern versehen. Das Schlimmste aber an ihnen sind ihre Füße, sie haben nämlich keine Hufe. Es ist zwar wahr, daß sie zum Schutz vor äußeren Einflüssen erfunden haben, was sie ‚Schuhwerk‘ nennen, doch nützt ihnen diese Erfindung recht wenig.

„Und nicht allein ihr Äußeres ist unvollkommen, sondern auch ihre Vernunft ist ganz ‚einzigartig-sonderbar‘. „Ihre ‚Seins-Vernunft‘ ist aus sehr vielen Ursachen, über die ich dir auch einmal erzählen werde, allmählich entartet und ist zur jetzigen Zeit recht eigentümlich und im höchsten Grade sonderbar.“

Beelzebub wollte noch mehr sagen, aber in diesem Augenblick trat der Kapitän des Schiffes ein, und Beelzebub begann mit ihm zu reden, nachdem er dem Knaben noch versprochen hatte, ihm bei einer anderen Gelegenheit mehr über die Wesen des Planeten Erde zu erzählen.

Indem sich Beelzebub zum Kapitän wandte, bat er ihn, ihm zuerst zu sagen, wer er sei, wie lange schon Kapitän und wie ihm seine Arbeit gefalle, und ihm dann einige anschauliche Einzelheiten über gegenwärtige kosmische Schiffe mitzuteilen.

Darauf erwiderte der Kapitän:

„Als ich mich, Hochehrwürden, dem Alter eines verantwortlichen Wesens näherte, wurde ich von meinem Vater zu dieser Laufbahn im Dienste UNSERES UNENDLICHEN SCHÖPFERS bestimmt.

„Ich fing mit dem untersten Posten auf Zwischen-Raum-Schiffen an und verdiente schließlich, Kapitänspflichten zu erfüllen, und nun sind es acht Jahre, seit ich Kapitän auf Fernschiffen bin.

„Auf diesem jetzigen Posten, nämlich als Kapitän der

Karnak, folgte ich, genau gesagt, meinem Vater nach, als er nach langjährigem, tadellosem Dienst bei seiner UNENDLICHKEIT, wo er Kapitänsposten beinahe seit den ersten Anfängen der Weltschöpfung innegehabt hatte, würdig befunden wurde, den Posten des Herrschers des Sonnensystems ‚Kalman' zu erhalten.

„Kurzum", fuhr der Kapitän fort, „ich trat meinen Dienst gerade damals an, als Hochehrwürden nach dero Verbannungsort abreisten.

„Dazumal war ich erst ein ‚Deckfeger' auf einem damaligen Fernschiff.

„Ja… eine lange Zeit ist verflossen.

„Alles hat sich seitdem verändert und ist verändert — unverändert blieb allein unser HERR UND HERRSCHER. Der Segen ‚Amenzano' sei mit seiner Unveränderlichkeit in alle Ewigkeit!

„Hochehrwürden geruhten zuvor sehr richtig zu bemerken, daß die früheren Schiffe sehr unbequem und schwerfällig waren.

„Ja, tatsächlich, sie waren damals sehr kompliziert und schwerfällig. Ich erinnere mich dessen auch sehr gut; es ist ein enormer Unterschied zwischen den damaligen und den jetzigen Schiffen.

„In unserer Jugend wurden alle diese Schiffe, die der ‚Zwischen-System-Verbindung' sowohl wie der ‚Zwischen-Planeten-Verbindung' dienten, noch mittels des kosmischen Stoffes ‚Elekilpomagtistzon' bewegt, das heißt jener Gesamtheit, die aus zwei einzelnen Teilen des allgegenwärtigen ‚Okidanoch' besteht.

„Zur Gewinnung dieses Stoffes waren jene zahlreichen Materialien nötig, welche die früheren Schiffe mitschleppen mußten.

„Aber nach dero Abfliegen aus diesen Gegenden wurden diese Schiffe nicht mehr lange benutzt, sondern durch Schiffe nach dem System des heiligen Venoma ersetzt."

IV. Kapitel

DAS FALLGESETZ

Der Kapitän fuhr fort:

„Dies trug sich objektiver Zeitrechnung nach im Jahre 185 zu.

„Der heilige Venoma war um seiner Verdienste willen vom Planeten ‚Surt‘ auf den heiligen Planeten ‚Fegefeuer‘ genommen worden, wo er, nachdem er sich mit seiner neuen Umgebung und seinen neuen Pflichten vertraut gemacht hatte — seine ganze freie Zeit seiner Lieblingsbeschäftigung widmete.

„Und seine Lieblingsbeschäftigung war, herauszufinden, was für neue Phänomene in den verschiedenen Kombinationen bereits gesetzmäßig existierender Erscheinungen noch gefunden werden könnten.

„Und während dieser Beschäftigung stellte der heilige Venoma nach einiger Zeit in den kosmischen Gesetzen zum erstenmal fest, was später zu einer berühmten Entdeckung wurde und was er selbst zuerst als ‚Fallgesetz‘ bezeichnete.

„Dieses von ihm gefundene kosmische Gesetz formulierte der heilige Venoma selbst folgendermaßen:

„ ‚Alles im Weltall Existierende fällt nach unten. Als „Unten“ gilt für jeden Teil des Weltalls die nächste „Stabilität“, und diese Stabilität ist der Platz oder Punkt, auf den alle Kraftlinien aus allen Richtungen zuströmen.‘

„ ‚Solche ‚Stabilitätspunkte‘ sind die Zentren aller Sonnen und Planeten unseres Weltalls. Sie gerade bilden das

70

‚Unten' für jene Raumregionen, auf die Kräfte aus allen Richtungen des betreffenden Weltallteiles zuströmen und wo sie sich konzentrieren. In diesen Punkten konzentriert sich das Gleichgewicht, welches Sonnen und Planeten ihre Lage beibehalten läßt.'

„Ferner sagte der heilige Venoma in seiner Formulierung, daß jeder Gegenstand, wo immer er im Raume freigelassen werde, danach strebe, auf die eine oder andere Sonne oder auf den einen oder anderen Planeten zu fallen, je nachdem zu welcher Sonne oder welchem Planeten der betreffende Teil des Raumes gehöre, wo der Gegenstand freigelassen werde — da jede Sonne oder jeder Planet für die betreffende Sphäre die ‚Stabilität' oder das ‚Unten' sein könne.

„Davon ausgehend, erwog der heilige Venoma in seinen weiteren Forschungen folgendes:

„ ‚Wenn dem so ist, könnte diese kosmische Eigentümlichkeit nicht zu der uns nötigen Fortbewegung zwischen den Räumen des Weltalls verwandt werden?'

„Und von da an arbeitete er in dieser Richtung.

„Seine weiteren heiligen Arbeiten ergaben, daß, obgleich dies im Prinzip möglich war, das von ihm zuerst entdeckte ‚Fallgesetz' doch nicht zu diesem Zwecke voll angewandt werden konnte. Und dies nur deswegen nicht, weil die Atmosphären, die fast alle kosmischen Verdichtungen umgeben, das Fallen in gerader Linie des im Raume freigelassenen Gegenstandes hindern.

„Nachdem der heilige Venoma zu dieser Feststellung gekommen war, richtete er seine ganze Aufmerksamkeit darauf, ein Mittel zu finden, um den besagten Widerstand der Atmosphären für die nach dem Fallprinzip konstruierten Schiffe zu überwinden.

„Nach drei ‚Luniass' fand der heilige Venoma auch eine solche Möglichkeit, und nachdem unter seiner Leitung der Bau einer entsprechenden speziellen Konstruktion beendet worden war, begann er seine praktischen Versuche.

„Diese spezielle Konstruktion hatte das Aussehen eines großen Gemaches, in dem alle Wände aus einem besonderen glasartigen Material verfertigt waren.

„Auf allen Seiten dieses großen Gemaches waren Dinge wie ‚Fensterläden‘ angebracht, die aus einem Material bestanden, das die Strahlen des kosmischen Stoffes ‚Elekilpomagtistzon‘ nicht durchließ, die aber, obwohl sie ganz fest an den Wänden des besagten Gemaches angebracht waren, sich doch leicht in jeder Richtung verschieben ließen.

„In diesem Gemach war eine besondere ‚Batterie‘ aufgestellt, die eben diesen ‚Elekilpomagtistzon‘-Stoff erzeugte und hergab.

„Ich war selbst, Hochehrwürden, bei den ersten Versuchen zugegen, die der heilige Venoma nach den von ihm gefundenen Prinzipien machte.

„Das ganze Geheimnis bestand darin, daß, wenn man die ‚Elekilpomagtistzon‘-Strahlen durch dieses besondere Glas durchließ, all das innerhalb des Raumes, wohin sie kamen, vernichtet wurde, woraus gewöhnlich die Atmosphären der Planeten bestehen, als da sind: ‚Luft‘, alle möglichen ‚Gase‘, ‚Nebel‘ und dergleichen mehr. Dieser Teil des Raumes wurde tatsächlich absolut leer, leistete keinen Widerstand mehr und übte keinen Druck mehr aus, so daß, selbst wenn nur ein erst kürzlich entstandenes Wesen diese gewaltige Konstruktion angestoßen hätte, sie sich leicht wie eine Feder vorwärtsbewegt hätte.

„An den Außenseiten dieses sonderbaren Gemaches waren flügelartige Vorrichtungen angebracht, die mit demselben ‚Elekilpomagtistzon‘-Stoff in Bewegung gesetzt wurden und dazu dienten, dieser ganzen enormen Konstruktion den Anstoß zu geben, sich in der gewünschten Richtung zu bewegen.

„Die Resultate dieser Experimente wurden von einer

Prüfungskommission unter dem Vorsitz des Erzengels Adossius gutgeheißen und gesegnet; danach wurde der Bau eines großen Schiffes nach diesen Prinzipien begonnen.

„Das Schiff war bald fertig und in Dienst gestellt. Und nach einiger Zeit wurden nur noch Schiffe dieser Art auf allen Linien der Zwischen-System-Verbindung gebraucht.

„Obwohl, Hochehrwürden, die Unbequemlichkeiten auch dieses Systems später mehr und mehr in Erscheinung traten, verdrängte es doch weiterhin alle Systeme, die zuvor existiert hatten.

„Gewiß, die nach diesem System erbauten Schiffe funktionierten ganz tadellos in atmosphärelosen Räumen und bewegten sich dort fast mit der Geschwindigkeit der von Planeten kommenden ‚Etzikolnionachnischen‘-Strahlen fort. Sobald sie sich aber einer Sonne oder einem Planeten näherten, wurde es eine wahre Qual für die Wesen, die sie lenkten, da dann viel kompliziertes Manövrieren nötig war, Manövrieren, das seinen Grund nicht in diesem ‚Fallgesetz‘ hatte.

„Sobald nämlich das Schiff in den Atmosphärenring einer Sonne oder eines Planeten, wo es vorbei mußte, gelangte, begann es sofort auf diese Sonne oder diesen Planeten zu fallen, und es waren, wie ich bereits gesagt habe, viel Aufmerksamkeit und große Kenntnisse nötig, um das Schiff nicht aus seinem Kurs fallen zu lassen.

„Während die Schiffe an einer Sonne oder einem Planeten vorbeizogen, mußte ihre gewöhnliche Fahrgeschwindigkeit manchmal viele hundert Mal verlangsamt werden.

„Besonders schwer war es, sie durch solche Sphären zu lenken, wo es eine große Anhäufung von ‚Kometen‘ gab.

„Deshalb wurden auch große Anforderungen an die Wesen gestellt, die diese Schiffe zu lenken hatten, und sie wurden auf ihre Pflichten von Wesen mit sehr hoher Vernunft vorbereitet.

„Trotz der erwähnten Nachteile verdrängte das System des heiligen Venoma, wie ich bereits berichtet habe, doch allmählich alle früheren Systeme.

„Und die Schiffe nach dem System des heiligen Venoma hatten schon dreiundzwanzig Jahre existiert, als sich zum erstenmal das Gerücht verbreitete, daß der Engel Hariton einen neuen Schiffstyp für ‚Zwischen-System-' und ‚Zwischen-Planeten-Verbindungen' erfunden habe."

V. Kapitel

DAS SYSTEM DES ERZENGELS HARITON

Der Kapitän fuhr weiter fort:

„Und es wurden tatsächlich bald nachdem dieses Gerücht aufgekommen war — ebenfalls unter Leitung des großen Erzengels Adossius — allgemein zugängliche praktische Experimente mit dieser neuen, später so berühmten Erfindung vorgenommen.

„Dieses neue System wurde einstimmig als das beste anerkannt und sehr bald für den allgemeinen Weltall-Dienst angewandt, und damit wurden allmählich alle früheren Systeme vollständig verdrängt.

„Heutzutage wird dieses System des großen, jetzt schon Erzengels Hariton überall verwandt.

„Das Schiff, auf dem wir hier fliegen, gehört auch diesem System an, und seine Konstruktion ist genau wie die aller Schiffe nach dem System des Engels Hariton gebaut.

„Dieses System ist nicht sehr kompliziert.

„Die ganze große Erfindung besteht nur in einem einzigen ‚Zylinder‘, der die Form einer gewöhnlichen Tonne hat.

„Das Geheimnis dieses Zylinders liegt in der Zusammensetzung der Stoffe, woraus seine inneren Wände gemacht sind.

„Diese Stoffe sind in einer gewissen Reihenfolge angeordnet und voneinander durch ‚Bernstein‘ isoliert; sie haben die Eigenschaft, daß, was immer für kosmische gasartige Stoffe in den von ihnen umgrenzten Raum kommen, sei es ‚Atmosphäre‘, ‚Luft‘, ‚Äther‘ oder irgendeine andere

Gesamtheit ähnlicher kosmischer Elemente, sie sich, dank der erwähnten Zusammensetzung der Stoffe, innerhalb des Zylinders sofort ausbreiten.

„Der Boden dieser ‚Zylindertonne‘ ist hermetisch verschlossen, ihr Deckel aber, der zwar auch fest verschlossen werden kann, ist mit Scharnieren angebracht, so daß er durch einen Druck von innen auf- und zugemacht werden kann.

„Wenn sich nun, Hochehrwürden, diese ‚Zylindertonne‘ mit Atmosphäre, Luft oder irgendeinem anderen derartigen Stoff füllt, dehnen sich diese Stoffe unter der Wirkung der Wände dieser eigentümlichen ‚Zylindertonne‘ so aus, daß das gesamte Innere zu klein für sie wird.

„Indem sie danach streben, einen Ausweg aus diesem für sie zu eng gewordenen Gemach zu finden, drücken sie natürlich gegen den Deckel der ‚Zylindertonne‘, der sich mit den erwähnten Scharnieren öffnet, und nachdem er diese ausgedehnten Stoffe hat entweichen lassen, sofort wieder zuklappt. Da aber die Natur kein Vakuum duldet, füllt sich, während die ausgedehnten gasartigen Stoffe noch ausströmen, die ‚Zylindertonne‘ schon wieder mit frischen, aus dem Raum kommenden Stoffen an, mit denen wiederum das gleiche vor sich geht wie zuvor, und so weiter ohne Ende.

„Auf diese Weise wechseln die Stoffe immerzu, so wie sich der Deckel der ‚Zylindertonne‘ abwechselnd öffnet und schließt.

„An diesem selben Deckel ist ein ganz einfacher Hebel angebracht, der die Bewegung des Deckels mitmacht und seinerseits einige ebenfalls sehr einfache ‚Treibräder‘ in Bewegung setzt, die wiederum ihrerseits die an den Seiten und am Heck des Schiffes angebrachten Propeller antreiben.

„Also, Hochehrwürden, moderne Schiffe wie das unsere

fallen in Räumen, wo sie keinen Widerstand finden, einfach nach unten, zur nächsten ‚Stabilität'. In Räumen aber, wo es irgendwelche Widerstand leistende kosmische Stoffe — ganz gleich welcher Dichtigkeit — gibt, ermöglichen es diese Stoffe, mit Hilfe des Zylinders das Schiff in jeder gewünschten Richtung zu bewegen.

„Es ist interessant zu bemerken, daß, je dichter die Stoffe in einem Teil des Weltalls sind, um so besser und stärker die Ladung und Entladung dieser Zylindertonne vor sich geht, womit sich natürlich auch die Bewegungskraft der Hebel verändert.

„Nichtsdestoweniger aber wiederhole ich, daß atmosphärelose Sphären, also Räume, wo es nur Weltall-‚Ätherokrilno' gibt, auch für die heutigen Schiffe am besten sind, da es in solchen Sphären überhaupt keinen Widerstand gibt, weshalb das ‚Fallgesetz' in ihnen voll ausgenutzt werden kann, ohne jede Mitarbeit des Zylinders.

„Außerdem sind die modernen Schiffe auch in der Hinsicht gut, daß sie den Vorzug haben, daß sie, sobald man ihnen in stofflosen Räumen einen Stoß nach irgendeiner Richtung versetzt, genau dahin fallen, wohin man wünscht, was bei den Schiffen nach dem System des heiligen Venoma — es sei denn durch schwierige Manipulationen — nicht möglich war.

„Mit einem Wort, Hochehrwürden, die Bequemlichkeit und Einfachheit der heutigen Schiffe sind über allen Vergleich den früheren viel komplizierteren voraus, die noch dazu keinen der Vorzüge der jetzt gebrauchten Schiffe hatten…"

VI. Kapitel

DAS PERPETUUM MOBILE

„Halt... Halt...", unterbrach Beelzebub den Kapitän,
„wovon Sie uns gerade erzählen, muß wohl jene Wahn-
idee sein, die die sonderbaren dreihirnigen Wesen, die
auf dem Planeten Erde vorkommen, ‚Perpetuum mobile'
nennen, und die zu einer gewissen Periode sehr viele von
ihnen, wie sie selbst sagen, ganz ‚verrückt' machte und
viele sogar zugrunde richtete.

„Es kam nämlich eines schönen Tages jemandem auf
diesem unglücklichen Planeten irgendwie, wie sie sich
ausdrücken, der ‚närrische Gedanke' in den Kopf, daß
er einen Mechanismus ersinnen könne, der unaufhörlich
arbeiten würde, ohne eines Antriebs von außen her zu
bedürfen.

„Und diese Idee gefiel allen so, daß fast alle Sonderlinge
jenes sonderbaren Planeten über sie nachsannen und dieses
Wunder sogar in die Wirklichkeit umzusetzen versuchten.

„Wie viele von ihnen opferten nicht für diese Wahn-
idee ihre zuvor mühselig errungenen materiellen und
geistigen Güter!

„Ein jeder wollte aus irgendeinem Grund unbedingt diese — wie es ihnen schien — ‚einfache Sache' erfinden.

„Viele von ihnen, denen äußere Verhältnisse es erlaub-
ten, beschäftigten sich mit der Erfindung dieses ‚Perpetuum mobile', auch wenn sie keine Gegebenheiten zu einer
solchen Arbeit in sich hatten; die einen verließen sich
auf ihr ‚Wissen', die anderen aufs ‚Glück', und die meisten
kamen dazu, weil sie schon völlig ‚psychopathisch' waren.

„Kurzum, es war, wie sie sagen, ‚Mode‘, das ‚Perpetuum mobile‘ zu erfinden, und jeder der dortigen Grillenfänger hielt es für seine Pflicht, sich unbedingt für diese Frage zu interessieren.

„Ich war einmal in einer Stadt, wo man alle möglichen Modelle und unzählige ‚Beschreibungen‘ geplanter Mechanismen dieses ‚Perpetuum mobile‘ zusammengebracht hatte.

„Was es da nicht alles gab! Was für erklügelte und komplizierte Maschinen ich nicht dort zu sehen bekam. In jedem einzelnen Mechanismus, den ich dort sah, steckten mehr Ideen und Klügeleien als in allen Gesetzen der Welterschaffung und Welterhaltung.

„Wie mir damals auffiel, war in diesen unzähligen verschiedenen Modellen und den Beschreibungen geplanter Mechanismen die Idee von der Anwendung der sogenannten Schwerkraft vorherrschend. Diese Idee der Anwendung der Schwerkraft kam bei ihnen folgendermaßen zum Ausdruck: ein äußerst komplizierter Mechanismus sollte ein gewisses Gewicht aufheben, und dieses letztere sollte dann fallen und durch dieses Fallen der ganze Mechanismus in Bewegung gesetzt werden; diese Bewegung würde das Gewicht wieder aufheben und so weiter und so fort.

„Das Resultat von all dem war, daß Tausende dieser Unglücklichen in Irrenanstalten gebracht wurden und Tausende andere, die alles nur auf diese eine Idee setzten, sogar jene ‚Seins-Pflichten‘, die sie im Laufe vieler Jahre irgendwie erfüllt hatten, allmählich völlig vernachlässigten oder recht erbärmlich erfüllten.

„Ich weiß nicht, wie das alles weitergegangen wäre, wenn nicht ein ganz närrisches Wesen dort, das schon mit einem Fuß im Grab stand, einer, den sie selbst einen ‚alten Narren‘ nennen, der sich aber früher irgendwie Autorität verschafft hatte, wenn nicht dieses Wesen durch nur ihm bekannte Berechnungen ‚bewiesen‘ hätte, daß ein solches ‚Perpetuum mobile‘ überhaupt nicht erfunden werden kann.

„Nach, Ihrer Erklärung begreife ich jetzt sehr gut, wie der Zylinder des Systems des Erzengels Hariton arbeitet — er ist eben das, wovon die Unglückseligen dort träumten.

„Von dem Zylinder des Systems des Erzengels Hariton kann man tatsächlich mit Bestimmtheit sagen, daß er, sobald nur Atmosphäre vorhanden ist, immerzu ohne Einhalt arbeiten wird, ohne irgendwelche anderen Stoffe nötig zu haben.

„Und da die Welt ohne Planeten und folglich ohne Atmosphären nicht bestehen kann, wird, solange die Welt und folglich Atmosphären existieren, die vom großen Erzengel Hariton erfundene ‚Zylindertonne‘ immer arbeiten.

„Die einzige Frage, die ich jetzt habe, betrifft das Material, aus dem diese ‚Zylindertonne‘ verfertigt ist. „Wollen Sie mir, bitte, mein teurer Kapitän, annähernd erklären, aus welchen Materialien sie verfertigt ist und wie lange sich diese halten“, sagte Beelzebub.

Auf diese Bitte Beelzebubs antwortete der Kapitän folgendermaßen:

„Obgleich die ‚Zylindertonne‘ nicht ewig ist, hält sie doch auf jeden Fall recht lange.

„Ihr Hauptteil ist aus ‚Bernstein‘ mit ‚Platin-Reifen‘ die innere Füllung der Wände ist aus Schichten aus ‚Steinkohle‘, ‚Kupfer‘, ‚Elfenbein‘ und einem sehr dauerhaften ‚Mastix‘ verfertigt, das weder von ‚Paischakir‘, ‚Tainolär‘ und ‚Saljakuriap‘*) noch selbst von den Ausstrahlungen kosmischer Verdichtungen angegriffen werden kann.

„Aber die übrigen Teile“, fuhr der Kapitän fort, „die äußeren Hebel sowohl als die Treibräder müssen natür-

---

*) Paischakir heißt Kälte, Tainolär Wärme, Saljakuriap Wasser.

lich von Zeit zu Zeit erneuert werden, denn obgleich sie aus stärkstem Metall verfertigt sind, nutzen sie sich bei langem Gebrauch ab.

„Was den Schiffskörper selbst betrifft, so kann seine lange Haltbarkeit keineswegs garantiert werden.“

Der Kapitän wollte noch etwas sagen, aber in diesem Augenblick hallte durch das ganze Schiff ein Ton wider, der den Schwingungen eines langen Mollakkords eines fernen Orchesters aus Windinstrumenten glich.

Der Kapitän erhob sich mit einer Entschuldigung und sagte noch, schon im Gehen, daß er offenbar zu einem dringenden Geschäft gebraucht werde, da jeder wisse, daß er bei Hochehrwürden sei und keiner wagen würde, Hochehrwürden um einer Kleinigkeit willen zu stören.

VII. Kapitel

ECHTER SEINS-PFLICHT BEWUSST WERDEN

Nachdem der Kapitän gegangen war, betrachtete Beelzebub seinen Enkel, und da er dessen ungewöhnlichen Zustand bemerkte, fragte er ihn mit einiger Besorgnis:

„Was hast du, mein teurer Junge? Worüber denkst du so angestrengt nach?"

Hassin sah mit kummervollen Augen zu seinem Großvater auf und sagte nachdenklich:

„Ich weiß nicht, mein teurer Großvater, was mit mir ist. Aber dein Gespräch mit dem Schiffskapitän hat mich auf sehr traurige Gedanken gebracht.

„Es denkt sich jetzt in mir, woran ich nie zuvor gedacht habe.

„Durch euer Gespräch ist mir allmählich sehr klar zum Bewußtsein gekommen, daß im Weltall unseres UNENDLICHEN nicht alles immer so war, wie ich es jetzt sehe und begreife.

„Früher zum Beispiel wäre ich nie auf solche Gedanken gekommen, wie daß das Schiff, auf dem wir hier fliegen, nicht immer so war wie in diesem Augenblick.

„Erst jetzt sehe ich klar ein, daß alles, was wir heutzutage haben und benutzen, mit einem Wort, alle modernen Annehmlichkeiten und alles, was unserer Bequemlichkeit und unserem Wohlsein dient, nicht immer existierte und nicht so einfach entstanden ist.

„Es scheint, daß einige Wesen der Vergangenheit sehr lange Zeit hindurch viel gearbeitet und gelitten haben und vieles ertrugen, was sie vielleicht nicht hätten zu ertragen brauchen.

„Sie mühten sich und litten, nur damit wir das alles hätten und es zu unserem Wohlergehen gebrauchten.

„Und all das taten sie, bewußt oder unbewußt, für uns, das heißt für Wesen, die ihnen gänzlich unbekannt und vollkommen gleichgültig waren.

„Jetzt aber danken wir es ihnen nicht nur nicht, sondern wissen sogar nicht das geringste von ihnen und nehmen dies für selbstverständlich und denken weder darüber nach, noch sorgen wir uns darum.

„Nimm mich zum Beispiel: so viele Jahre habe ich schon im Weltall existiert, und doch kam mir noch nie der Gedanke in den Kopf, daß es vielleicht eine Zeit gab, wo all das, was ich sehe und habe, nicht da war, und daß all das nicht wie meine Nase mit mir zusammen geboren wurde.

„Jetzt aber, mein teurer, mein guter Großvater, jetzt, wo ich mir durch euer Gespräch mit dem Kapitän allmählich mit meinem ganzen Bestand all dessen bewußt wurde, entstand gleichzeitig in mir das Bedürfnis, meiner Vernunft klarzumachen, wofür mir persönlich alle Bequemlichkeiten gegeben sind, die ich jetzt gebrauche, und welche Pflichten mir dafür auferlegt sind.

„Deswegen geht jetzt ein ‚Reueprozeß' in mir vor." Nachdem Hassin dies gesagt hatte, senkte er den Kopf und verfiel in Schweigen. Beelzebub betrachtete ihn liebevoll und fing so zu sprechen an:

„Ich rate dir, mein teurer Hassin, dir noch nicht solche Fragen zu stellen. Gedulde dich einstweilen. Erst wenn die richtige Periode deiner Existenz kommt, in der du dir einer solch wesentlichen Frage bewußt werden kannst, und du dann aktiv darüber nachdenkst, wirst du begreifen, was du dafür zu leisten hast.

„Dein jetziges Alter verpflichtet dich noch nicht, für deine Existenz zu zahlen.

„Die Zeit deines jetzigen Alters ist dir nicht gegeben,

um für deine Existenz zu zahlen, sondern um dich auf die Zukunft mit den Verpflichtungen, die einem verantwortlichen dreihirnigen Wesen zukommen, vorzubereiten.

„Inzwischen existiere, wie du existierst.

„Nur vergiß eines nicht: nämlich, daß es für dich in deinem Alter unerläßlich notwendig ist, daß du jeden Tag bei Sonnenaufgang, dieweil du die Widerspiegelung ihrer Pracht beobachtest, einen Kontakt zwischen deinem Bewußtsein und den verschiedenen unbewußten Teilen deines allgemeinen Bestandes herstellst. Versuche diesen Zustand andauern zu lassen und die unbewußten Teile deines allgemeinen Bestandes zu überzeugen — so als ob sie bewußt wären daß, wenn sie dein allgemeines Funktionieren hindern, sie in der Periode deines verantwortlichen Alters nicht nur nicht imstande sein werden, das Gute zu leisten, wie es ihnen zukommt, sondern daß dein allgemeiner Bestand, von dem sie ein Teil sind, dann nicht fähig sein wird, unserm gemeinsamen UNENDLICHEN SCHÖPFER gute Dienste zu leisten, und somit noch nicht einmal wert, für dein Entstehen und deine Existenz zu zahlen.

„Ich wiederhole nochmals, mein teurer Knabe: versuche einstweilen nicht, über solche Dinge nachzudenken, die es für dich zu denken noch zu früh ist.

„Alles zu seiner Zeit.

„Jetzt frage mich, worüber du willst, und ich erzähle dir. Da der Kapitän bis jetzt noch nicht zurückgekommen ist, muß er wohl mit seinen Pflichten beschäftigt sein und wird nicht sobald zurückkehren."

VIII. Kapitel

DER FRECHE SCHLINGEL HASSIN, BEELZEBUBS ENKEL, ERDREISTET SICH, DIE MENSCHEN „WEGSCHNECKEN" ZU NENNEN

Hassin setzte sich sogleich Beelzebub zu Füßen und sagte schmeichelnd:

„Erzähle, teurer Großvater, irgend etwas, was dir gefällt. Was du auch erzählen wirst, wird mir die größte Freude bereiten, schon allein darum, weil du es erzählst."

„Nein", erwiderte Beelzebub, „sage selbst, was dich am meisten interessiert. Mir bereitet es großes Vergnügen, dir jetzt gerade das zu erzählen, was du am liebsten wissen möchtest."

„Teurer und bester Großvater — erzähle mir dann etwas über jene... wie heißen sie doch?... ich habe es vergessen... Ja doch... über die ‚Wegschnecken'."

„Was? Über welche Wegschnecken?" fragte Beelzebub, der die Frage des Knaben nicht verstand.

„Erinnerst du dich nicht, Großväterchen", entgegnete Hassin, „als du neulich von den dreihirnigen Wesen erzähltest, die auf verschiedenen Planeten jenes Sonnensystems vorkommen, auf dem du solange existiertest, da sagtest du auch, daß auf einem Planeten — ich vergaß, wie du ihn nanntest — daß auf diesem Planeten dreizentrische Wesen existieren, die uns im allgemeinen gleichen, deren Haut aber etwas schleimiger ist als die unsere."

„Aaah", lachte Beelzebub, „du fragst wohl nach jenen Wesen, die auf dem Planeten ‚Erde' vorkommen und sich ‚Menschen' nennen."

„Ja, Großväterchen... ja... gerade über diese ‚Menschenwesen' erzähle mir etwas ausführlicher; ich möchte gern mehr von ihnen wissen", schloß Hassin.

Darauf sagte Beelzebub: „Ich könnte dir sehr viel über sie erzählen, da ich diesen Planeten öfters besuchte, und so lange unter ihnen existierte und sogar mit vielen dieser irdischen dreihirnigen Wesen befreundet war.

„Es ist tatsächlich sehr interessant, mehr über diese Wesen zu erfahren, sind sie doch sehr sonderbar.

„Sie haben vieles, was man bei keinen anderen Wesen auf keinem anderen Planeten unseres Weltalls findet.

„Ich kenne sie sehr gut, da sogar ihre Entstehung und weitere Entwicklung wie überhaupt ihre ganze Existenz vor meinen Augen vor sich gingen, ihrer Zeitrechnung nach während vieler, vieler Jahrhunderte.

„Und nicht nur ihre eigene Entstehung vollzog sich vor meinen Augen, sondern sogar die endgültige Formung des Planeten selbst, auf dem sie entstehen und existieren.

„Als wir zum erstenmal auf dieses Sonnensystem kamen und uns auf dem Planeten Mars niederließen, existierte noch nichts auf diesem Planeten Erde, der nach seiner Verdichtung noch nicht genug Zeit gehabt hatte, vollständig abzukühlen.

„Gleich von Anfang an war dieser Planet Ursache zu vielen ernsten Sorgen unseres UNENDLICHEN.

„Wenn du willst, will ich dir zuerst von den Ereignissen allgemein kosmischen Charakters erzählen, die mit diesem Planeten zusammenhängen und die die erwähnten Besorgnisse unseres UNENDLICHEN verursachten."

„Ja, mein guter Großvater, erzähle mir zuerst davon, es wird sicher sehr interessant sein, wie alles, was du erzählst."

IX. Kapitel

DER ENTSTEHUNGSGRUND DES MONDES

Beelzebub begann seine Erzählung folgendermaßen:

„Nachdem wir auf dem Planeten Mars, der uns zum Existenzort angewiesen war, angekommen waren, begannen wir uns langsam dort einzurichten.

„Wir waren noch völlig von den Scherereien in Anspruch genommen, alles äußerlich Nötige für eine mehr oder weniger leidliche Existenz in jener uns gänzlich fremden Natur herzurichten, als plötzlich an einem der geschäftigsten Tage der ganze Planet Mars erzitterte und ein wenig später sich solch ein ‚betäubender‘ Geruch verbreitete, daß es uns zuerst schien, als ob alles im Weltall mit etwas ‚Nicht-zu-Beschreibendem‘ gemischt worden wäre.

„Erst nach geraumer Zeit und nachdem der erwähnte Gestank verschwunden war, kamen wir wieder zu uns und begannen allmählich herauszufinden, was geschehen war. Wir begriffen nämlich, daß diese schreckliche Erscheinung durch eben jenen Planeten Erde verursacht worden war, der von Zeit zu Zeit unserem Planeten Mars sehr nahe kam und den wir deshalb manchmal sogar ohne unser ‚Teskuano‘ gut beobachten konnten.

„Dieser Planet war, wie es sich zeigte, aus uns noch unerklärlichen Gründen ‚geplatzt‘, und zwei von ihm abgesprungene Stücke waren in den Raum geflogen.

„Ich sagte dir schon, daß dieses Sonnensystem sich erst kurz zuvor gebildet hatte und mit der besagten ‚Harmonie-der-gegenseitigen-Erhaltung-aller-kosmischen-Verdichtungen‘ noch nicht vollends ‚in Einklang gebracht‘ worden war.

„Später stellte es sich heraus, daß nach der besagten ‚allgemein-kosmischen-Harmonie-der-gegenseitigen-Erhaltung-aller-kosmischen-Verdichtungen' in diesem System auch ein Komet von sogenanntem ‚Großem-Kreislauf' funktionieren musste, der noch heute unter dem Namen ‚Komet-Kondur' existiert.

„Und obgleich dieser Komet damals schon ‚verdichtet' war, lief er seine volle Bahn doch erst zum erstenmal.

„Wie uns später einige kompetente heilige Individuen im Vertrauen erklärten, mußte der besagte Komet auf seiner Bahn die Linie kreuzen, die der Planet Erde zu beschreiben hatte. Aber durch die fehlerhaften Berechnungen eines heiligen Individuums, das mit den Dingen des Weltbaues und der Welterhaltung zu tun hatte, fielen die Zeiten, wo diese beiden Verdichtungen durch den Kreuzungspunkt ihrer Bahnen kamen, zusammen, und durch diesen Fehler stießen der Planet Erde und der Komet-Kondur zusammen — und stießen so heftig zusammen, daß durch diesen Stoß, wie ich dir schon sagte, zwei große Stücke vom Planeten Erde abbrachen und in den Raum flogen.

„Dieser Zusammenstoß brachte deshalb solch ernste Folgen mit sich, weil die Atmosphäre, die in solchen Fällen gewöhnlich als ‚Puffer' dient, sich — da dieser Planet erst kurz zuvor entstanden war — noch nicht völlig auf ihm hatte bilden können.

„Und, mein Junge, dieses allgemein-kosmische Unglück wurde dann sofort auch UNSEREM UNENDLICHEN gemeldet.

„Daraufhin wurde von der Allerheiligsten ‚Sonne-Absolut' sofort eine ganze Kommission, bestehend aus Engeln und Erzengeln, Spezialisten in Dingen der Welterschaffung und Welterhaltung, unter Leitung des großen Erzengels Sakkaky, nach dem Sonnensystem Ors entsandt.

„Die sehr hohe Kommission kam zu unserem Planeten

Mars, weil er dem Planeten Erde am nächsten war, und begann von da aus ihre Forschungen.

„Die heiligen Mitglieder dieser sehr hohen Kommission beruhigten uns sofort, indem sie uns sagten, daß die Gefahr einer Katastrophe großen kosmischen Ausmaßes, die zu befürchten gewesen war, schon vorbei sei.

„Und der Erzingenieur, der Erzengel Algematant, hatte die Güte, uns persönlich zu erklären, daß aller Wahrscheinlichkeit nach folgendes geschehen war:

„Die vom Planeten Erde abgebrochenen Stücke hatten den vom Stoß erhaltenen Antrieb verloren, ehe sie die Grenze jenes Raumteiles, der von der Sphäre dieses Planeten gebildet wird, erreicht hatten, und begannen deswegen, dem ‚Fallgesetz‘ zufolge, wieder auf ihren Hauptteil zurückzufallen.

„Aber sie konnten schon nicht mehr auf ihren Hauptteil zurückfallen, weil sie inzwischen unter das kosmische Gesetz, genannt ‚Einholungsgesetz‘, geraten waren, und seinem Einfluß gänzlich unterlagen. Deshalb müssen sie jetzt um ihren Hauptteil regelmäßige elliptische Kreise beschreiben, genau so wie ihr Hauptteil, nämlich der Planet Erde, sie um seine Sonne Ors herum beschrieben hat und noch beschreibt.

„Und so wird es weitergehen, wenn nicht ein neues unvorhergesehenes Unglück großen Maßstabes es in der einen oder anderen Weise ändern wird.

„‚Dem Zufall sei Dank!‘ schloß seine Pantagemessenheit ‚Die-harmonische-allgemeine-System-Bewegung wurde durch all das nicht gestört, und die friedliche Existenz jenes Systems Ors war bald wieder hergestellt.‘

„Trotzdem aber, mein Junge, kam diese sehr hohe Kommission, nachdem sie sowohl alle zu dieser Zeit vorliegenden Tatsachen, als auch alle, die sich in Zukunft einstellen könnten, erwogen hatte — damals zu dem Schluß, daß, obwohl die Stücke des Planeten Erde einstweilen sich in ihrer zeitweiligen Lage zu erhalten vermochten, sie doch künftig im Hinblick auf einige sogenannte ‚tastartunarnische-Umlagerungen‘, die die Kommission für möglich hielt, sich aus dieser Lage herausarbeiten und dann imstande sein könnten, viel nicht gutzumachendes Unheil anzurichten, für das Ors'sche System selbst wie auch für die anderen benachbarten Sonnensysteme.

„Um es nicht dazu kommen zu lassen, beschloß die sehr hohe Kommission, auf alle Fälle einige Vorbeugungsmaßregeln zu treffen.

„Und sie hielten es im gegebenen Fall für das beste, daß das Hauptstück, nämlich der Planet Erde, seinen abgetrennten Stücken zu ihrer Erhaltung andauernd geheiligte ‚Askokin‘-Schwingungen senden sollte.

„Dieser geheiligte Stoff kann sich auf Planeten nur dann bilden, wenn beide auf ihnen waltenden kosmischen Grundgesetze, das heilige ‚Heptaparaparschinoch‘ und das heilige ‚Triamasikamno‘ — wie man sagt — ‚ilnosaparnisch‘ funktionieren, was besagt, wenn diese zwei heiligen kosmischen Gesetze innerhalb der betreffenden kosmischen Verdichtung gebrochen werden und sich selbständig auch auf ihrer Oberfläche manifestieren — selbständig natürlich nur in gewissen Grenzen.

„Also, mein Junge...

„Da eine solche kosmische Verwirklichung nur mit Genehmigung Seiner UNENDLICHKEIT möglich war, machte sich der große Erzengel Sakkaky in Begleitung einiger anderer heiliger Mitglieder dieser sehr hohen Kommission sofort zu Seiner UNENDLICHKEIT auf, um von ihm diese Genehmigung zu erbitten.

„Und nachdem die erwähnten heiligen Individuen die Genehmigung Seiner UNENDLICHKEIT für die Verwirklichung des ‚ilnosaparnischen-Prozesses‘ auch auf diesem Planeten erworben hatten, und nachdem dieser Prozeß unter Leitung desselben großen Erzengels Sakkaky verwirklicht worden war, von da an begann auch auf diesem Planeten wie auf vielen anderen jenes ‚Entsprechende‘ zu entstehen, wonach die besagten abgetrennten Stücke bis jetzt noch existieren, ohne mit einem Unglücksfall großen Maßstabes zu drohen.

„Eins dieser zwei Stücke, nämlich das größere, wurde damals ‚Lunderperzo‘ und das kleinere ‚Anulios‘ genannt, und die gewöhnlichen dreihirnigen Wesen, die später auf diesem Planeten entstanden und sich bildeten, nannten sie anfangs auch bei diesen Namen. Später gaben sie ihnen in verschiedenen Perioden verschiedene Namen; und so nannten die dreihirnigen Wesen der letzten Periode das größere Stück ‚Mond‘ und vergaßen allmählich den Namen für das kleinere. Und die gegenwärtigen Wesen dort haben nicht nur keinen Namen für dieses kleinere Stück, sondern vermuten sogar nicht einmal seine Existenz.

„Es ist interessant, beiläufig zu bemerken, daß die Wesen eines Festlandes dieses Planeten, das ‚Atlantis‘ hieß und später unterging, dieses zweite Stück ihres Planeten noch kannten und es ebenfalls ‚Anulios‘ nannten; aber die Wesen der letzten Periode dieses Festlandes, in denen sich die Resultate der Folgen der Eigenschaften dessen, was wir ‚Organ Kundabuffer‘ nennen — wovon ich dir, wie mir jetzt schon klar ist, noch eingehend erzählen muß — allmählich kristallisierten und Teil ihres allgemeinen Bestandes wurden, nannten es auch ‚Kimespai‘, was so viel bedeutet als: ‚Der-einen-nie-in-Frieden-schlafen-läßt‘.

„Die jetzigen dreihirnigen Wesen dieses sonderbaren Planeten aber wissen aus dem einfachen Grund nichts von diesem früheren Stück ihres Planeten, weil es ob seines verhältnismäßig kleinen Umfangs wie auch der Entfernung seines Bewegungsortes für ihre Augen nicht sichtbar ist, und auch, weil ihnen keine Großmutter je erzählt hat, daß einst in alten Zeiten auch so ein kleiner ‚Trabant‘ ihres Planeten bekannt war.

„Sollte aber zufällig einer von ihnen durch ihr gutes, aber nichtsdestoweniger ‚Kinderspielzeug‘, genannt ‚Fernrohr‘, ihn sehen, so würde er ihn nicht weiter beachten, weil er ihn einfach für einen großen ‚Ärolithen‘ halten würde.

„Die gegenwärtigen Wesen werden ihn jedenfalls auch nie mehr sehen, da es schon seit langem ihrer Natur eigen ist, nur die Nichtwirklichkeit zu sehen.

„Lassen wir ihnen Gerechtigkeit widerfahren: In den letzten Jahrhunderten haben sie sich tatsächlich mit vielen Künsten so vermechanisiert, daß sie nichts Wirkliches mehr sehen.

„Also, mein Junge, nach dem Zuvorgesagten begannen anfangs auch auf diesem Planeten Erde, so wie es sein sollte, das, was man ‚Analogien-des-Integralen-Ganzen‘ nennt, oder wie man auch sagt, ‚Mikrokosmen‘ zu entstehen, und aus diesen ‚Mikrokosmen‘ bildeten sich weiter die sogenannten ‚Odüristolnischen‘ und ‚Polormedechtischen‘ Vegetationen.

„Späterhin bildeten sich, wie es auch gewöhnlich geschieht, aus diesen Mikrokosmen verschiedene Formen der sogenannten ‚Tetartokosmen‘ aller drei Hirnsysteme.

„Und unter diesen letzteren entstanden dann zum erstenmal jene zweifüßigen ‚Tetartokosmen‘, die du vorhin ‚Wegschnecken‘ nanntest.

„Wie aber und warum auf Planeten, wenn die heiligen Grundgesetze zu ‚ilnosaparnischen‘ werden, die ‚Analogien-des-Integralen-Ganzen‘ entstehen und auch welche Faktoren zur Bildung der verschiedenen sogenannten ‚Seins-Hirn-Systeme‘ beitragen, und was alle Gesetze der Welterschaffung und Welterhaltung überhaupt anbelangt, so will ich dir all dies ein anderes Mal eigens erklären.

„Einstweilen merke dir nur, daß die auf dem Planeten Erde entstehenden dreihirnigen Wesen, die dich interessieren, in sich von Anfang an dieselben Möglichkeiten zur Vervollkommnung der Funktionen besaßen, um ‚Seins-Vernunft' zu erwerben, wie alle übrigen ‚Tetartokosmen' im ganzen Weltall.

„Später aber, gerade in jener Periode, wo auch sie, wie es auf anderen ähnlichen Planeten unseres großen Weltalls geschieht, sich allmählich durch das, was man ‚Seins-Instinkt' nennt, zu vergeistigen begannen, ereignete sich zu ihrem Unglück ein nicht von Oben vorhergesehenes und für sie so bedauernswertes Unglück."

X. Kapitel

WARUM DIE „MENSCHEN"
NICHT MENSCHEN SIND

Beelzebub seufzte tief und fuhr dann so zu erzählen fort:

„Seit der Verwirklichung des ‚ilnosaparnischen Prozesses' auf diesem Planeten war, nach objektiver Zeitrechnung, ein Jahr verflossen.

„Während dieser Periode begannen auch auf diesem Planeten die entsprechenden Involutions- und Evolutionsprozesse von allem, was dort entstand, schon langsam miteinander in Einklang gebracht zu werden.

„Und natürlich begannen sich auch in den dortigen dreihirnigen Wesen die entsprechenden Gegebenheiten zur Erlangung objektiver Vernunft langsam zu kristallisieren.

„Kurzum, auch auf diesem Planeten ging alles zu dieser Zeit in der gewohnten normalen Ordnung vor sich.

„Und, mein Junge, wenn die sehr hohe Kommission unter der obersten Leitung des gleichen Erzengels Sakkaky nicht nach einem Jahr wieder dorthin gekommen wäre, wären vielleicht all die folgenden Mißverständnisse, die mit den dreihirnigen auf diesem Unglücks-Planeten entstehenden Wesen verbunden waren, nicht vorgekommen.

„Diese zweite Herabkunft der sehr hohen Kommission dorthin geschah deshalb, weil sich in der Vernunft der meisten heiligen Mitglieder — trotz der von ihnen getroffenen Maßnahmen, von denen ich dir gerade erzählte — noch keine volle Überzeugung kristallisiert hatte, daß sich keine unerwünschten Überraschungen künftig mehr ereignen könnten; darum wollten sie eben die Ergebnisse ihrer Maßnahmen an Ort und Stelle prüfen.

94

„Bei diesem zweiten Aufenthalt dort beschloß die sehr hohe Kommission, auf jeden Fall, wenn auch nur zu ihrer eigenen Beruhigung, noch einige andere besondere Maßnahmen zu verwirklichen, darunter auch jene, deren Folgen nicht nur allmählich ein greuliches Übel für die auf diesem Unglücksplaneten entstehenden dreihirnigen Wesen selbst wurden, sondern sogar eine schlimme Plage für das ganze große Weltall.

„Du mußt wissen, daß zur Zeit dieser zweiten Herabkunft der sehr hohen Kommission sich in den dreihirnigen Wesen, wie es ihnen zukommt, das, was man ‚mechanischen Instinkt' nennt, bereits langsam zu regen begann.

„Und daraus folgerten damals die heiligen Mitglieder dieser sehr hohen Kommission, daß, falls sich der besagte mechanische Instinkt in diesen zweifüßigen dreihirnigen Wesen dieses Planeten — wie es gewöhnlich überall mit dreihirnigen Wesen der Fall ist — in der Richtung zur Erlangung objektiver Vernunft vervollkommnen würde, zu befürchten wäre, daß sie vorzeitig die wirklichen Ursachen ihres Entstehens und ihrer Existenz begreifen und eine Menge Schwierigkeiten machen würden, ja es könnte selbst dahin kommen, daß, wenn sie den Grund ihres Entstehens begriffen, nämlich daß sie durch ihre Existenz die abgetrennten Stücke ihres Planeten zu erhalten haben, und sich überzeugten, daß sie an für sie ganz fremde Umstände versklavt seien, sie ihre Existenz nicht länger fortsetzen wollten und sich aus Prinzip vernichten würden.

„Und im Hinblick darauf, mein Junge, beschloß die sehr hohe Kommission unter anderem, dem allgemeinen Bestand der dortigen dreihirnigen Wesen vorübergehend ein besonderes Organ einzupfropfen, das die Eigenschaft habe, erstens sie die Wirklichkeit immer verdreht wahrnehmen zu lassen, und das zweitens bewirke, daß jeder wiederholte von außen empfangene Eindruck in ihnen Gegebenheiten kristallisiere, die Faktoren hervorrufen würden, die in ihnen Empfindungen von ‚Vergnügen‘ und ‚Genuß‘ erzeugen.

„Und tatsächlich ließen sie dann auf eine besondere Weise mit Hilfe des all-universalen Haupt-‚Erz-Chemiker-Physiker‘-Engels Luisos, der ebenfalls zu den Mitgliedern dieser sehr hohen Kommission gehörte, den dreihirnigen Wesen dort am Ende ihres Rückenmarks, am Ansatz ihres Schwanzes, ein gewisses ‚Etwas‘ wachsen, das die erwähnten Eigenschaften fördern würde; — am Anfang nämlich hatten sie noch diesen Teil ihres allgemeinen Bestandes in seinem normalen Aussehen, das sozusagen die ‚Fülle-seiner-inneren-Bedeutung‘ zum Ausdruck brachte.

„Und dieses ‚Etwas‘ nannten sie damals zum erstenmal das ‚Organ-Kundabuffer‘.

„Nachdem die sehr hohe Kommission, bestehend aus heiligen Individuen mit dem großen Erzengel Sakkaky an der Spitze, dieses Organ in den Bestand der dreihirnigen Wesen dort eingepfropft und sich von seiner Wirkung überzeugt hatte, war sie beruhigt und kehrte guten Gewissens wieder zum Zentrum zurück. Dort aber, auf dem Planeten Erde, der dich interessiert, nahm vom ersten Tag an die Wirkung jener erstaunlichen und sehr schlau ersonnenen Erfindung zu, wie der weise Mulla-Nassr-Eddin gesagt hätte: ‚Wie die Posaune von Jericho in voller Puste‘.

„Um dir nun wenigstens einen annähernden Begriff von den Resultaten der Eigenschaften des vom unvergleichlichen Engel Luisos — sein Name sei in alle Ewigkeit gepriesen! — erfundenen und verwirklichten Organs zu geben, mußt du unbedingt über verschiedene Manifestationen der dreihirnigen Wesen jenes Planeten unterrichtet werden, sowohl in der Periode, als dieses Organ Kundabuffer noch in ihrem Bestand war, als auch in späteren Perioden, wo dieses erstaunliche Organ und seine Eigenschaften in ihnen vernichtet waren, wo jedoch aus vielen

96

Gründen die Folgen seiner Eigenschaften sich in ihrem Bestand zu kristallisieren anfingen.

„Das aber will ich dir später erklären.

„Einstweilen mußt du wissen, daß diese sehr hohe Kommission auch noch ein drittes Mal dorthin kam, objektiver Zeitrechnung nach, drei Jahre später, diesmal aber unter der obersten Leitung des großen Erz-Seraphim Sevotaftra, weil der sehr große Erzengel Sakkaky in der Zwischenzeit würdig geworden war, jenes göttliche Individuum zu werden, das er jetzt noch ist, nämlich einer der vier ‚Weltall-Viertel-Erhalter‘.

„Und als es sich bei jenem dritten Aufenthalt dort durch die gründlichen Forschungen der heiligen Mitglieder dieser dritten sehr hohen Kommission aufklärte, daß zur Erhaltung der Existenz jener besagten abgespaltenen Stücke es nicht länger mehr nötig war, die Verwirklichung jener zuvor absichtlich angewandten vorbeugenden Maßnahmen weiter fortzusetzen, wurde — außer anderen Maßnahmen — mit Hilfe desselben Erz-Chemiker-Physiker Engels Luisos das besagte Organ Kundabuffer mit all seinen bewundernswerten Eigenschaften im Bestand der dortigen dreihirnigen Wesen vernichtet.

„Doch kehren wir nun zu der begonnenen Geschichte zurück.

„Also… als unsere Verwirrung durch die erwähnte Katastrophe, die diesem ganzen Sonnensystem gedroht hatte, vorbei war, nahmen wir allmählich unsere — so unerwartet unterbrochene — Ansiedlung an unserem neuen Wohnort auf dem Planeten Mars wieder auf.

„Nach und nach wurden wir alle mit der dortigen Natur vertraut und paßten uns langsam den dort waltenden Verhältnissen an.

„Wie ich schon gesagt habe, ließen sich viele von uns endgültig dort auf dem Planeten Mars nieder — andere fuhren oder rüsteten sich dazu, mit dem Schiffe ‚Okkasion‘, das den Wesen unseres Stammes für Zwischen-Planeten-Verbindungen zur Verfügung gestellt worden war, zur weiteren Existenz auf andere Planeten desselben Sonnensystems.

„Ich selbst blieb mit einigen meiner Getreuen und mir nah Ergebenen auf dem Planeten Mars wohnen.

„Ja, ich muß noch bemerken, daß zu der Zeit, von der meine Erzählung spricht, mein erstes ‚Teskuano‘ schon in meinem Observatorium, das ich auf dem Planeten Mars gebaut hatte, aufgestellt worden war, und daß ich mich damals gerade ganz der weiteren Einrichtung und Verbesserung meines Observatoriums widmete, um die entfernten Verdichtungen unseres großen Weltalls und der Planeten dieses Sonnensystems eingehender zu beobachten.

„Zu meinen Beobachtungs-Objekten zählte damals auch jener Planet Erde.

„Zeit verging.

„Der Existenzprozeß ging auch auf diesem Planeten allmählich sicher vonstatten, und dem Aussehen nach schien es, als ob er dort genau so wie auf allen anderen Planeten vor sich ginge.

„Aber bei aufmerksamer Beobachtung, war erstens sehr deutlich zu bemerken, wie die Zahl jener dreihirnigen Wesen allmählich zunahm, und zweitens konnte man bei ihnen manchmal sehr sonderbare Manifestationen beobachten; nämlich von Zeit zu Zeit taten sie etwas, was dreihirnige Wesen auf keinem anderen Planeten jemals tun; sie begannen nämlich einander plötzlich und ohne Grund zu vernichten.

„Dieses gegenseitige Vernichten kam dort nicht nur in einer, sondern in vielen Gegenden vor und dauerte nicht nur einen, sondern viele ‚Dianoske‘ und manchmal sogar ganze ‚Ornakren‘*).

„Auch konnte man manchmal bemerken, daß durch die-

---

*) Dianosk bedeutet Tag, Ornakr Monat.

98

sen schrecklichen Prozeß ihre Zahl rasch abnahm, wogegen sie dann in anderen Perioden, wenn ein Stillstand in solchen Prozessen eintrat, merklich zunahm.

„Wir gewöhnten uns langsam an diese Eigentümlichkeit von ihnen, weil wir uns sagten, daß die sehr hohe Kommission um gewisser höherer Betrachtungen willen offenbar absichtlich auch diese Eigenschaften dem Organ Kundabuffer gegeben hatte; das heißt, wenn wir die Fruchtbarkeit dieser zweifüßigen Wesen sahen, nahmen wir an, daß sie beabsichtigt war, daß nämlich zur Erhaltung der ‚allgemeinen-kosmischen-harmonischen-Bewegung‘ diese große Anzahl von ihnen nötig war.

„Von dieser sonderbaren Eigentümlichkeit abgesehen, wäre es niemandem aufgefallen, daß etwas auf diesem Planeten nicht ganz stimmte.

„Zu der Zeit, auf die sich das soeben Gesagte bezieht, war es mir schon gelungen, beinahe alle Planeten dieses Sonnensystems, die bewohnten sowohl als die noch unbewohnten, zu besuchen.

„Mir persönlich gefielen am meisten die dreizentrischen Wesen, die auf dem Planeten namens ‚Saturn‘ vorkommen. Ihrem Äußeren nach haben sie nichts mit uns gemeinsam, sondern gleichen dem großen Vogel-Wesen, das man ‚Rabe‘ nennt.

„Es ist interessant, hier nebenbei zu bemerken, daß die Form des Vogel-Wesens ‚Rabe‘ aus irgendeinem Grunde nicht nur auf fast allen Planeten dieses Sonnensystems vorkommt, sondern auch auf den meisten anderen Planeten des ganzen großen Weltalls, auf denen Wesen verschiedener Hirnsysteme entstehen und sich mit planetischen Körpern verschiedener Formen bekleiden.

„Sprachlichen Verkehr aber haben diese ‚Raben-Wesen‘ auf jenem Planeten Saturn miteinander in der Art wie wir.

„Und was diese Sprache selbst betrifft, so ist sie meiner Meinung nach die schönste, die ich je gehört habe.

„Sie kann mit dem Gesang unserer besten Sänger verglichen werden, wenn sie mit ihrem ganzen Sein in einer Molltonart singen.

„Und was ihre Beziehungen zueinander anbelangt, so… ich weiß gar nicht, wie ich sie beschreiben soll… man kann sie nur begreifen, wenn man in ihrer Mitte gelebt und sie an sich selbst erfahren hat.

„Man könnte vielleicht sagen, daß diese Vogel-Wesen Herzen haben wie die Herzen jener Engel, die unserem UNENDLICHEN ERSCHAFFER UND SCHÖPFER am nächsten sind.

„Sie existieren genau nach dem neunten Gebot unseres Schöpfers, das da lautet: ‚Sei zu allem als sei es dein eigenes.‘

„Später will ich dir auch einmal über die dreihirnigen Wesen ausführlicher erzählen, die auf dem Planeten Saturn entstehen und existieren, da in der ganzen Zeit meiner Verbannung nach diesem Sonnensystem einer meiner wirklichen Freunde ein Wesen von eben diesem Planeten war, mit der äußeren Bekleidung eines Raben und dem Namen ‚Harcharch‘.“

XI. Kapitel

EIN PIKANTER ZUG DER SONDERBAREN
MENSCHEN-PSYCHE

„Doch kehren wir wieder zu den dreihirnigen, auf dem
Planeten Erde entstehenden Wesen zurück, die dich am
meisten interessieren und die du ‚Wegschnecken‘ genannt
hast.

„Vor allem muß ich dir sagen, wie froh ich bin, daß du
so weit weg von diesen dreizentrischen Wesen bist, die
du mit einem Wort bezeichnet hast, das ihre ‚Würde-tief-
kränkt‘, und daß sie dies niemals erfahren werden.

„Weißt du denn, du armer Kleiner — ein seiner selbst
noch nicht bewußter Bengel — was sie und besonders die
heutigen Wesen dort dir antun würden, wenn sie hören
sollten, wie du sie nanntest?

„Was sie dir nicht alles antun würden, falls du dort wärest
und sie dich erwischen würden — schon allein daran zu
denken, ist mir schrecklich!

„Im besten Falle würden sie dich so verprügeln, daß,
wie unser Mulla-Nassr-Eddin sagt, du, ‚vor-der-nächsten-
Rutenernte-nicht-wieder-zur-Besinnung-kämest‘.

„Auf jeden Fall rate ich dir, am Anfang jeder neuen
Sache stets dein Schicksal zu segnen und es anzuflehen,
dir gnädig zu sein und zu wachen, daß die Wesen auf dem
Planeten Erde nie auf den Gedanken kommen können,
daß eben du, mein geliebter und einziger Enkel, dich er-
dreistet hast, sie ‚Wegschnecken‘ zu nennen.

„Du mußt wissen, daß ich während meiner Beobachtungen vom Planeten Mars aus und in den Perioden meiner
Existenz unter ihnen die Psyche dieser sonderbaren drei-

hirnigen Wesen sehr gründlich studierte und deshalb gut weiß, was sie dem zufügen würden, der da wagte, ihnen einen solchen Spitznamen zu geben.

„Du hast sie zwar nur in kindlicher Naivität so genannt, aber die dreihirnigen Wesen dieses sonderbaren Planeten, besonders die der Jetztzeit, geben sich nicht mit solchen Feinheiten ab.

„Wer sie so nannte, warum er sie so nannte, unter welchen Umständen, ist das nicht alles gleich? Daß du ihnen einmal diesen Namen gabst, der ihnen beleidigend scheint, ist vollends genug.

„Solche Unterscheidungen sind der Auffassung der meisten nach einfach, wie sie sich ausdrücken, ‚aus-dem-Leeren-ins-Leere-gießen‘.

„Wie dem auch sei, du warst auf jeden Fall höchst unbedacht, die dreihirnigen Wesen auf dem Planeten Erde mit solch einem beleidigenden Worte zu bezeichnen; erstens hast du mich damit um dich besorgt gemacht, und zweitens hast du dir selbst Unannehmlichkeiten für die Zukunft bereitet.

„Die Sache ist die, daß, wenn sie auch, wie ich dir schon gesagt habe, dich jetzt, da du sehr weit von ihnen bist, nicht gleich werden fassen können, um dich persönlich zu strafen, du doch nichtsdestoweniger ihres echten ‚Bannfluchs‘ vollends versichert sein kannst, wenn sie, sei es auch nur aus zwanzigster Hand, je erfahren sollten, wie du sie beleidigt hast; welches Ausmaß dieser Bannfluch annehmen wird, hängt von dem Gegenstand ihres Interesses im gegebenen Augenblick ab.

„Vielleicht lohnt es sich, dir zu schildern, wie die Wesen auf der Erde sich benehmen würden, wenn sie erfahren sollten, daß du sie so beleidigt hast. Diese Schilderung kann uns als sehr gutes Beispiel dienen, um dir die Seltsamkeit der Psyche der dich interessierenden dreihirnigen Wesen klarzumachen.

„Wenn es aus Mangel an irgendwelchen anderen sinnlosen Interessen im gegebenen Augenblick ziemlich ‚flau‘ bei ihnen wäre, würden sie diesen kleinen Vorfall — nämlich die Beleidigung, die du ihnen zugefügt hast — gleich zum Anlaß nehmen, um irgendwo an einem zuvor festgesetzten Platze eine sogenannte feierliche ‚Sitzung‘ abzuhalten, mit nur im voraus Eingeladenen, alle natürlich in eigens für solche Fälle bestimmter Kleidung.

„Zu allererst werden sie für ihre feierliche ‚Sitzung‘ aus ihrer Mitte, was sie einen ‚Vorsitzenden‘ nennen, wählen und erst dann zur Untersuchung schreiten.

„Sie werden damit anfangen, dich, wie man dort sagt, ‚auf Haut und Haar‘ zu untersuchen und nicht nur dich, sondern deinen Vater und Großvater und vielleicht bis zu Adam zurück.

„Wenn sie dann, natürlich durch ‚Stimmenmehrheit‘, beschließen sollten, daß du ‚schuldig‘ bist, werden sie dich verurteilen, und zwar nach den Paragraphen eines Gesetzbuches, das aus früheren ähnlichen ‚Puppenspielen‘ von Wesen, die man, ‚Mummelgreise‘ nennt, zusammengestellt ist.

„Sollte es sich aber mit ‚Stimmenmehrheit‘ zufällig ergeben, daß sie in deiner Handlung wirklich kein Verbrechen sehen — obgleich das höchst selten bei ihnen vorkommt —, dann würde ihre ganze ausführlich zu Papier gebrachte und von allen unterzeichnete Untersuchung … du meinst wohl ins Feuer wandern…? nein, durchaus nicht, sondern zu berufenen Spezialisten gehen, im gegebenen Falle zur sogenannten ‚Hierarchie‘ oder zum ‚heiligen Synod‘…, und da würde die ganze Prozedur wiederholt — nur daß dich diesmal ‚bedeutende‘ Wesen ‚untersuchen‘ würden.

„Erst ganz am Ende dieses wirklichen ‚Aus-dem-Leeren-ins-Leere-Gießen‘ würden sie zur Hauptsache kommen, nämlich, daß sie des Angeklagten nicht habhaft werden können.

„Und hier kommt die Gefahr für deine Person... wenn sie nämlich schließlich ‚ganz zweifellos‘ überzeugt sind, daß sie deiner nicht habhaft werden können, werden sie, und diesmal ganz einstimmig, entscheiden, dich nicht mehr und nicht weniger als dem ‚Bannfluch‘ zu unterwerfen, wie ich dir bereits gesagt habe.

„Weißt du aber, was das ist und wie das vor sich geht?"

„Nein."

„So höre denn und schaudere.

„Die ‚wichtigsten‘ Wesen werden verordnen, daß alle anderen Wesen in all ihren bestehenden Einrichtungen, als da sind ‚Kirchen‘, ‚Kapellen‘, ‚Synagogen‘, ‚Rathäuser‘ und so weiter, bei besonderen Gelegenheiten eigens dazu Angestellte mit entsprechenden Zeremonien dir in Gedanken ungefähr folgendes wünschen:

„Daß du deine Hörner verlieren mögest, daß deine Haare vorzeitig grau würden, daß sich die Nahrung in deinem Magen in Sargnägel verwandle, daß die Zunge deiner künftigen Frau dreifache Länge habe, oder endlich, daß, wenn immer du einen Bissen deines Lieblingskuchens in den Mund steckst, er sich in Seife verwandle, und so fort und so weiter in dieser Art.

„Verstehst du jetzt, welchen Gefahren du dich ausgesetzt hast, als du diese weit entfernten dreihirnigen Wichte ‚Wegschnecken‘ nanntest?"

Damit endigte Beelzebub und sah lächelnd auf seinen Liebling.

XII. Kapitel

ERSTES „KNURREN"

Ein wenig später fuhr Beelzebub fort:

„Meines Erachtens dürfte als sehr brauchbares Material
zur Erklärung der Seltsamkeit der Psyche der dreihirnigen
Wesen auf jenem Planeten, der dir gefällt, zunächst eine
Geschichte dienen, an die ich mich gerade im Zusammenhang mit dem soeben erwähnten ‚Bannfluch' erinnere;
diese Geschichte wird dich außerdem ein wenig beruhigen
und dir Hoffnung geben, daß, falls jene sonderbaren irdischen Wesen zufällig erfahren sollten, wie du sie beleidigt
hast, und dich dem ‚Bannfluch' unterwerfen sollten, vielleicht letzten Endes etwas ‚gar-nicht-so-Übles' für dich
dabei herauskommen dürfte.

„Die Geschichte, die ich dir gleich erzählen werde, trug
sich erst ganz kürzlich unter den heutigen dreihirnigen
Wesen dort zu und wurde durch folgende Ereignisse hervorgerufen:

„In einer ihrer großen ‚Gemeinschaften' existierte fried-
lich ein gewöhnliches Wesen, von Beruf, was man dort
‚Schriftsteller' nennt.

„Du mußt dir übrigens merken, daß man in längst vergangenen Zeiten unter den Wesen dieses Berufes manchmal einige traf, die wirklich noch etwas aus sich selbst er-
sannen und dies niederschrieben; in den letzten Epochen
aber gelten unter den dortigen Wesen, besonders unter den
modernen, die als ‚Schriftsteller', die alle möglichen Ideen
aus vielen schon existierenden Büchern abschreiben
und dann anders zusammensetzen und daraus ein ‚neues
Buch' machen.

„Dabei bevorzugen sie Bücher, die von sehr fernen Vorfahren auf sie gekommen sind.

„Es muß unbedingt gesagt werden, daß die Bücher, die von den modernen ‚Schriftstellern‘ geschrieben werden, alle insgesamt die Hauptursache sind, daß die Vernunft der übrigen dreihirnigen Wesen dort mehr und mehr wird, was der ehrwürdige Mulla-Nassr-Eddin eine ‚Narrenposse‘ nennt.

„Also, mein Junge:

„Dieser moderne ‚Schriftsteller‘, von dem ich zu erzählen begann, war ein ‚Schriftsteller‘ wie alle übrigen Schriftsteller und stellte an sich nichts Besonderes dar.

„Als er einmal eines seiner Bücher vollendet hatte, dachte er nach, worüber er noch schreiben könne, und entschloß sich, nach irgendeiner neuen ‚Idee‘ in den Büchern seiner sogenannten Bibliothek zu suchen, die jeder dortige Schriftsteller unbedingt haben muß.

„Und bei seinem Suchen fiel ihm ein Buch in die Hände, das man ‚Evangelium‘ nennt.

„‚Evangelium‘ wird dort das Buch genannt, das vor einiger Zeit von einem gewissen Matthäus, Markus, Lukas und Johannes über Jesus Christus, einen Gesandten unseres UNENDLICHEN nach diesem Planeten, geschrieben worden ist.

„Dieses Buch ist unter den dreizentrischen Wesen dort weit verbreitet, die, so heißt es, nach den Vorschriften dieses Gesandten ‚leben‘.

„Und als dieses Buch zufällig diesem Schriftsteller in die Hände fiel, kam ihm auf einmal der Gedanke in den Kopf, warum nicht auch er ein ‚Evangelium‘ verfassen solle.

„Aus Forschungen, die ich zu ganz anderen Zwecken vorzunehmen hatte, ergab es sich, daß er dann fortfuhr zu folgern:

„Bin ich denn weniger als jene alten Wilden, Johannes, Lukas, Matthäus und Markuschen?

„Ich bin wenigstens zivilisierter als sie und kann ein viel besseres ‚Evangelium‘ für meine Zeitgenossen schreiben.

„Und es muß unbedingt ein Evangelium geschrieben werden, weil jene Leute der Jetztzeit — die da ‚Engländer‘ und ‚Amerikaner‘ heißen — eine Schwäche für dieses Buch haben und der Wechselkurs gerade jetzt für ihre Pfund und Dollar durchaus ‚nicht übel‘ ist.

„Gedacht — getan.

„Und von diesem selben Tag an ‚drechselte‘ er an seinem neuen ‚Evangelium‘ herum.

„Als er es aber beendet und zum Druck gegeben hatte, gerade da trugen sich all die folgenden mit diesem seinem neuen Evangelium verbundenen Ereignisse zu.

„Zu jeder anderen Zeit wäre vielleicht nichts geschehen, und dies sein neues Evangelium hätte einfach seinen Platz in den Bibliotheken der dortigen Büchersammler eingenommen unter den vielen anderen Büchern, die ähnliche Wahrheiten darbieten.

„Aber — diesem Schriftsteller zum Glück oder Unglück — ereignete es sich, daß einige ‚machthabende‘ Wesen jener großen Gemeinschaft, in der auch er existierte, gerade kein Glück in dem, was man dort ‚Roulette‘ und ‚Bakkarat‘ nennt, hatten, und deshalb von den gewöhnlichen Wesen ihrer Gemeinschaft mehr und mehr das forderten, was man dort ‚Geld‘ nennt. Durch diese übermäßigen Geldforderungen wachten die gewöhnlichen Wesen dieser Gemeinschaft endlich aus ihrem gewöhnlichen ‚Stumpfsinn‘ auf und ‚spitzten die Ohren‘.

„Als die zu Hause gebliebenen machthabenden Wesen dies gewahrten, wurden sie unruhig und ergriffen dementsprechende ‚Maßnahmen‘.

„Zu diesen Maßnahmen zählte auch die sofortige Vernichtung all dessen vom Antlitz ihres Planeten, was in ihrem Heimatland neu entstand, damit es die gewöhnlichen Wesen ihrer Gemeinschaft nicht hindere, wieder in ihre ‚Schlafsucht‘ zurückzufallen.

„Und gerade in dieser Periode erschien das zuvor erwähnte ‚Evangelium‘ jenes Schriftstellers.

„Die ‚machthabenden‘ Wesen fanden im Inhalt auch dieses neuen Evangeliums etwas, was, ihren Begriffen nach, die gewöhnlichen Wesen ihrer Gemeinschaft ebenfalls abhalten könnte, in die Schlafsucht zurückzufallen, und sie wollten deshalb sowohl den Schriftsteller selbst als auch sein ‚Evangelium‘ einfach sofort aus dem Weg räumen — um so mehr als sie damals schon ganz geübt waren, solche ‚vaterländischen Vordränger‘, die sich mit Angelegenheiten beschäftigen, die sie nichts angehen, aus dem Weg zu räumen.

„Aber aus irgendwelchen Gründen konnten sie mit jenem Schriftsteller nicht in dieser Weise verfahren, und so wurden sie aufgeregt und erwogen lange hin und her, was zu tun wäre.

„Einige schlugen vor, ihn ganz einfach dahin zu versetzen, wo es viele ‚Ratten‘ und ‚Wanzen‘ gibt; andere rieten, ihn dahin zu schicken, wo der Pfeffer wächst‘, und so fort und so weiter — endlich aber beschlossen sie, diesen Schriftsteller samt seinem ‚Evangelium‘ öffentlich und nach allen Regeln dem ‚Bannfluch‘ zu unterwerfen, dem sie dich auch zweifellos unterwerfen würden, wenn sie erführen, daß du sie beleidigt hast.

„Und, mein Junge: Die Eigentümlichkeit der Psyche der heutigen dreihirnigen Wesen dieses sonderbaren Planeten zeigte sich im gegebenen Fall darin, daß, nachdem oder weil dieser Schriftsteller mit seinem ‚Evangelium‘ öffentlich mit Bannfluch belegt worden war, er einfach, wie der hochgeschätzte Mulla-Nassr-Eddin wieder einmal sagt, ‚wie auf Rosen gebettet‘ war.

„Das aber geschah folgendermaßen:

„Als die gewöhnlichen Wesen der besagten Gemeinschaft

sahen, wieviel ‚Aufhebens' die ‚machthabenden' Wesen von dem Schriftsteller machten, begannen sie sich sehr für ihn zu interessieren und kauften und lasen gierig nicht nur sein neues Evangelium, sondern auch alle seine früheren Bücher.

„Und von da an verstummten alle anderen Interessen der Wesen jener besagten Gemeinschaft — wie es gewöhnlich mit den dreizentrischen Wesen auf diesem sonderbaren Planeten geht — und sprachen nur von diesem Schriftsteller und dachten nur noch an ihn.

„Und wie es auch gewöhnlich dort geht — sobald einige diesen Schriftsteller überschwenglich priesen, sprachen andere gegen ihn, und die Folge dieser Gespräche und Diskussionen war, daß die Zahl jener, die sich für diesen Schriftsteller interessierten, nicht nur unter den Wesen ihrer eigenen, sondern auch unter den Wesen anderer Gemeinschaften zunahm.

„Und das letztere geschah, weil ein Teil der ‚machthabenden' Wesen jener Gemeinschaft weiterhin wie gewöhnlich mit Taschen voll Geld zu anderen Gemeinschaften gingen, wo ‚Roulette' und ‚Bakkarat' gespielt wurden und woselbst sie ihre Diskussionen über diesen Schriftsteller fortsetzten und damit allmählich die Wesen anderer Gemeinschaften ansteckten.

„Kurzum, es kam durch die Seltsamkeit ihrer Psyche schließlich dahin, daß selbst heutzutage, wo das Evangelium dieses Schriftstellers schon längst vergessen ist, sein Name noch fast überall als der eines sehr guten Schriftstellers gilt.

„Was immer er nun schreiben mag — gleich fallen alle darüber her und halten es für unbestreitbare Wahrheit.

„Jeder betrachtet jetzt alle seine Schriften mit derselben Ehrfurcht, mit der die alten Chaldäer auf die Weissagungen ihrer ehrwürdigen ‚Pythien' hörten.

„Es ist sehr interessant, hier zu erwähnen, daß, wenn

man ein Wesen dort über diesen Schriftsteller fragt, es sich zeigt, daß jeder ihn kennt und unbedingt von ihm als einem außergewöhnlichen Wesen spricht.

„Fragt man sie aber dann, was er geschrieben hat, so stellt es sich heraus, daß die meisten von ihnen — vorausgesetzt natürlich, daß sie die Wahrheit bekennen — nicht ein einziges seiner Bücher gelesen haben.

„Nichtsdestoweniger werden sie ihn besprechen und diskutieren und natürlich mit Schaum am Munde darauf bestehen, daß er ein Wesen von außerordentlichem ‚Geist‘ sei und ein phänomenaler Kenner der Psyche der ihren Planeten Erde bewohnenden Wesen.“

XIII. Kapitel

WARUM IN DER VERNUNFT DES MENSCHEN DIE EINBILDUNG ALS WIRKLICHKEIT WAHRGENOMMEN WIRD

„Mein teurer und lieber Großvater, sei so gut und erkläre mir, wenn auch nur annähernd, wie es kommt, daß sie alle möglichen ‚Einbildungen‘ als Wirklichkeit wahrnehmen."

Auf diese Frage seines Enkels hin erzählte Beelzebub folgendes:

„Diese Eigentümlichkeit in der Psyche der dreihirnigen Wesen auf dem Planeten Erde zeigte sich erst in späteren Zeiten, und sie entstand nur deswegen in ihnen, weil der herrschende Teil, der sich in ihnen wie in allen dreihirnigen Wesen gebildet hatte, allmählich zuließ, daß die anderen Teile ihres allgemeinen Bestandes jeden neuen Eindruck ohne das, was man ‚Seins-Partkdolgpflicht‘ nennt, wahrnehmen, nämlich einfach bloß so, wie im allgemeinen Eindrücke von den verschiedenen selbständigen Lokalisierungen wahrgenommen werden, die als ‚Seins-Zentren‘ in den dreihirnigen Wesen vorhanden sind; in ihrer Sprache würde ich es folgendermaßen ausdrücken: sie glauben alles, was andere sagen, und nur das nicht, was sie selbst mit ihrer eigenen gesunden Überlegung erkennen könnten.

„Im allgemeinen kristallisiert sich jede neue Meinung im Bestand dieser sonderbaren Wesen nur, wenn Fritz Müller über etwas oder jemanden in einer besonderen Weise spricht, und wenn dann Hans Meier dasselbe sagt, ist der Hörer schon ganz überzeugt, daß es so ist und durchaus nicht anders sein kann.

„Lediglich ob dieser Eigentümlichkeit ihrer Psyche und weil man viel in dieser Weise über den besagten Schriftsteller sprach, sind zur heutigen Zeit fast alle dortigen Wesen überzeugt, daß er wirklich ein sehr großer Psychologe ist und ein unvergleichliches Wissen über die Psyche der Wesen dieses Planeten besitzt.

„In Wirklichkeit aber stellte es sich heraus, als ich zum letztenmal auf diesem Planeten war und auch von dem besagten Schriftsteller hörte und ihn sogar eigens aus ganz anderem Grunde aufsuchte, daß er nicht nur wie alle anderen modernen Schriftsteller dort äußerst beschränkt ist, sondern auch, wie unser teurer Mulla-Nassr-Eddin sagen würde, ,nicht-weiter-als-seine-Nase-sieht‘, und daß, was echte Kenntnis der wirklichen Psyche der Wesen jenes Planeten im wirklichen Leben betrifft, man ihn schlechtweg ,vollkommen-unwissend‘ nennen muß.

„Ich wiederhole. Die Geschichte dieses Schriftstellers ist ein sehr charakteristisches Beispiel, um dir klarzumachen, wie sehr es den dir lieben dreihirnigen Wesen und besonders denen der Jetztzeit an der Erfüllung der ,Seins-Partkdolgpflicht‘ mangelt, und daß sich ihre eigenen subjektiven ,Seins-Überzeugungen‘ nie aus solchen kristallisieren, die durch eigene logische Überlegungen gewonnen werden — wie es sich für dreihirnige Wesen ziemt — sondern daß sich nur solche Seins-Überzeugungen in ihnen kristallisieren, die ausschließlich von dem abhängen, was andere über die gegebene Frage sagen.

„Nur weil es ihnen an der Erfüllung der ,Seins-Partkdolgpflicht‘ gebricht — die allein die Wesen instand setzt, echte Wirklichkeit zu erkennen — sahen sie in dem erwähnten Schriftsteller die eine oder andere Vollkommenheit, die nicht vorhanden war.

„Dieser seltsame Zug in ihrer allgemeinen Psyche, nämlich sich damit zu begnügen, was Hans Müller oder Fritz Meier sagen, ohne zu versuchen, mehr zu erfahren, ist schon so lange in ihnen eingewurzelt, daß sie nicht länger danach streben, etwas von dem zu erfahren, was sie nur durch eigenes aktives Nachdenken erkennen können.

„Es muß aber hinsichtlich all dessen unbedingt gesagt werden, daß weder das ‚Organ-Kundabuffer‘, das ihre Vorfahren hatten, daran schuld ist, noch seine Folgen, die durch einen Fehler einiger heiliger Individuen sich in ihren Vorfahren kristallisierten und dann von Geschlecht zu Geschlecht vererbt wurden.

„Sondern sie allein sind daran schuld, und zwar durch die von ihnen selbst allmählich geschaffenen anomalen Verhältnisse der gewöhnlichen äußeren Seins-Existenz, die in ihrem allgemeinen Bestand allmählich das formten, was jetzt schon in ihnen ihr innerer böser Gott‘ ist, genannt ‚Selbstberuhigung‘.

„Übrigens wirst du selbst später auch das sehr gut verstehen, wenn ich dir, wie ich es bereits versprach, mehr Tatsachen über diesen Planeten, der dir gefällt, mitteilen werde.

„Auf jeden Fall rate ich dir dringend, künftig sehr vorsichtig mit deinen Ausdrücken über die dreihirnigen Wesen dieses Planeten zu sein, um sie ja in keiner Weise zu beleidigen; sonst könnten sie — ‚womit-der-Teufel-nicht-spaßt‘, wie sie dort sagen — von einer deiner Beleidigungen erfahren und — um mit einem anderen ihrer Ausdrücke zu reden — dir ein Bein stellen‘.

„Es kann nicht schaden, im gegebenen Falle sich noch einmal eines der weisen Sprüche unseres teuren Mulla-Nassr-Eddin zu erinnern, der da sagt:

„‚Hui — was doch nicht alles auf der Welt vorkommt! Sogar ein Floh kann manchmal einen Elefanten verschlucken.‘ “

Beelzebub wollte noch mehr sagen, aber in diesem Augenblick trat ein Schiffsbediener ein und übergab ihm ein auf seinen Namen lautendes „Ätherogramm“.

Nachdem Beelzebub den Inhalt des „Ätherogramms"
gelesen hatte und der Schiffsbediente fort war, wandte
sich Hassin wieder an Beelzebub mit folgenden Worten:

„Teurer Großvater, bitte fahre fort, von den dreizentrischen Wesen zu erzählen, die auf jenem interessanten
Planeten namens ‚Erde' entstehen und existieren."

Nachdem Beelzebub wieder mit einem eigentümlichen
Lächeln nach seinem Enkel geschaut und eine sehr seltsame Bewegung mit dem Kopf gemacht hatte, fuhr er zu
sprechen fort wie folgt.

XIV. Kapitel

DER ANFANG VON PERSPEKTIVEN,
DIE NICHTS SEHR HEITERES VERSPRECHEN

„Ich muß vor allem sagen, daß die dreihirnigen Wesen auch auf jenem Planeten am Anfang einen ‚Bestand‘ hatten, wie ihn im allgemeinen alle dreizentrischen Wesen, die man ‚kestschapmartnische‘ nennt, besitzen, die auf allen entsprechenden Planeten unseres großen Weltalls entstehen — sie hatten auch die gleiche, wie man sagt, ‚Existenzdauer‘ wie alle anderen dreihirnigen Wesen.

„Die verschiedenen Veränderungen in ihrem ‚Bestand‘ begannen hauptsächlich nach dem zweiten Unglück, das diesem Planeten widerfuhr, bei dem das Hauptfestland dieses Unglücks-Planeten, das damals unter dem Namen ‚Atlantis‘ bekannt war, in den Planeten einsank.

„Und von der Zeit an, wo sie nach und nach alle erdenklichen Arten von Verhältnissen für ihre äußere Seins-Existenz schufen, dank derer die Qualität ihrer Ausstrahlungen sich ständig mehr und mehr verschlechterte, war die Große Natur gezwungen, durch verschiedene Kompromisse und Änderungen ihren allgemeinen Bestand umzugestalten, um die Qualität der Vibrationen, die sie ausstrahlten und die hauptsächlich zur Erhaltung der glücklichen Existenz der früheren Teile jenes Planeten nötig waren, diesem anzugleichen.

„Aus diesem Grunde vermehrte die Große Natur die Zahl dieser Wesen dort allmählich so, daß sie heutzutage bereits auf fast allen Festländern vorkommen, die sich auf diesem Planeten gebildet haben.

„Die äußeren Formen ihrer planetischen Körper sind

fast alle gleich; nur natürlich was Größe und andere subjektive Eigentümlichkeiten jedes einzelnen betrifft, sind
sie genau wie wir, entsprechend ihrer erblichen Widerspiegelung, den Bedingungen im Augenblick ihrer Empfängnis und den übrigen Faktoren, die im allgemeinen
die Entstehung und Gestaltung jedes Wesens ausmachen,
geformt.

„Sie unterscheiden sich untereinander durch ihre Haut-
und Haarfarbe, und diese Eigentümlichkeiten werden
auch im Bestand jedes einzelnen wie überall von den
planetischen Resultaten jenes Teiles der Oberfläche bestimmt, wo die betreffenden Wesen entstehen und wo sie
sich bis zum Alter eines verantwortlichen Wesens bilden
oder, wie sie sagen, bis sie ‚mündig‘ werden.

„Was die allgemeine Psyche jedes einzelnen und ihre
Hauptzüge betrifft — ganz gleich auf welchem Teile der
Oberfläche ihres Planeten die entsprechenden Wesen entstehen —, so bilden sie sich in ihnen allen genau nach denselben Eigentümlichkeiten. Zu den Eigentümlichkeiten
der Psyche jedes einzelnen dreihirnigen Wesens zählt
auch jene Eigenschaft, der zufolge auf jenem sonderbaren
Planeten — allein im ganzen Weltall — jener schreckliche Prozeß sich unter ihnen vollzieht, der der ‚Prozeß-
des-gegenseitigen-Vernichtens‘ genannt wird, oder, wie
er auf diesem Unglücks-Planeten heißt, ‚Krieg‘.

„Außer dieser Haupteigentümlichkeit der allgemeinen
Psyche kristallisieren sich in jedem einzelnen von ihnen
— ebenfalls ganz gleich, wo er entstand und existiert —
jene vollständigen Funktionen und werden unfehlbar ein
Teil seines allgemeinen Bestandes, jene Funktionen, die
dort unter den Namen ‚Egoismus‘, ‚Eigenliebe‘, ‚Eitelkeit‘, ‚Stolz‘, ‚Dünkelhaftigkeit‘, ‚Leichtgläubigkeit‘,
‚Beeinflußbarkeit‘ existieren, und einige andere ganz
anomale Eigenschaften, denen es durchaus nicht ziemt,
sich im Wesen eines dreihirnigen Wesens vorzufinden.

116

„Von den soeben genannten anomalen Seins-Eigentümlichkeiten ihrer Psyche ist jene für sie selbst am schrecklichsten, die da ‚Beeinflußbarkeit‘ heißt.

„Diese höchst sonderbare und seltsame psychische Eigentümlichkeit werde ich dir gelegentlich einmal besonders erklären."

Nachdem Beelzebub dies gesagt, wurde er nachdenklich, diesmal mehr als gewöhnlich, und fuhr dann so zu seinem Enkel fort:

„Ich sehe, daß die dreihirnigen Wesen, die auf dem sonderbaren Planeten namens ‚Erde‘ entstehen und existieren, dich sehr interessieren. Und da wir während unserer Reise auf dem Schiff Karnak über viele Dinge reden müssen, schon um die Zeit zu vertreiben, so will ich dir, soviel ich kann, über diese dreihirnigen Wesen erzählen.

„Um dir ein klares Verständnis der Sonderbarkeit der dreihirnigen Wesen zu geben, wird es meines Erachtens am besten sein, wenn ich dir von meinen persönlichen Hinabkünften auf jenen Planeten ihrer Reihenfolge nach erzähle und von den Ereignissen, die sich während meines Verweilens dort zutrugen und deren Augenzeuge ich selbst war.

„Ich besuchte die Oberfläche des Planeten Erde insgesamt sechsmal, und jeder dieser meiner persönlichen Besuche war durch andere Umstände veranlaßt.

„Ich beginne mit meiner ersten Hinabkunft."

XV. Kapitel

BEELZEBUBS ERSTE HINABKUNFT
AUF DEN PLANETEN ERDE

„Auf jenen Planeten Erde", begann Beelzebub seine Erzählung, „kam ich zum erstenmal wegen eines jungen
Wesens aus unserem Stamme hinab, das das Unglück gehabt hatte, sich ernstlich mit einem dortigen dreihirnigen
Wesen einzulassen und dadurch in eine sehr dumme Geschichte verwickelt worden war.

„Eines Tages kamen auf dem Planeten Mars einige
Wesen unseres Stammes zu mir, die auch auf dem Mars
wohnten, und trugen mir eine Bitte vor.

„Sie erzählten mir, daß einer ihrer jungen Verwandten
bereits vor dreihundertfünfzig marsianischen Jahren auf
den Planeten Erde ausgewandert war und daß sich kürzlich ein für uns, seine Nächsten, sehr unangenehmer Vorfall dort ereignet hatte.

„Weiter sagten sie mir:

„‚Anfangs wollten wir, seine Nächsten, sowohl die auf
dem Planeten Erde als auch die auf dem Planeten Mars
existierenden, diese unangenehme Sache selbst mit eigenen Kräften ins reine bringen; aber trotz all unserer
Anstrengungen und der von uns geschaffenen Maßnahmen konnten wir bisher nichts ausrichten.

„‚Und da wir jetzt endgültig überzeugt sind, daß wir
diese unangenehme Geschichte nicht selbst in Ordnung
bringen können, erlauben wir uns, Hochehrwürden zu belästigen und dringend zu bitten, uns gütigst Dero weisen
Rat nicht zu verweigern, damit wir uns aus dieser für uns
so peinlichen Lage herausfinden können.‘

„Weiter schilderten sie mir ausführlich, worin das Unglück, das sie befallen hatte, bestand.

„Aus allem, was sie mir erzählten, ersah ich, daß diese Geschichte nicht nur für die Angehörigen dieses jungen Wesens unangenehm war, sondern daß sie sich auch für die Wesen unseres ganzen Stammes als bedenklich herausstellen dürfte.

„Und deshalb konnte ich nicht umhin, mich sofort zu entschließen, ihnen zu Hilfe zu kommen, um diese Schwierigkeit aus dem Wege zu schaffen.

„Anfangs versuchte ich ihnen vom Planeten Mars aus zu helfen; als mir aber klar wurde, daß es unmöglich war, etwas Wirksames von dort aus zu tun, entschloß ich mich, auf den Planeten Erde hinabzufliegen, um dort an Ort und Stelle einen Ausweg zu finden.

„Gleich am Tag nach diesem Entschluß nahm ich alles, was ich zur Hand hatte, und flog mit dem Schiff ‚Okkasion‘ dorthin.

„Ich sagte dir schon, daß das Schiff ‚Okkasion‘ jenes Schiff war, auf dem alle Wesen unseres Stammes nach jenem Sonnensystem verschickt worden waren, und das, wie ich auch schon erzählte, den Wesen unseres Stammes zur Zwischen-Planeten-Verbindung überlassen worden war.

„Dieses Schiff hatte seinen dauernden Ankerplatz am Planeten Mars, und die Verfügung darüber war mir von oben übergeben worden.

„Und eben auf diesem Schiff ‚Okkasion‘ kam ich zum erstenmal auf den Planeten Erde hinab.

„Dieses erstemal landete unser Schiff an den Ufern gerade jenes Kontinents, der während der zweiten Katastrophe, die diesem Planeten widerfuhr, vollkommen von dessen Oberfläche verschwand.

„Dieser Kontinent hieß ‚Atlantis‘, und auf ihm existierten die meisten damaligen dreihirnigen Wesen dieses

Planeten und ebenso auch die meisten Wesen unseres Stammes.

„Nach unserer Landung ging ich sofort vom Schiffe ‚Okkasion‘ in die Stadt namens ‚Samlios‘, die auf dem erwähnten Kontinent lag und der Existenzort jenes jungen Unglückswesens unseres Stammes war, das die Ursache meiner Hinabkunft war.

„ ‚Samlios‘ war damals eine sehr große Stadt und der Hauptpunkt der größten damaligen Gemeinschaft auf dem Planeten Erde.

„In dieser Stadt existierte das Haupt dieser großen Gemeinschaft, mit Namen ‚König Appolis‘.

„Mit eben diesem König Appolis hatte sich unser junger unerfahrener Landsmann eingelassen.

„Alle Einzelheiten dieser Geschichte erfuhr ich erst in der Stadt Samlios selbst.

„Ich erfuhr nämlich, daß vor diesem Vorfall unser armer Landsmann mit dem König befreundet gewesen war und oft in seinem Hause verkehrt hatte.

„Wie es sich herausstellte, war einmal bei einem Besuch im Hause des Königs Appolis unser junger Landsmann im Laufe eines Gespräches mit ihm ‚eine Wette eingegangen‘, die der Anlaß zu allem war, was dann folgte.

„Du mußt vor allem wissen, daß sowohl die Gemeinschaft, deren Haupt König Appolis war, als auch die Stadt Samlios, wo er existierte, in dieser Periode zu den größten und reichsten aller Gemeinschaften und Städte zählten, die es damals auf der Erde gab.

„Zur Unterhaltung all dieses Reichtums und dieser Herrlichkeit bedurfte König Appolis natürlich viel von dem, was man dort ‚Geld‘ nennt — und sehr vieler Arbeit von den gewöhnlichen Wesen jener Gemeinschaft.

„Es muß vor allem hier vorausgeschickt werden, daß zur Zeit meiner ersten persönlichen Hinabkunft auf diesen Planeten das Organ Kundabuffer schon nicht mehr

120

in den dreihirnigen Wesen, die dich interessieren, vorhanden war, daß sich aber in mehreren von ihnen verschiedene Folgen der Eigenschaften jenes für sie verderblichen Organs schon zu kristallisieren begannen.

„In der Periode, auf die sich meine Erzählung bezieht, gehörte zu den Folgen der in mehreren Wesen dort schon gut kristallisierten Eigenschaften dieses Organs auch die Folge jener Eigenschaft, die, als das Organ Kundabuffer selbst noch in ihnen funktionierte, sie befähigt hatte, ganz leicht und ohne jeden ‚Gewissensbiß‘ keine Verpflichtung, weder die von ihnen selbst übernommenen noch die ihnen von Vorgesetzten übertragenen, freiwillig zu erfüllen; und so kamen sie ihren Verpflichtungen nur aus Angst oder Furcht vor den von außen kommenden ‚Drohungen‘ und ‚Einschüchterungen‘ nach.

„Und eben die Folge dieser Eigenschaft, die sich in einigen dortigen Wesen in jener Periode schon gut kristallisiert hatte, war der Grund zu jener ganzen Geschichte.

„Also, mein Junge, die Sache war die: König Appolis, der selbst höchst gewissenhaft hinsichtlich der Verpflichtungen war, die er auf sich genommen hatte, um die Herrlichkeit der ihm anvertrauten Gemeinschaft zu erhalten, sparte weder eigene Mühen noch Kosten und verlangte auch ein gleiches von allen anderen Wesen seiner Gemeinschaft.

„Da aber in einigen seiner Untertanen, wie ich schon gesagt habe, in dieser Periode die erwähnten Folgen der Eigenschaften des Organs Kundabuffer schon sehr gut kristallisiert waren, so mußte er, um von allen das zur Herrlichkeit der ihm anvertrauten Gemeinschaft Erforderliche zu erhalten, jede erdenkliche Art von ‚Drohung‘ und ‚Einschüchterung‘ anwenden.

„Seine Methoden waren so mannigfaltig und zu gleicher Zeit so wohl überlegt, daß selbst diejenigen seiner Untertanen-Wesen, in denen die erwähnte Folge sich bereits kristallisiert hatte, nicht umhin konnten, ihn zu achten, obgleich man damals seinem Namen, natürlich hinter seinem Rücken, den Spitznamen der ‚Erzlistige‘ beifügte.

„Und, mein Junge, die Verfahren, die König Appolis damals anwandte, um von seinen Untertanen das zur Unterhaltung der Herrlichkeit der ihm anvertrauten Gemeinschaft Erforderliche zu erreichen, schienen unserem jungen Landsmann irgendwie ungerecht zu sein, und er soll, wie man erzählt, empört und ruhelos gewesen sein, so oft er von einem neuen Verfahren des Königs Appolis zu hören bekam.

„Und eines schönen Tages konnte sich unser naiver junger Landsmann in einer Unterhaltung mit dem König selbst nicht zurückhalten, ihm ins Gesicht seine Empörung auszudrücken und seine Ansichten über sein, des Königs Appolis ‚gewissenloses‘ Verhalten seinen Untertanen gegenüber.

„Darauf geriet König Appolis nicht nur nicht in Zorn, wie es gewöhnlich auf dem Planeten Erde geschieht, wenn sich jemand in fremde Angelegenheiten mischt, und ließ ihn auch nicht am Kragen fassen und hinauswerfen, sondern ging sogar auf alles mit ihm ein und besprach die Ursachen seiner Strenge.

„Sie redeten sehr lange, und das Ergebnis ihrer ganzen Unterhaltung war eine ‚Wette‘; das heißt, sie kamen zu einer gegenseitigen Abmachung und brachten sie zu Papier, und jeder von ihnen unterschrieb mit seinem Blut.

„Diese Abmachung bestimmte unter anderem, daß König Appolis sich verpflichte, um von seinen Untertanen alles Nötige zu erhalten, von da an nur noch solche Maßnahmen und Mittel anzuwenden, die ihm unser Landsmann vorschreiben würde.

„Für den Fall aber, daß seine Untertanen nicht wie sonst das Nötige beisteuern würden, sollte unser Landsmann

122

für alles aufkommen, und er verpflichtete sich, dann selbst alles in solchem Maße für die Schatzkammer des Königs Appolis herbeizuschaffen, als zur Erhaltung und weiteren Entwicklung sowohl der Hauptstadt als auch der ganzen Gemeinschaft nötig war.

„Und danach, mein Junge, begann König Appolis tatsächlich — schon vom nächsten Tage an — die Verpflichtung, die er laut Abmachung auf sich genommen hatte, höchst gewissenhaft zu erfüllen, und er fing an, die ganze Gemeinschaft genau nach den Vorschriften unseres jungen Landsmannes zu regieren.

„Die Resultate einer solchen Regierung stellten sich aber sehr bald als das genaue Gegenteil von dem heraus, was unser einfältiger Landsmann gedacht und erwartet hatte.

„Die Untertanen jener Gemeinschaft, vor allem natürlich jene, in denen sich die erwähnte Folge der Eigenschaften des Organs Kundabuffer schon kristallisiert hatte, hörten nicht nur vollständig auf, der Schatzkammer des Königs Appolis das Erforderliche beizusteuern, sondern begannen sogar nach und nach zurückzuerschleichen, was sie früher beigesteuert hatten.

„Da unser Landsmann sich verpflichtet hatte, das Nötige herbeizuschaffen, und diese Verpflichtung noch dazu mit seinem Blute unterzeichnet hatte — und du weißt ja, was für unsereinen die freiwillige Übernahme einer Verpflichtung bedeutet, vor allem, wenn er sie mit seinem Blute bekräftigt hat —, so hatte er natürlich bald für alles aufzukommen, was in der Schatzkammer fehlte.

„Zuerst tat er alles in die Schatzkammer, was er selbst besaß, und danach alles, was er von seinen Angehörigen, die auch auf dem Planeten Erde wohnten, bekommen konnte.

„Als aber auch der Beutel seiner dortigen Verwandten geleert war, wandte er sich um Beistand an seine Angehörigen auf dem Planeten Mars.

„Bald aber versiegte alles auch auf dem Planeten Mars, und die Kasse der Stadt Samlios forderte immer mehr und mehr, und dabei war kein Ende dieser Forderungen abzusehen.

„Daraufhin gerieten alle Anverwandten unseres Landsmannes in Aufregung und entschlossen sich schließlich, sich an mich mit der Bitte zu wenden, ihnen aus der Not zu helfen.

„Und als ich dann, mein Junge, in der Stadt Samlios ankam, empfingen mich alle Wesen unseres Stammes, alt und jung, die auf jenem Planeten geblieben waren.

„Am Abend desselben Tages setzten wir eine allgemeine Versammlung fest in der Hoffnung, durch eine gemeinsame Besprechung einen Ausweg aus der entstandenen Lage zu finden.

„Zu dieser allgemeinen Versammlung war König Appolis selbst auch eingeladen, mit dem unsere älteren Landsleute schon zuvor viele Unterredungen über all das gehabt hatten.

„Auf dieser ersten Sitzung wandte sich König Appolis mit den folgenden Worten an uns alle:

„,Gerechte Freunde!

„,Ich selbst bedaure aufrichtig, was sich zugetragen und daß es soviel Störung für die hier Versammelten mit sich gebracht hat; ich bin mit meinem ganzen Sein tief betrübt, daß es nicht in meiner Macht steht, euch die bevorstehenden Schwierigkeiten zu ersparen.

„,Die Sache ist die‘, fuhr König Appolis fort, ,daß der Regierungsmechanismus meiner Gemeinschaft, der seit Jahrhunderten bestanden und erfolgreich gewirkt hat, jetzt schon vollständig verändert ist, und daß es bereits unmöglich ist, ohne sehr ernste Folgen zur alten Ordnung zurückzukehren, Folgen nämlich, die zweifellos Empörung in den meisten meiner Untertanen hervorrufen müssen. Wie die Dinge jetzt liegen, bin ich allein nicht fähig, sie in

Ordnung zu bringen, ohne zugleich die erwähnten Folgen hervorzurufen, und deshalb bitte ich euch alle im Namen der Gerechtigkeit, mir in dieser Sache beizustehen.'

„Und dann fügte er noch hinzu: ‚Ich klage mich in Gegenwart von euch allen bitterlich an, daß ich selbst zu einem großen Teil an diesem Unglück schuld bin.

„‚Und ich bin schuld, weil ich hätte voraussehen. müssen, was sich nun ereignet hat, da ich schon länger als mein Gegner und euer ‚Landsmann‘ hier in diesen Verhältnissen existiere, länger als er nämlich, mit dem ich die Abmachung traf, die euch bekannt ist.

„‚Offengestanden war es einfach unverzeihlich von mir, daß ich es gewagt habe, mich auf eine solche Abmachung mit einem Wesen einzulassen, das, obwohl es von viel höherer Vernunft als ich sein mag, nichtsdestoweniger in solchen Dingen nicht so erfahren ist wie ich.

„‚Noch einmal bitte ich euch alle und insbesondere Hochehrwürden, mir zu verzeihen und aus dieser traurigen Geschichte herauszuhelfen, indem ihr einen Ausweg aus der vorhandenen Lage findet.

„‚Wie die Dinge jetzt liegen, kann ich nur tun, was ihr mir vorschreiben werdet.‘

„Nachdem König Appolis gegangen war, beschlossen wir, am gleichen Abend aus unserer Mitte einige erfahrene betagte Wesen zu wählen, die gemeinsam in der gleichen Nacht alle Gegebenheiten erwägen und einen ungefähren Plan für alle weiteren Schritte entwerfen sollten.

„Darauf gingen wir auseinander, nachdem wir zuvor verabredet hatten, uns am nächsten Abend am gleichen Platze wieder zu versammeln, diesmal aber ohne König Appolis einzuladen.

„In der Versammlung am nächsten Tage erstattete uns zuerst eins der betagten Wesen, die wir am Abend zuvor gewählt hatten, folgenden Bericht:

„‚Die ganze letzte Nacht bedachten und erwogen wir

alle Einzelheiten dieser traurigen Geschichte und kamen endlich einstimmig zu dem Schluß, daß es zunächst keinen anderen Ausweg gebe, als zu den früheren Regierungsverhältnissen zurückzukehren.

„ ‚Ferner stimmten wir alle und ebenfalls einstimmig überein, daß die Rückkehr zu der früheren Regierungsform tatsächlich unausbleiblich eine Empörung der Untertanen dieser Gemeinschaft nach sich ziehen müsse und daß sich natürlich sicherlich auch alle Folgen einer solchen Empörung einstellen würden, wie sie in gleichen Fällen in der letzten Zeit auf Erden unvermeidlich geworden sind.

„ ‚Und dabei werden natürlich, wie es hier schon üblich geworden ist, viele von den sogenannten ‚machthabenden‘ Wesen dieser Gemeinschaft sehr leiden müssen, möglicherweise sogar völlig vernichtet werden, und diesem Schicksal würde auf keinen Fall König Appolis entgehen können.

„ ‚Daraufhin überlegten wir, ob es nicht möglich wäre, die besagten traurigen Folgen wenigstens von König Appolis fernzuhalten.

„ ‚Dies aber erstrebten wir deshalb so aufrichtig, weil König Appolis selbst am Abend zuvor auf unserer allgemeinen Versammlung sich uns gegenüber sehr aufrichtig und wohlwollend gezeigt hat und es uns allen außerordentlich leid tun würde, wenn er zu leiden hätte.

„ ‚Nach reiflicher Überlegung kamen wir zu dem Schluß, daß der Schlag nur dann von König Appolis abgelenkt werden könne, wenn während der besagten Empörung die Wutmanifestationen der empörten Wesen dieser Gemeinschaft sich nicht gegen König Appolis selbst, sondern gegen seine Umgebung oder, wie man dort sagt, die ‚Regierungsverwaltung‘ richten würde.

„ ‚Darauf entstand unter uns die Frage, ob die Vertrauten des Königs bereit sein würden, die Folgen von all dem auf sich zu nehmen.

„ ‚Und wir kamen zu dem kategorischen Schluß, daß sie

gewiß nicht darauf eingehen würden, da sie alle bestimmt der Meinung sein würden, daß die Schuld all dessen lediglich den König selbst treffe und daß er deshalb allein dafür aufkommen solle. Nachdem wir zu all den soeben erwähnten Ergebnissen gekommen waren, beschlossen wir einstimmig endlich folgendes:

„ ‚Um wenigstens König Appolis zu ersparen, was unvermeidlich zu erwarten ist, müssen wir mit Genehmigung des Königs Appolis selbst alle Personen, die verantwortliche Posten in dieser Gemeinschaft bekleiden, durch Wesen unseres eigenen Stammes ersetzen, von denen dann jeder während des Höhepunktes der ‚Massen-Psychose‘ einen Teil der erwarteten Folgen auf sich nehmen muß.‘

„Als unser Abgeordneter mit seinem Bericht zu Ende war, berieten wir uns nur kurz und kamen dann einstimmig zu dem Entschluß, daß wir genau so handeln würden, wie die betagten Wesen unserer Gemeinschaft es vorgeschlagen hatten.

„Daraufhin schickten wir erst eins unserer betagten Wesen zu König Appolis, um ihm unseren Plan zu unterbreiten, und König Appolis stimmte ihm zu und wiederholte noch einmal sein Versprechen, nämlich alles nach unseren Vorschriften zu tun.

„Wir beschlossen dann, sofort ohne Aufschub und gleich vom folgenden Tag an zu beginnen, alle seine Amtspersonen durch die Unseren zu ersetzen.

„Nach zwei Tagen aber erwies es sich, daß nicht genug Wesen unseres Stammes auf dem Planeten Erde wohnten, um alle Amtspersonen jener Gemeinschaft zu ersetzen, und wir schickten deshalb unverzüglich das Schiff ‚Okkasion‘ wieder auf den Planeten Mars zurück, um mehr Wesen unseres Stammes zu holen.

„Inzwischen begann König Appolis, unter Leitung zweier unserer betagten Wesen, unter verschiedenem Vorwand verschiedene Amtspersonen zuerst in der Hauptstadt

Samlios selbst durch unsere Wesen zu ersetzen. Als dann nach einigen Tagen unser Schiff ‚Okkasion‘ vom Planeten Mars mit den Wesen unseres Stammes ankam, wurden ähnliche Neubesetzungen auch in der Provinz vorgenommen, und schon sehr bald waren überall in jener Gemeinschaft die sogenannten verantwortlichen Ämter mit Wesen unseres Stammes besetzt.

„Als alle Ämter in dieser Weise neubesetzt waren, begann König Appolis, immer unter Leitung unserer Ältesten, in der Gemeinschafts-Verwaltung die frühere Ordnung wieder herzustellen.

„Beinahe von den ersten Tagen der Herstellung der früheren Ordnung an begann sich, wie erwartet, die Wirkung in der allgemeinen Psyche der Wesen jener Gemeinschaft, in denen die erwähnten Eigenschaften des übelbringenden Organs Kundabuffer bereits gut kristallisiert waren, zu manifestieren.

„Von da an wuchs die erwähnte Unzufriedenheit von Tag zu Tag, bis einmal nicht lange danach eben das stattfand, was den dortigen dreihirnigen Wesen aller folgenden Perioden schon gang und gäbe geworden ist, nämlich jener Prozeß, den sie selbst jetzt ‚Revolution‘ nennen.

„Und während ihrer damaligen Revolution vernichteten diese dreihirnigen Phänomene unseres großen Weltalls, wie es ihnen auch schon gang und gäbe geworden war, viele Güter, die sie Jahrhunderte lang angesammelt hatten, viele sogenannte ‚Kenntnisse‘, die sie in Jahrhunderten erworben hatten, gingen für immer verloren, und viele Wesen ihresgleichen, die bereits auf dem Wege waren, sich von den in ihnen kristallisierten Folgen der Eigenschaften des Organs Kundabuffer zu befreien, kamen ums Leben.

„Es ist außerordentlich interessant, hier eine höchst erstaunliche und schwer begreifliche Tatsache anzumerken

„Du mußt wissen, daß auch im Laufe späterer ‚Revolutionen‘ dort die dreihirnigen Wesen — die, nebenbei gesagt, fast alle oder wenigstens in überwältigender Mehrheit dieser Psychose verfallen — aus irgendeinem Grund hauptsächlich solche Wesen ihresgleichen vernichten, die irgendwie seit kurzem oder langem auf dem Weg sind, sich von den in ihnen kristallisierten Folgen der Eigenschaften des übelbringenden Organs Kundabuffer zu befreien, das ihre Vorfahren unglücklicherweise besessen haben.

„Und, mein Junge, im Verlauf dieser Revolution wohnte König Appolis in einem seiner ‚Vorort-Paläste‘ in der Nähe der Stadt Samlios.

„Niemand legte Hand an ihn, weil unsere Wesen durch ihre Propaganda es so eingerichtet hatten, daß die ganze Schuld nicht König Appolis selbst, sondern seiner Umgebung zugeschrieben wurde, das heißt der ‚Regierungsverwaltung‘.

„Und nicht genug damit — die von der besagten Psychose befallenen Wesen begannen sogar ‚Trauer zu empfinden‘ und ihren ‚armen‘ König sehr zu bedauern, weil er, wie sie sagten, bis jetzt von gewissenlosen und undankbaren Beratern umgeben gewesen war, weshalb diese unerwünschte Revolution hatte kommen müssen.

„Als die Revolutionspsychose sich gelegt hatte, kehrte König Appolis in die Stadt Samlios zurück und begann, wiederum mit Hilfe unserer Ältesten, allmählich unsere Landsleute entweder durch seine früheren unversehrt gebliebenen Amtspersonen oder durch ganz neue aus seinen anderen Untertanen zu ersetzen.

„Und als die früheren Beziehungen zwischen König Appolis und seinen Untertanen wieder hergestellt waren, begannen die Untertanen die Schatzkammer wie früher mit Geld anzufüllen und die Vorschriften ihres Königs auszuführen, und damit gingen die Angelegenheiten jener Gemeinschaft wieder ihren früheren gewohnten Gang.

„Unser naiver ‚armseliger‘ Landsmann aber, der das alles verursacht hatte, war so peinlich von all dem berührt, daß er nicht länger auf jenem für ihn so unheilvollen Planeten bleiben wollte, sondern mit uns auf den Planeten Mars zurückkehrte.

„Später wurde er dort sogar ein ausgezeichneter Schultheiß aller Wesen unseres Stammes."

XVI. Kapitel

DIE RELATIVITÄT DES ZEITBEGRIFFS

Nach kurzer Pause fuhr Beelzebub fort:

„Bevor ich dir mehr über die dreihirnigen Wesen, die auf dem Planeten Erde vorkommen und dir gefallen, erzähle, scheint es mir unbedingt notwendig — um dir einen klaren Begriff von der Seltsamkeit ihrer Psyche und überhaupt ein besseres Verständnis von all dem zu vermitteln, was diesen sonderbaren Planeten betrifft — dir vor allem eine genaue Vorstellung ihrer Zeitberechnung zu geben und wie die Seins-Empfindung von dem, was der ‚Prozeß-des-Zeitlaufes‘ genannt wird, sich im Bestand der dreihirnigen Wesen dieses Planeten allmählich änderte und wie dieser Prozeß im Bestand der heutigen dreihirnigen Wesen dort verläuft.

„Dies muß dir klargemacht werden, weil du dir nur dann die Ereignisse, von denen ich dir schon erzählt habe und die ich dir noch erzählen werde, klar vorstellen und sie verstehen kannst.

„Vor allem mußt du wissen, daß die dreihirnigen Wesen auch jenes Planeten genau wie wir ein ‚Jahr‘ zur Grundeinheit ihrer Zeitberechnung machen und daß sie die Dauer eines Jahres ebenso wie wir durch die Zeit bestimmen, die ihr Planet braucht, um eine gewisse Bewegung um eine bestimmte andere kosmische Verdichtung zu machen. Und zwar nehmen sie dazu jene Periode, in deren Verlauf ihr Planet auf seiner Bahn, das heißt in dem ‚Fall‘- und ‚Einholungsprozeß‘, den sogenannten ‚Krentonal-Kreislauf‘ um seine Sonne zurücklegt.

„Es ist ungefähr so, wie wir auf unserem Planeten Karatas jene Periode, die zwischen einer Annäherung der Sonne ‚Samos' an die Sonne ‚Selos' bis zur nächsten gleichen Annäherung dauert, als ein Jahr annehmen.

„Hundert ihrer ‚Jahre' nennen die Wesen auf der Erde ein Jahrhundert.

„Und sie teilen ein ‚Jahr' in zwölf Teile ein und nennen jeden Teil einen ‚Monat'.

„Zur Bestimmung der Dauer ihres Monats nehmen sie die Zeit jener vollendeten Periode, in der das größere Stück, das von ihrem Planeten abgetrennt wurde und das sie nun Mond nennen, nach demselben kosmischen ‚Fall'- und ‚Einholungsgesetz' seinen vollen ‚Krentonal-Kreislauf' um ihren Planeten zurücklegt.

„Es muß bemerkt werden, daß zwölf ‚Krentonal-Kreisläufe' des erwähnten ‚Mondes' nicht genau einem ‚Krentonal-Kreislauf' ihres Planeten um seine Sonne entsprechen. Deshalb haben sie für die Berechnung ihrer Monate gewisse Kompromisse erdacht, um wenigstens im Gesamtresultat mehr oder weniger der Wirklichkeit zu entsprechen.

„Fernerhin teilen sie ihre Monate in dreißig ‚Tagläufe' oder, wie sie gewöhnlich sagen, ‚Tage' ein.

„Als einen ‚Taglauf' nehmen sie jene Zeitspanne an, in der ihr Planet in der Verwirklichung der besagten kosmischen Gesetze eine ‚volle-Drehung-um-sich-selbst' macht.

„Merke dir nebenbei, daß sie mit dem Worte ‚Tag' auch noch den kosmischen Prozeß bezeichnen, der periodisch in der Atmosphäre ihres Planeten wie im allgemeinen auf allen übrigen Planeten statthat, auf denen sich solche Prozesse, die man, wie ich dir schon sagte, ‚ilnosaparnisch' nennt, verwirklichen — jenen ‚Trogoautoegokratischen' Prozeß nämlich, den wir ‚Kschtazawacht' nennen und den sie als ‚Helligkeit' bezeichnen.

„Was den anderen, den entgegengesetzten Prozeß betrifft, den Prozeß nämlich, für den wir den Namen ‚Kldazacht' haben, so nennen sie ihn ‚Nacht' oder sprechen von ihm als ‚Dunkelheit'.

„Und so nennen also die dreihirnigen Wesen, die auf dem Planeten Erde vorkommen, ihre längste Zeitspanne ein ‚Jahrhundert', und ihr ‚Jahrhundert' besteht aus hundert ‚Jahren'.

„Ein ‚Jahr' hat zwölf ‚Monate'.

„Ein ‚Monat' hat durchschnittlich dreißig ‚Tage', das heißt ‚Tagläufe'.

„Weiterhin teilen sie einen ‚Taglauf' in vierundzwanzig ‚Stunden', eine ‚Stunde' in sechzig ‚Minuten' und eine ‚Minute' wiederum in sechzig ‚Sekunden' ein.

„Da dir aber, mein Junge, die außerordentlichen Eigentümlichkeiten dieser kosmischen Erscheinung, der Zeit, überhaupt noch nicht bekannt sind, so muß ich dir vor allem sagen, daß echte objektive Wissenschaft sie folgendermaßen formuliert:

„Zeit an sich existiert nicht, sondern sie ist nur die Gesamtheit der Resultate, die aus allen möglichen an einem gegebenen Ort vorhandenen kosmischen Erscheinungen entstehen.

„Zeit an sich kann von keinem Wesen weder mit dem Verstande begriffen noch durch irgendwelche äußeren oder inneren Seins-Funktionen empfunden werden. Sie kann auch sogar durch keinen Grad von Instinkt, der da in allen mehr oder weniger selbständigen kosmischen Verdichtungen entsteht und vorhanden ist, erfaßt werden.

„ ‚Zeit' kann man nur dann beurteilen, wenn man verschiedene kosmische Erscheinungen miteinander vergleicht, die am selben Ort und unter gleichen Verhältnissen vor sich gehen, wo Zeit konstatiert und erforscht wird.

„Es muß hervorgehoben werden, daß im großen Weltall überhaupt alle Erscheinungen ohne Ausnahme, wo immer sie entstehen und sich manifestieren, nichts als folgerichtig gesetzmäßige ‚Bruchstücke‘ einer ganzen Erscheinung sind, die ihren Ursprung auf der ‚Allerheiligsten Sonne Absolut‘ hat.

„Und demzufolge haben alle kosmischen Erscheinungen, wo immer sie stattfinden, ihren Urgrund im Objektiven.

„Und diese folgerichtig-gesetzmäßigen ‚Bruchstücke‘ werden in jeder Hinsicht und sogar hinsichtlich ihrer Involution und Evolution nach dem obersten kosmischen Gesetz, dem heiligen ‚Heptaparaparschinoch‘, verwirklicht.

„Nur Zeit allein hat keinen Urgrund im Objektiven, weil sie nicht die Folge der Brechung irgendeiner kosmischen Erscheinung ist. Und da sie aus nichts hervorkommt und immer mit allem mitläuft und doch sich selbst genügend-selbständig ist, kann man im ganzen Weltall nur sie allein als die ‚einzig-ideal-subjektive-Erscheinung‘ bezeichnen und preisen.

„Also, mein Junge, Zeit allein oder, wie sie auch manchmal genannt wird, der ‚Heropas‘, hat keine Quelle, aus der ihr Ursprung herrührt, sondern fließt wie ‚göttliche Liebe‘ immer selbständig von selbst, wie ich dir schon sagte, und fließt, ihnen angemessen, mit allen Erscheinungen mit, die am gegebenen Ort und in den verschiedenen Entstehungen unseres großen Weltalls vorhanden sind.

„Ich sage dir noch einmal, daß du all dies, wovon ich dir soeben sprach, nur dann klar wirst begreifen können, wenn ich dir, wie ich dir bereits versprach, später einmal eigens alle Grundgesetze der Weltschöpfung und Welterhaltung erklärt haben werde.

„Einstweilen aber merke dir nur das noch, daß, da die Zeit keine Quelle ihres Ursprungs hat und da es ihr nicht — wie sonst allen kosmischen Erscheinungen in allen kosmischen Sphären — möglich ist, ihren genauen Bestand zu erweisen, die schon von mir erwähnte objektive Wissenschaft für die Untersuchung der Zeit eine ‚Grundeinheit‘ annimmt, ähnlich der, die zur genauen Bestimmung der

134

Dichtigkeit und Qualität der Vibrationen aller kosmischen Stoffe überhaupt — die überall und in allen Sphären unseres großen Weltalls vorkommen — angewandt wird.

„Und als Grundeinheit zur Bestimmung der Zeit ist schon seit langem der Moment der sogenannten heiligen egokulnaznarnischen-Empfindung' angenommen worden, die in den heiligsten kosmischen Individuen, die auf der Allerheiligsten Sonne Absolut wohnen, stets dann entsteht, wenn der Blick unseres UNENDLICH-EINS-SEIENDEN in den Raum gerichtet ist und ihren Bestand unmittelbar berührt.

„Diese Grundeinheit ist von der objektiven Wissenschaft dazu festgelegt worden, um die verschiedenen Grade subjektiver Empfindungen verschiedener bewußter Individuen und auch die ,verschiedenen Tempi' verschiedenartiger kosmischer Erscheinungen in verschiedenen Sphären unseres großen Weltalls genau bestimmen und miteinander vergleichen zu können.

„Die Hauptbesonderheit des Zeitlauf-Prozesses besteht darin, daß dieser Prozeß vom Bestand kosmischer Entstehungen verschiedenen Maßstabs auf gleiche Weise und in gleicher Folgerichtigkeit wahrgenommen wird.

„Damit du von dem, was ich soeben sagte, einstweilen wenigstens eine annähernde Vorstellung gewinnst, laß uns als Beispiel den Prozeß des Zeitlaufes nehmen, der in einem beliebigen Tropfen Wasser in der dort auf dem Tische stehenden Karaffe vor sich geht.

„Jeder Wassertropfen in dieser Karaffe stellt in sich selbst eine ganz selbständige Welt dar, nämlich eine Welt von ,Mikrokosmen'.

„Auch in dieser kleinen Welt entstehen und existieren ebenso wie in anderen Kosmen relativ selbständige, unendlich kleine ,Individuen' oder ,Wesen'.

„Auch für die Wesen dieser unendlich kleinen Welt fließt die Zeit mit derselben Folgerichtigkeit, mit der der

Zeitlauf von allen Individuen in allen anderen Kosmen empfunden wird. Wie die Wesen der Kosmen anderen ‚Maßstabs‘ haben auch diese kleinsten Wesen durch ihre Wahrnehmungen und Manifestationen Erlebnisse von bestimmter Dauer und empfinden wie jene den Zeitlauf durch den Vergleich der Dauer der verschiedenen sie umgebenden Erscheinungen.

„Genau wie die Wesen anderer Kosmen kommen sie zur Welt, wachsen auf, vereinigen sich und trennen sich wieder zum Zweck dessen, was man ‚Geschlechtsresultate‘ nennen kann; sie werden auch krank und leiden und werden schließlich wie alles Existierende, dem objektive Vernunft nicht eingeprägt ist, als solche für immer vernichtet.

„Der ganze Existenzprozeß jener unendlich kleinen Wesen auch dieser allerkleinsten Welt braucht ebenfalls eine Zeit von bestimmter ihnen entsprechender Dauer, und diese Dauer fließt wie auch in anderen Welten gleichfalls aus allen sie umgebenden Erscheinungen, die sich im Maßstab des gegebenen Kosmos manifestieren.

„Auch sie brauchen eine Zeit von bestimmter Dauer, sowohl für den Prozeß ihrer Entstehung und Formung als auch für die verschiedenen Ereignisse im Verlaufe ihrer Existenz, bis zu ihrer endgültigen vollständigen Vernichtung.

„Der ganze Existenzprozeß der Wesen dieses Wassertropfens braucht also bestimmte aufeinanderfolgende ihnen entsprechende Zeit-‚Strecken‘.

„Sie brauchen eine bestimmte Zeit sowohl für ihre Freuden als auch für ihre Leiden und kurzum für alle unerläßlichen Daseins-Erlebnisse bis zu einer ‚Kette von Unglück‘ und selbst bis zu den ‚Perioden-des-Durstes-nach-Vervollkommnung‘.

„Ich wiederhole: Auch bei ihnen hat der Prozeß des Zeitlaufes seine harmonische Folgerichtigkeit, und diese

Folgerichtigkeit stammt aus der Gesamtheit aller sie umgebenden Erscheinungen.

„Die Dauer des Zeitlauf-Prozesses wird überhaupt von
allen zuvor erwähnten kosmischen Individuen und von den
schon endgültig geformten sogenannten ‚instinktivierten‘
Einheiten auf gleiche Weise wahrgenommen und empfunden, mit dem Unterschied nur, der aus der Verschiedenheit
des Bestandes dieser besagten kosmischen Entstehungen
und ihrem Zustand im gegebenen Augenblick kommt.

„Es muß jedoch, mein Junge, bemerkt werden, daß,
obschon die Bestimmung des Zeitlaufs durch einzelne
Individuen, die in einer selbständigen kosmischen Einheit
existieren, im allgemeinen Sinne nicht objektiv ist, er doch
nichtsdestoweniger für sie selbst einen objektiven Sinn
gewinnt, weil der Zeitlauf von ihnen je nach der Voll-
ständigkeit ihres eigenen Bestandes wahrgenommen wird.

„Zum klaren Verständnis dieses Gedankens kann dir
dieser selbe Wassertropfen dienen, den wir als Beispiel
genommen haben.

„Obschon im Sinne der Weltallsobjektivität die ganze
Periode des Zeitlaufs in diesem selben Wassertropfen
für ihn als Ganzes subjektiv ist, so wird doch von den
Wesen, die in ihm, nämlich in dem Wassertropfen selbst,
existieren, der erwähnte gegebene Zeitlauf als objektiv
wahrgenommen.

„Zur Verdeutlichung des soeben Gesagten können jene
unter den dir lieben dreihirnigen Wesen des Planeten
Erde dienen, die man ‚Hypochonder‘ nennt.

„Diesen irdischen ‚Hypochondern‘ scheint es sehr oft,
daß die Zeit unendlich langsam und lange dahinfließt, und,
wie sie sich ausdrücken, ‚außerordentlich langweilig‘.

„Und genau in derselben Weise kann es manchmal auch
einigen von diesen unendlich kleinen Wesen, die in diesem Wassertropfen existieren, scheinen — vorausgesetzt
natürlich, daß es in ihrer Mitte gleichfalls ‚Hypochonder‘

gibt — daß sich die Zeit sehr langsam und ‚außerordentlich langweilig‘ dahinzieht.

„Dagegen aber dauert vom Standpunkt deiner Lieblinge auf dem Planeten Erde die ganze Existenz der Wesen dieser Mikrokosmen tatsächlich nur einige ihrer Minuten, manchmal sogar nur einige Sekunden.

„Um dir noch einen besseren Begriff von der Zeit und ihren Eigentümlichkeiten zu geben, können wir ebensowohl dein Alter dem entsprechenden Alter eines auf dem Planeten Erde existierenden Wesens vergleichen.

„Und für diesen Vergleich müssen wir ebenfalls von derselben Zeiteinheit ausgehen, die, wie ich dir schon sagte, von der objektiven Wissenschaft für solche Berechnungen angewandt wird.

„Beachte vor allem, daß dieselbe objektive Wissenschaft — Tatsachen nach, die du erfahren wirst, wenn ich dir die Grundgesetze der Weltschöpfung und Welterhaltung eingehend erklären werde — festgestellt hat, daß alle normalen dreihirnigen Wesen überhaupt und unter ihnen gewiß auch die auf dem Planeten Karatas entstehenden Wesen die heilige ‚Egokulnaznarnische Wirkung‘ für die Zeitbestimmung neunundvierzigmal langsamer wahrnehmen, als diese gleiche heilige Wirkung von den heiligen Individuen empfunden wird, die auf der Allerheiligsten Sonne Absolut wohnen.

„Folglich vollzieht sich der Prozeß des Zeitlaufes für die dreihirnigen Wesen auf unserer Karatas neunundvierzigmal schneller als auf der Sonne Absolut, und auf die gleiche Weise dürfte die Zeit auch für die auf dem Planeten Erde wohnenden Wesen verfließen.

„Außerdem hat man noch berechnet, daß während der Zeitperiode, in der die Sonne Samos den Weg von einer nächsten Annäherung zur Sonne Selos bis zur nächsten beschreibt — jene Periode im Zeitlauf, die auf dem Planeten Karatas als ein Jahr gilt —, der Planet Erde dreihundertneunundachtzig seiner Krentonal-Kreisläufe um seine Sonne Ors zurücklegt.

„Und daraus folgt, daß unser Jahr nach der üblichen objektiven Zeitrechnung dreihundertneunundachtzigmal länger ist als die Zeitperiode, die deine Lieblinge als Jahr annehmen und so nennen.

„Es dürfte für dich nicht ohne Interesse sein, zu erfahren, daß alle diese Berechnungen mir teilweise von dem großen Erzingenieur des Weltalls, seiner Gemessenheit dem Erzengel Algematant erklärt worden sind.

„MÖGE ER SICH ZUM HEILIGEN ANKLAD VER-VOLLKOMMNEN…

„Er erklärte mir dies übrigens damals, als er anläßlich des ersten großen Unglücks, das sich mit diesem Planeten Erde ereignete, als eines der heiligen Mitglieder der dritten sehr hohen Kommission auf den Planeten Mars kam. Und teilweise hat mir der Kapitän des Zwischen-Raum-Schiffes ‚Allgegenwärtig' in mehreren freundschaftlichen Unterredungen auf meiner Rückreise in die Heimat Erklärungen darüber gegeben.

„Du mußt fernerhin noch wissen, daß du als ein dreihirniges Wesen, das auf dem Planeten Karatas entstand, zur jetzigen Zeit ein zwölfjähriger Knabe bist, und auch was dein Sein und deine Vernunft anbetrifft, bist du ebenfalls ein Junge von zwölf Jahren, noch nicht geformt und seiner selbst noch nicht bewußt — bist in einem Seins-Alter, das auch alle auf dem Planeten Erde entstehenden dreihirnigen Wesen im Prozeß ihres Heranwachsens zum Sein eines verantwortlichen Wesens durchmachen.

„Alle ‚Züge' deiner ganzen Psyche, nämlich das, was man ‚Charakter', ‚Temperament', ‚Neigung' nennt, kurzum alle Besonderheiten deiner sich nach außen äußernden Psyche sind genau die gleichen wie die eines noch unreifen und biegsamen dreihirnigen Wesens dort im Alter von zwölf Jahren.

„Und obschon es sich auf Grund all des Gesagten ergibt, daß du nach unserer Zeitrechnung erst ein zwölfjähriger Knabe bist, noch nicht geformt und seiner selbst noch nicht bewußt, wie es solche auch auf dem Planeten dort gibt, bist du jedoch ihren subjektiven Begriffen und ihren Seins-Empfindungen des Zeitlaufes nach nicht zwölf, sondern bereits volle viertausendsechshundertachtzig Jahre alt.

„In dem, was ich dir hier sage, hast du zugleich Material, um dir einige jener Faktoren zu erklären, die später die Ursachen wurden, daß ihre Existenzdauer, die normal sein sollte, sich allmählich zu verkürzen begann und nun in objektivem Sinn schon fast zu ‚nichts‘ geworden ist.

„Diese allmähliche Verkürzung der Existenzdauer der dreihirnigen Wesen jenes Unglücks-Planeten, die ihre ganze Existenzdauer schließlich fast zu einem ‚Nichts‘ machte, hatte, genau gesprochen, nicht eine, sondern viele verschiedene Ursachen.

„Die hauptsächlichste dieser vieler verschiedenen Ursachen ist sicherlich die, daß die Natur, die sich stets entsprechend anpassen muß, ihren Bestand allmählich in das verwandeln mußte, was er jetzt ist. Alle übrigen Ursachen folgten dann allmählich aus dieser ersten.

„Was all das anbelangt, so wirst du es im Laufe meiner weiteren Erzählung über diese dreihirnigen Wesen begreifen: einstweilen aber werde ich dir nur den ersten und hauptsächlichsten Grund sagen, nämlich, warum und wie die Große Natur sogar gezwungen war, den Bestand der dreihirnigen Wesen in einen neuen Bestand umzuformen.

„Vor allem muß ich dir sagen, daß es im Weltall im allgemeinen zwei Arten oder zwei ‚Prinzipien‘ der Dauer von Seins-Existenz gibt.

„Die erste Art oder das erste ‚Prinzip‘ der ‚Seins-Existenz‘, ‚fulasnitamnisch‘ genannt, ist der Existenz aller

140

dreihirnigen Wesen eigen, die auf allen Planeten unseres großen Weltalls entstehen, und Hauptziel und Hauptsinn der Existenz dieser Wesen ist, daß durch sie die Transformation jener kosmischen Stoffe vor sich geht, die für den sogenannten ‚all-kosmischen-Trogoautoegokratischen-Prozeß‘ erforderlich sind.

„Nach dem zweiten Prinzip der Seins-Existenz existieren im allgemeinen alle ein- und zweihirnigen Wesen, wo immer sie auch entstehen mögen.

„Und Sinn und Ziel der Existenz dieser Wesen besteht darin, daß durch sie ebenfalls kosmische Stoffe transformiert werden, die jedoch nicht zu Zwecken all-kosmischen Charakters erforderlich sind, sondern nur für jenes Sonnensystem oder sogar nur für den Planeten, in dem und auf dem diese ein- und zweihirnigen Wesen entstehen.

„Auf jeden Fall mußt du, um die Sonderbarkeit der Psyche jener dir lieben dreihirnigen Wesen besser zu verstehen, auch darüber unterrichtet werden, daß sie anfangs, nachdem das Organ Kundabuffer mit all seinen Eigenschaften aus ihrem Bestand entfernt worden war, eine ‚fulasnitamnische‘ Existenzdauer hatten, das heißt, daß sie unbedingt so lange existieren mußten, bis sich in ihnen der sogenannte ‚Kesdschan-Körper‘ oder, wie sie selbst später diesen ihren Seins-Teil nannten — den, nebenbei gesagt, die heutigen Wesen nur vom Hörensagen kennen — ihr ‚Astralkörper‘ bekleidet und durch Vernunft endgültig vervollkommnet hatte.

„Und als sie später, mein Junge, aus Gründen, die du im Laufe meiner weiteren Erzählung erfahren wirst, mehr und mehr anomal, das heißt auf eine dreihirnigen Wesen vollkommen ungeziemende Weise zu existieren begannen, und als sie demzufolge einerseits aufhörten, der Natur die zur Erhaltung der von ihrem Planeten abgetrennten Stücke erforderlichen Vibrationen auszustrahlen, und als sie andererseits — der Haupteigentümlichkeit ihrer sonderbaren Psyche zufolge — Wesen anderer Formen ihres Planeten zu vernichten und dadurch selbst allmählich die Anzahl der dazu erforderlichen Quellen zu vermindern begannen, da eben war die Natur gezwungen, sogar den Bestand dieser dreihirnigen Wesen allmählich nach dem zweiten Prinzip hervorzubringen, nämlich nach dem Prinzip ‚Itoklanoz‘, das heißt in derselben Weise, in der sie ein- und zweihirnige Wesen hervorbringt, um auf diese Weise die Quantität und die Qualität der erforderlichen Vibrationen ins Gleichgewicht zu bringen.

„Was aber die Bedeutung des Prinzips Itoklanoz betrifft, so werde ich dir das ebenfalls später eingehender erklären.

„Einstweilen merke dir nur, daß, obschon die Grundmotive für die Verkürzung der Existenzdauer der dreihirnigen Wesen jenes Planeten nicht von ihnen abhingen, später doch der Hauptgrund aller traurigen Resultate die von ihnen selbst geschaffenen anomalen Verhältnisse ihrer gewöhnlichen äußeren Seins-Existenz waren und besonders heutzutage noch sind. Durch diese Verhältnisse verkürzt sich heutzutage ihre Existenzdauer immer mehr und mehr und ist jetzt schon so verkürzt, daß zwischen der Existenzdauer der dreihirnigen Wesen auf anderen Planeten des Weltalls und der Existenzdauer der dreihirnigen Wesen auf dem Planeten Erde ein ähnlicher Unterschied besteht wie zwischen ihrer Existenzdauer und der der allerkleinsten Wesen in jenem Wassertropfen, den wir als Beispiel genommen haben.

„Nun verstehst du auch, mein Junge, daß selbst der sehr große Heropas oder die Zeit ebenfalls gezwungen ist, im Bestand der auf diesem Unglücksplaneten Erde entstehenden und existierenden unglückseligen dreihirnigen Wesen solch offensichtliche Absurditäten hervorzubringen.

„Nach dem, was ich dir soeben erklärt habe, kannst du dich selbst in die Lage hineindenken und den zwar schonungslosen, aber immer und in allem gerechten Heropas verstehen."

Nach diesen letzten Worten verstummte Beelzebub, und als er sich wieder an seinen Enkel wandte, sagte er mit tiefem Seufzen:

„Ach!... mein teurer Junge...

„Später, wenn ich dir mehr über die dreizentrischen Wesen dieses Unglücksplaneten Erde erzählt habe, wirst du alles selbst begreifen und dir über all das deine eigene Meinung bilden.

„Du wirst selbst sehr gut begreifen, daß, obwohl die Hauptursache der ganzen Verwirrung, die jetzt auf diesem Unglücksplaneten herrscht, zwar etwas Unvorhergesehenes war, was von oben kam, von verschiedenen geheiligten Individuen — nichtsdestoweniger aber die Hauptursachen der Entwicklung aller weiteren Übel doch nur jene anomalen Verhältnisse der gewöhnlichen Seins-Existenz waren, die sie selbst allmählich geschaffen und bis zur heutigen Zeit beibehalten haben.

„Auf jeden Fall, mein lieber Junge, wenn du etwas mehr über diese deine Lieblinge erfährst, wirst du, ich wiederhole, nicht nur klar einsehen, daß die Existenzdauer dieser Unglückseligen allmählich bemitleidenswert nichtig geworden ist im Vergleich zu jener normalen Existenzdauer, die schon längst für alle Arten dreizentrischer Wesen unseres großen Weltalls wie ein Gesetz festliegt, sondern du wirst auch begreifen, daß aus denselben Gründen bei diesen Unglückseligen alle normalen Seins-Empfindungen für irgendwelche kosmischen Erscheinungen allmählich verschwanden und jetzt vollkommen fehlen.

„Nicht nur, daß die Wesen jenes Unglücksplaneten, obgleich sie der objektiven Zeitrechnung nach bereits vor vielen Jahrzehnten entstanden sind, noch keine Seins-Empfindung für kosmische Erscheinungen haben — wie sonst alle dreizentrischen Wesen unseres großen Weltalls—

es gibt im Verstande dieser Unglückseligen nicht einmal eine annähernde Vorstellung über die wirklichen Ursachen dieser Erscheinung.

„Sie haben nicht einmal eine annähernd richtige Vorstellung selbst von jenen kosmischen Erscheinungen, die auf ihrem eigenen Planeten um sie herum vor sich gehen."

XVII. Kapitel

ERZ-ABSURD:
BEELZEBUB BEHAUPTET, DASS UNSERE SONNE
WEDER LEUCHTET NOCH WÄRMT

„Damit du, mein teurer Hassin, einstweilen eine annähernde Vorstellung auch darüber gewinnst, wie weit im Bestande der dreihirnigen Wesen, die auf dem Planeten Erde vorkommen, besonders in denen der allerletzten Periode, jene Funktion schon vollkommen fehlt, die allen dreihirnigen Wesen unseres ganzen Weltalls eigen ist und die ‚instinktives-Empfinden-der-Wirklichkeit‘ genannt wird, wird es meiner Meinung nach zunächst genügen, wenn ich dir schildere, wie sie es sich erklären und was sie als Ursache dafür ansehen, warum auf ihrem Planeten periodisch jene kosmischen Erscheinungen vor sich gehen, die sie ‚Tageslicht‘, ‚Dunkelheit‘, ‚Wärme‘, ‚Kälte‘ und so weiter nennen.

„Ohne Ausnahme sind alle dreihirnigen Wesen dieses Planeten, die das Alter eines verantwortlichen Wesens erreichen, wie auch die vielen und verschiedenartigen Klügeleien, die dort existieren und die sie ‚Wissenschaften‘ nennen, kategorisch davon überzeugt, daß alle diese erwähnten Erscheinungen auf ihrem Planeten sozusagen in vollkommen fertigem Zustande direkt von ihrer eigenen Sonne kommen und … wie Mulla-Nassr-Eddin in solchen Fällen sagt: ‚damit Schluß mit allem Hokuspokus‘.

„Das Sonderbarste daran ist, daß — einige Wesen ausgenommen, die vor der zweiten transapalnischen Umwälzung dort existierten — bis jetzt noch in keinen einzigen von ihnen sich auch nur der geringste Zweifel an dieser Überzeugung schlich.

„Nicht nur hat keiner von ihnen, trotzdem ihre Vernunft, die, obwohl sie sonderbar ist, doch irgendwie gesunder Logik gleicht, die angeblichen Ursachen der besagten Erscheinung bezweifelt, sondern es hat auch kein einziger von ihnen jenen kosmischen Erscheinungen gegenüber jene besondere und sonderbare Eigenschaft ihrer allgemeinen Psyche geäußert, die gleichfalls nur den dreihirnigen Wesen dieses Planeten eigen ist und die man ‚Phantasieren‘ nennt.“

Kurz nach diesen letzten Worten fuhr Beelzebub mit bitterem Lächeln so zu reden fort:

„Du zum Beispiel hast den normalen Bestand eines dreihirnigen Wesens, und in deinen Bestand wird von außen her absichtlich das ‚Oskiano‘ oder, wie man dort auf der Erde gewöhnlich sagt, ‚Erziehung‘ ‚eingepflanzt‘, die auf jener Moral begründet ist, die lediglich auf Geboten und Vorschriften des EINS-SEIENDEN selbst und der ihm nächsten heiligen Individuen beruht. — Und doch, solltest du zufällig dort in ihre Mitte geraten, so würdest du jenen Prozeß des ‚Seins-Nerchitrogul‘ in dir nicht verhüten können, jenen Prozeß nämlich, den man wiederum dort auf Erden ‚nicht zu unterdrückendes inneres Lachen‘ nennt; du würdest dich nämlich vor Lachen nicht halten können, wenn es irgendwie einmal dahin käme, daß sie plötzlich klar empfänden und ohne jeden Zweifel begriffen, daß von ihrer Sonne selbst nicht nur nichts von den Dingen wie ‚Licht‘, ‚Dunkelheit‘, ‚Wärme‘ auf ihren Planeten kommt, sondern daß diese von ihnen angenommene ‚Licht-und-Wärme-Quelle‘ selbst fast immer vor Kälte friert wie der haarlose Hund unseres hochgeschätzten Mulla-Nassr-Eddin.

„Tatsächlich ist die Oberfläche dieser ihrer ‚Wärme-

Quelle' wie die aller gewöhnlichen Sonnen unseres großen Weltalls vielleicht mit mehr Eis bedeckt als die Oberfläche dessen, was sie ihren ‚Nordpol' nennen.

„Sicherlich würde dieser ‚Wärme-Herd' selbst lieber von einer anderen Quelle kosmischer Stoffe, wenn auch nur ein wenig, ‚Wärme' borgen, als einen Teil seiner eigenen Wärme an einen Planeten abgeben und noch dazu an jenen Planeten, der, obwohl er zu seinem System gehört, doch durch die Abspaltung eines ganzen Stückes ein ‚einseitiges Ungeheuer' geworden ist und jetzt schon Grund zu ‚beleidigender Schande' für jenes Ors'sche System.

„Aber weißt du überhaupt, mein Junge", fragte Beelzebub Hassin, „wie und warum in der Atmosphäre gewisser Planeten während des Trogoautoegokratischen Prozesses ‚Kschtazawacht', ‚Kldazachti', ‚Teinolär', ‚Peischakir' und andere solche Erscheinungen vor sich gehen, die deine Lieblinge ‚Tageslicht', ‚Dunkelheit', ‚Kälte', ‚Hitze' und so weiter nennen?

„Wenn du sie nicht recht begreifst, werde ich dir auch dies ein wenig erklären.

„Obgleich ich dir versprach, dir später in allen Einzelheiten alle Grundgesetze der Weltschöpfung und Welterhaltung zu erklären, so ist es hier doch notwendig geworden, sofort, wenn auch nur kurz, an die Fragen über diese kosmischen Gesetze zu rühren.

„Und es ist deshalb notwendig, damit du all das, worüber wir nun sprechen, besser auffassen, und damit du, was ich dir schon erzählt habe, richtig verarbeiten kannst.

„Vor allem mußt du wissen, daß alles im Weltall, sowohl das absichtlich Geschaffene als auch das später automatisch Entstandene, ausschließlich auf Grund des sogenannten ‚allgemein-kosmischen Trogoautoegokratischen Prozesses' existiert und erhalten wird.

„Dieser sehr große allgemein-kosmische Trogoautoegokratische Prozeß wurde von unserem UNENDLICH-EINS-SEIENDEN zu jener Zeit geschaffen, als unsere größte und allerheiligste ‚Sonne-Absolut‘, auf der unser ALLER-GNÄDIGSTER-UNENDLICHER-SCHÖPFER den Grundsitz seiner Existenz hatte und noch hat, bereits existierte.

„Dieses System, das alles Entstandene und Existierende erhält, wurde von unserem unendlichen Schöpfer dazu verwirklicht, damit im Weltall das, was man ‚Stoffwechsel‘ nennt, oder die ‚Gegenseitige-Ernährung‘ alles Existierenden vor sich gehen und der schonungslose Heropas seine verderbliche Wirkung auf der Sonne-Absolut nicht ausüben könne.

„Und dieser sehr große allgemein-kosmische-Trogoautoegokratische-Prozeß wird immer und in allem auf Grund zweier kosmischer Grundgesetze ersten Ranges verwirklicht, von denen das erste das heilige ‚Heptaparaparschinoch‘ und das zweite das heilige ‚Triamasikamno‘ heißt.

„Diesen zwei heiligen kosmischen Grundgesetzen zufolge entstehen aus dem Stoffe, der ‚Ätherokrilno‘ genannt wird, unter gewissen Bedingungen zuerst verschiedene sogenannte ‚Kristallisationen‘, und aus diesen bilden sich später, ebenfalls unter gewissen Bedingungen, verschiedene große und kleine mehr oder weniger selbständige kosmische Formationen.

„Und gerade innerhalb und auf diesen verschiedenen kosmischen Formationen gehen natürlich auch nach den zwei erwähnten heiligen Grundgesetzen sogenannte ‚Involutions-‘ und ‚Evolutions-Prozesse‘ vor sich, und alle aus diesen Prozessen — sowohl in den Atmosphären als auch weiterhin durch Vermittlung dieser Atmosphären — gewonnenen Resultate verschmelzen miteinander in besagtem Stoffwechsel und dienen der Verwirklichung des sehr großen all-kosmischen Trogoautoegokraten.

148

„,Ätherokrilno' ist jener Stoff, mit dem unser ganzes Weltall angefüllt ist und der der Entstehungs- und Erhaltungsgrund alles Existierenden ist.

„Dieses ,Ätherokrilno' ist nicht nur der Entstehungsgrund aller großen und kleinen kosmischen Verdichtungen ohne Ausnahme, sondern in ihm gehen auch alle kosmischen Erscheinungen sowohl bei jeder Umwandlung dieses selben kosmischen Grundstoffes als auch in den ,Involutions-' und ,Evolutions-Prozessen' verschiedener Kristallisationen — oder, wie deine Lieblinge sagen, aktiver Elemente — vor sich, die ihre Ur-Entstehung ebenfalls in demselben Urquell kosmischer Grundstoffe hatten und noch immer haben.

„Merke dir hier, daß die erwähnte objektive Wissenschaft eben aus diesem Grunde sagt: ,Alles im Weltall ohne Ausnahme ist materiell.'

„Ferner mußt du noch wissen, daß nur eine kosmische Kristallisation, die unter dem Namen ,Allgegenwärtiges-Okidanoch' existiert, ihr Ur-Entstehen — trotzdem sie sich auch aus Ätherokrilno kristallisiert — den drei heiligen Quellen des heiligen ,Theomertmalogos' verdankt, nämlich den Emanationen der Allerheiligen Sonne-Absolut.

„Dieses ,Allgegenwärtige-Okidanoch' oder ,Allgegenwärtige aktive Element' nimmt überall im Weltall an der Bildung aller großen und kleinen Entstehungen teil und ist überhaupt die Grundursache der meisten kosmischen Erscheinungen und besonders der Erscheinungen, die in der Atmosphäre vor sich gehen.

„Um dir einen — wenn auch nur annähernden — Begriff von diesem ,Allgegenwärtigen-Okidanoch' zu geben, muß ich dir vor allem sagen, daß das zweite kosmische Grundgesetz, das heilige Triamasikamno, aus drei selbständigen Kräften besteht, das heißt, daß dieses heilige Gesetz in allem ohne Ausnahme und überall im

Weltall sich in drei verschiedenen selbständigen Richtungen manifestiert.

„Und diese seine drei Richtungen existieren im Weltall unter folgenden Benennungen:

„Die erste unter dem Namen ‚heilige Bejahung‘,

die zweite unter dem Namen ‚heilige Verneinung‘,

die dritte unter dem Namen ‚heilige Versöhnung‘.

„Und eben deshalb hat auch die besagte objektive Wissenschaft betreffs dieses heiligen Gesetzes und seiner drei selbständigen Kräfte außer anderen Formulierungen die folgende:

„‚Das Gesetz, das immer eine Folge nach sich zieht und so Ursache weiterer Folgen wird und das immer durch drei selbständige und vollkommen entgegengesetzte charakteristische Manifestationen funktioniert, die in ihm als unsichtbare und unempfindbare Eigenschaften latent sind.‘

„Auch unser heiliger ‚Theomertmalogos‘, das ist die Ur-Emanation unserer Allerheiligsten Sonne-Absolut, erwirbt diese gleiche Gesetzmäßigkeit in seiner Ur-Entstehung und bringt in seinen weiteren Verwirklichungen dementsprechende Resultate hervor.

„Also, mein Junge, das ‚Allgegenwärtige Okidanoch‘ erhält seinen Ursprung bereits im Raum, außerhalb der Allerheiligsten Sonne-Absolut selbst — durch das Verschmelzen dreier selbständiger Kräfte in eins — und unterliegt in seinen weiteren Involutionen beim Durchgang durch die sogenannten ‚Stopinder‘ oder ‚Schwerpunkte‘ des ‚All-kosmischen-heiligen-Grundgesetzes-Heptaparaparschinoch‘ entsprechenden Veränderungen hinsichtlich dessen, was ‚Verlebendigung-der-Vibrationen‘ genannt wird.

„Ich wiederhole: Das Allgegenwärtige Okidanoch nimmt immer an allen bereits bestimmten kosmischen Kristallisationen teil, sowohl an großen als auch an kleinen kosmischen Bildungen, wo immer auch im Weltall und unter welchen äußeren sie umgebenden Bedingungen sie entstehen mögen.

„Diese ‚all-kosmische-Uni-Kristallisation' oder dieses ‚aktive Element' hat verschiedene ihm allein eigene Besonderheiten — und hauptsächlich durch diese nur ihm eigenen Besonderheiten finden die meisten kosmischen Erscheinungen statt, unter anderem auch die von mir erwähnten Erscheinungen, die sich in den Atmosphären einiger Planeten ereignen.

„Von diesen nur ihm eigenen Besonderheiten des ‚Allgegenwärtigen-aktiven-Elements' gibt es mehrere, doch genügt es für das Thema unserer Unterhaltung, nur zwei von ihnen kennenzulernen.

„Die erste Besonderheit besteht darin, daß, wenn eine neue kosmische Einheit sich verdichtet, das ‚Allgegenwärtige-aktive-Element' nicht mit dieser neuen Entstehung als Ganzes verschmilzt, noch sich an einem bestimmten entsprechenden Orte als ein Ganzes transformiert — wie es mit allen übrigen kosmischen Kristallisationen in allen erwähnten kosmischen Bildungen geschieht — sondern daß, sobald es als Ganzes in eine kosmische Einheit gelangt, in ihm sofort der sogenannte ‚Dschartklom' stattfindet, das heißt, daß es in die drei Grundteile zerfällt, aus denen es seine Ur-Entstehung hatte, und daß erst danach jeder einzelne Grundteil den Anfang zu einer selbständigen Verdichtung der drei einzelnen entsprechenden Bildungen in der betreffenden kosmischen Einheit darstellt. Und auf diese Weise verwirklicht dieses ‚Allgegenwärtige-aktive-Element' anfangs in jeder dieser neuen Entstehungen die Quellen zur möglichen Äußerung ihres eigenen ebenfalls heiligen Triamasikamno-Gesetzes.

„Es muß hier noch bemerkt werden, daß in jeder kosmischen Bildung die besagten getrennten Quellen sowohl für die Aufnahme als auch für die weitere Verwendung dieser Besonderheit des Allgegenwärtigen-aktiven-Elementes für ein entsprechendes Verwirklichen existieren und so lange wirken können, als die betreffende kosmische Einheit existiert.

„Und erst nachdem die besagte kosmische Einheit vollkommen vernichtet ist, fließen diese heiligen Quellen des heiligen Triamasikamno, die im Allgegenwärtigen-aktiven-Element Okidanoch lokalisiert sind, wieder zusammen und werden wieder aufs neue in Okidanoch umgesetzt, doch hat dies dann in seinem Bestand eine andere Qualität der Belebungskraft seiner Vibrationen.

„Was aber die zweite Besonderheit des Allgegenwärtigen Okidanoch betrifft, die ebenfalls ihm allein eigen ist und die wir jetzt auch für das gegebene Thema unserer Unterhaltung erläutern müssen, so wirst du sie nur dann verstehen können, wenn du über ein kosmisches Grund-Gesetz zweiten Ranges etwas weißt, das im Weltall unter dem Namen heiliges ,Aieioiuëa‘ existiert.

„Dieses kosmische Gesetz besteht darin, daß in allen großen wie auch kleinen Entstehungen, wenn sie in unmittelbare Berührung mit den Emanationen entweder der Sonne-Absolut selbst oder auch anderer Sonnen kommen, das vor sich geht, was ,Reue‘ genannt wird, nämlich der Prozeß, bei dem jeder Teil, der aus den Resultaten einer der heiligen Quellen des heiligen Triamasikamno entstand, sich zu ,empören‘ scheint und die früheren ungebührenden Wahrnehmungen und gegenwärtigen Äußerungen eines anderen Teiles seines Ganzen ,kritisiert‘, eines Teiles, der aus den Resultaten einer anderen heiligen Quelle des gleichen heiligen kosmischen Grundgesetzes Triamasikamno entspringt.

„Dieser heilige Prozeß ,Aieioiuëa‘ oder ,Reue‘ geht auch in dem Allgegenwärtigen-aktiven-Element Okidanoch vor.

„Die Besonderheit dieses letzteren während dieses heiligen Prozesses besteht darin, daß, wenn die unmittelbare Wirkung entweder des heiligen ,Theomertmalogos‘ oder die Emanation einer anderen gewöhnlichen Sonne um seinen ganzen Bestand herum ist, dieses aktive ,Element‘ in seine drei Ur-Teile zerfällt, die dann fast selbständig existieren; wenn aber die besagte Wirkung aufhört, fließen diese Teile wieder zusammen und existieren dann weiterhin wieder als einheitliches Ganzes.

„Hier wird es meiner Meinung nach nicht schaden, dir nebenbei eine interessante Tatsache hinsichtlich der psychischen Sonderbarkeit der gewöhnlichen dreihirnigen Wesen jenes dir lieben Planeten zu erzählen, die in der Geschichte ihrer Existenz stattfand und die, wie sie sagen, ihre ,wissenschaftlichen Spekulationen‘ betrifft.

„Die Sache ist die, daß ich mich während meiner viele Jahrhunderte dauernden Beobachtungen und Studien ihrer Psyche mehrmals vergewissern konnte, daß, obgleich ,Wissenschaft‘ in den ersten Anfängen ihres Entstehens auftrat und, wie man hier bemerken darf, sich wie alles dort periodisch bis zu einem mehr oder weniger hohen Grade vervollkommnete — und obgleich in dieser besagten Periode und in allen anderen viele Millionen dreihirniger Wesen, die man dort ,Gelehrte‘ nennt, entstanden und wieder verschwunden sind — daß doch mit der einzigen Ausnahme eines gewissen Chinesen Tschun-Kil-Tes, von dem ich dir später ausführlich erzählen werde, keinem von ihnen auch nur der Gedanke in den Kopf kam, daß es zwischen jenen zwei kosmischen Erscheinungen, die sie ,Emanation‘ und ,Radiation‘ oder ,Ausstrahlung‘ nennen, überhaupt einen Unterschied gibt.

„Nicht ein einziger jener dortigen ,Jammergelehrten‘ hat jemals daran gedacht, daß der Unterschied zwischen diesen zwei kosmischen Prozessen ungefähr derselbe ist wie der, den unser hochgeschätzter Mulla-Nassr-Eddin mit folgenden Worten ausdrückt:

„ ,Sie sind einander so ähnlich wie der Bart des berühmten englischen Shakespeare dem nicht weniger berühmten französischen ‚Armagnac‘.‘

„Zur weiteren Erklärung der in den Atmosphären stattfindenden Erscheinungen und was das ‚Allgegenwärtige-aktive-Element‘ überhaupt betrifft, mußt du noch wissen und dir merken, daß in der Periode, in der das ‚Dschartklom‘ in dem Okidanoch nach dem heiligen Prozeß ‚Aieioiuëa‘ vor sich geht, aus ihm jene Proportion des reinen, das heißt des vollkommen ungebundenen‘ Ätherokrilno zeitweise freigelassen wird, die obligatorisch in alle kosmischen Bildungen eintreten muß und dort dazu dient, alle aktiven Elemente zu verbinden; und wenn sich nachher seine drei Grundteile wieder vereinigen, ist die besagte Proportion des Ätherokrilno wiederhergestellt.

„Es ist nötig, hier, wenn auch nur kurz, die Frage zu berühren, welche Wirkung das Allgegenwärtige-aktive-Element Okidanoch auf den ganzen Bestand aller Arten von Wesen hat und welche kosmischen Resultate durch es verwirklicht werden.

„Diese Frage muß hauptsächlich deswegen berührt werden, weil du dadurch noch eine andere offensichtliche und aufklärende Tatsache erfährst, um den Unterschied zwischen den verschiedenen Gehirnsystemen der Wesen besser begreifen zu können, zwischen den Systemen nämlich, die ‚einhirnig‘, ‚zweihirnig‘ und ‚dreihirnig‘ genannt werden.

„Vor allem mußt du wissen, daß überhaupt jede kosmische Bildung, die ‚Gehirn‘ genannt wird, ihre Formung durch jene ‚Kristallisationen‘ erfährt, für deren Entstehung — dem heiligen Triamasikamno zufolge — das bejahende Prinzip eine der entsprechenden im Allgegenwärtigen Okidanoch lokalisierten heiligen Kräfte des heiligen Grundgesetzes Triamasikamno bildet. Und die weiteren Verwirklichungen dieser selben heiligen Kräfte vollziehen sich im Bestande der Wesen eben durch diese drei Lokalisierungen.

154

„Gelegentlich werde ich dir den Prozeß der Entstehung dieser entsprechenden Seins-Gehirne im Bestand der Wesen eigens erklären; einstweilen laß uns nur, wenn auch nicht in Einzelheiten, darüber sprechen, welche Resultate das Allgegenwärtige Okidanoch durch diese Seins-Gehirne verwirklicht.

„Das Allgegenwärtige-aktive-Element Okidanoch tritt in den Bestand der Wesen durch alle drei Arten von Seins-Nahrung ein.

„Und dies geschieht, weil, wie ich dir bereits gesagt habe, an der Bildung aller Produkte, die zu den drei Seins-Nahrungen gehören, auch eben dieses Okidanoch, das stets im Bestande dieser Produkte vorhanden ist, obligatorisch teilnimmt.

„Und, mein Junge, die Hauptbesonderheit des Allgegenwärtigen Okidanoch besteht im gegebenen Falle darin, daß der Dschartklom-Prozeß in ihm sich auch im Bestand aller Arten von Wesen vollzieht, aber nicht, indem das Allgegenwärtige Okidanoch mit den Emanationen großer kosmischer Verdichtungen in Berührung kommt, sondern indem im Bestand der Wesen als Faktoren für diese Prozesse entweder die Resultate der von den Wesen selbst bewußt ausgeübten Partkdolgpflicht erscheinen — Prozesse, die ich dir auch später ausführlicher erklären werde — oder jener Prozeß der Großen Natur selbst, der im Weltall unter dem Namen ‚Kerkulnonarnische Verwirklichung‘ existiert und der bedeutet die Gewinnung der erforderlichen Gesamtsumme der Vibrationen durch Anpassung‘.

„Dieser Prozeß geht in den Wesen ohne Anteilnahme ihres Bewußtseins vor sich.

„In beiden Fällen, in denen das Okidanoch in den Bestand eines Wesens eintritt und der Dschartklom-Prozeß sich in ihm vollzieht, fließen seine Grundteile mit den Wahrnehmungen zusammen, die im gegebenen Moment in den Wesen vorhanden sind und die ihm gemäß der sogenannten ‚Vibrationsverwandtschaft‘ entsprechen, und konzentrieren sich weiter in der entsprechenden Lokalisation, das heißt im entsprechenden Gehirn.

„Und ein solches Zusammenfließen heißt ‚Seins-Impulsakri‘.

„Es muß bemerkt werden, daß solche Lokalisierungen oder Gehirne in den Wesen nicht nur als Apparate zur Transformation entsprechender kosmischer Stoffe zu den Zwecken des hocherhabenen all-kosmischen Trogoautoegokraten dienen, sondern auch als das Mittel, durch das ihre bewußte Vervollkommnung möglich ist.

„Gerade dieses letztere Ziel hängt von der Qualität der ‚Seins-Impulsakri‘ ab, die sich in den erwähnten entsprechenden Seins-Gehirnen konzentrieren oder, wie man es anders ausdrückt, dort angehäuft sind.

„Was die Qualitäten der Seins-Impulsakri anbelangt, so gibt es unter den direkten Geboten unseres ALLUMFASSENDEN UNENDLICHEN ein eigenes Gebot, das von allen dreihirnigen Wesen unseres großen Weltalls aufs strengste befolgt wird und das in folgenden Worten ausgedrückt ist:

„ ‚Hüte dich immer vor solchen Wahrnehmungen, die die Reinheit deiner Gehirne beschmutzen können.‘

„Dreihirnige Wesen haben deshalb die Möglichkeit, sich zu vervollkommnen, weil in ihrem allgemeinen Bestand diese drei Zentren oder diese drei Seins-Gehirne lokalisiert sind, in denen, wenn sich der Dschartklom-Prozeß mit dem Allgegenwärtigen Okidanoch vollzieht, die drei heiligen Prinzipien des heiligen Triamasikamno aufgespeichert werden und die Möglichkeit zu ihren weiteren, diesmal selbständigen, Verwirklichungen erwerben.

„Und eben weil diese Wesen dieses dreihirnige System haben, können sie durch bewußte und absichtliche Erfüllung der Seins-Partkdolgpflicht die drei heiligen Prinzipien des Dschartklom-Prozesses des Allgegenwärtigen Okidanoch für ihren eigenen Bestand benutzen und diesen ihren Bestand bis zu dem sogenannten ‚Sekronulanzaknischen Zustand' bringen, das heißt sie können solche Individuen werden, die ihr eigenes heiliges Triamasikamno Gesetz haben und damit die Möglichkeit, in ihren allgemeinen Bestand all das ‚Heilige' bewußt aufzunehmen und sich mit ihm zu bekleiden, was übrigens auch das Funktionieren der objektiven oder göttlichen Vernunft in kosmischen Einheiten fördert.

„Aber das große Unglück ist eben, mein Junge, daß, obgleich in den dich interessierenden dreihirnigen Wesen, die auf dem Planeten Erde vorkommen, diese drei selbständigen Lokalisierungen oder Seins-Gehirne entstehen und sich bis zu deren völligen Vernichtung erhalten, durch die alle drei heiligen Prinzipien des heiligen Triamasikamno einzeln transformiert und für die weitere entsprechende Verwirklichung verwertet werden, die sie ebenfalls zu ihrer eigenen Vervollkommnung benutzen können, diese Möglichkeit jedoch hauptsächlich auf Grund der von ihnen selbst geschaffenen Verhältnisse der gewöhnlichen Seins-Existenz vergeblich die Flügel in ihnen regt.

„Es ist interessant zu bemerken, daß die besagten Seinsgehirne in demselben Teile des planetischen Körpers dieser dreihirnigen Wesen ihren Sitz haben wie bei uns, nämlich:

„1. Das Gehirn, das von der großen Natur dazu ausersehen ist, die erste heilige Kraft des heiligen Triamasikamno, ‚heilige Bejahung' genannt, zu konzentrieren und weiterhin zu verwirklichen, ist in ihrem Kopfe lokalisiert.

„2. Das zweite Gehirn, das die zweite heilige Kraft des heiligen Triamasikamno, nämlich die ‚heilige Verneinung', transformiert und kristallisiert, befindet sich, wie auch bei uns, in ihrem allgemeinen Bestande ihren ganzen Rücken entlang in dem, was man ‚Rückgrat‘ nennt.

„3. Was aber den Konzentrations- und Quellpunkt zur weiteren Manifestation der dritten heiligen Kraft des heiligen Triamasikamno betrifft, nämlich der ‚Heiligen Versöhnung‘, so hat die äußere Form dieses Seins-Gehirns bei den dortigen dreizentrischen Wesen durchaus keine Ähnlichkeit mit der des unsrigen.

„Es muß bemerkt werden, daß bei den frühesten dreihirnigen Wesen dort das erwähnte Seins-Gehirn in demselben Teile ihres planetischen Körpers wie bei uns lokalisiert war und eine der unsrigen vollkommen gleiche Form hatte, aber aus vielen Gründen, die du selbst im Laufe meiner weiteren Erzählung begreifen wirst, war die große Natur gezwungen, dieses Gehirn allmählich umzugestalten und ihm die Form zu verleihen, die es in den gegenwärtigen Wesen hat.

„Dieses Seins-Gehirn ist in den gegenwärtigen dreihirnigen Wesen dort nicht in einer zusammenhängenden Masse wie im Bestand aller anderen dreihirnigen Wesen unseres großen Weltalls, sondern in einzelnen Teilen lokalisiert, die verschiedenen spezifischen Funktionen entsprechen und an verschiedenen Stellen ihres planetischen Körpers lokalisiert sind.

„Aber obschon dies ihr Seins-Zentrum in seiner äußeren Form verschiedene Lokalisierungen aufweist, sind doch alle seine einzelnen Funktionen nichtsdestoweniger untereinander entsprechend verbunden, so daß die zerstreute Gesamtheit genau so funktionieren kann, wie es ihr im allgemeinen zu funktionieren zukommt.

„Sie selbst nennen diese einzelnen Lokalisierungen in ihrem ganzen Bestande ‚Nerven-Knoten‘.

„Es ist interessant zu bemerken, daß die meisten einzelnen Teile dieses Seins-Gehirns eben in jenen Teilen ihres planetischen Körpers lokalisiert sind, wo ein normales Seins-Gehirn sein sollte, nämlich in der Gegend ihrer Brust, und die Gesamtheit dieser ihrer Brust-Nerven-Knoten nennen sie ‚Solar-Plexus‘.

„Also, mein Knabe, auch im Bestande eines jeden deiner Lieblinge vollzieht sich in dem Allgegenwärtigen Okidanoch der Dschartklom-Prozeß; und auch in ihnen verschmelzen seine drei heiligen Prinzipien selbständig mit anderen kosmischen Kristallisationen und werden für die entsprechenden Verwirklichungen verwendet. Da sie aber hauptsächlich auf Grund der schon erwähnten, von ihnen selbst allmählich geschaffenen anomalen Verhältnisse ihrer gewöhnlichen Seins-Existenz es völlig unterließen, Seins-Partkdolgpflicht zu erfüllen, so wird aus diesem Grund in ihrem eigenen Bestande keine andere von diesen heiligen Quellen alles Existierenden umgesetzt werden als nur die ‚Verneinende Kraft‘ allein.

„Die Kristallisierungen, die durch das erste und dritte heilige Prinzip in ihrem Bestande entstehen, dienen fast gänzlich dem all-kosmischen Trogoautoegokratischen Prozeß allein, während für die Bekleidung ihres eigenen Bestandes nur die Kristallisierungen des zweiten Teiles des Allgegenwärtigen Okidanochs dienen, nämlich die der heiligen Verneinung, und darum haben die meisten von ihnen einen Bestand, der allein aus dem planetischen Körper besteht, und werden folglich, was sie selbst angeht, für immer vernichtet.

„Was alle die Besonderheiten anbelangt, die dem allgegenwärtigen alles durchdringenden aktiven Elemente Okidanoch eigen sind, und auch, was die weiteren Resultate betrifft, die diese Besonderheiten hervorrufen, so wirst du auch davon erst dann eine volle Vorstellung gewinnen, wenn ich dir einmal, wie ich schon versprach, mehr oder weniger ausführlich die Grundgesetze der Weltschöpfung und Welterhaltung erklären werde.

„Inzwischen aber will ich dir von einigen aufklärenden

Experimenten erzählen, denen ich persönlich beiwohnte und die sich auf diese allgegenwärtige-kosmische-Kristallisierung beziehen.

„Doch mußt du wissen, daß ich Augenzeuge dieser besagten aufklärenden Experimente nicht auf jenem Planeten Erde war, der dir gefällt, noch daß deine Lieblinge sie machten, sondern daß sie auf dem Planeten Saturn von eben jenem dreihirnigen Wesen ausgeführt wurden, das während der ganzen Dauer meiner Verbannung nach jenem Sonnen-System mein wirklicher Freund war und von dem ich dir kürzlich etwas ausführlicher zu erzählen versprach.“

XVIII. Kapitel

ERZPHANTASTISCH

Beelzebub fuhr fort:

„Mein erstes Zusammentreffen mit jenem dreizentrischen Wesen, durch das ich die erwähnten Experimente mit dem ‚Allgegenwärtigen Okidanoch‘ kennenlernte und das später mein ‚Wesens-Freund‘ wurde, war durch folgendes veranlaßt worden.

„Damit du eine bessere Vorstellung von den Gegebenheiten dieser meiner Erzählung gewinnen mögest, mußt du vor allem wissen, daß gleich am Anfang meiner Verbannung in jenes Sonnen-System einige meiner Wesens-Freunde, die an jenen Begebenheiten, durch die meine Verbannung in jenes Sonnensystem verursacht worden war, nicht teilgenommen hatten, dort in einigen dafür geeigneten dreizentrischen Wesen jenes Systems jenen heiligen Prozeß meiner Persönlichkeit gegenüber bewirkten, der im Weltall unter dem Namen heiliger ‚Wsnusschlizwal‘ existiert, was nämlich besagt, daß im Bestand jener erwähnten dreihirnigen Wesen durch einen anderen heiligen kosmischen Prozeß, ‚Askalnuasar‘ genannt, meiner Persönlichkeit gegenüber das eingepflanzt wurde, was objektive Wissenschaft mit dem Begriff ‚einem-anderen-wie-sich-selbst-trauen‘ definiert.

„Und als ich nun gleich nach meiner Ankunft in jenem Sonnen-System Ors seine verschiedenen Planeten besuchte und zum erstenmal auf die Oberfläche des Planeten Saturn hinabkam, stellte es sich heraus, daß unter den Wesen, die meiner Person gegenüber die heilige Wirkung

‚Wsnusschlizwal' erfuhren, sich auch der, wie man ihn dort nennt, ‚Harachrachruchri' aller auf diesem Planeten Saturn entstehenden und existierenden dreizentrischen Wesen befand.

„‚Harachrachruchri' heißt auf dem Planeten Saturn das Wesen, das das alleinige Oberhaupt aller übrigen Wesen dieses Planeten ist.

„Solche ‚Haupt-Wesen' existieren auch auf allen übrigen Planeten, wo dreihirnige Wesen vorkommen, und werden auf den verschiedenen Planeten verschieden genannt; auf deinem Planeten Erde nennt man ein solches Oberhaupt gewöhnlich ‚König'.

„Der einzige Unterschied ist der, daß es sonst überall, sogar auf allen Planeten dieses selben Systems, auf denen dreizentrische Wesen vorkommen, nur einen König für den ganzen Planeten gibt, wogegen auf deinem sonderbaren Planeten Erde jede zufällig selbständige Gruppierung deiner Lieblinge einen eigenen König hat und manchmal sogar mehrere.

„Also…

„Als ich mich zum erstenmal auf der Oberfläche des Planeten Saturn niederließ und mit den dortigen dreizentrischen Wesen zusammenkam, hatte ich gleich am folgenden Tage Gelegenheit, den Harachrachruchri des Planeten Saturn selbst zu treffen, und in dem, was ‚Austausch-subjektiver-Meinungen' genannt wird, lud er mich ein, für die ganze Zeit meines Verweilens auf seinem Planeten sein eigenes ‚Harhurchri', das heißt seinen eigenen Palast, zum Hauptsitz meiner Existenz zu machen.

„Und dies tat ich dann auch.

„Und als wir dann, mein Junge, einmal miteinander sprachen, wobei wir uns einfach sogenanntem ‚Seinsassoziativem-Denken' überließen und unter anderem zufällig die Frage der seltsamen Resultate, die sich in

162

den Manifestationen der Besonderheiten des allgegenwärtigen Okidanoch zeigen, berührten, erwähnte jener ehrwürdige ‚Harachrachruchri‘ des Planeten Saturn zum erstenmal, daß einer seiner gelehrten Untertanen namens Harharch kürzlich zur Erforschung vieler bis dahin noch nicht erklärter Eigenschaften dieses kosmischen Stoffes eine außerordentlich interessante Vorrichtung erfunden habe, die er ‚Rhaharachr‘ und deren Hauptdarstellungsteil er ‚Hrhacharzacha‘ nenne.

„Und ferner erbot er sich, die entsprechenden Vorkehrungen zu treffen, damit man mir, wenn es mir recht sei, alle diese neuen Erfindungen zeigen und jedmögliche Erklärung über sie geben möchte.

„Das Ergebnis von all dem war, daß ich mich gleich am nächsten Tage in Begleitung eines Höflings des ehrwürdigen ‚Harachrachruchri‘ zum Existenzplatz jenes Gornachur Harcharch begab, wo ich dann zum erstenmal jene neuen aufklärenden Experimente mit dem Allgegenwärtigen Okidanoch sah.

„Gornahur Harcharch, der später, wie ich dir bereits sagte, mein Wesens-Freund wurde, galt damals unter den gewöhnlichen dreihirnigen Wesen als einer der ersten Gelehrten des Weltalls. Seine Konstatierungen wie auch die dazu von ihm gebauten Apparate waren weit verbreitet und wurden von anderen Gelehrten auf verschiedenen Planeten immer mehr und mehr benutzt.

„Es wird nicht schaden, hier noch zu bemerken, daß ich auch nur dank seiner Gelehrsamkeit später in meinem Observatorium auf dem Planeten Mars jenes Teskuano hatte, das, nachdem es endlich aufgestellt war, meinen Blick schärfte — oder, wie man auch sagen könnte, ihn der ‚Sichtbarkeit‘ entfernter kosmischer Verdichtungen siebenmillionenzweihundertfünfundachtzigmal näher kommen ließ.

„Genau gesagt, galt mein Observatorium später eben

wegen dieses ‚Teskuano‘ im ganzen Weltall als eine der besten Konstruktionen dieser Art und, was noch wichtiger ist, nur durch dieses Teskuano konnte ich sogar von zu Hause, vom Planeten Mars aus, verhältnismäßig leicht die Existenz-Prozesse sehen und beobachten, die auf der Oberfläche jener Teile anderer Planeten jenes Sonnensystems vor sich gingen, die in ihrer sogenannten ‚Harmonischen-Bewegung-des-ganzen-Systems‘ in gewissen Momenten durch den ‚Seins-Gesichtssinn‘ wahrgenommen werden konnten.

„Als Gornahur Harcharch vernahm, wer wir waren und wozu wir gekommen waren, kam er gleich auf uns zu und begann dann sehr liebenswürdig seine Erklärungen.

„Bevor ich dir seine Erklärungen wiedergebe, halte ich es für ratsam, dir ein für allemal zu sagen, daß alle meine Unterredungen mit den dreihirnigen Wesen, die auf verschiedenen Planeten jenes Systems entstehen und existieren, wo ich ob der ‚Sünden meiner Jugend‘ existieren mußte, wie zum Beispiel im gegebenen Fall die Gespräche mit Gornachur Harcharch, die ich dir auf unserer Reise auf dem Raumschiff ‚Karnak‘ erzählen will, sich in Dialekten vollzogen, die dir noch ganz unbekannt sind und deren Klang in einigen Fällen von den normalen Seins-Funktionen, die diesem Zwecke dienen, überhaupt nicht hervorgebracht werden kann.

„Also, mein Junge, im Hinblick auf all das werde ich diese Gespräche nicht wörtlich wiederholen, sondern dir nur ihren Sinn in unserer Sprache wiedergeben, wobei ich natürlich weiter jene Bezeichnungen und besonderen Namen aller Arten gebrauche oder, besser gesagt, jene Klänge, die von deinen Lieblingen auf dem Planeten Erde mit dem, was ‚Seins-Stimmband‘ genannt wird, hervorgebracht werden, und die dir durch die vielen Wiederholungen in meinen Erzählungen über sie gewohnt und ganz vertraut werden dürften.

164

„Ja... Es muß hier bemerkt werden, daß die dreihirnigen Wesen auf dem Planeten Saturn das Wort Gornachur
aus Höflichkeit gebrauchen und es vor den Namen dessen
setzen, den sie anreden.

„Es ist dasselbe mit deinen Lieblingen auf dem Planeten
Erde. Sie fügen zum Namen jeder zweiten Person das
Wort ‚Herr‘ hinzu, und manchmal eine ganz nichtssagende
Phrase, die zum Ausdruck bringt, was unser geschätzter
Mulla Nassr Eddin in folgendem Satz sagt:

„Er sagt nämlich:

„ ‚Und doch ist mehr Wirklichkeit darin als in den
Klügeleien eines Sachkundigen in Narrenpossen.‘

„Also, mein Junge...

„Als mein künftiger Wesensfreund Gornachur Harcharch vernahm, um was er gebeten wurde, lud er uns mit einem Zeichen ein, einer der speziellen Vorrichtungen seiner
Erfindung näherzutreten, die er, wie es sich später erwies,
‚Hrhacharzacha‘ nannte.

„Als wir an die besagte besondere und sehr seltsame
Konstruktion herantraten, deutete er mit einer Feder seines rechten Flügels auf sie und sagte:

„ ‚Diese besondere Vorrichtung ist der Hauptteil meiner
neuen Erfindung, und eben darin werden die Resultate
fast aller Sonderbarkeiten des Allgegenwärtigen Weltstoffes Okidanoch erzielt und dargestellt.‘

„Und indem er auf alle übrigen in demselben Kchrch
vorhandenen besonderen Apparate zeigte, fügte er hinzu:

„ ‚Es gelang mir, überaus wichtige Aufklärungen über
das allgegenwärtige und alles durchdringende Okidanoch
zu erhalten, weil es durch all diese besonderen Apparate
meiner Erfindung möglich wurde, zuerst aus allen möglichen auf- und inplanetischen Prozessen alle drei Grundteile des Allgegenwärtigen Okidanoch zu erhalten, diese
künstlich dann wieder in ein Ganzes verschmelzen zu
lassen und sie dann wieder künstlich zu trennen und da-

mit die spezifischen Eigenschaften der Manifestationen jedes einzelnen Teiles zu erforschen.'

„Nachdem er dies gesagt hatte, deutete er wieder auf die ‚Hrhacharzacha' und fügte hinzu, daß mit Hilfe dieser Forschungsapparate jedes gewöhnliche Wesen nicht nur klar die Einzelheiten der Eigenschaften der drei vollkommen selbständigen und in ihren Manifestationen untereinander vollkommen verschiedenen Teile des integralen ‚Einzigartigen-Aktiven-Elements' werde begreifen können, dessen Eigentümlichkeiten den Hauptgrund alles im Weltall Existierenden bilden, sondern daß jedes gewöhnliche Wesen kategorisch davon überzeugt werden könne, daß alle auf normale Weise erhaltenen Resultate aus den Prozessen des Allgegenwärtigen Weltstoffes von den Wesen niemals wahrgenommen oder empfunden werden können, sondern daß nur jene Resultate der erwähnten Prozesse durch gewisse Seins-Funktionen wahrgenommen werden können, die aus irgendeinem Grunde anomal verlaufen, und zwar durch von außen kommende Ursachen, die entweder aus bewußten Quellen oder aus zufälligen mechanischen Resultaten stammen.

„Der Teil der neuen Erfindung, den Gornahur Harcharch selbst ‚Hrhacharzacha' nannte und den er für ihren wichtigsten Teil hielt, glich seinem Aussehen nach einer ‚Tirzikiano' oder, wie deine Lieblinge sagen würden, einer ‚enormen elektrischen Lampe'.

„Das Innere dieser besonderen Konstruktion war etwas in der Art eines kleinen Zimmers mit einer Tür, die hermetisch verschlossen werden konnte.

„Die Wände dieser eigenartigen Konstruktion waren aus einer durchsichtigen Masse verfertigt, die ihrem Aussehen nach an das erinnerte, was auf deinem Planeten ‚Glas' genannt wird.

„Später erfuhr ich, daß die Haupteigentümlichkeit der besagten durchsichtigen Masse darin bestand, daß, obgleich

166

die Wesen mittels ihres Gesichtssinnes durch sie das Sichtbare aller kosmischen Verdichtungen wahrnehmen konnten, die Masse keine Strahlen, woher diese auch kommen mochten, weder von innen noch von außen durchließ.

„Als ich diesen Teil der besagten erstaunlichen Seins-Erfindung betrachtete, konnte ich durch die durchsichtigen Wände klar erkennen, daß im Inneren in der Mitte etwas wie ein Tisch und zwei Stühle standen. Über dem Tisch hing, was man eine ‚elektrische Lampe‘ nennt, und darunter befanden sich drei ganz gleiche Dinge, die einem ‚Momonoduar‘ glichen.

„Auf und neben dem Tisch lagen und standen noch einige andere mir bis dahin unbekannte Apparate und Instrumente.

„Später zeigte es sich, daß die besagten Gegenstände im Inneren dieses ‚Hrhacharzacha‘ und auch alles, was wir selbst später anziehen mußten, aus besonderem Material verfertigt war, das von demselben Gornahur Harcharch erfunden war.

„Was dieses Material betrifft, so werde ich dir zur rechten Zeit auch das in meinen weiteren Erörterungen, die Gornahur Harcharch betreffen, ausführlicher erklären.

„Einstweilen merke dir nur, daß in dem enormen Kchrch oder Atelier Gornachur Harharchs außer der bereits erwähnten Hrhacharzacha noch mehrere große Apparate standen, und unter ihnen zwei ganz besondere sogenannte ‚Lebensverschlinger‘, die Gornahur Harcharch selbst ‚Krhrrhihirchi‘ nannte.

„Es dürfte interessant sein, hier zu bemerken, daß es etwas wie diese ‚Lebensverschlinger‘ oder ‚Krhrrhihirchi‘ auch bei deinen Lieblingen gibt und daß sie einen solchen Apparat eine Dynamomaschine nennen.

„Abgesondert stand dort noch ein anderer auch selbständiger großer Apparat, der, wie es sich erwies, eine besondere ‚Solunorachuna‘ von besonderer Konstruktion darstellte, oder, wie deine Lieblinge sagen würden, eine ‚kompliziert-konstruierte-Pumpe-zum-Aufsaugen-der-Atmosphäre-bis-zum-absoluten-Vakuum‘.

„Während ich mir alles Besagte verwundert ansah, näherte sich Gornahur Harcharch der erwähnten kompliziert konstruierten Pumpe und bewegte mit seinem linken Flügel einen ihrer Teile, worauf ein bestimmter Mechanismus in der Pumpe zu arbeiten begann. Dann kam er wieder zu uns, und indem er mit derselben besonderen Feder seines rechten Flügels auf den allergrößten Lebensverschlinger oder ‚Krhrrhihirchi‘ oder Dynamomaschine wies, fuhr er in seinen Erklärungen fort.

„Und zwar sagte er: Durch diesen speziellen Apparat werden zuerst aus der Atmosphäre oder aus jeder in- und aufplanetischen-Bildung alle drei darin vorhandenen selbständigen Teile des Allgegenwärtigen-Aktiven-Elements Okidanoch einzeln aufgesaugt‘ und dann wieder auf eine bestimmte Art in der ‚Krhrrhihirchi‘ künstlich in ein einheitliches Ganzes verschmolzen, worauf das Okidanoch wieder in seinem gewöhnlichen Zustand ist und sich dort — in jenem Behälter — ansammelt!‘ Und dabei wies er mit derselben besonderen Feder auf etwas, das einem sogenannten ‚Generator‘ sehr ähnlich war.

„‚Und von dort aus‘, fuhr er fort, ‚fließt das Okidanoch hier in eine andere ‚Krhrrhihirchi‘ oder Dynamomaschine, wo ihm der ‚Dschartklom-Prozeß‘ widerfährt und alle seine einzelnen Teile sich in diesem anderen ‚Behälter‘ dort konzentrieren‘ — und diesmal wies er auf etwas, was einem Akkumulator ähnlich sah. ‚Und erst dann entnehme ich diesem sekundären Behälter durch verschiedene künstliche Vorrichtungen jenen aktiven Teil des Okidanochs einzeln für meine Forschungsexperimente.

„‚Vor allem‘, fuhr er fort, will ich Ihnen eines der Resultate vorführen, das entsteht, wenn aus irgendeinem Grunde einer der aktiven Teile des allgegenwärtigen

168

Okidanoch in dem Prozesse ihres ‚Strebens-wieder-in-Eins-zu-verschmelzen‘ fehlt.

„‚In diesem Augenblick enthält diese besondere Konstruktion einen Raum, der tatsächlich ein volles Vakuum ist, das, wie hier gesagt werden muß, erstens nur dank der besonderen Konstruktion der saugenden ‚Pumpe‘ und durch die besonderen Eigenschaften des Materials erreicht wird, aus dem die Instrumente verfertigt sind, die allein Experimente in absoluter Leere möglich machen — und zweitens dank der Eigenschaften und Stärke der Masse, aus der die Wände dieses Teiles meiner Erfindung gemacht sind.‘

„Nachdem er dies gesagt hatte, schaltete er noch einen anderen Hebel um und fuhr fort:

„‚Durch die Umschaltung dieses Hebels hat in diesem absolut leeren Raum sofort jener Prozeß begonnen, bei dem in den einzelnen Teilen des Allgegenwärtigen Okidanochs sich das vollzieht, was ‚Streben-wieder-in-Eins-zu-verschmelzen‘ genannt wird.

„ ‚Da aber durch eine Vernunft ‚die kann‘ — im gegebenen Falle durch mich — im besagten Prozeß absichtlich die Teilnahme des dritten Teiles des Okidanoch, die unter dem Namen ‚Parischrahatnatius‘ existiert, künstlich ausgeschaltet worden ist, so geht in diesem Augenblick der besagte Prozeß dort nur zwischen zwei seiner selbständigen Teile vor sich, nämlich zwischen jenen zwei selbständigen Teilen, von denen in der Wissenschaft der erste ‚Anodnatius‘ und der zweite ‚Katodnatius‘ genannt wird. Und all dem zufolge wird an Stelle des gesetzmäßigen Resultats des erwähnten Prozesses jenes nicht gesetzmäßige Resultat bewirkt, das unter dem Namen ‚Resultat-des-Prozesses-der-gegenseitigen-Vernichtung-zweier-entgegengesetzter-Kräfte‘ existiert, oder, wie die gewöhnlichen Wesen es ausdrücken, ‚künstliches Licht‘.

„ ‚In diesem Augenblick hat daselbst, das heißt in diesem

Vakuum, das ‚Streben-wieder-in-eins-zu-verschmelzen‘ zwischen zwei Teilen des Allgegenwärtigen Okidanoch eine Kraft, die von der objektiven Wissenschaft auf drei Millionen vierzigtausend sogenannter ‚Volt‘ berechnet und durch den Zeiger jenes besonderen Apparates angegeben wird.‘

„Dabei deutete er auf etwas, das ganz dem Apparat glich, den es auf deinem Planeten gibt und der dort ‚Voltmeter‘ genannt wird, und fuhr dann fort:

„ ‚Einer der Vorteile meiner neuen Erfindung zur Darstellung dieser Erscheinung besteht darin, daß trotz der außergewöhnlichen Kraft des jetzt sich dort vollziehenden Prozesses der ‚Strebkraft‘ nichtsdestoweniger die sogenannten ‚Salnichizinuarnischen-Trägheits-Vibrationen‘, die übrigens von den meisten Wesen auch für Strahlen gehalten werden und die durch diesen Prozeß gewonnen werden sollen, ihren Entstehungsort, das heißt diese Konstruktion, nicht verlassen, in der soeben die Eigentümlichkeiten des Allgegenwärtigen Okidanochs aufgeklärt werden.

„ ‚Damit aber auch Wesen, die sich außerhalb dieses Teiles meiner Erfindung befinden, dennoch die Möglichkeit haben, sich die Kraft dieses Prozesses klarmachen zu können, habe ich die Stoffzusammensetzung der Wände meiner Einrichtung an einer Stelle absichtlich so gemacht, daß sie dort die erwähnten ‚Salnichizinuarnischen-Trägheits-Vibrationen‘ oder Strahlen durchläßt.‘

„Nachdem er dies gesagt hatte, trat er näher an die ‚Hrhacharzacha‘ heran und drückte auf einen Knopf. Die Wirkung war, daß sich das ganze enorme Kchrch oder Atelier plötzlich so stark erleuchtete, daß unser Gesichtssinn für einige Zeit zu funktionieren aufhörte; erst nach geraumer Zeit vermochten wir mit großer Mühe die Augenlider zu heben und umherzuschauen.

„Als wir uns erholt hatten und Gornahur Harcharch

170

noch einen anderen Hebel umgestellt hatte — worauf der Raum, in dem wir waren, sein früheres gewöhnliches Aussehen wieder annahm — lenkte er mit seiner gewohnten Engelsstimme unsere Aufmerksamkeit wieder auf das Voltmeter, dessen Zeiger immer noch auf dieselben Ziffern wies, und fuhr fort:

„‚Sie sehen, daß, obschon der Prozeß des Zusammenstoßes zweier entgegengesetzter Bestandteile des Allgegenwärtigen Okidanoch noch immer mit derselben ‚Strebkraft‘ weitergeht und der Teil der Wand unserer Konstruktion, der die erwähnten Strahlen durchlassen kann, noch immer offen ist, so ist doch trotz alldem jene Erscheinung nicht mehr vorhanden, die die gewöhnlichen Wesen mit dem Ausdruck ‚künstliches Licht‘ bezeichnen.

„‚Und diese Erscheinung ist nur deswegen nicht mehr vorhanden, weil ich durch die letzte Umstellung eines bestimmten Hebels zu dem Prozeß des Zusammenstoßes zweier Bestandteile des Okidanochs den Strom des dritten selbständigen Bestandteiles sandte, der mit den zwei anderen Teilen proportionell verschmilzt, und das Resultat, das durch diese Art der Verschmelzung der drei Bestandteile des Allgegenwärtigen Okidanochs entsteht, kann im Gegensatz zum Prozeß der nicht gesetzmäßigen Vereinigung zweier seiner Teile durch keine Funktion der Wesen wahrgenommen werden.‘

„Nach diesen Erklärungen fordert mich Gornahur Harcharch auf, mich mit ihm in den Vorführungsteil dieser seiner neuen Erfindung hineinzuwagen, um von innen Augenzeuge vieler eigenartiger Manifestationen des allgegenwärtigen und alles durchdringenden aktiven Elementes zu werden.

„Ohne mich lange zu besinnen, entschloß ich mich sofort dazu und gab ihm meine Einwilligung.

„Und ich entschloß mich hauptsächlich deshalb sofort, weil ich dadurch in meinem Sein eine unveränderliche und unzerstörbare ‚objektive-Wesens-Befriedigung‘ zu erhalten erwartete.

„Nachdem mein zukünftiger Wesensfreund meine Zustimmung hatte, gab er sofort einem seiner Assistenten die entsprechenden Befehle.

„Es zeigte sich, daß zur Verwirklichung des Beabsichtigten zuerst verschiedene Vorbereitungen getroffen werden mußten.

„Und zwar legten seine Assistenten zunächst sowohl mir als auch Gornahur Harharch einige besonders sehr schwere ‚Kleider‘ an, ähnlich denen, die deine Lieblinge ‚Taucher-Anzüge‘ nennen, mit vielen hervorstehenden Köpfchen sogenannter ‚Bolzen‘. Und nachdem wir diese höchst eigenartigen Kleider angezogen hatten, schraubten seine Assistenten die Köpfchen dieser Bolzen in einer bestimmten Reihenfolge fest.

„An der inneren Seite dieser Taucher-Anzüge, an den Enden der besagten Bolzen waren, wie es sich zeigte, besondere Plättchen angebracht, die an bestimmten Stellen unseres planetischen Körpers fest anlagen.

„Später wurde mir vollkommen klar, daß dies nötig war, damit unseren planetischen Körpern nicht das sogenannte ‚Taranuranura‘ widerfahre, oder, wie man anders sagen könnte, damit unsere planetischen Körper nicht ‚zerfielen‘, was gewöhnlich mit allen in-und-auf-planetischen-Bildungen geschieht, sobald sie in einen vollkommen atmosphärelosen Raum gelangen.

„Außer diesen besonderen Kleidern setzte man uns noch ein ‚Etwas‘ auf den Kopf, das sogenannten Taucher-‚Helmen‘ glich, aber mit hervorstehenden höchst komplizierten sogenannten ‚Verbindern‘ versehen war.

„Einer von diesen ‚Verbindern‘ hieß ‚Harhrinhrach‘, was soviel wie ‚Puls-Erhalter‘ bedeutet; er war ein langes Ding, das einer Gummiröhre glich. Eins seiner Enden war durch komplizierte Vorrichtungen an der den Atmungs-

172

organen entsprechenden Stelle des Helmes hermetisch an diesen angeschlossen, und das andere wurde, nachdem wir in jene seltsame ‚Hrhacharzacha' eingetreten waren, an einen Apparat dort angeschraubt, der seinerseits mit einem Raum, der unsere zweite Seins-Nahrung enthielt, verbunden war.

„Zwischen mir und Gornahur Harcharch gab es einen besonderen Verbinder, durch den wir im Inneren der ‚Hrhacharzacha', aus der die Atmosphäre ausgepumpt worden war, um ein Vakuum zu schaffen, weiterhin miteinander in Verbindung blieben.

„Ein Ende dieses Verbinders war durch Vorrichtungen am Helm in einer bestimmten Weise meinen sogenannten ‚Hör-und-Sprech-Organen' angepaßt, und das andere den gleichen Organen Gornahur Harcharchs.

„Auf diese Art war zwischen mir und meinem künftigen Wesensfreund, wie deine Lieblinge wieder sagen würden, ein eigenartiges ‚Telephon' hergestellt worden.

„Ohne diesen Apparat hätten wir uns in keiner Weise einander verständlich machen können, weil Gornachur Harcharch damals noch ein Wesen war, dessen Bestand nur bis zu dem Zustande, der ‚heiliger Inkozarno' heißt, vervollkommnet war; und ein Wesen mit einem solchen Bestande kann sich in vollkommen leerem Raume nicht nur nicht äußern, sondern es kann dort überhaupt nicht existieren, selbst wenn Produkte aller drei Seins-Nahrungen in einen solchen Raum künstlich eingeführt würden.

„Aber die ‚seltsamste' und, wie man sagt, ‚höchst-erfinderisch-erdachte' ‚Verbindung', die zu verschiedenen Zwecken an jenen sonderbaren Taucheranzügen und Helmen angebracht war, war die von dem großen Gelehrten Gornahur Harcharch erfundene, die die Seh-Organe selbst gewöhnlicher Wesen befähigte, die sie umgebenden Gegenstände in vollkommen leerem Raume wahrzunehmen.

„Ein Ende dieser erstaunlichen Verbindung saß auf

besondere Art auch durch Vorrichtungen an den Helmen genau an unseren Schläfen an, wogegen das andere Ende mit dem sogenannten ‚Amskomutator‘ verbunden war, der wiederum auf besondere Weise durch sogenannte ‚Drähte‘ sowohl mit allen Gegenständen im Inneren der ‚Hrhacharzacha‘ als auch mit denen außerhalb verbunden war, die man während des Experimentes sehen mußte.

„Es ist sehr interessant, hier noch zu bemerken, daß zu beiden Enden jener Vorrichtung, einer für gewöhnliche dreizentrische ‚Seins-Vernunft‘ fast unglaublichen Schöpfung, wiederum zwei selbständige Drahtverbindungen führten, durch die besondere sogenannte magnetische Ströme‘ von außen her flossen.

„Diese Verbindungen und die besagten besonderen magnetischen Ströme waren, wie mir später auch näher erklärt wurde, von diesem wahrhaft großen Gelehrten Gornachur Harcharch geschaffen worden, um den Bestand gelehrter dreizentrischer Wesen, die nicht einmal bis zum heiligen ‚Inkozarno‘ vervollkommnet waren, durch eine Eigenschaft des ‚magnetischen Stromes‘ für ihren eigenen Wesenskern zu reflektieren, und um durch eine andere Eigenschaft des magnetischen Stromes auch den Bestand der erwähnten Gegenstände zu reflektieren, damit dadurch die Wahrnehmung der Realität der besagten Objekte durch ihre unvollkommenen Seins-Seh-Organe auch in einem Vakuum möglich werde, das keinen der Faktoren oder Resultate der verschiedenen kosmischen Verdichtungen enthält, die solche Vibrationen haben, die sonst allein das Funktionieren aller Seins-Organe möglich machen.

„Nachdem die Assistenten des damals noch großen alluniversellen Gornachur Harharch uns die besagten sehr schweren Vorrichtungen angelegt hatten, die, wie gesagt, Wesen die Existenz in einer ihnen nicht entsprechenden Sphäre ermöglichen, trugen sie uns — wiederum mit Hilfe besonderer Vorrichtungen — in die ‚Hrhacharzacha‘

selbst hinein, und nachdem sie alle freien Enden der künstlichen Verbindungen, die von uns zu den entsprechenden Apparaten in der ‚Hrhacharzacha‘ selbst gingen, festgeschraubt hatten, gingen sie wieder hinaus und schlossen hinter sich hermetisch den einzigen Weg ab, durch den es — wenn überhaupt noch — möglich war, eine Verbindung mit dem zu haben, was da heißt ‚Alles-was-eine-Welt-ausmacht‘.

„Als wir in der ‚Hrhacharzacha‘ allein waren, drehte Gornachur Harharch einen sogenannten ‚Schalter‘ dort um und sagte:

„‚Die Arbeit der Pumpe hat jetzt schon begonnen, und bald wird sie ausnahmslos alle hier noch vorhandenen Resultate aller kosmischen Prozesse aufgesaugt haben — Resultate, die insgesamt Grund und Sinn sowohl als den Prozeß selbst der Erhaltung der Existenz alles Existierenden in ‚Alles-was-eine-Welt-ausmacht‘ bilden.‘

„Und weiter fügte er in halb sarkastischem Ton hinzu:

„‚Bald werden wir vollkommen isoliert sein von allem, was im Weltall existiert und funktioniert. Dafür aber haben wir, erstens dank meiner neuen Erfindung und zweitens dank den von uns schon erworbenen Kenntnissen, die Möglichkeit, nicht nur in die besagte Welt zurückzukehren und wieder ein Teilchen alles Existierenden zu werden, sondern wir werden auch bald wert sein, nichtteilnehmende Augenzeugen gewisser Weltgesetze zu werden, die für uneingeweihte dreizentrische Wesen das bilden, was sie die ‚Großen-Unerforschlichen-Geheimnisse-der-Natur‘ nennen, die aber in Wirklichkeit ganz natürlich und sehr einfach nur ‚eins-aus-dem-anderen-automatisch-fließende-Resultate‘ sind‘.

„Während er sprach, konnte man spüren, wie die ‚Pumpe‘, dieser andere wichtige Teil der neuen Erfindung, vollkommen die ihr durch Seins-Vernunft zuerteilte aufgetragene Arbeit ausführte.

„Damit du dir die Vorzüglichkeit auch dieses Teiles der

neuen Erfindung Gornahur Harcharchs besser vorstellen und sie verstehen kannst, muß ich dir noch folgendes sagen:

„Obschon ich persönlich, ebenfalls ein dreihirniges Wesen, aus bestimmten, ganz besonderen Gründen schon mehrmals Gelegenheit gehabt hatte, in atmosphärelose Räume zu geraten und manchmal dort für eine geraume Zeit nur mit Hilfe des heiligen ‚Krimbulasumara‘ existieren mußte, und obwohl es mir schon zuvor durch öftere Wiederholungen zur Gewohnheit geworden war, aus einer Sphäre langsam in eine andere überzugehen und fast ohne eine Unbequemlichkeit bei der Veränderung des Bestandes der zweiten Seins-Nahrung zu verspüren, wie es sonst gewöhnlich bei der Veränderung des Bestandes sich transformierender und alle großen und kleinen Verdichtungen umgebenden kosmischen Stoffen vorkommt; und obschon es mit den Ursachen meiner Entstehung und des weiteren Prozesses meiner Seins-Existenz ganz eigenartig bestellt war, weshalb auch notwendigerweise die verschiedenen Seins-Funktionen in meinem ganzen Bestand ebenfalls eigenartig arbeiteten — ging nichtsdestoweniger trotz allem das Aufsaugen der Atmosphäre durch die besagte Pumpe mit solcher Kraft vor sich und prägte den einzelnen Teilen meines ganzen Bestandes solch starke Eindrücke ein, daß ich selbst heute noch den Prozeß meines damaligen Zustandes sehr klar nacherleben und dir in Einzelheiten erzählen kann.

„Dieser höchst seltsame Zustand begann in mir kurz nachdem Gornahur Harcharch in einem halb sarkastischen Ton über die uns bevorstehende Lage gesprochen hatte.

„In all meinen drei Seins-Zentren — nämlich in den drei Zentren, die gewöhnlich im Bestand jedes dreizentrischen Wesens lokalisiert sind und unter den Namen ‚Denk-‘ ‚Fühl-‘ und ‚Bewegungszentrum‘ existieren — nahm ich, und zwar in jedem von ihnen einzeln und selbständig auf eine seltsame und ungewohnte Art sehr bestimmte Eindrücke wahr, und zwar daß in den einzelnen Teilen meines ganzen planetischen Körpers ein selbständiger Prozeß des heiligen ‚Raskuarno‘ sich vollzog und daß die kosmischen Kristallisationen, die den Bestand dieser Teile ausmachten, wieder ‚umsonst‘ flossen.

„Anfangs dauerte in mir die sogenannte ‚Initiative-feststellen‘ in der gewohnten Weise an, das heißt gemäß dem, was ‚Schwerpunkt-assoziativen-Erlebnisse‘ genannt wird; später aber wurde die besagte ‚Initiative-fest-zustellen‘, was in mir vorging, allmählich und fast unmerklich zur Funktion meines Wesenskerns allein, und damit wurde dieser nicht nur alleiniger, allumfassender Initiator, festzustellen, was in mir vorging, sondern von da ab wurde auch alles außerhalb von mir Vorsichgehende ohne Ausnahme durch mein Wesen allein wahrgenommen und festgehalten.

„Von dem Moment an, in dem mein Wesen anfing, Eindrücke unmittelbar aufzunehmen und selbständig festzustellen, was vor sich ging, war es, als ob in meinem ganzen Bestande zuerst Teile meines planetischen Körpers und dann nach und nach auch die Lokalisierungen der zweiten und dritten Seins-Zentren vernichtet würden. Gleichzeitig ließ sich deutlich feststellen, daß das Funktionieren dieser beiden Zentren allmählich an mein ‚Denkzentrum‘ abgegeben und ihm untertan wurde, was zur Folge hatte, daß das ‚Denkzentrum‘ mit der sich verstärkenden Intensität seines Funktionierens schließlich der ‚einzig-mächtige-Wahrnehmer‘ all dessen wurde, was sich außerhalb von ihm verwirklichte, und der autonome Initiator der Feststellung von allem, was sowohl in meinem ganzen Bestande als auch außerhalb von ihm vor sich ging.

„Während sich dieses seltsame und meiner Vernunft noch unbegreifliche Seins-Erlebnis in mir vollzog, war Gornahur Harcharch selbst mit der Umstellung einiger

Hebel und Schalter beschäftigt, deren es viele an den Seiten des Tisches gab, an dem wir plaziert waren.

„Ein plötzlicher Vorfall, der sich mit Gornahur Harcharch selbst zutrug, änderte mein ganzes Seins-Erlebnis, worauf in meinem ganzen Bestande das gewohnte ,innere Seins-Erleben' wieder einsetzte.

„Und zwar war folgendes geschehen:

„Gornahur Harcharch sah sich plötzlich samt all den ungewohnten schweren Vorrichtungen, die auch ihm angelegt worden waren, in einer gewissen Höhe über seinem Stuhl und begann dort zu zappeln, wie unser teurer Mulla-Nassr-Eddin sagt, ,wie ein Hündchen, das in einen tiefen Teich fiel'.

„Wie es sich später herausstellte, hatte sich mein Freund Gornahur Harcharch beim Umschalten der erwähnten Hebel und Schalter geirrt und hatte bestimmte Teile seines planetischen Körpers mehr als nötig gespannt. Die Folge erfuhr und auch die von diesem Schock erzeugte Stoßkraft, und ob des Tempos, das in seinem Bestand durch die Aufnahme der zweiten Seins-Nahrung herrschte, und ob des Fehlens jeglichen Widerstandes in diesem vollkommen leeren Raum begann er dahinzutreiben, oder, wie ich schon sagte, zu zappeln ,wie ein Hündchen, das in einen tiefen Teich fiel'."

Nachdem Beelzebub dies lächelnd erzählt hatte, verfiel er in Schweigen; gleich darauf machte er mit seiner linken Hand eine sehr seltsame Bewegung und fuhr dann mit einem für seine Stimme ungewohnten Ton fort:

„Dieweil ich mich langsam an all das erinnere und dir erzähle, was sich auf Ereignisse einer schon längst verflossenen Periode meiner Existenz bezieht, entsteht in mir der Wunsch, dir ein aufrichtiges Bekenntnis abzulegen, dir als einem meiner direkten Erben, der unbedingt die Summe all meiner Taten in den Perioden meiner vergangenen Seins-Existenz dar-

178

stellen muß. Und zwar will ich dir aufrichtig bekennen, daß, trotzdem mein Wesen einschließlich der ihm allein untergeordneten Teile meines Bestandes sich selbständig entschlossen hatte, an jenen wissenschaftlichen aufklärenden Experimenten im Vorführungsteil der neuen Erfindung Gornahur Harcharchs teilzunehmen, und ich ohne den geringsten Zwang den Vorführungsteil betreten hatte, daß trotz alldem mein Wesen nichtsdestoweniger neben den erwähnten seltsamen Erlebnissen sich in mein Sein eine frevelhaft egoistische Besorgnis um die Sicherheit meiner persönlichen Existenz einschleichen ließ.

„Damit du aber, mein Junge, dich in diesem Moment nicht zu sehr darüber grämst, will ich hinzufügen, daß dies damals in mir zum ersten und zum letzten Mal in allen Perioden meiner Seins-Existenz vorkam.

„Vielleicht ist es jedoch besser, nicht an Fragen zu rühren, die sich auf unsere Familie allein beziehen.

„Laß uns darum zu der begonnenen Erzählung vom Allgegenwärtigen Okidanoch und meinem Wesensfreund Gornahur Harcharch zurückkehren. Übrigens wird dieser letztere, der einst überall unter den gewöhnlichen dreihirnigen Wesen als ‚ein großer Gelehrter‘ galt, heutzutage, obschon er noch existiert, nicht nur als nicht groß erachtet, sondern ist durch sein eigenes Resultat, das heißt durch seinen Sohn, bereits, wie unser teurer Mulla-Nassr-Eddin sagen würde, ‚in den Schatten gestellt‘, oder, wie er sich auch manchmal in solchen Fällen ausdrückt: ‚da sitzt er nun in schweren alten amerikanischen Gummigaloschen fest‘.

„Nur durch besonders und sehr kompliziertes Herumhantieren brachte der zappelnde Gornahur Harcharch schließlich seinen planetischen Körper, beladen mit all den verschiedenen ihm angelegten schweren Vorrichtungen, mit großer Mühe wieder auf seinen Stuhl zurück und befestigte ihn diesmal mit Hilfe der für solche Fälle an dem

Stuhl vorhandenen besonderen Schrauben, und als wir uns beide wieder mehr oder weniger zurechtgefunden hatten und der Verkehr zwischen uns durch die erwähnte künstliche Verbindung möglich war, lenkte er meine Aufmerksamkeit zu allererst auf jene über dem Tisch hängenden Apparate, die, wie ich dir schon sagte, ‚Momonduaren‘ sehr ähnlich waren.

„Bei näherem Zusehen zeigte es sich, daß alle drei ein gleiches Aussehen hatten. Sie dienten als ‚Fassungen‘, und an ihren Enden ragten ‚Kohlenkerzen‘ hervor, ähnlich wie in den Apparaten, die deine Lieblinge ‚elektrische-Bogen-Lampen‘ nennen.

„Als Gornahur Harcharch meine Aufmerksamkeit auf diese Momonduaren lenkte, sagte er:

„‚Jeder von diesen dem Aussehen nach gleichen Apparaten ist unmittelbar mit jenen sekundären ‚Behältern‘ verbunden, die ich Ihnen schon von außen zeigte und in denen sich nach dem künstlichen Dschartklom alle aktiven Teile des Okidanoch in einer gemeinsamen Masse ansammeln.

„‚Ich habe diese drei selbständigen Apparate so eingerichtet, daß wir in diesem vollkommen leeren Raum aus jenen sekundären ‚Behältern‘, so viel von jedem aktiven Teil des Okidanoch in reinem Zustand erhalten, als wir für die Experimente brauchen, und wir können auch nach Belieben die ‚Strebkraft-wieder-in-eins-zu-verschmelzen‘, die sich in ihnen sammelt und die von dem Dichtigkeitsgrad der Massen abhängt, verändern.

„‚Und hier in diesem Vakuum werde ich Ihnen vor allem eben jene ungesetzmäßige Erscheinung zeigen, die wir vor kurzem von außen beobachteten.

„‚Und zwar werde ich Ihnen wieder jene Welterscheinung vorführen, die entsteht, wenn nach einem gesetzmäßigen Dschartklom die einzelnen Okidanochteile im Raum außerhalb einer gesetzmäßigen Entstehung zu-

180

sammentreffen und — ohne die Mitwirkung eines Teiles — ‚streben-wieder-in-eins-zu-verschmelzen‘.‘

„Nachdem er dies gesagt hatte, schloß er zuerst jenen Teil der Wand der ‚Hrhacharzacha‘, dessen Material die Eigenschaft hatte, Strahlen durchzulassen; dann stellte er zwei Schalter um und drückte auf einen bestimmten Knopf, worauf eine kleine Platte, die auf jenem Tisch lag und aus einem bestimmten besonderen Mastix gemacht war, sich automatisch den erwähnten ‚Kohlenkerzen‘ zubewegte; und indem er meine Aufmerksamkeit auf das ‚Ampèremeter‘ und das ‚Voltmeter‘ lenkte, fügte er hinzu:

„‚Ich lasse wieder den Zufluß von Okidanochteilen zu, und zwar ‚Anodnatius‘ und ‚Katodnatius‘ von gleicher Strebkraft-wieder-in-eins-zu-verschmelzen‘ wie zuvor.‘

„Als ich meinen Blick auf das ‚Ampèremeter‘ und das ‚Voltmeter‘ richtete und tatsächlich sah, daß ihre Nadeln sich bewegten und auf denselben Ziffern stehen blieben, wo ich sie zuerst bemerkt hatte, als wir noch außerhalb der ‚Hrhacharzacha‘ waren, war ich höchst verwundert, weil ich trotz der Angaben der Zeiger und der Warnung Gornahur Harharchs selbst keine Veränderung in dem Grade meiner Wahrnehmung der Sichtbarkeit der mich umgebenden Gegenstände bemerkte oder verspürte.

„Und darum fragte ich ihn, ohne seine weiteren Erklärungen abzuwarten:

„‚Aber warum entsteht denn kein Resultat aus solch einem ungesetzmäßigen ‚Streben-der-einzelnen-Teile-des-Okidanoch-wieder-in-eins-zu-verschmelzen‘?‘

„Bevor er auf meine Frage antwortete, löschte er die einzige Lampe, die mit einem besonderen magnetischen Strom arbeitete. Meine Verwunderung nahm noch zu, weil trotz der sofort erfolgten Dunkelheit dennoch durch die Wände der ‚Hrhacharzacha‘ mit genügender Deutlichkeit zu sehen war, daß die Zeiger des Ampèremeters und des Voltmeters noch immer auf ihrem früheren Platze standen.

„Erst nachdem ich mich irgendwie an diese so überraschende Feststellung gewöhnt hatte, sagte Gornahur Harcharch:

„‚Ich sagte Ihnen schon, daß die Stoffzusammensetzung der Wände dieser Konstruktion, in der wir uns in diesem Augenblick befinden, die Eigenschaft besitzt, keine Vibrationen, aus was für Quellen sie auch stammen mögen, durchzulassen, mit Ausnahme bestimmter Vibrationen, die aus Verdichtungen in der Nähe kommen; diese können von den Seh-Organen dreizentrischer Wesen wahrgenommen werden, allerdings natürlich nur von denen normaler Wesen.

„‚Und außerdem erwerben nach dem Gesetze, das ‚Heteratogetar‘ heißt, die ‚Salnichizinuarnischen-Trägheits-Vibrationen‘ oder ‚Strahlen‘ die Eigenschaft, daß sie erst dann auf die Wahrnehmungsorgane der Wesen wirken, wenn sie die Grenze überschritten haben, die von der Wissenschaft mit folgender Formel definiert wird: ‚Das-Manifestations-Resultat-gleicht-proportionell-der-vom-Schock-erhaltenen-Strebkraft‘.

„‚Da nun der Prozeß des Zusammenstoßes zweier Teile des Okidanoch höchst intensive Kraft hat, zeigt sich das Resultat dieses Zusammenstoßes weit weg von dem Orte seiner Entstehung.

„‚Geben Sie acht:‘

„Darauf drückte er auf einen anderen Knopf, und das ganze Innere der ‚Hrhacharzacha‘ füllte sich mit demselben blendenden Licht, das ich, wie ich dir schon sagte, schon kennen gelernt hatte, als ich noch außerhalb der ‚Hrhacharzacha‘ war.

„Es erwies sich, daß das besagte Licht dadurch zustande kam, daß Gornachur Harharch, indem er auf diesen letzten Knopf drückte, jenen Teil der Wand der ‚Hrhach-

182

arzacha' wieder öffnete, der die Eigenschaft besaß, die Strahlen durchzulassen.

„Wie er später erklärte, war das Licht nur eine Folge des Resultats des in jenem vollkommen leeren Raum in der Hrhacharzacha vor sich gehenden Strebens-der-verschiedenen-Teile-des-Okidanoch, wieder-in-eins-zu-verschmelzen, und wurde durch das, was man ‚Reflektieren' nennt, nach seinem Entstehungsplatz zurückgeworfen.

„Daraufhin fuhr er folgendermaßen fort:

„‚Nun will ich Ihnen darstellen, wie und durch welche Kombinationen der Prozeß des Dschartklom und des ‚Strebens-der-aktiven-Elemente-des-Okidanochs,-wieder-in-eins-zu-verschmelzen', in den Planeten aus den sogenannten Mineralien, die ihren inneren Bestand ausmachen, bestimmte Bildungen von verschiedener Dichtigkeit, wie zum Beispiel ‚Mineraloide', ‚Gase', ‚Metalloide', ‚Metalle' und so fort, entstehen läßt, wie diese Bildungen sich später allmählich dank derselben Faktoren eine in die andere verwandeln und wie dabei die Vibrationen, die aus diesen Umwandlungen kommen, eben jene ‚Gesamtheit von Vibrationen' ausmachen, die den Planeten selbst die Möglichkeit zur Stabilität in dem Prozeß gibt, der ‚Harmonische-Bewegung-des-ganzen-Systems' genannt wird.

„‚Zu der beabsichtigten Darstellung muß ich immer die notwendigen Materialien von außen her nehmen, und meine Schüler reichen sie mir durch die von mir dazu hergerichteten Vorrichtungen.'

„Es ist interessant zu erwähnen, daß er, während er sprach, gleichzeitig mit seinem linken Fuß auf ein bestimmtes ‚Etwas' klopfte, das große Ähnlichkeit mit dem hatte, was deine Lieblinge den berühmten ‚Morse-Apparat' nennen — berühmt natürlich nur auf dem Planeten Erde.

„Und ein wenig später stieg langsam aus dem unteren Teil der Hrhacharzacha ein kleines ‚Etwas' herauf, das einer Schachtel ähnlich sah, ebenfalls mit durchsichtigen Wänden, und darin waren, wie es sich später erwies, gewisse ‚Minerale‘, ‚Metalloide‘, ‚Metalle‘ und verschiedene Gase in flüssigem und festem Zustand.

„Darauf nahm er mit Hilfe verschiedener auf einer Seite des Tisches vorhandener Vorrichtungen mit kompliziertem Herumhantieren aus dieser selben Schachtel sogenanntes ‚rotes Kupfer‘ und legte es auf die erwähnte Platte. Dann sagte er:

„‚Dieses Metall ist eine bestimmte planetische Kristallisation und hat eine Dichtigkeit, die für die besagte Stabilität der harmonischen Bewegung des ganzen Systems notwendig ist. Es ist eine Bildung aus vorhergehenden Prozessen der Wirkung der Teile des Allgegenwärtigen Okidanoch. In diesem Augenblick will ich nun künstlich und beschleunigt die nachfolgenden Umwandlungen dieses Materials mit Hilfe der Eigentümlichkeiten derselben Faktoren hervorrufen.

„‚Ich will künstlich die Involution und Evolution seiner Elemente zu einer größeren Dichtigkeit oder umgekehrt zu einer Rückverwandlung in ihren anfänglichen Zustand befördern.

„‚Um Ihnen das Bild der folgenden aufklärenden Experimente klarer zu machen, will ich Ihnen vor allem, wenn auch nur knapp, meine ersten persönlichen wissenschaftlichen Schlüsse mitteilen über die augenscheinlichen Ursachen und Bedingungen, die in den Planeten selbst das Kristallisieren einzelner Teile des Okidanochs in diesen und anderen erwähnten Bildungen bewirken.

„‚Offenbar lokalisieren sich zu allererst durch einige ungesetzmäßige Dschartklome in dem Allgegenwärtigen Okidanoch, das im Bestand aller Planeten vorhanden ist, einzelne seiner Teile im Planetenbestand, nämlich in jenem Mineral, das gerade im gegebenen Moment an dem Platze war, wo der besagte ungesetzmäßige Dschartklom stattfand.

184

„ ‚Und wenn dann das, was die ‚Dichtigkeitsvibration-des-Elementes-des-besagten-Bereiches' genannt wird, eine ‚Vibrationsverwandtschaft' mit dem erwähnten aktiven Teile des Allgegenwärtige Okidanoch hat, so verschmilzt dem Weltgesetz zufolge, das ‚symmetrisches Ineinanderdringen' genannt wird, dieser aktive Teil mit dem Bestand des besagten Bereiches und wird ein unzertrennlicher Teil von ihm. Und von dem Augenblick an beginnen die Teile des Allgegenwärtigen Okidanoch zusammen mit den besagten Elementen des erwähnten Bereiches die entsprechenden von den Planeten benötigten Dichtigkeiten zu bilden, nämlich verschiedene Arten von Metalloiden oder sogar Metallen, wie zum Beispiel jenes Metall, das ich in diese Sphäre gebracht habe und in dem jetzt künstlich nach meinem Wunsch die Wirkung des ‚Strebens-wieder-in-eins-zu-verschmelzen' zwischen den Teilen des Okidanoch vor sich geht; und dieses Metall existiert, wie ich schon gesagt habe, unter dem Namen ‚rotes Kupfer'.

„‚Und ferner beginnen die besagten verschiedenen Metalloide und Metalle, die auf diese Art in den Planeten entstanden sind, wie es im allgemeinen allen Entstehungen zukommt, an denen Okidanoch oder einer seiner aktiven Teile teilnehmen, dem all-universalen Gesetz zufolge, das ‚gegenseitige-Ernährung-alles-Existierenden' genannt wird, von ihrem Bestand die Resultate ihres inneren ‚Stoffwechsel' auszustrahlen. Und da alle Ausstrahlungen, die aus auf- und inplanetischen Bildungen stammen, in ihren Vibrationen die Eigenschaft des Okidanoch oder seiner aktiven Teile erwerben müssen, die in den sogenannten ‚Schwerpunkten' jeder dieser besagten Bildungen sind, besitzen die Ausstrahlungen dieser Metalloide und Metalle Eigenschaften, die fast den Eigenschaften des Okidanoch selbst oder des einen oder anderen seiner aktiven Elemente gleichkommen.

„„Wenn die besagten Massen von verschiedener Dichtigkeit, die auf diese Weise unter normalen Bedingungen in den Planeten entstehen, weiterhin von ihrem Bestand Vibrationen aussenden, die von dem erwähnten Weltgesetz der gegenseitigen Ernährung alles Existierenden benötigt werden, dann wird unter diesen verschieden beschaffenen Vibrationen auf Grund des Haupt-Weltgesetzes ‚Troemedechfe‘ ein gegenseitig wirkender Kontakt hergestellt.

„„Und das Resultat dieses Kontaktes ist der Hauptfaktor der allmählichen Umgestaltung der verschiedenen Dichtigkeiten in den Planeten.

„„Meine langjährigen Beobachtungen haben mich völlig überzeugt, daß nur dank dieses besagten Kontaktes und seiner Resultate sich die ‚Stabilität-des-harmonischen-Gleichgewichts-der-Planeten‘ verwirklicht.

„ ‚Das Metall ‚rotes Kupfer‘, das ich in die Sphäre brachte, wo ich die künstliche Verwirklichung der Wirkung der aktiven Teile des Okidanoch erwarte, hat in diesem Augenblick eine, wie man es nennt ‚spezifische Dichtigkeit‘, die, bezogen auf die Dichtigkeitseinheit des heiligen Elementes ‚Theomertmalogos‘ auf vierhundertvier berechnet wird, was besagen will, daß ein Atom dieses Metalles vierhundertviermal dichter ist und sovielmal weniger belebende Kraft hat als ein Atom des heiligen Theomertmalogos.

„„Sehen Sie nun selbst, in welcher Ordnung seine künstlich beschleunigte Umwandlung vor sich geht.‘

„Nachdem er dies gesagt hatte, stellte er vor meinem Seh-Organ das automatisch sich bewegende Teskuano auf und drehte dann verschiedene Schalter ein bestimmter Reihenfolge an. und aus. Als ich dann durch das Teskuano sah, erklärte er mir folgendes:

„ ‚Jetzt schicke ich den Strom aller drei Teile des Okidanoch in die Sphäre, die dieses Metall enthält, und da alle drei Teile den gleichen Dichtigkeitsgrad und somit die gleiche Strebkraft haben, fließen sie in dieser Sphäre

186

wieder in eines zusammen, ohne etwas an dem Bestand des Metalls zu ändern; und das somit erhaltene Allgegenwärtige Okidanoch fließt in seinem gewöhnlichen Zustand durch eine bestimmte Verbindung aus der Hrhacharzacha heraus und wird in dem ersten Behälter, den ich Ihnen schon zeigte, wieder konzentriert.

„ ‚Geben Sie nun acht:

„ ‚Ich verstärke absichtlich die ‚Strebkraft' nur eines aktiven Teiles des Okidanoch, zum Beispiel ich verstärke die Kraft, die ‚Katodnatius' heißt. Als Folge davon sehen Sie, daß die Elemente, die den Bestand jenes roten Kupfers ausmachen, zu der Qualität der Stoffe hin involvieren, die den gewöhnlichen Bestand der Planeten ausmachen.'

„Während er dies erklärte, drehte er gleichzeitig verschiedene Schalter in bestimmter Reihenfolge an und aus.

„Obgleich ich dann, mein Junge, allem, was vorging, höchst aufmerksam zusah und sich alles, was ich sah, meinem Bestand ‚pestolnutianisch', das heißt für immer, eindrückte, könnte ich dir trotzdem beim besten Willen nicht den hundertsten Teil dessen in Worten beschreiben, was sich in jedem kleinen Teilchen jener bestimmten inplanetischen Bildung vollzog.

„Und ich will gar nicht versuchen, dir mit Worten zu sagen, was ich damals sah, weil ich mich soeben erinnere, daß ich dir das alles in praktischer Vorführung zeigen kann, wobei auch du ein Augenzeuge dieses seltsamen und erstaunlichen kosmischen Prozesses werden wirst.

„Einstweilen will ich dir sagen, daß in diesem kleinen ‚Roten-Kupfer-Teile' etwas vor sich ging, was ein wenig den schrecklichen Bildern ähnlich sah, die ich gelegentlich vom Mars aus durch mein Teskuano unter deinen Lieblingen auf dem Planeten Erde beobachtete.

„Ich sagte ‚ein wenig ähnlich', weil, was gelegentlich unter deinen Lieblingen vorgeht, nur am Anfang der Beobachtung etwas zu sehen bietet, wogegen man im

‚Roten-Kupfer-Teilchen' die endgültige Umwandlung bis zum Ende mit den Augen verfolgen konnte.

„Man kann einen ungefähren Vergleich zwischen den gelegentlichen Vorgängen auf deinem Planeten und den Vorgängen in jenem kleinen Kupfer-Stück machen, wenn man sich vorstellt, daß man von hoch oben auf einen großen öffentlichen Platz hinabsieht, wo Tausende deiner Lieblinge, vom höchsten Grad ihrer Haupt-Psychose hingerissen, mit allen Mitteln, die sie erfunden haben, einander vernichten, und daß an ihre Stelle dort sogleich sogenannte ‚Leichen' treten, Leichen, deren Farbe durch die ihnen zugefügten Schandtaten sehr wahrnehmlich verändert ist, weshalb sich das ganze Aussehen der Oberfläche des besagten Platzes auch allmählich ändert.

„Während dann, mein Junge, mein späterer Wesensfreund Gornahur Harcharch den Zustrom der drei aktiven Elemente des Okidanoch an- und ausschaltete und damit ihre Strebkraft änderte, änderte er auch die Dichtigkeit der Elemente des besagten Metalls und verwandelte dadurch das rote Kupfer in all die anderen inplanetischen ‚Metalle' von geringerem oder höherem Lebendigkeitsgrad.

„Zur Aufklärung der Seltsamkeit der Psyche der dir gefallenden dreihirnigen Wesen ist es sehr bedeutsam und interessant zu erwähnen, daß, während Gornahur Harcharch künstlich und vorsätzlich mit Hilfe seiner neuen Erfindung die Evolution und Involution der Dichtigkeit und Lebendigkeit der Elemente des roten Kupfers bewirkte, ich sehr klar bemerkte, daß dieses Metall auf der besagten Platte auf einmal in eben jenes bestimmte Metall verwandelt war, an dem die ‚Jammer-Gelehrten' deines Planeten während fast der ganzen Zeit ihres Entstehens und ihrer Existenz herumgeklügelt haben, in der Hoffnung, andere Metalle in dieses Metall verwandeln zu können, womit sie ihre schon ohnedies genügend verwirrten Mitmenschen in noch größere Verwirrung brachten.

188

„Dieses Metall wird dort Gold genannt.

„Gold ist nichts anderes als das Metall, das wir ‚Prztchalavr‘ nennen und dessen spezifisches Gewicht, wenn man von einem Element des heiligen Theomertmalogos ausgeht, eintausendvierhundertneununddreißig ist, was besagt, daß ein aktives Element davon fast dreimal weniger lebendig ist als ein Element des roten Kupfers.

„Daß ich mich aber plötzlich entschloß, dir nicht ausführlich in Worten zu erklären, was damals in dem besagten Kupferteilchen vor sich ging, und dir eine baldige praktische Vorführung der Prozesse verschiedener Kombinationen der Manifestationen der aktiven Teile des Okidanoch in bestimmten planetischen Bildungen zu zeigen versprach, geschah, weil mir nämlich plötzlich das all-gnädige Versprechen einfiel, das mir unser All-Viertel-Erhalter, der sehr große Erz-Cherub Peschtwogner, gegeben hat.

„Und dieses all-gnädige Versprechen war mir damals gegeben worden, als ich aus der Verbannung heimgekehrt war und mich zuallererst dem All-Viertel-Erhalter, dem Erz-Cherub Peschtwogner vorstellte, wobei ich mich ihm zu Füßen warf und vor ihm verrichtete, was ‚Wesensheiliges-Aliamisurnakalu‘ genannt wird.

„Dies hatte ich eben ob der Sünden meiner Jugend zu tun, und zwar hatte ich es zu tun, weil, als ich von SEINEM UNENDLICH-EINS-SEIENDEN Verzeihung und die Erlaubnis erwirkt hatte, in mein Heimatland zurückzukehren, verschiedene heilige Individuen beschlossen hatten, von mir auf jeden Fall zu verlangen, daß ich in meinem Wesen diesen heiligen Prozeß vollziehe, damit ich mich nicht mehr so manifestieren könne wie in den Tagen meiner Jugend und damit auch in der Vernunft der meisten Individuen, die im Zentrum des großen Weltalls wohnen, ein Gleiches nicht mehr vorkommen könne.

„Du weißt vielleicht nicht einmal, was es bedeutet, das

heilige ‚Aliamisurnakalu‘ in seinem Wesen zu vollziehen? Ich werde es dir einmal in allen Einzelheiten erklären; inzwischen aber will ich dir es einfach mit den Worten unseres teuren Mulla-Nassr-Eddin sagen, der diesen Prozeß erklärt als ‚Sein-Ehrenwort-geben,-seine-Nase-nicht-in-die-Geschäfte-der-Obrigkeit-zu-stecken‘.

„Kurzum, als sich mich dem All-Viertel-Erhalter vorstellte, geruhte er, mich unter anderem zu fragen, ob ich all die Seins-Produkte mitgebracht hätte, die mich interessierten und die ich auf verschiedenen Planeten jenes Sonnensystems in der Zeit meiner Verbannung gesammelt hatte.

„Ich erwiderte, daß ich fast alles mitgebracht hätte außer jenen schwerfälligen Apparaten, die mein Freund Gornachur Harharch für mich auf dem Planeten Mars gebaut hatte.

„Darauf versprach er, sogleich den Befehl zu geben, daß alles, was ich wollte, bei der ersten Gelegenheit, das heißt der nächsten Reise unseres Raumschiffes ‚Allgegenwärtig‘ hierhergebracht werde.

„Und deshalb, mein Junge, hoffe ich, daß alles Nötige auf unseren Planeten Karatas gebracht werden wird und daß du nach unserer Rückkehr dorthin alles mit eigenen Augen sehen kannst und ich dir alles in allen Einzelheiten praktisch erklären kann.

„Einstweilen aber werde ich auf unserer Reise hier auf dem Raumschiffe Karnak, wie ich dir versprach, der Reihe nach von meinen Hinabkünften auf jenen Planeten erzählen und auch von den Gründen meines sogenannten ‚persönlichen Erscheinens‘ dort.“

XIX. Kapitel

BEELZEBUBS ERZÄHLUNG
VON SEINER ZWEITEN HINABKUNFT
AUF DEN PLANETEN ERDE

Beelzebub fuhr fort:

„Zum zweitenmal kam ich auf deinen Planeten Erde erst elf ihrer Jahrhunderte nach meiner ersten Hinabkunft.

„Kurz nach meiner ersten Hinabkunft auf die Oberfläche jenes Planeten war diesem die zweite große Katastrophe widerfahren, die aber lokalen Charakter hatte und kein Unglück großen kosmischen Maßstabes nach sich zu ziehen drohte.

„Während dieser zweiten ernsten Katastrophe, die jenem Planeten widerfuhr, wurde — zusammen mit anderen großen und kleinen Festländern — auch der Kontinent Atlantis, der in der Periode meines ersten Verweilens der größte Kontinent und der Hauptplatz der Seins-Existenz der dreihirnigen Wesen auf jenem Planeten gewesen war, in den Planeten hineinversenkt, zusammen mit allen dreihirnigen Wesen, die auf ihm existierten, und mit fast allem, was sie in vielen vorhergehenden Jahrhunderten erreicht und erworben hatten.

„Dafür tauchten dann aus dem Inneren des Planeten andere Festländer auf und bildeten andere Kontinente und Inseln, von denen die meisten noch heute existieren.

„Auf dem besagten Kontinent Atlantis lag jene Stadt Samlios, wo — wie du dich erinnern wirst, daß ich dir schon erzählte — unser junger Landsmann existiert hatte, um dessentwillen meine erste — sogenannte — ‚persönliche Hinabkunft‘ stattgefunden hatte.

„Bei dem erwähnten zweiten großen Unglück, das jenem Planeten widerfuhr, kamen viele der dir lieben dreihirnigen Wesen durch alle möglichen Zufälle glücklich davon, und von diesen stammt ein jetzt schon übermäßig vermehrtes Geschlecht ab.

„Zur Zeit meiner zweiten ‚persönlichen Hinabkunft‘ hatten sie sich schon so vermehrt, daß sie fast auf allen neugebildeten Festländern vorkamen.

„Was aber die Frage betrifft, aus welchen gesetzmäßigen Ursachen ihre außerordentliche Vermehrung kam, so wirst du auch das im Verlaufe meiner weiteren Erzählungen begreifen.

„Es wird nicht schaden, glaube ich, hier im Zusammenhang mit dieser irdischen Katastrophe etwas über die dreihirnigen Wesen unseres eigenen Stammes zu bemerken, nämlich daß alle Wesen unseres Stammes, die während der erwähnten Katastrophe auf jenem Planeten existierten, dem unvermeidlichen sogenannten ‚Apokalyptischen Ende‘ entgingen.

„Und sie entgingen ihm aus folgenden Gründen:

„Im Laufe unserer früheren Gespräche erzählte ich dir einmal, daß die größere Zahl jener Wesen unseres Stammes, die deinen Planeten zum Existenzort gewählt hatten, während meines ersten Verweilens dort hauptsächlich auf dem Kontinent Atlantis existierte.

„Ein Jahr nun vor der besagten Katastrophe hatte unsere sogenannte ‚Stammes-Pythia‘ in ihren Prophezeiungen uns den Kontinent Atlantis zu verlassen und nach einem anderen kleinen Kontinent in der Nähe auszuwandern geheißen, wo wir auf einem bestimmten von ihr bezeichneten Teile seiner Oberfläche existieren sollten.

„Dieser kleine Kontinent hieß damals ‚Grabonzy‘, und der von der Pythia bezeichnete Teil entging tatsächlich der greulichen Umwälzung, die damals mit allen anderen Teilen des ganzen Bestandes jenes unglückseligen Planeten vor sich ging.

„Durch die besagte Umwälzung wurde dieser kleine Kontinent ‚Grabonzy‘, der jetzt unter dem Namen ‚Afrika‘ existiert, sogar viel größer, weil andere Festländer, die aus den Wasserräumen des Planeten auftauchten, sich ihm angliederten.

„Also, mein Junge, es gelang der ‚Stammes-Pythia‘, jene Wesen unseres Stammes, die auf jenem Planeten hatten existieren müssen, zu warnen, und sie dadurch, wie ich dir schon sagte, vor dem unvermeidlichen ‚Apokalyptischen Schicksal‘ zu erretten — und zwar durch eine besondere Seins-Eigenschaft, die, wie ich in diesem Zusammenhang sagen muß, von den Wesen nur absichtlich erworben werden kann durch das, was ‚Seins-Partkdolg-Pflicht‘ genannt wird, wovon ich dir später erzählen werde.

„Zum zweitenmal kam ich persönlich auf die Oberfläche jenes Planeten aus Gründen hinab, die aus den folgenden Ereignissen entsprangen.

„Eines Tages erhielten wir auf dem Planeten Mars ein Ätherogramm aus dem Zentrum, das uns die bevorstehende Wieder-Erscheinung einiger sehr hoher heiliger Individuen auf jenem Planeten dort ankündigte. Und tatsächlich erschienen innerhalb eines halben Marsianischen Jahres eine Anzahl von Erzengeln, Engeln, Cherubim und Seraphim dort, von denen die meisten zu den Mitgliedern jener sehr hohen Kommission gehört hatten, die schon anläßlich der ersten großen Katastrophe deines Planeten auf unserem Planeten Mars erschienen war.

„Unter diesen sehr hohen heiligen Individuen war wieder Seine Gemessenheit, der Engel — jetzt schon Erzengel — Luisos, von dem ich dir kürzlich, wie du dich erinnern wirst, erzählte, daß er zur Zeit der ersten großen Katastrophe, die dem Planeten Erde widerfuhr, einer der

Hauptregulatoren in der Sache der Folgenverhütung jenes allgemein kosmischen Unglücks war.

„Und, mein Junge, am Tag nach der zweiten Erscheinung der erwähnten heiligen Individuen machte Seine Gemessenheit, von einem Seraph, seinem zweiten Assistenten, begleitet, seine Aufwartung in meinem Haus.

„Nach feierlicher Begrüßung und Segen Seiner Gemessenheit und nach gewissen Erkundigungen, die ich über das große Zentrum anstellte, geruhte Seine Gemessenheit, mir unter anderem zu sagen, daß er oder auch andere verantwortliche kosmische Individuen, die nach dem Zusammenstoß des Kometen-Kondur mit dem Planeten Erde die Angelegenheiten der ‚Harmonischen-Weltexistenz‘ überwachten, häufig auf dieses Sonnensystem gekommen waren, um die Wirkung jener Maßnahmen zu beobachten, die sie getroffen hatten, um keine neuen Folgen jenes kosmischen Unglücks aufkommen zu lassen.

„‚Wir kamen herab‘, fuhr seine Gemessenheit fort, weil wir, trotzdem wir damals alle möglichen Mittel angewandt hatten und alle glauben ließen, daß alles in vollster Ordnung sei, dennoch selbst nicht vollkommen überzeugt waren, daß sich dort nicht plötzlich wieder etwas Unerwartetes ereignen könnte.

„‚Unsere Befürchtungen erwiesen sich als nur teilweise berechtigt; denn, dem ‚Glück sei Dank‘, die neue Katastrophe war — an einem all-kosmischen Maßstab gemessen nicht sehr ernst, da sie nur den Planeten Erde allein betraf.

„‚Diese zweite Katastrophe, die dem Planeten Erde widerfuhr‘, fuhr seine Gemessenheit fort, ‚ereignete sich folgendermaßen:

„‚Als während des ersten Unglücks zwei beträchtliche Stücke von diesem Planeten abgetrennt worden waren, hatte der sogenannte ‚Schwerpunkt‘ des ganzen Bestandes dieses Planeten sich aus bestimmten Gründen seinem neuen Platze nicht sofort entsprechend anpassen können.

Somit existierte dieser Planet bis zu dieser zweiten Katastrophe mit einem falsch gelagerten ‚Schwerpunkt‘, weshalb seine Bewegung während dieser Zeit nicht ‚gleichmäßig harmonisch‘ war und sowohl in als auch auf ihm zahlreiche Erschütterungen und beträchtliche Umwälzungen vorkamen.

„ ‚Als aber der ‚Schwerpunkt‘ des Planeten vor kurzem endlich in sein eigentliches Zentrum rückte, ereignete sich eben jene besagte zweite Katastrophe.

„ ‚Jetzt aber‘, fügte Seine Gemessenheit mit einem Anflug von Selbstbefriedigung hinzu, ‚verläuft die Existenz dieses Planeten schon ganz normal in Übereinstimmung mit der all-kosmischen Harmonie.

„ ‚Diese zweite Katastrophe, die dem Planeten Erde widerfuhr, hat uns endgültig beruhigt und auch überzeugt, daß eine Katastrophe großen Maßstabes wegen jenes Planeten nicht mehr vorkommen kann.

„ ‚Jetzt hat nicht nur dieser Planet selbst seine normale Bewegung im allgemeinen kosmischen Gleichgewicht wiedererworben, sondern auch die zwei von ihm abgetrennten Stücke, jetzt ‚Mond‘ und ‚Anulios‘ genannt, haben gleichfalls eine normale Bewegung erworben und sind, obgleich kleine, so doch selbständige ‚Kofentscharnische‘, das heißt hinzugefügte, Planeten jenes Sonnensystems Ors geworden.‘

„ Nach kurzem Nachdenken sagte mir Seine Gemessenheit:

„ ‚Hochehrwürden, ich kam zu Ihnen, um das künftige Wohl des großen Stückes jenes Planeten mit ihnen zu besprechen, das heutzutage unter dem Namen ‚Mond‘ existiert.

„ ‚Dieses Stück‘, fuhr Seine Gemessenheit fort, ist nicht nur ein selbständiger Planet geworden, sondern es hat auf ihm auch der Prozeß der Bildung der Atmosphäre begonnen, die für jeden Planeten notwendig ist, der der

Verwirklichung des Hocherhabenen all-kosmischen Trogoautoegokraten dient.

„ ‚Jetzt aber, Hochehrwürden, wird der übliche Prozeß der Bildung der besagten Atmosphäre auf diesem kleinen unvorgesehen entstandenen Planeten durch einen unwünschenswerten Umstand gehindert, verursacht durch die auf dem Planeten Erde entstehenden und existierenden dreihirnigen Wesen.

„ ‚Gerade um dieser Sache willen entschloß ich mich, einzuwilligen, im Namen des EINS-SEIENDEN-SCHÖPFERS die Aufgabe auf mich nehmen zu wollen, uns zu ersparen, zu den äußersten heiligen Prozessen greifen zu müssen, die nicht an dreizentrische Wesen angewandt werden sollten, und statt dessen diese unwünschenswerte Erscheinung auf einem gewöhnlichen Weg zu beseitigen, nämlich durch die im Bestand dreihirniger Wesen vorhandene ‚Seins-Vernunft‘.‘

„Und in seinen weiteren eingehenden Ausführungen sagte Seine Gemessenheit unter anderem, daß die nach der zweiten Katastrophe durch Zufall übriggebliebenen zweifüßigen dreihirnigen Wesen sich wieder vermehrt hatten und daß der ganze Prozeß ihrer Seins-Existenz nun auf einem anderen neugeformten, ebenfalls großen Kontinent konzentriert sei, namens Aschark, und ferner daß auf diesem großen Festland Aschark drei selbständige große Gruppen sich gebildet hatten, die erste in der Gegend, die damals ‚Tikliamisch‘ hieß, die zweite in der Gegend namens ‚Maralplä sie‘ und die dritte in der noch existierende Gegend ‚Perlandia‘.

„ ‚Die Sache ist die‘, fuhr Seine Gemessenheit fort, ‚daß sich in der Psyche der Wesen, die jenen drei selbständigen Gruppen angehören, gewisse sonderbare ‚Hawatwernoni‘ gebildet haben, das heißt, gewisse psychische Streben, deren Prozeß insgesamt von ihnen selbst ‚Religion‘ genannt wird.

196

„ ‚Obgleich diese ‚Hawatwernoni‘ oder Religionen nichts miteinander gemein haben, so ist doch bei den Wesen aller drei Gruppen in ihren sonderbaren Religionen eine religiöse Sitte gleicherweise verbreitet, nämlich was sie die ‚Darbietung von Opfern‘ nennen.

„ ‚Und diese Sitte beruht auf der Auffassung, die nur aus ihrer seltsamen Vernunft kommen konnte, daß, wenn sie die Existenz von Wesen anderer Form zu Ehren ihrer Götter und Götzen vernichten, diese Götter und Götzen das sehr angenehm finden und ihnen dafür immer und in allem unbedingt helfen und bei der Verwirklichung ihrer verschiedenen phantastischen und absurden Grillen beistehen müssen.

„ ‚Diese Sitte ist jetzt dort weit verbreitet, und die Vernichtung der Existenz der Wesen anderer Formen zu diesem üblen Zweck hat solche Dimensionen angenommen, daß schon ein Überfluß an dem vom Planeten Erde zur Erhaltung seiner früheren Teile benötigten ‚heiligen Askokin‘ dort herrscht, nämlich ein Überfluß jener Vibrationen, die während des heiligen ‚Raskuarno‘-Prozesses der auf jenem Planeten entstehenden und existierenden Wesen aller äußeren Formen, von denen die besagte heilige kosmische Entstehung gefordert wird, ausgehen.

„ ‚Für die normale Bildung der Atmosphäre des neu entstandenen Planeten Mond begann der erwähnte Überfluß des ‚geheiligten Askokin‘ schon ernstlich den üblichen Stoffwechsel zwischen dem Planeten Mond selbst und seiner Atmosphäre zu stören, so daß schon die Befürchtung besteht, daß seine Atmosphäre sich deshalb unregelmäßig bilden und später zu einem Hindernis in der harmonischen Bewegung des ganzen Systems Ors und vielleicht wieder Anlaß zu einer Katastrophe allgemein kosmischen Maßstabes werden könnte.

„ ‚Und nun besteht, Euer Hochehrwürden, meine Bitte

an Sie darin, daß Sie, der Sie die verschiedenen Planeten jenes Sonnensystems häufig zu besuchen pflegen, einwilligen möchten, die Aufgabe auf sich zu nehmen, sich eigens auf den Planeten Erde hinabzubegeben und dort an Ort und Stelle zu versuchen, dem Bewußtsein jener seltsamen dreihirnigen Wesen die Vorstellung von der Sinnlosigkeit dieser ihrer Auffassung einzuflößen.'

„Nach einigen weiteren Worten erhob sich Seine Gemessenheit, und als er schon in den Lüften war, fügte er noch mit lauter Stimme hinzu:

„ ,Damit erweisen Euer Hochehrwürden unserem EINS-SEIENDEN—ALLUMFASSENDEN — UNENDLICHEN einen großen Dienst.'

„Nachdem die heiligen Individuen den Planeten Mars verlassen hatten, entschloß ich mich, die mir aufgetragene Aufgabe um jeden Preis zu erfüllen, wenn auch nur, um durch diese Hilfeleistung unserem ALLEIN-BÜRDEN-TRAGENDEN-UNENDLICHEN gegenüber wert zu werden, ein Teilchen, jedoch schon ein selbständiges, von allem in diesem großen Weltall Existierenden zu werden.

„Und, mein Junge, ganz davon durchdrungen, flog ich am nächsten Tag zum zweitenmal auf demselben Schiff Okkasion nach deinem Planeten Erde.

„Diesmal ließ sich unser Schiff Okkasion auf das Meer nieder, das ebenfalls in der Umwälzung während des zweiten großen Unglücks auf deinem Planeten neu gebildet worden war und das in jener Periode des Zeitlaufs ,Kolchidius' hieß.

„Das besagte Meer lag auf der Nord-West-Seite jenes neu gebildeten großen Kontinents Aschark, der in jener Periode schon das Haupt-Existenz-Zentrum der dreihirnigen Wesen dort war.

„Die anderen Küsten dieses Meeres wurden von jenen neu hervorgetretenen Festländern gebildet, die sich mit dem Kontinent Aschark vereinigt hatten und die alle zu

198

sammen zuerst ‚Frankzanaralli‘ hießen, und ein wenig später ‚Kolchidschisi‘.

„Es muß bemerkt werden, daß sowohl das besagte Meer als auch die aufgezählten Festländer noch heute existieren, allerdings jetzt unter anderen Namen, und zwar heißt der Kontinent Aschark jetzt ‚Asien‘, das Meer ‚Kolchidius‘ das ‚Kaspische Meer‘, und all die ‚Frankzanaralli‘ existieren zusammen jetzt unter dem Namen ‚Kaukasus‘.

„Die ‚Okkasion‘ ließ sich auf diesem Meer ‚Kolchidius‘ oder ‚Kaspischen Meer‘ nieder, weil dieses Meer sowohl zum Ankern unserer Okkasion als auch für meine weiteren Reisen am geeignetsten war.

„Es war deshalb für meine weiteren Reisen sehr geeignet, weil sich auf seiner Ostseite ein großer Fluß in es ergoß, der fast das ganze Land Tikliamisch bewässerte und an dessen Ufern die Hauptstadt jenes Landes lag, die Stadt Kurkalai.

„Da jenes Land Tikliamisch damals das größte Existenzzentrum deiner Lieblinge war, beschloß ich, zuerst dort hinzugehen.

„Es mag hier bemerkt werden, daß der erwähnte große Fluß, der damals ‚Oksoseria‘ hieß, noch heute existiert, aber sich nicht mehr in das Kaspische Meer ergießt. Nach einem kleinen Planetbeben wandte er sich ungefähr in seiner Mitte nach rechts und floß in eine der Vertiefungen auf der Oberfläche des Kontinents Aschark, wo er allmählich ein kleines Meer bildete, das noch existiert und ‚Aralsee‘ heißt. Das alte Bett des früheren Unterlaufes jenes großen Flusses aber, der jetzt Amudarja genannt wird, ist bei aufmerksamer Beobachtung sogar noch heute sichtbar.

„In der Periode dieses meines zweiten persönlichen Verweilens dort wurde das Land Tikliamisch für das reichste und blühendste aller Festländer gehalten und war es auch in der Tat für die gewöhnliche Seins-Existenz auf jenem Planeten.

„Als aber eine dritte große Katastrophe auf jenem unglückseligen Planeten geschah, wurde dieses damals blühendste Land auf der Oberfläche deines Planeten zusammen mit anderen mehr oder weniger blühenden Festländern von ‚Kaschmanun‘ verschüttet oder, wie sie dort sagen, von ‚Sand‘.

„Nach diesem dritten Unglück wurde das Land Tikliamisch lange Perioden hindurch einfach ‚Hunger-Wüste‘ genannt. Heutzutage haben seine Teile verschiedene Namen, und ihr früherer Hauptteil heißt ‚Karakun‘, das heißt ‚Schwarzer Sand‘.

„In jener Periode wohnte auf jenem Kontinent auch die zweite gleichfalls ganz unabhängige Gruppe dreihirniger Wesen deines Planeten. Und jener Teil des Kontinents Aschark hieß damals ‚Maralplässie‘.

„Und als diese zweite Gruppe später auch einen Zentral-Existenz-Punkt hatte, der ‚Stadt Gob‘ hieß, wurde das Land lange Zeit auch ‚Goblandia‘ genannt.

„Diese Gegend wurde später auch durch Kaschmanun verschüttet, und zur Jetztzeit heißt der frühere Hauptteil des auch einst blühenden Landes einfach ‚Wüste Gobi‘.

„Und was die dritte Gruppe der damaligen dreihirnigen Wesen des Planeten Erde betrifft, so hatte diese auch ganz selbständige Gruppe ihren Existenzplatz im Südosten des Kontinents Aschark, auf der anderen Seite jener anomalen Vorsprünge dieses Kontinents, die sich auch in der zweiten Umwälzung auf jenem unglückseligen Planeten gebildet hatten.

„Eben jene Existenzgegend dieser dritten Gruppe wurde damals, wie schon erwähnt, ‚Perlandia‘ genannt.

„Der Name auch dieser Gegend änderte sich später oft, und heutzutage ist dieser ganze Festlands-Teil der Oberfläche des Planeten Erde unter den Namen ‚Hindustan‘ oder ‚Indien‘ bekannt.

„Hier muß ich noch bemerken, daß in jener Periode, das

heißt während meines zweiten persönlichen Verweilens auf der Oberfläche deines Planeten, in all diesen dir lieben dreihirnigen Wesen, die zu den drei aufgezählten selbständigen Gruppen gehörten, an Stelle jener Funktion, die in jedem dreihirnigen Wesen vorhanden sein sollte, ‚Bedürfnis-nach-Vollkommenheit-zu-streben‘ genannt, ein sehr seltsames Bedürfnis, auch ein ‚Bedürfnis zu streben‘ vorhanden und schon gut kristallisiert war, nämlich in der Richtung, ihr Land von allen Wesen ihres Planeten für das ‚Kulturzentrum‘ ihres Planeten gehalten und so genannt zu wissen.

„Dieses seltsame ‚Bedürfnis zu streben‘ war damals in allen dreihirnigen Wesen deines Planeten vorhanden und schien für jedes von ihnen gleichsam Hauptsinn und Hauptziel ihrer Existenz. Und es fanden deshalb unter den Wesen dieser drei selbständigen Gruppen in jener Zeit bittere Kämpfe, sowohl materielle als auch psychische, statt, um das erwähnte Ziel zu erreichen.

„Also mein Junge …

„Vom Meere Kolchidius, oder wie es jetzt heißt, vom Kaspischen Meer, zogen wir auf ‚Seltschanen‘, nämlich auf einer besonderen Art von Flößen, den Fluß ‚Oksoseria‘ hinauf, oder wie er jetzt heißt, den ‚Amudarja‘. Wir fuhren fünfzehn Erdtage und kamen schließlich in die Hauptstadt der Wesen der ersten asiatischen Gruppe.

„Dort angekommen und nachdem wir uns an unserem dauernden Existenzplatz eingerichtet hatten, begann ich zuerst, die ‚Kaltane‘ der Stadt ‚Kurkalai‘ zu besuchen, nämlich jene Einrichtungen dort, die später auf dem Kontinent Aschark ‚Tschaikana‘, ‚Aschkana‘, ‚Karavanserei‘ und so weiter genannt wurden und die die heutigen Wesen dort, besonders die auf dem Kontinent Europa, ‚Cafes‘, ‚Restaurants‘, ‚Klubs‘, ‚Tanzhallen‘, ‚Versammlungsräume‘ und so weiter nennen.

„Ich besuchte diese Einrichtungen zuerst, weil man

dort auf dem Planeten Erde sowohl früher wie heute nirgends die spezifischen Eigentümlichkeiten der Psyche der Wesen einer bestimmten Gegend so gut beobachten und studieren kann wie in solchen öffentlichen Versammlungsstätten, und das eben hatte ich nötig, um mir ihre wirkliche innere Wesenshaltung dem Opferbrauch gegenüber klarzumachen und um dann rascher und leichter einen Plan entwerfen zu können, um jenes Ziel zu erreichen, für das ich jene zweite ‚persönliche Hinabkunft‘ unternommen hatte.

„Bei meinen Besuchen in den dortigen ‚Kaltanen‘ traf ich mit vielen verschiedenen Wesen zusammen; darunter war eines, dem ich ziemlich oft begegnete.

„Dieses dreizentrische Wesen, das ich häufig traf, war seinem Beruf nach ein ‚Priester‘ und hieß Abdill.

„Und da, mein Junge, fast meine ganze persönliche Tätigkeit während meines zweiten Aufenthaltes mit diesem Priester Abdill zusammenhing und ich während dieses meines zweiten Aufenthaltes seinetwegen große Sorgen hatte, werde ich dir von diesem dortigen dreihirnigen Wesen etwas ausführlicher erzählen, um so mehr, als du gleichzeitig aus diesen Erzählungen über ihn entnehmen kannst, welche Resultate ich für mein Ziel erreichte, nämlich aus der seltsamen Psyche deiner Lieblinge das Bedürfnis auszurotten, die Existenz der Wesen anderer Form zu vernichten, um ihre Götter und verehrten Götzen zu ‚versöhnen‘ und ihnen zu gefallen.

„Obgleich dieses irdische Wesen, das später ein naher Vertrauter von mir wurde, nicht ein Priester von hohem Range war, so kannte es doch alle Einzelheiten der Religionslehre, die damals in ganz Tikliamisch herrschte, und kannte auch die Psyche der Anhänger dieser Religion, besonders natürlich die Psyche der Wesen, die zu der ‚Gemeinde‘ gehörten, deren Priester es war.

„Bald nachdem wir miteinander ‚gut bekannt‘ geworden

waren, fiel mir auf, daß in dem Sein dieses Priesters Abdill dank vieler äußerer Umstände, worunter auch Vererbung war und der Bedingungen, unter denen er zu einem verantwortlichen Wesen herangebildet worden war, die Funktion, die ‚Gewissen‘ genannt wird und in jedem dreizentrischen Wesen vorhanden sein sollte, noch nicht völlig verschwunden war. Und nachdem er durch meine Erklärung bestimmte kosmische Wahrheiten mit seiner Vernunft erkannt hatte, nahm er sofort in seinem Bestande zu den Wesen seiner Umgebung, als ihm ähnlich, jene Haltung an, die in allen normalen dreihirnigen Wesen des ganzen Weltalls vorhanden sein sollte, nämlich er wurde, wie auch dort gesagt wird, ‚teilnahmsvoll‘ und ‚entgegenkommend‘ gegen alle Wesen, die er traf.

„Bevor ich dir mehr über diesen Priester Abdill erzähle, muß deiner Vernunft erst klargemacht werden, daß dort, nämlich auf dem Kontinent Aschark, der erwähnte grausame Brauch der ‚Opferdarbringung‘ zu jener Zeit, wie man sagt, auf seiner ‚Höhe‘ war und daß die verschiedensten schwachen ‚einhirnigen‘ und ‚zweihirnigen‘ Wesen überall dort in unzähligen Mengen vernichtet wurden.

„Wenn in jener Zeit sich irgend jemand an den einen oder anderen ihrer eingebildeten Götter oder erfundenen Heiligen wandte, so versprach er immer, sollte er Glück haben, zu Ehren dieser Götter und Heiligen die Existenz des einen oder anderen Wesens und manchmal mehrerer Wesen zugleich zu vernichten. Und wenn ihm dann zufällig das ‚Glück‘ hold war, erfüllte er sein Versprechen mit der größten Andacht; war es ihm aber nicht hold, so vermehrte er noch das Schlachten, um schließlich doch damit die Gunst jener besagten eingebildeten Schutzpatrone zu gewinnen.

„Zu demselben Zweck teilten deine Lieblinge in jener Periode die Wesen aller anderen Formen in ‚reine‘ und ‚unreine‘ ein.

„ ‚Unrein‘ nannten sie die Formen von Wesen, die Vernichtung von deren Existenz ihren Göttern angeblich nicht angenehm war, und ‚rein‘ jene Wesen, die Vernichtung von deren Existenz den verschiedenen erfundenen Götzen, denen sie dienten, angeblich höchst angenehm war.

„Diese Opfer brachten sie nicht nur in ihren eigenen Häusern dar, auch nicht nur als Einzelwesen, sondern sie brachten sie gruppenweise und manchmal sogar öffentlich dar. Es gab damals sogar besondere Schlachtplätze zu diesem Zweck; diese lagen gewöhnlich in der Nähe von Gebäuden zum Andenken an etwas oder jemanden, meistens an Heilige, Heilige natürlich, die sie selbst zu solchen erhoben hatten.

„Solche besondere öffentliche Plätze, wo die Vernichtung von Wesen von verschiedener äußerer Form vollzogen wurde, gab es damals in dem Lande Tikliamisch mehrere, und unter ihnen war einer am berühmtesten, der auf einer kleinen Anhöhe lag und von dem es hieß, daß vor einiger Zeit ein gewisser Wundertäter Aliman von dort ‚lebendig‘ in irgendeinen ‚Himmel‘ aufgenommen worden war.

„Auf diesem wie auf allen anderen ähnlichen Plätzen wurden, besonders zu festgesetzten Zeiten des Jahres, eine unzählige Menge von Wesen, wie ‚Ochsen‘, ‚Schafe‘, ‚Tauben‘ vernichtet und sogar Wesen ihrer eigenen Gattung.

„Im letzteren Falle opferte der Starke gewöhnlich den weniger Starken, zum Beispiel der Vater seinen Sohn, der Mann seine Frau, der ältere Bruder seinen jüngeren und so fort. Aber meistens wurden ‚Sklaven‘, die damals wie auch heute gewöhnlich ‚Gefangene‘ waren, geopfert, das heißt Wesen einer besiegten Gemeinschaft oder Wesen einer Kaste, die, gemäß dem Gesetz, das ‚Soliunensius‘ genannt wird, hinsichtlich ihrer Haupteigentümlichkeit, das heißt des Strebens, andere ihresgleichen zu vernichten, in der betreffenden Periode geringere Bedeutung hatten.

„Die Sitte, seinen Göttern durch die Vernichtung der

Existenz anderer Wesen angenehm sein zu wollen, ist auf deinem Planeten bis heute beibehalten worden, nur nicht in demselben Maße, in dem diese üble Sitte von deinen Lieblingen damals auf dem Kontinent Aschark befolgt wurde.

„Also, mein Junge, von den ersten Tagen meines Aufenthaltes in der Stadt Kurkalai an unterhielt ich mich oft mit diesem meinem erwähnten Freunde, dem Priester Abdill, über alles mögliche, wobei ich natürlich niemals mit ihm über jene Fragen sprach, die meine wirkliche Natur hätten verraten können.

„Wie fast alle dreizentrischen Wesen deines Planeten, mit denen ich während meiner verschiedenen Aufenthalte dort zusammen war, nahm auch er mich für ein Wesen von seinem eigenen Planeten und hielt mich für sehr gelehrt und einen Kenner der Psyche der ihm gleichen Wesen.

„Wann immer wir seit unserem ersten Zusammentreffen auf andere ihm gleiche Wesen zu sprechen kamen, rührte mich sein Verantwortungsbewußtsein und seine Teilnahme an ihnen tief. Aber als es meiner Vernunft vollends klar wurde, daß die in seinen Bestand durch Vererbung übergegangene Grundfunktion dreizentrischer Wesen, nämlich das ‚Gewissen‘, noch nicht völlig in ihm verschwunden war, von da an entstand langsam in meinem Bestande ihm gegenüber ein ‚wirklich-notwendig-funktionierendes-Streben‘ und kristallisierte sich später ihm gegenüber wie zu einem Vertrauten meiner eigenen Natur.

„Von da an fing natürlich auch er an, dem kosmischen Gesetz zufolge, wonach ‚jede-Ursache-ein-entsprechendes-Resultat-hervorbringt‘, mir gegenüber ‚silnuegordpanisch‘ zu empfinden oder, wie deine Lieblinge dort sagen würden, zu mir ‚ein Gefühl des Zutrauens‘ wie zu sich selbst zu haben.

„Sobald meine Vernunft dies klar festgestellt hatte, kam mir der Gedanke, durch diesen meinen ersten ‚Erden-

Freund' die Aufgabe auszuführen, um derentwillen ich diese zweite ‚persönliche Hinabkunft' unternommen hatte.

„Absichtlich lenkte ich deshalb alle unsere Gespräche auf die Frage des Opferbrauches.

„Obgleich, mein Junge, sehr viel Zeit verstrichen ist, seit ich mit diesem meinem Erden-Freund sprach, kann ich mich trotzdem jetzt noch genau daran erinnern und eines unserer Gespräche Wort für Wort wiedergeben.

„Und zwar möchte ich jenes Gespräch zurückrufen und wiederholen, das wir bei unserer letzten Zusammenkunft hatten und das alle weiteren traurigen Ereignisse nach sich zog, die — zwar nur die planetische — Existenz dieses meines Erden-Freundes zu einem schmerzlichen Ende brachten und gleichzeitig zum Anfang der Möglichkeit ewiger universaler Existenz.

„Dieses letzte Gespräch fand in seinem Hause statt.

„Diesmal erklärte ich ihm ganz offen die volle Unsinnigkeit und Absurdität jener Sitte des Opferbrauches.

„Ich sagte ihm folgendes:

„ ‚Gut…

„ ‚Du hast eine Religion, du glaubst an etwas!!

„ ‚Es ist sehr gut an etwas zu glauben, ganz gleich an was; selbst wenn man nicht genau weiß, an wen oder an was man glaubt, noch sich die Bedeutung und die Möglichkeiten dessen, was man glaubt, vorstellen kann. Zu glauben, ob bewußt oder sogar ganz unbewußt, ist für jedes Wesen nötig und wünschenswert.

„ ‚Und es ist wünschenswert, weil durch Glauben und nur durch Glauben in einem Wesen die für jedes Wesen erforderliche Intensität von Seins-Selbstbewußtsein entsteht ebenso wie die Wertung seines persönlichen Seins als eines Teilchens alles im Weltall Existierenden.

„ ‚Was aber hat die Existenz eines anderen Wesens damit zu tun, das du vernichtest, und sogar im Namen seines Schöpfers vernichtest?

206

„‚Sein Leben wiegt für den SCHÖPFER seines und deines Lebens gleichviel wie das deine.

„‚Dank deiner psychischen Kraft und Schlauheit, nämlich jenen dir eigenen Gegebenheiten, die unser GEMEINSAMER SCHÖPFER dir zur Vervollkommnung deiner Vernunft verlieh, nutzest du die psychische Schwäche anderer Wesen aus und vernichtest ihre Existenz.

„‚Verstehst du Unglückseliger, was für eine — im objektiven Sinne — wirklich üble Tat du damit begehst?

„‚Erstens verminderst du durch die Vernichtung der Existenz anderer Wesen für dich selbst die Zahl der Faktoren, die insgesamt allein die notwendigen Bedingungen zur Vervollkommnung der dir gleichen Wesen liefern können.

„‚Und zweitens verminderst du dadurch bestimmt oder vernichtest vollkommen jene Hoffnungen unseres ALLERVATERS, DES SCHÖPFERS, die auf den Möglichkeiten beruhen, die in dich als ein dreihirniges Wesen gelegt worden sind und auf die er als auf eine spätere Hilfe für ihn rechnet.

„‚Die offenbare Sinnlosigkeit einer so schrecklichen Seins-Tat ist schon aus dem allein zu ersehen, daß du dir einbildest, daß du durch die Vernichtung der Existenz anderer Wesen eben jenem Einen, der absichtlich auch jene Wesen erschuf, etwas Angenehmes bereitest.

„‚Ist es möglich, daß dir nicht einmal der Gedanke in den Kopf kam, daß, wenn unser GEMEINSAMER VATER, DER SCHÖPFER, auch dieses Leben erschaffen hat, er dies sicherlich zu einem bestimmten Zwecke tat?

„‚Denke‘, sagte ich ihm weiter, ‚denke ein wenig nach, nicht so wie du im Laufe deiner ganzen Existenz zu denken gewohnt warst, ähnlich einem ‚Korasanischen‘ Esel, sondern denke ein wenig ehrlicher und aufrichtiger nach, wie es sich ziemt für ein ‚Gott-ähnliches-Wesen‘, wie du dich selbst nennst.

„ ‚Sollte Gott, der dich und diese Wesen, deren Existenz du vernichtest, erschuf, sollte unser Schöpfer auf die Stirn einiger seiner Geschöpfe geschrieben haben, daß diese Wesen ihm zur Ehre und Verherrlichung vernichtet werden sollen?

„ ‚Jeder, der ernst und aufrichtig darüber nachdenkt, jeder, sogar ein Idiot aus ‚Albions Inseln‘, wird einsehen müssen, daß dies unmöglich wahr sein kann.

„ ‚Nur Menschen haben das erfunden, die sich selbst ‚Gott-ähnlich‘ nennen — aber nicht der, der die Menschen und diese anderen Wesen verschiedener Formen schuf, die die Menschen vermeintlich zu seinem Wohlgefallen und zu seiner Befriedigung vernichten.

„ ‚Für ihn gibt es zwischen dem Leben der Menschen und dem Leben der Wesen aller anderen Formen keinen Unterschied.

„ ‚Der Mensch ist Leben und die Wesen anderer äußerer Form sind Leben.

„ ‚Es ist sehr weise von ihm vorausgesehen, daß die Natur die Verschiedenheit der äußeren Formen der Wesen sich jenen Bedingungen und Umständen anpassen läßt, in denen der Existenzprozeß der verschiedenen Formen von ‚Leben‘ zu verlaufen bestimmt ist.

„ ‚Nimm dich selbst als Beispiel: könntest du mit diesen deinen inneren und äußeren Organen hingehen und ins Wasser springen und wie ein Fisch schwimmen? Natürlich nicht, denn du hast weder ‚Kiemen‘ noch ‚Flossen‘ noch einen ‚Schwanz‘, wie ein Fisch sie hat, das heißt das ‚Leben‘, dem es bestimmt ist, in jener Sphäre zu existieren, die ‚Wasser‘ ist.

„ ‚Wenn es dir einfiele, ins Wasser zu gehen, würdest du sofort den Atem verlieren und auf den Boden sinken, zum Fraß der Fische, die in der ihnen eigenen Sphäre natürlich viel stärker sind als du.

„ ‚In der gleichen Lage sind die Fische.

„„Könnte einer von ihnen jetzt zu uns kommen und mit uns an diesem Tisch sitzen und in unserer ‚Gesellschaft‘ ‚grünen Tee‘ trinken, wie wir jetzt tun?

„„Natürlich auch nicht, weil er nicht die entsprechenden Organe für derartige Äußerungen hat.

„„Er ist für das Wasser geschaffen, und sowohl seine inneren als auch äußeren Organe sind den im Wasser nötigen Äußerungen angepaßt. Er kann sich dort wirksam und erfolgreich äußern und den Sinn seiner ihm vom Schöpfer vorgezeichneten Existenz nur in der ihm eigenen Sphäre erfüllen.

„„In genau derselben Weise sind auch dein Äußeres und alle deine inneren Organe von unserem gemeinsamen Schöpfer auf die ihnen zukommende Weise geschaffen. Deine Füße sind dir zum Gehen gegeben, deine Hände, um dir die erforderliche Nahrung zu holen und zu bereiten, deine Nase und die mit ihr verbundenen Organe sind so eingerichtet, daß du durch sie jene Weltstoffe aufnehmen und umwandeln kannst, mit denen sich in dreihirnigen Wesen gleich dir beide höheren Seins-Körper bekleiden, auf einem von denen die Hoffnung unseres GEMEINSAMEN ALL-UMFASSENDEN SCHÖPFERS beruht als Hilfe in seiner Not in den von ihm vorhergesehenen Verwirklichungen zum Wohl alles Existierenden.

„„Kurz gesagt, unser ALLER SCHÖPFER hat das entsprechende Prinzip vorausgesehen und der Natur gegeben, damit es all deine inneren und äußeren Organe forme und sich an jene Sphäre anpassen lasse, in der sich der Existenzprozeß eines Gehirnsystems wie des deinen vollziehen muß.

„„Als gutes Beispiel zur Erklärung des Gesagten kann dir dein ‚eigener Esel‘ dienen, der dort in deinem Stalle angebunden steht.

„„Sogar, was diesen deinen ‚eigenen Esel‘ angeht, mißbrauchst du die dir von unserem gemeinsamen Schöpfer gegebenen Möglichkeiten; steht dieser Esel jetzt unter sklavischem Zwang dort in deinem Stalle, so steht er nur deshalb dort, weil er zweihirnig geschaffen ist, und er ist zweihirnig geschaffen, weil gerade solch eine Organisation seines ganzen Bestandes notwendig ist für die allgemein kosmische Existenz auf Planeten.

„ ‚Und deshalb fehlt in dem Bestande deines Esels gesetzmäßig die Möglichkeit zu ‚logischem Denken‘, und folglich muß es gesetzmäßig sein, was du ‚unvernünftig‘ und ‚dumm‘ nennst.

„ ‚Und obgleich ihr beide für diesen und noch für einen anderen Zweck geschaffen seid, — nämlich ‚als Hoffnungsfeld‘ für die Zukunftserwartungen unseres GEMEINSAMEN ALLERGNÄDIGSTEN SCHÖPFERS — nämlich, da ihr beide mit den Möglichkeiten geschaffen seid, in eurem Bestand jenes ‚Heilig-Höhere‘ zu bekleiden, für dessen mögliche Entstehung die ganze Welt geschaffen wurde, gebrauchst du — obgleich du als ein dreihirniges Wesen erschaffen bist, das heißt mit den Möglichkeiten zu ‚logischem Denken‘ — gebrauchst du diese Eigenschaft nicht zu dem Zwecke, zu dem sie dir gegeben ist, sondern benutzest sie als ‚Schlauheit‘ gegen seine anderen Schöpfungen, wie zum Beispiel gegen deinen ‚eigenen Esel‘.

„ ‚Abgesehen von den in dir vorhandenen Möglichkeiten zur bewußten Bekleidung des erwähnten ‚Heilig-Höheren‘ in deinem Bestande ist dieser dein Esel von gleichem Wert für die allgemeinen kosmischen Prozesse und folglich für unseren gemeinsamen Schöpfer wie du selbst, da jeder von euch zu einem bestimmten Zwecke bestimmt ist und diese einzelnen bestimmten Zwecke in ihrer Gesamtheit den Sinn alles Existierenden erfüllen.

„ ‚Der Unterschied zwischen dir und deinem ‚eigenen Esel‘ besteht allein in der Form und Qualität des Funktionierens des inneren und äußeren Aufbaues deines ganzen Bestandes.

210

„,Zum Beispiel hast du nur zwei Beine, der Esel aber hat vier, und jedes von ihnen ist stärker als die deinen.

„,Kannst du mit deinen zwei schwachen Beinen soviel tragen wie jener Esel?

„,Sicherlich nicht, eben weil deine Beine dir nur gegeben sind, um dich selbst zu tragen und das wenige, das für die normale Existenz eines von der Natur vorausgesehenen dreihirnigen Wesens nötig ist.

„,Eine solche im ersten Augenblick ungerecht erscheinende Verteilung der Stärke und Kräfte seitens eines höchst gerechten Schöpfers geschieht durch die große Natur einzig deshalb, weil jener Überfluß kosmischer Stoffe, der dir absichtlich zum Zweck deiner persönlichen Vervollkommnung von unserem Schöpfer und von der Natur zum Gebrauch verliehen ist, nicht dem Esel gegeben ist, aber dafür verwandelt die große Natur selbst den gleichen Überfluß kosmischer Stoffe in dem Bestande deines Esels in die Stärke und Kräfte einiger seiner Organe nur für seine jetzige Existenz und natürlich ohne den Esel als Individuum anzuerkennen, und deshalb kann er die besagte Kraft mehr und besser als du äußern.

„,Und diese an Kraft verschiedenen Äußerungen der Wesen von verschiedener Form liefern in ihrer Gesamtheit eben in jene äußeren Bedingungen, in denen es für die dir ähnlichen — nämlich die dreizentrischen — Wesen allein möglich ist, den in ihrem Bestande vorhandenen ‚Keim von Vernunft‘ bewußt bis zu dem erforderlichen Grad reiner objektiver Vernunft zu vervollkommnen.

„,Ich wiederhole, alle Wesen aller Hirnsysteme, ohne Ausnahme, die großen und die kleinen, die auf der Erde oder in der Erde oder im Wasser oder in der Luft entstehen und existieren, sind für unseren GEMEINSAMEN SCHÖPFER in gleicher Weise notwendig zur allgemeinen Harmonie der Existenz alles Existierenden.

„,Und da alle aufgezählten Formen von Wesen alle

zusammen die unserem Schöpfer erforderliche Form des Existenz-Prozesses alles Existierenden darstellen, ist das Wesen aller Wesen ihm gleich wertvoll und teuer.

„ ‚Für unseren GEMEINSAMEN SCHÖPFER sind alle Wesen nur Teile der Existenz eines einzigen von ihm durchgeistigten Wesens.

„ ‚Aber was siehst du nun hier?

„ ‚Eine Form der von ihm geschaffenen Wesen, und zwar jene Form, auf deren Bestand er alle seine Erwartungen für das zukünftige Wohl alles Existierenden gesetzt hat, macht aus ihren Vorrechten einen Vorteil für sich und spielt den Herrn über andere Formen, indem sie ihre Existenz unterschiedslos vernichtet und, was noch mehr ist, dies gleichsam in seinem Namen tut.

„ ‚Das Schreckliche daran ist, daß, obgleich diese phänomenal gottwidrigen Taten hier in jedem Haus und auf jedem Platz stattfinden, es dennoch niemals einem dieser Elenden in den Kopf kam, daß die Wesen, deren Existenz er oder die andern auf diese Art vernichten, jenem Einen, der sie geschaffen hat, gleich teuer sind, und daß, wenn er diese anderen Formen von Wesen ebenso wie uns erschuf, er dies auch zu einem Zweck getan haben muß.‘

„Nachdem ich meinem Freund, dem Priester Abdill, all dies gesagt hatte, fuhr ich fort:

„ ‚Das Bejammernswerteste ist, daß derselbe Mensch, der die Existenz anderer Wesen zu Ehren seiner verehrten Götzen vernichtet, dies mit seinem ganzen Herzen tut und in der vollen Überzeugung, daß er ein ‚gutes‘ Werk verrichtet.

„ ‚Ich bin ganz sicher, daß, wenn einer von ihnen erkennen sollte, daß er durch die Vernichtung der Existenz der anderen nicht nur ein Verbrechen gegen den wahren Gott und jeden wirklichen Heiligen begeht, sondern dadurch sogar Leiden und Kummer in deren Wesen darüber hervorruft, daß in dem großen Weltall ‚Ebenbilder Gottes' als — Ungeheuer-Wesen existieren, die sich gegen andere Geschöpfe unseres ALLER SCHÖPFERS so herz- und mitleidslos zeigen, wenn, ich wiederhole, dies einem von ihnen bewußt werden sollte, würde sicherlich nicht ein einziger von ihnen mehr mit seinem ganzen Herzen die Existenz von Wesen anderer Form zu Opferdarbringungen vernichten.

„ ,Vielleicht würde dann auch auf Erden das achtzehnte direkte Gebot unseres GEMEINSAMEN SCHÖPFERS erfüllt werden, das da lautet:

„ ,Liebe alles, was Odem hat.

„ ,Gott durch Vernichtung der Existenz seiner anderen Geschöpfe Opfer darzubringen, ist, wie wenn jemand von der Straße in dein Haus einbrechen und all dein ,Hab und Gut' daselbst mutwillig vernichten würde, das anzusammeln dich Jahre gekostet hat, Jahre der Arbeit und des Leidens.

„ ,Denke und denke noch einmal aufrichtig nach und stelle dir das soeben Gesagte vor und dann antworte:

„ ,Würde es dir gefallen und würdest du dem frechen Räuber danken, der in dein Haus einbrach?

„ ,Gewiß nicht und tausendmal nein!!!

„ ,Im Gegenteil, du würdest dich mit deinem ganzen Wesen empören und diesen Räuber strafen wollen und mit jeder Fiber deiner Psyche versuchen, dich an ihm zu rächen.

„ ,Aller Wahrscheinlichkeit nach würdest du erwidern, daß das zwar so ist, aber… ach ich bin ja nur ein Mensch …

„ ,Und es ist wahr, du bist nur ein Mensch. Gut, daß Gott — Gott ist und nicht so rachsüchtig und böse wie der Mensch.

„ ,Er wird dich natürlich nicht strafen und sich nicht an dir rächen, wie du den erwähnten Räuber strafen würdest, der dein Eigentum und das von dir in Jahren angesammelte Hab und Gut vernichtete.

,, ,Es ist keine Frage, Gott verzeiht alles — das ist sogar ein Weltgesetz geworden.

,,,Aber seine Geschöpfe — in diesem Fall die Menschen — sollen seine allergnädigste und alles durchdringende Güte nicht mißbrauchen; nicht nur sollen sie sie nicht mißbrauchen, sondern sie sollen alles von ihm Geschaffene achten und zu erhalten trachten.

,,,Anstatt dessen gehen die Menschen auf der Erde sogar so weit, die Wesen aller anderen Formen sogar in ,reine' und ,unreine' einzuteilen.

,,,Sage mir, was legten sie dieser Einteilung zugrunde? Warum ist zum Beispiel ein Lamm ,rein' und ein ,Löwe' unrein? Sind sie nicht gleicherweise Wesen?

,,,,,Rein" und ,,unrein" ist eine Erfindung der Menschen... Aber warum erfanden sie und wozu machten sie diese Einteilung? Einfach, weil ein Schaf ein sehr schwaches und auch noch dummes Geschöpf ist und weil sie mit ihm machen können, was sie wollen.

,,,Den Löwen aber nennen sie ,unrein', weil sie mit ihm nicht machen können, was sie wollen.

,, ,Der Löwe ist klüger und vor allem stärker als sie.

,,,Der Löwe wird es sich nicht nur nicht gefallen lassen, daß man ihn vernichtet, sondern wird den Menschen gar nicht erst erlauben, ihm nahezukommen. Sollte ein Mensch sich ihm zu nähern wagen, so würde dieser ,Herr Löwe' ihm ein Derartiges auf den Schädel geben, daß das Leben unseres Waghalsigen sofort dahin verduften würde, wohin ihm selbst die Leute aus Albions Inseln nicht zu folgen wagten.

,,,Ich wiederhole: Der Löwe ist nur deshalb ,unrein', weil der Mensch ihn fürchtet, da er ihm hundertmal überlegener und viel stärker ist als er.

,,,Ein Schaf ist nur deshalb ,rein', weil es viel schwächer als er ist, und, ich wiederhole, viel dümmer.

,, ,Jedes Wesen nimmt unter den Wesen anderer Formen

214

seinen bestimmten Platz ein, je nach seiner Natur und nach dem von seinen Vorfahren erworbenen und ihm vererbten Grade seiner Vernunft.

„ ‚Als gutes Beispiel zur Erklärung des soeben Gesagten dient der Unterschied zwischen dem schon endgültig kristallisierten Bestand der Psyche deines Hundes und dem deiner Katze.

„ ‚Wenn du deinen Hund ein wenig verwöhnst und ihn an das gewöhnst, was dir gefällt, wird er dir gehorchen und dir bis zur Erniedrigung ergeben sein.

„ ‚Er wird dir nachlaufen und alle möglichen Kunststücke für dich machen, nur um dir noch mehr zu gefallen.

„ ‚Du kannst mit ihm familiär tun, du kannst ihn schlagen, du kannst ihn beleidigen, er wird sich nie gegen dich wenden, sondern sich selbst noch mehr vor dir erniedrigen.

„ ‚Aber versuche dasselbe mit einer Katze.

„‚Glaubst du, daß sie auf deine schimpfliche Behandlung wie der Hund antworten wird und die gleichen demütigen Purzelbäume zu deinem Vergnügen ausführen wird?

„ ‚Sicherlich nicht . . .

„ ‚Zwar ist die Katze nicht stark genug, um es dir sofort zu vergelten, aber sie wird sich deine Haltung ihr gegenüber lange Zeit merken und es dir irgendeinmal heimzahlen.

„‚Es kam zum Beispiel öfters vor, daß eine Katze einem schlafenden Menschen die Kehle durchbiß! Ich glaube es gern, wenn ich mir vorstelle, welche Gründe die Katze dafür gehabt haben mag.

„ ‚Nein, die Katze wird schon für sich selbst eintreten, sie kennt ihren Wert, sie ist stolz. Und das nur, weil sie eine Katze ist und ihre Natur auf dem Grad von Vernunft steht, der ihr nach den Verdiensten ihrer Vorfahren zukommt.

„ Auf jeden Fall sollte kein Wesen, auch der Mensch nicht, deswegen ungehalten mit der Katze sein.

„ ,Ist es denn die Schuld der Katze, daß sie eine Katze ist und daß ihr Bestand durch die Verdienste ihrer Vorfahren einen solchen Grad von ,Selbstbewußtsein' besitzt?

„ ,Weder darf sie dafür verachtet noch geschlagen oder mißhandelt werden, im Gegenteil, man muß ihr das ihr Zukommende geben, als einer, die einen höheren Grad auf der Evolutionsleiter des ,Selbstbewußtseins' einnimmt.'

„Nicht umsonst, mein Junge, sagte ein früherer berühmter Prophet vom Planeten ,Desagroanskrad', der große ,Archunilo', der jetzt schon Assistent des Hauptuntersuchungsrichters des ganzen Weltalls in Angelegenheiten der objektiven Moral ist, einmal über die gegenseitigen Beziehungen der Wesen:

„ ,Wenn ein Wesen seiner Vernunft nach über dir steht, mußt du dich vor ihm beugen und trachten, es in allem nachzuahmen, wenn es aber unter dir steht, mußt du gerecht zu ihm sein, weil du einmal den gleichen Platz eingenommen hast, gemessen an dem heiligen Maß der Vernunftsgrade unseres SCHÖPFERS und ALLERHALTERS.'

„Also, mein lieber Junge, dieses besondere Gespräch mit jenem meinem Erden-Freund machte einen solch starken Eindruck auf ihn, daß er zwei Tage lang nichts als dachte und dachte.

„Und das Resultat davon war, daß dieser Priester Abdill schließlich die Opfersitte fast so erkannte und empfand, wie es in Wirklichkeit sein sollte.

„Einige Tage nach unserem Gespräch wurde eines der zwei großen religiösen Feste von ganz Tikliamisch gefeiert, ,Zadik' genannt, und mein Freund Abdill hielt in dem Tempel, wo er erster Priester war, anstatt der üblichen Predigt nach der Tempelzeremonie plötzlich eine Rede über die Darbringung von Opfern.

„Zufällig war ich an jenem Tage auch in jenen großen Tempel und unter die Zuhörer dieser Predigt geraten.

„Obgleich das Thema seiner Predigt sowohl für die Gelegenheit als auch für diesen Ort ungewöhnlich war, erstaunte sie doch niemanden, weil der Priester Abdill außerordentlich gut und schön sprach.

„Tatsächlich sprach er so gut und aufrichtig und führte in seiner Rede so viele überzeugende und bildhafte Beispiele an, daß viele der anwesenden Wesen von Kurkalai während seiner Rede sogar bitterlich schluchzten.

„Was er sagte, machte einen so starken Eindruck auf seine ganze Gemeinde, daß, obgleich seine Predigt — statt einer halben Stunde, wie es die übliche Sitte war — bis zum nächsten Tage dauerte, selbst dann, als sie vorüber war, niemand weggehen wollte und jeder lange noch wie verzaubert dablieb.

„Darauf verbreiteten sich Bruchstücke seiner Predigt auch unter denen, die sie nicht persönlich gehört hatten.

„Man weiß, daß es damals Sitte war, daß die Priester lediglich von den Gaben existierten, die sie von ihren Gemeinde-Mitgliedern erhielten, und auch dieser Priester Abdill hatte bis dahin alle möglichen Produkte für seine gewöhnliche Existenz von seinen Gemeindemitgliedern erhalten — in der Form von gebratenen und gekochten ‚Leichen‘ von Wesen verschiedener äußerer Formen, als da sind ‚Hühner‘, ‚Gänse‘, ‚Lämmer‘ und so weiter. Aber nach dieser seiner berühmten Predigt brachte ihm niemand mehr diese gewohnten Gaben, sondern sie fingen nun an, ihm Früchte, Blumen, Handarbeiten und dergleichen zu senden.

„Vom Tage nach seiner Predigt an war dieser mein Erden-Freund der Mode-Priester für alle Bürger der Stadt Kurkalai, und es war nicht nur der Tempel, wo er amtierte, mit Wesen aus der Stadt Kurkalai überfüllt, sondern man drängte ihn auch, in anderen Tempeln zu sprechen.

„Er hielt viele Predigten über den Opferbrauch, und die Zahl seiner Bewunderer wuchs immer mehr und mehr, so daß er nicht nur unter den Wesen der Stadt Kurkalai immer mehr bekannt wurde, sondern auch in ganz Tikliamisch.

„Ich weiß nicht, wie alles geendet hätte, wenn nicht die ganze Priesterschaft, das heißt Menschen-Wesen der gleichen Profession, der auch mein Freund angehörte, sich über seine Popularität aufgeregt und erzürnt hätten, und wenn sie nicht allem widersprochen hätten, was er predigte.

„Offenbar fürchteten seine Kollegen, daß mit dem Verschwinden des Opferbrauches ihr eigenes ausgezeichnetes Einkommen auch verschwinden würde und daß ihre Autorität zuerst ins Wanken geraten und schließlich in nichts zerrinnen könnte.

„Die Zahl der Feinde des Priesters Abdill nahm von Tag zu Tag zu, sie erfanden immer neue Verleumdungen und Klatschereien, die seine Popularität und Bedeutung verringern und vernichten sollten.

„Seine Kollegen begannen in ihren Tempeln Predigten zu halten, in denen sie das genaue Gegenteil von dem behaupteten, was der Priester Abdill in seinen Predigten sagte.

„Und schließlich kam es dahin, daß die Priesterschaft sogar begann, verschiedene Wesen mit ‚Hasnamussischen Eigenschaften‘ zu bezahlen, die alle Arten von Schändlichkeiten gegen den armen Abdill planen und ausführen sollten, und diese Erden-Nichtigkeiten mit den erwähnten Eigenschaften brachten es sogar soweit, daß sie verschiedene Male seine Existenz zu vernichten versuchten, indem sie den verschiedenen ihm geschenkten Gaben Gift beimischten.

„Trotz alledem wuchs mit jedem Tage auch die Zahl der aufrichtigen Verehrer seiner Predigten.

„Schließlich aber hielt es die ganze Priester-Korporation nicht mehr länger aus, und an einem für meinen Freund traurigen Tag hielten sie eine allgemeine Priester-Gerichtssitzung ab, die vier Tage dauerte.

„Laut Urteilsspruch dieses allgemeinen Priester-Gerichtes wurde dieser mein Erden-Freund nicht nur aus der Priesterschaft ausgeschlossen, sondern seine Kollegen strengten sogar auf der gleichen Sitzung seine weitere Verfolgung an.

„All das hatte natürlich eine starke Wirkung auf die Psyche der gewöhnlichen Wesen, so daß sogar die um ihn herum, die ihn zuvor geschätzt hatten, ihn allmählich zu meiden begannen und auch alle Arten von Verleumdungen über ihn wiederholten. Die ihm einen Tag zuvor Blumen und verschiedene andere Gaben geschickt und ihn beinahe vergöttert hatten, wurden nun durch die fortwährenden Klatschereien bald zu seinen bitteren Feinden. Es war, als ob er sie nicht nur persönlich verwundet hätte sondern als ob er ihren Nächsten und Verwandten den Hals abgeschnitten und sie geschlachtet hätte.

„So ist eben die Psyche der Wesen auf jenem sonderbaren Planeten.

„Kurzum, dieser gute Freund mußte für seinen aufrichtigen Wunsch, Gutes zu stiften, selbst viel ertragen.

„Aber auch das wäre vielleicht nichts gewesen, wenn nicht der Höhepunkt der Gewissenlosigkeit auf seiten der Kollegen meines Freundes und der anderen irdischen ‚Gottähnlichen-Wesen‘ um ihn all das zu einem Ende gebracht hätte: nämlich sie töteten ihn.

„Und das geschah in der folgenden Weise:

„Da mein Freund aus einer entfernten Gegend stammte, hatte er in der Stadt Kurkalai keinen einzigen Verwandten.

„Und was die Hunderte von Bedienten und anderen gewöhnlichen irdischen Nichtigkeiten anbelangt, die ihn umgaben, als er angesehen war, so fiel natürlich einer nach dem andern in dieser Periode, in der mein Freund nicht mehr geachtet war, von ihm ab.

„Schließlich blieb nur ein sehr altes Wesen bei ihm, das sehr lange schon mit ihm zusammen gewesen war.

„Eigentlich blieb auch dieser Greis nur wegen seines gebrechlichen Alters bei ihm, das die meisten Wesen dort ob ihrer anomalen Seins-Existenz erreichen, nämlich eine vollkommene Untauglichkeit, in den Verhältnissen ihrer dortigen Seins-Existenz etwas zu tun.

„Da er keinen anderen Ort hatte, an den er gehen konnte, verließ er meinen Freund nicht, sondern blieb auch bei ihm in der Zeit, in der dieser sein Ansehen verlor und verfolgt wurde.

„Als dieser gleiche Greis eines traurigen Morgens in das Zimmer meines Freundes kam, sah er, daß er getötet und sein planetischer Körper in Stücke zerhackt war.

„Da er wußte, daß ich ein Freund von ihm war, kam er sofort zu mir, um es mir zu berichten.

„Ich sagte dir schon, daß ich diesen Freund wie einen mir Nächsten liebgewonnen hatte, weshalb in meinem ganzen Bestand, als ich dieses schreckliche Ereignis erfuhr, ein ‚Skinikunarzino‘ vor sich ging, so daß die Verbindung zwischen meinen einzelnen Seins-Zentren fast gestört war.

„Aber am folgenden Tage erwachte in mir die Befürchtung, daß dieselben oder andere gewissenlose Wesen andere Schandtaten an den Teilen des planetischen Körpers meines Freundes ausführen könnten, weshalb ich schließlich beschloß, der Möglichkeit der Verwirklichung dieser Befürchtung vorzubeugen.

„Und deshalb mietete ich sofort für eine große Summe Geldes verschiedene dementsprechende Wesen und ließ seinen planetischen Körper wegbringen und einstweilen auf mein ‚Seltschan‘ legen, das heißt auf mein Floß, das nicht weit weg auf dem Fluß Oksoseria lag.

„Ich hatte es behalten, weil ich im Sinne hatte, auf ihm

von dort nach dem Meer Kolchidius zu unserem Schiff ‚Okkasion' zurückzufahren.

„Das traurige Ende der Existenz meines Freundes verhinderte nicht, daß seine Predigten und seine Überzeugung von der Notwendigkeit der Abschaffung der Opferdarbringungen einen großen Eindruck auf viele, sogar auf sehr viele hatte.

„Und tatsächlich begann sich die Zahl der Schlächtereien zusehends zu verringern, und es war zu bemerken, daß dieser Brauch mit der Zeit, wenn auch nicht vollkommen ausgerottet, so doch wenigstens sehr vermindert werden würde.

„Einstweilen genügte mir das schon. Und da kein Grund für mich bestand, länger dort zu verweilen, beschloß ich, sofort nach dem Meer Kolchidius zurückzukehren und dort zu entscheiden, was mit dem planetischen Körper meines Freundes geschehen sollte.

„Als ich auf unserem Schiff Okkasion ankam, erwartete mich ein Ätherogramm vom Mars, durch das ich von der Ankunft einer anderen Gesellschaft von Wesen vom Planeten Karatas erfuhr und daß meine baldigste Rückkehr dorthin erwünscht sei.

„Durch dieses Ätherogramm kam mir eine sehr seltsame Idee in den Kopf. Ich dachte nämlich, daß ich den planetischen Körper meines Freundes — statt ihn auf dem Planeten Erde zu hinterlassen — mit mir nehmen und ihn dem Bestande des Planeten Mars übergeben könnte.

„Ich beschloß, diese Idee auszuführen, weil ich befürchtete, daß die Feinde meines Freundes aus Haß gegen ihn seinen planetischen Körper zu finden versuchen könnten, und ihn, wenn sie zufällig erfahren sollten, wo er dem Bestande des Planeten zurückgegeben worden war, oder wie deine Lieblinge sagen, ‚begraben lag', sehr leicht finden und ihm irgendeine Scheußlichkeit antun könnten.

„Bald danach stieg ich tatsächlich mit dem Schiff Okkasion vom Meer Kolchidius zum Planeten Mars auf.

„Unsere Wesen und verschiedene freundliche Marsianer hatten schon von den Ereignissen gehört, die sich auf dem Planeten Erde zugetragen hatten, und erwiesen dem planetischen Körper, den ich mitbrachte, den schuldigen Respekt.

„Sie begruben ihn mit den auf dem Planeten Mars üblichen Zeremonien und errichteten auf dem Begräbnisplatz ein entsprechendes Denkmal.

„Auf jeden Fall war dies das erste und sicherlich auch letzte, wie deine Lieblinge auf dem Planeten Erde sagen, ‚Grab‘ für ein Wesen vom Planeten Erde auf diesem zugleich so nahen und so fernen und für die irdischen Wesen unerreichbaren Planeten Mars.

„Später erfuhr ich, daß auch der Allviertelerhalter, der erhabene Erzengel ‚Setrenozinaru‘, von dieser Geschichte in Kenntnis gesetzt worden war, der Allviertelerhalter jenes Teiles des Weltalls, zu dem auch das Ors’sche System gehört, und daß er seine Freude darüber zum Ausdruck brachte, indem er einen dementsprechenden Befehl betreffs der Seele meines irdischen Freundes gab.

„Auf dem Planeten Mars wurde ich tatsächlich von mehreren vor kurzem vom Planeten Karatas angekommenen Wesen unseres Stammes erwartet.

„Zufällig war unter ihnen auch deine Großmutter, die nach den Angaben des Hauptzerlikners des Planeten Karatas mir als passive Hälfte zur Vergrößerung meines Geschlechtes vorbestimmt war.“

XX. Kapitel

BEELZEBUBS DRITTER FLUG AUF DEN
PLANETEN ERDE

Nach kurzer Pause fuhr Beelzebub zu sprechen fort:

„Diesmal blieb ich nicht lange zu Hause, das heißt auf dem Planeten Mars, nur gerade lang genug, um die Neuangekommenen zu sehen und zu sprechen und gewisse Anordnungen betreffs unseres Stammes zu geben.

„Nachdem ich diese Obliegenheiten erfüllt hatte, flog ich wieder auf deinen Planeten hinab, mit der Absicht, mein Ziel dort weiter zu verfolgen, nämlich den schrecklichen Brauch unter den sonderbaren dreizentrischen Wesen dort auszurotten, die durch die Vernichtung der Existenz der Wesen anderer Gehirnsysteme ein gottgefälliges Werk zu tun glauben.

„Bei dieser meiner dritten Hinabkunft auf den Planeten Erde landete unser Schiff Okkasion nicht auf dem Meer Kolchidius, das jetzt Kaspisches Meer heißt, sondern auf dem Meer, das in jener Periode das ‚Gesegnete Meer‘ hieß.

„Wir hatten auf diesem Meer zu landen beschlossen, weil ich diesmal die Hauptstadt der Wesen der zweiten Gruppe des Kontinents Aschark besuchen wollte, die damals ‚Stadt Gob‘ hieß und an der nordwestlichen Küste jenes Meeres lag.

„Die ‚Stadt Gob‘ war damals eine ansehnliche Stadt und auf dem ganzen Planeten als Platz für die besten ‚Stoffe‘ und den besten sogenannten ‚kostbaren Schmuck‘ bekannt.

„Die Stadt Gob lag an den Ufern der Mündung eines großen Flusses, namens ‚Keria-tschi‘, der auf den westlichen

Anhöhen dieses Landes entsprang und sich in das ‚Gesegnete Meer‘ ergoß.

„In das Gesegnete Meer ergoß sich von der westlichen Seite her noch ein anderer großer Fluß, namens ‚Nariatschi‘.

„Vornehmlich in den Tälern dieser beiden großen Flüsse existierten die Wesen der zweiten Gruppe des Kontinents Aschark.

„Wenn du willst, mein lieber Junge, will ich dir auch etwas über die Entstehungsgeschichte dieser Gruppe der Wesen des Kontinents Aschark erzählen“, sagte Beelzebub zu Hassin.

„Bitte, Großvater, bitte…, ich werde dir mit größtem Interesse und Dankbarkeit zuhören“, erwiderte sein Enkel.

Darauf hub Beelzebub an:

„Lange, lange vor jener Periode, von der meine Erzählung jetzt spricht, nämlich lange bevor jene zweite große Katastrophe mit jenem unglückseligen Planeten stattgefunden, als der Kontinent Atlantis noch existierte und in voller Blüte war, hatte — wie meine letzten eingehenden Untersuchungen und Nachforschungen ergaben — eines der gewöhnlichen dreizentrischen Wesen auf jenem Planeten ‚entdeckt‘, daß das zerstäubte Horn eines Wesens einer bestimmten äußeren Form, das damals ‚Pirmaral‘ hieß, ein sehr gutes Mittel sei gegen was sie ‚Krankheiten‘ nennen. Diese ‚Entdeckung‘ wurde später von verschiedenen ‚Sonderlingen‘ dort auf deinem Planeten weiterverbreitet, und es kristallisierte sich dadurch allmählich in der Vernunft der gewöhnlichen Wesen dort ein sie leitender eingebildeter Faktor — wie solche, wie ich hier hinzufügen muß, dort im ganzen Bestand eines jeden deiner Lieblinge, besonders denen der Jetztzeit, die Vernunft ihrer sogenannten ‚Wachexistenz‘ ausmachen und die häufige Veränderung der sich in ihnen bildenden Überzeugungen bewirken.

„Und eben durch diesen Faktor, der sich im Bestand der dreihirnigen Wesen deines Planeten in jener Zeit kristallisierte, wurde es zur Regel, daß jedem der, wie sie sagen, von irgendeiner Krankheit befallen wurde, dieser Hornpuder zum Schlucken gegeben wurde.

„Es ist hier nicht ohne Interesse, zu bemerken, daß auch heute noch ‚Pirmarale‘ dort vorkommen. Da aber die heutigen Wesen sie einfach für eine bestimmte Gattung der Wesen halten, die sie alle zusammen ‚Wild‘ nennen, so haben sie keinen besonderen Namen für sie.

„Also, mein Junge, da die Wesen des Festlands Atlantis sehr viele Wesen jener Form um ihrer Hörner willen vernichteten, waren die Pirmarale dort bald ganz ausgerottet.

„Darauf begann eine Anzahl von Wesen jenes Kontinents, die sich in jener Zeit solche Jagden schon zum Beruf gemacht hatten, diese Wesen auf anderen Kontinenten und Inseln zu jagen.

„Diese Jagd war sehr beschwerlich, weil zum Fang dieser ‚Pirmarale‘ eine ganze Schar von Jägern nötig war; und so nahmen diese berufsmäßigen Jäger immer ihre ganze Familie zur Hilfe mit.

„Und dabei geschah es einmal, daß sich mehrere dieser Familien zur Jagd nach Pirmaralen nach einem sehr entlegenen Kontinent, namens ‚Iranan‘ aufmachten, der später, nachdem er durch die zweite Katastrophe verändert worden war, ‚Kontinent Aschark‘ genannt wurde.

„Das war jener Kontinent, den deine heutigen Lieblinge ‚Asien‘ nennen.

„Für meine weiteren Erzählungen über diese dir gefallenden dreihirnigen Wesen wird es, wie mir scheint, sehr nützlich sein, hier hervorzuheben, daß zur Zeit der zweiten irdischen Katastrophe verschiedene Teile des Kontinents ‚Iranan‘ durch verschiedene Umwälzungen in den Planeten einsanken und daß an ihrer Stelle andere Festländer sich ihm anfügten, wodurch der Kontinent beträchtlich verändert und fast ebenso groß wie der Kontinent Atlantis vor der Katastrophe wurde.

„Also, mein Junge, als diese besagte Jägergruppe einmal mit ihren Familien eine Herde dieser ‚Pirmarale‘ verfolgte, kamen sie unerwartet an die Küsten des Wasserraumes, der später das ‚Gesegnete Meer‘ genannt wurde.

„Sowohl das Meer selbst als auch seine reichen fruchtbaren Ufer gefielen dieser Gruppe von Jägern so, daß sie nicht mehr nach dem Kontinent Atlantis zurückkehren wollten und von dieser Zeit an sich dort niederließen.

„Dieses Land war tatsächlich in jenen Zeiten so ausgezeichnet und für die gewöhnliche Seins-Existenz so ‚suptaninalnisch‘, daß jedes auch nur ein wenig denkende Wesen es lieben mußte.

„Auf diesem ‚Festlands‘-teil der Oberfläche deines Planeten existierten in jener Periode nicht nur große Mengen ‚zweizentrischer Wesen‘ der besagten äußeren Form, nämlich ‚Pirmarale‘, sondern es gediehen um diesen Wasserraum herum Unmengen von ‚Obstbäumen‘ aller Art, deren Früchte damals deinen Lieblingen noch als Hauptprodukt für ihre ‚erste Seins-Nahrung‘ dienten.

„Es gab damals dort so viele von den ein- und zweihirnigen Wesen, die deine Lieblinge ‚Vögel‘ nennen, daß, wenn sie in einem Schwarm flogen, deine Lieblinge sagten, daß es ‚ganz-dunkel‘ werde.

„Der Wasserraum, der in der Mitte jenes Landes lag und damals ‚das gesegnete Meer‘ hieß, war so mit Fischen überfüllt, daß man sie, wie sie sagen, fast mit ‚bloßen-Händen‘ fangen konnte.

„Und was die Bodenbeschaffenheit der Küsten des Gesegneten Meeres betraf und der Täler der zwei großen Flüsse, die in dieses Meer münden, so ließ sich jeder kleinste Fleck dort für jede beliebige Saat gebrauchen.

„Kurzum, sowohl das Klima dieses Landes als auch alles übrige gefiel den Jägern und ihren Familien so sehr, daß keiner von ihnen, wie ich schon sagte, nach dem Festland Atlantis zurückkehren wollte, und so blieben sie von dieser Zeit an dort und hatten sich bald allem angepaßt und existierten und vermehrten sich, wie man sagt, ‚heiter drauf los‘.

„An dieser Stelle meiner Erzählung muß ich dir über ein seltsames Zusammentreffen von Ereignissen erzählen, das später bedeutsame Folgen sowohl für die ersten Wesen dieser zweiten Gruppe als auch für ihre entferntesten Nachkommen hatte.

„Damals nämlich, als die besagten Jäger vom Kontinent Atlantis ans ‚Gesegnete Meer‘ gekommen waren und dort zu bleiben beschlossen hatten, existierte an den Küsten dieses Meeres ein damals sehr wichtiges Wesen vom Kontinent Atlantis, das der Sekte der ‚Astrosavoren‘ angehörte und ein Mitglied einer dortigen ‚wissenschaftlichen-Gesellschaft‘ war, wie es deren nie wieder eine auf jenem Planeten gab und vielleicht nie wieder geben wird.

„Diese wissenschaftliche Gesellschaft existierte damals unter dem Namen ‚Achaldan‘.

„Und dieses Mitglied der Achaldanen war damals aus folgendem Grunde an die Küsten des Gesegneten Meeres gekommen.

„Es hatten nämlich die auf dem Festland Atlantis existierenden echten Gelehrten, die Gründer jener dortigen wahrhaft großen ‚wissenschaftlichen-Gesellschaft-Achaldan‘ gerade vor der zweiten großen Katastrophe bemerkt, daß sich bald etwas sehr Ernsthaftes in der Natur ereignen müsse, und hatten von da an alle Naturerscheinungen ihres Festlandes sehr aufmerksam zu beobachten begonnen; aber wie sehr sie sich auch anstrengten, so gelang es ihnen doch keineswegs, genau herauszufinden, was geschehen werde.

„Etwas später schickten sie zu demselben Zweck einige ihrer Mitglieder auf andere Kontinente und Inseln, um, wenn möglich, durch solche gemeinsame Beobachtungen herauszufinden, was ihrer harre.

„Die ausgesandten Mitglieder sollten nicht nur die Natur des Planeten Erde beobachten, sondern auch alle, wie sie sich damals ausdrückten, ‚Himmlischen-Erscheinungen‘.

„Eines dieser Mitglieder, eben das erwähnte wichtige Wesen, hatte den Kontinent Iranan zu seinem Beobachtungsplatz gewählt und war mit seiner Dienerschaft dahin übergesiedelt und hatte sich an den Küsten eben des erwähnten Wasserraumes niedergelassen, der ‚Gesegnetes Meer‘ hieß.

„Und eben dieses gelehrte Mitglied der Gesellschaft Achaldan begegnete einmal zufällig an den Küsten des ‚Gesegneten Meeres‘ einigen der erwähnten Jäger, und als er erfuhr, daß sie ebenfalls von dem Festland Atlantis gekommen waren, war er natürlich sehr erfreut und blieb mit ihnen in Verbindung.

„Und als bald darauf der Kontinent Atlantis in den Planeten einsank und dieses gelehrte Achaldan-Mitglied keinen Platz mehr hatte, zu dem es zurückkehren konnte, existierte es weiterhin mit diesen Jägern in jenem künftigen ‚Maralplässie‘.

„Ein wenig später wählte diese Gruppe von Jägern dieses gelehrte Wesen ob seiner höheren Vernunft zu ihrem Oberhaupt, und noch etwas später heiratete dieses Mitglied der großen Achaldan-Gesellschaft die Tochter eines Jägers, namens Rimala, und teilte später völlig das Leben der Gründer jener zweiten Gruppe des Kontinents Iranan, der jetzt ‚Asien‘ heißt.

„Viel Zeit verging.

„Die Wesen dieser Gegend des Planeten Erde wurden geboren und wieder vernichtet, und das allgemeine psychische Niveau dieser Gruppe von Erdenwesen änderte sich natürlich auch, einmal zum Besseren, einmal zum Schlechteren.

„Sie vermehrten sich und breiteten sich allmählich mehr und mehr über dieses Land aus, wobei sie jedoch die Küsten des ‚Gesegneten-Meeres‘ und die Täler der beiden dort mündenden großen Flüsse immer bevorzugten.

„Später bildete sich an der Nord-Westküste dieses Meeres ein Existenzzentrum, und diesen Platz nannten sie ‚Stadt Gob‘. Und diese Stadt wurde auch der Hauptexistenzort für das Oberhaupt dieser zweiten Gruppe von Wesen des Kontinents Aschark, das sie ‚König‘ nannten.

„Der Posten des Königs wurde auch dort erblich, und diese Erblichkeit begann mit dem zuerst gewählten Oberhaupt, das, wie gesagt, das besagte Mitglied der gelehrten Achaldan-Gesellschaft war.

„Zu der Zeit, auf die sich meine Erzählung bezieht, war der König jener zweiten Gruppe schon der Enkel des Enkels des ersten Königs. Sein Name war ‚Konuzion‘.

„Meine späteren ausführlichen Untersuchungen und Nachforschungen ergaben, daß dieser selbe König Konuzion höchst weise und höchst wohltätige Maßnahmen ergriffen hatte zur Ausrottung eines schrecklichen Übels, das sich unter den Wesen, die durch das Schicksal seine Untertanen geworden waren, weit verbreitet hatte. Und diese besagten höchst weisen und wohltätigen Maßnahmen ergriff er aus folgendem Grunde:

„Dieser selbe König Konuzion stellte einmal fest, daß die Wesen seiner Gemeinschaft mehr und mehr an Arbeitsfähigkeit nachließen und daß unter ihnen Verbrechen, Diebstähle und Gewalttaten ungewöhnlich zunahmen und viele andere solche Dinge, die nie zuvor geschehen waren, oder, wenn sie geschehen waren, früher große Ausnahmen gebildet hatten. Diese Feststellungen überraschten und betrübten zugleich König Konuzion, und nachdem er lange darüber nachgedacht hatte, beschloß er, die Ursachen der besagten traurigen Erscheinungen herauszufinden.

„Nach langen Beobachtungen wurde ihm schließlich

klar, daß die Ursache dieser Erscheinungen in einer neuen Gewohnheit der Wesen seiner Gemeinschaft lag, nämlich in der Gewohnheit, die Samen einer Pflanze, die damals ‚Gülgüljan‘ hieß, zu kauen. Diese aufplanetische Bildung entsteht auch heutzutage auf dem Planeten Erde und wird von jenen deiner Lieblinge, die sich für gebildet halten, ‚Piwawerun‘ genannt und von den gewöhnlichen Wesen einfach ‚Mohn‘.

„Es muß hier hervorgehoben werden, daß die Wesen von Maralplässie damals leidenschaftlich die Samen der erwähnten aufplanetischen Bildung kauten, und daß diese Samen zu einem bestimmten Augenblick ihrer Entwicklung, die ‚Reife‘ genannt wird, gesammelt werden mußten.

„In seinen weiteren aufmerksamen Beobachtungen und unparteiischen Nachforschungen erkannte König Konuzion klar, daß diese Samen ‚etwas‘ enthalten, was alle eingefleischten Gewohnheiten in der Psyche der Wesen, die dieses ‚Etwas‘ in sich einführten, vollkommen veränderte, so daß sie ganz anders sahen, verstanden, fühlten, empfanden und handelten als sie zuvor zu sehen, empfinden, handeln und so weiter gewohnt gewesen waren.

„So schien ihnen zum Beispiel eine Krähe ein Pfau zu sein, ein Trog Wasser — ein Meer, Gerassel — Musik, Wohlwollen nahmen sie für Feindlichkeit, Beleidigung für Liebe und so fort und so weiter.

„Als König Konuzion all das klar erkannt hatte, schickte er sofort eine Anzahl ihm treu ergebener und vertrauenswürdiger Untertanen aus, damit sie in seinem Namen allen Wesen seiner Gemeinschaft streng befahlen, das Kauen der Samen der besagten Pflanze zu unterlassen; auch setzte er Geld- und andere Strafen für jene Wesen fest, die seinem Befehl nicht gehorchen würden.

„Auf diese Maßnahmen hin schien es, als ob das Kauen der besagten Samen im Lande Maralplässie abnahm, aber nach kurzer Zeit stellte sich heraus, daß die Zahl der

Kauenden sich nur scheinbar verminderte, in Wirklichkeit aber sogar noch zunahm.

„Als der weise König Konuzion dies erkannte, beschloß er, die, die das Kauen fortsetzen würden, noch strenger zu bestrafen, und verschärfte sowohl die Überwachung seiner Untertanen als auch die Bestrafung der Schuldigen.

„Und er selbst fing an, überall in der Stadt Gob herumzugehen, persönlich die Schuldigen zu untersuchen und durch verschiedene, sowohl körperliche als moralische Strafen auf sie einzuwirken.

„Jedoch trotz all dem blieb das erwünschte Resultat aus; die Zahl der Kauenden wuchs immer mehr in der Stadt Gob, und ähnliche Nachrichten mehrten sich von Tag zu Tag auch aus anderen Orten der ihm untertänigen Länder.

„Und es zeigte sich, daß sich die Zahl der Kauenden noch weiter vermehrt hatte, weil viele dreihirnige Wesen dort, die früher nie gekaut hatten, jetzt aus sogenannter ‚Neugier‘ zu kauen begannen, was eine der Eigentümlichkeiten der Psyche der dreihirnigen Wesen dieses dir lieben Planeten ist, aus Neugier, nämlich um zu erfahren, wie diese Samen wirken, die zu kauen verboten und vom König so beharrlich und mit standhafter Strenge bestraft wurde.

„Ich muß hier hervorheben, daß, obschon sich die besagte psychische Sonderbarkeit in deinen Lieblingen gleich nach dem Untergang der Atlantis zu kristallisieren begann, sie doch in keinem Wesen der vergangenen Epochen so üppig funktionierte wie in den heutigen dreihirnigen Wesen dort; die haben mehr davon, als es Haare auf einem ‚Tusuken‘ gibt.

„Also, mein Junge, als der weise König Konuzion sich schließlich vollends überzeugt hatte, daß die Leidenschaft, ‚Gülgüljan‘-Samen zu kauen, durch die erwähnten Maßregeln nicht auszurotten war und erkannte, daß seine Maßnahmen lediglich den Tod einiger Bestrafter bewirkte, hob er alle bis dahin von ihm angewandten Maßnahmen auf und sann und suchte sehr ernstlich nach anderen wirksamen Mitteln, um dies für seine Gemeinschaft so beklagenswerte Übel auszurotten.

„Wie ich viel später erfuhr — und ich erfuhr es durch ein sehr altes, erhalten gebliebenes Denkmal — zog sich der große König Konuzion damals in sein Gemach zurück, und achtzehn Tage lang aß er nicht noch trank er, sondern dachte nur und dachte ernstlich nach.

„Auf jeden Fall mußt du wissen, daß meine späteren Nachforschungen ergaben, daß König Konuzion schon deshalb damals ganz besonders dringend ein Mittel zur Ausrottung dieses Übels finden wollte, weil es mit allem bergab ging.

„Die Wesen, die dieser Leidenschaft verfallen waren, arbeiteten kaum mehr; die sogenannte Geldsteuer blieb in der Schatzkammer aus und ein vollständiger Ruin der ganzen Gemeinschaft schien unvermeidlich.

„Schließlich beschloß der weise König, dieses Übel indirekt zu bekämpfen, nämlich durch die psychischen Schwächen der Wesen seiner Gemeinschaft. Zu diesem Zweck erfand er eine sehr originelle, der Psyche der damaligen Wesen entsprechende ‚Religionslehre‘, und diese seine Erfindung ließ er durch alle möglichen ihm zu Gebote stehenden Mittel unter seinen Untertanen verbreiten.

„In dieser ersten ‚Religionslehre‘ war unter anderem gesagt, daß es weit weg von ‚unserem‘ Kontinent Aschark eine große Insel gibt, wo unser ‚Herr-Gott‘ existiert.

„Du mußt wissen, daß zu jener Zeit noch keines der gewöhnlichen Wesen dort wußte, daß es außer ihrem Planeten Erde noch andere kosmische Verdichtungen gibt.

„Die Wesen des Planeten Erde waren in jener Zeit sogar überzeugt, daß die im Raum kaum sichtbaren ‚weißen Punkte‘ nichts anderes sind als das Muster auf dem Schleier der ‚Welt‘, das heißt, eben ihres Planeten, da ihrer

Vorstellung nach die ‚ganze-Welt‘, wie ich schon sagte, nur aus ihrem Planeten bestand.

„Sie waren auch überzeugt, daß dieser Schleier wie ein Baldachin von besonderen Säulen getragen werde, deren Enden auf ihrem Planeten ruhten.

„In jener erfinderisch seltsamen ‚Religionslehre‘ des weisen Königs Konuzion war gesagt, daß der ‚Herr-Gott‘ absichtlich an unseren Seelen die Organe und Gliedmaßen, die wir jetzt haben, angebracht habe, um uns vor unserer Umgebung zu schützen und uns zu befähigen, sowohl ihm persönlich als auch den schon auf seine Insel gelangten ‚Seelen‘ gut und nützlich zu dienen.

„Bei unserem Tod wird unsere Seele von diesen Organen und Gliedern befreit und wird, wie sie in Wirklichkeit sein sollte, weshalb sie dann sofort auf diese Insel genommen wird, wo unser ‚Herr-Gott‘ — je nach der Existenz, die unsere Seele samt den ihr beigegebenen Teilen hier auf unserem Kontinent Aschark führte — ihr einen ihr entsprechenden Platz zur weiteren Existenz anweist.

„Hat die Seele ihre Pflichten redlich und gewissenhaft erfüllt, so läßt sie der ‚Herr-Gott‘ zur weiteren Existenz auf seiner Insel; hat die Seele aber hier auf dem Kontinent Aschark sich dem Nichtstun überlassen und ihre Pflichten faul und nachlässig erfüllt, hat sie mit einem Wort nur zur Befriedigung der an ihr angebrachten Teile existiert, oder einfach seine Gebote nicht beachtet, so sendet unser ‚Herr-Gott‘ diese Seele zu ihrer weiteren Existenz auf eine benachbarte kleinere Insel.

„Hier auf dem Kontinent Aschark gibt es viele von ihm ausgesandte ‚Geister‘, die unter uns in ‚Tarnkappen‘ herumgehen, um uns beständig zu beobachten und unserem ‚Herr-Gott‘ unser Tun entweder sofort oder beim ‚Jüngsten Gericht‘ berichten zu können.

„Wir können unmöglich vor ihnen auch nur eine unserer Handlungen oder unserer Gedanken verheimlichen.

„Und weiter ward noch gesagt, daß; wie unser Kontinent Aschark, auch alle anderen Kontinente und Inseln der ‚Welt‘ von unserm ‚Herr-Gott‘ geschaffen worden sind und nur dazu existieren, um, wie ich schon sagte, ihm und den verdienstvollen auf seiner Insel wohnenden Seelen zu dienen.

„Die Kontinente und Inseln der Welt sind gewissermaßen eine Vorbereitungs- und Vorratskammer für alles, was für diese seine Insel nötig ist.

„Die Insel, wo der ‚Herr-Gott‘ selbst und die verdienten ‚Seelen‘ existieren, heißt ‚Paradies‘ und wer dort existiert, ist wahrhaft ‚auf-Rosen-gebettet‘.

„Alle Flüsse sind dort aus Milch, ihre Ufer aus Honig; keiner muß sich dort abmühen oder plagen; alles, was für eine glückliche sorglose selige Existenz notwendig ist, gibt es dort in großem Überfluß und wird von unserem eigenen und den anderen Festländern und Inseln der Welt geliefert.

„Diese ‚Paradies‘-Insel ist voll schöner, junger Frauen aller Völker und Rassen der Welt, und jede von ihnen erfüllt die Erwartungen der Seele, die sie begehrt.

„Auf den Plätzen dieser prachtvollen Insel gibt es immer ganze Berge verschiedenen Schmuckes, von den blendendsten Diamanten bis zum dunkelsten Türkis und jede ‚Seele‘ kann nach Belieben und ohne Hindernis nehmen, was und wieviel sie will.

„Auf anderen Plätzen jener glückseligen Insel sind enorme Berge von besonders zubereitetem Konfekt mit Mohn und ‚Hanf-Essenz‘ aufgestapelt, und jede ‚Seele‘ kann davon zu jeder Tages- und Nachtzeit essen soviel als ihr beliebt.

„Es gibt keine Krankheiten dort und natürlich auch keine ‚Läuse‘ und ‚Flöhe‘, die uns hier nie in Frieden lassen und unsere ganze Existenz verderben.

„Die andere, die kleinere Insel, wohin unser ‚Herr-Gott‘ jene Seelen zur weiteren Existenz hinschickt, bei denen die ihnen für eine gewisse Zeit verliehenen körperlichen Teile faul waren und herumbummelten und die seine Gebote nicht befolgten, heißt ‚Hölle‘.

„Auf dieser Insel sind alle Flüsse aus brennendem Harz, die ganze Luft stinkt wie ein Aas in einer Bucht. Schwärme von schrecklichen Wesen pfeifen auf allen öffentlichen Plätzen mit Polizeipfeifen und alle ‚Möbel‘, ‚Teppiche‘, ‚Betten‘ und so weiter dort sind aus feinen Nadeln mit der Spitze nach oben gemacht.

„Jeder Seele auf dieser Insel wird täglich ein sehr versalzener Pfannkuchen verabreicht, und nicht ein Tropfen Wasser. Noch vieles andere gibt es dort, was die Wesen des Planeten Erde nicht nur nicht ausstehen, sondern sich nicht einmal in Gedanken ausmalen können.

„Als ich zum erstenmal nach dem Land Maralplässie gelangte, waren alle dreihirnigen Wesen dieses Landes Anhänger jener ‚Religion‘, die auf der soeben erwähnten erfinderischen ‚Religionslehre‘ beruhte und diese Religion war damals in voller Blüte.

„Dem Erfinder dieser geistreichen Religionslehre, nämlich dem weisen König Konuzion, war schon lange zuvor das heilige ‚Raskuarno‘ widerfahren, das heißt, er war schon vor langem gestorben.

„Seine Erfindung aber hatte sich dort dank der Eigentümlichkeit der Psyche deiner Lieblinge so eingewurzelt, daß es im ganzen Lande Maralplässie nicht ein einziges Wesen gab, das die Wahrheit ihrer sonderbaren Grundsätze bezweifelte.

„Nach meiner Ankunft in der Stadt Gob besuchte ich auch dort gleich vom ersten Tage an die ‚Kaltane‘ — oder wie sie jetzt heißen, ‚Tschaikanas‘.

„Ich muß vorausschicken, daß auch dort im Lande Maralplässie der Opferbrauch in jener Periode weit verbreitet war, aber doch nicht in solch großem Maße wie es im Lande Tikliamisch der Fall gewesen war.

„In der Stadt Gob schaute ich mich absichtlich nach einem passenden Wesen um, um mit ihm Freundschaft zu schließen wie zuvor in der Stadt Kurkalai mit dem Priester Abdill.

„Und ich fand auch tatsächlich bald einen solchen Freund, aber diesmal war er seinem Beruf nach nicht ein ‚Priester‘.

„Dieser Freund stellte sich bald als der Besitzer einer großen ‚Tschaikana‘ heraus. Obgleich ich mit ihm, wie man dort sagt, auf sehr gutem Fuße stand, fühlte ich doch niemals ihm gegenüber jenes seltsame ‚Band‘, das zwischen meinem innersten Wesen und dem Priester Abdill in der Stadt Kurkalai bestanden hatte.

„Ich verweilte einen ganzen Monat in der Stadt Gob, aber weder beschloß noch unternahm ich irgend etwas Praktisches für mein Ziel.

„Ich schlenderte einfach durch die Stadt Gob, besuchte anfangs verschiedene Tschaikanas und später nur noch die Tschaikana meines neuen Freundes.

„In dieser Zeit lernte ich viele Sitten und Gebräuche der Wesen dieser zweiten Gruppe kennen und auch gewisse feinere Unterscheidungen in ihrer Religion, und nach Verlauf eines Monats beschloß ich, auch dort mein Ziel durch das, was sie ihre Religion nannten, zu erreichen.

„Nach sorgfältigem Nachdenken fand ich es nötig, der dort herrschenden ‚Religionslehre‘ etwas hinzuzufügen und rechnete, ähnlich wie der weise König Konuzion, damit, daß ich diesen meinen Zusatz wirksam unter ihnen verbreiten könne.

„Damals erfand ich dann, daß jene Geister mit ‚Tarnkappen‘, die nach der Lehre dieser großen Religion unsere Taten und Gedanken beobachten, um sie später unserem ‚Herrn-Gott‘ zu berichten, nichts anderes sind als die in unserer Mitte sich aufhaltenden Wesen anderer Formen.

„Sie sind es gerade, die uns beobachten und alles unseren ‚Herrn-Gott‘ berichten.

„Aber wir Menschen erweisen ihnen nicht nur nicht die gebührende Achtung und Verehrung, sondern vernichten sogar ihre Existenz, sowohl für unsere Nahrung als auch zur Darbringung von Opfern.

„Ich hob in meinen ‚Predigten‘ ausdrücklich hervor, daß wir nicht nur die Existenz der Wesen anderer Formen zu Ehren des ‚Herrn-Gotts‘ nicht vernichten sollten, sondern daß wir im Gegenteil uns bemühen sollten, ihre Gunst zu erlangen und sie anflehen sollten, dem ‚Herr-Gott‘ wenigstens nicht jene kleinen bösen Manifestationen zu berichten, die wir unfreiwillig machen.

„Und diese Hinzufügung begann ich auf alle mögliche Weise, jedoch sehr vorsichtig, zu verbreiten.

Anfangs verbreitete ich diese meine Erfindung mit Hilfe meines erwähnten neuen Freundes dort, des Besitzers der ‚Tschaikana‘.

„Du mußt wissen, daß seine ‚Tschaikana‘ eine der größten der ganzen Stadt Gob war und sehr berühmt wegen einer gewissen rötlichen Flüssigkeit, die die Wesen des Planeten Erde gern trinken.

„Deshalb gab es dort immer sehr viele Besucher und es war Tag und Nacht geöffnet.

„Und nicht nur die Einwohner der Stadt selbst kamen dorthin, sondern auch alle Besucher aus ganz Maralplässie.

„Ich aber gewöhnte mir bald an, immer von ein und demselben zu reden und sowohl einzelne Besucher als auch Gesellschaften, die in die ‚Tschaikana‘ kamen, zu überzeugen.

„Mein neuer Freund selbst, der Besitzer der ‚Tschaikana‘, war so tief von meiner Erfindung beeindruckt, daß er nicht wußte, was er vor Reue über seine Vergangenheit anstellen sollte.

„Er war in dauernder Verzweiflung und bereute sein früheres verachtungsvolles Betragen und die Art, wie er die verschiedenen Wesen anderer Form behandelt hatte.

„Da er mit jedem Tag ein begeisterterer Prediger meiner Erfindung wurde, verbreitete er sie nicht nur in seiner eigenen Tschaikana, sondern er fing auch an, andere Tschaikanas der Stadt Gob aufzusuchen, um die Wahrheit, die ihn so bewegte, weiterzuverbreiten.

„Er predigte auch auf Marktplätzen und besuchte sogar mehrmals heilige Stätten, deren es damals viele in der Umgebung der Stadt Gob, irgend jemand oder irgend etwas zu Ehren, gab.

„Hier wird es sich zu bemerken lohnen, daß die Kunden, die auf dem Planeten Erde zur Entstehung eines heiligen Platzes dienen, gewöhnlich auf solche irdische Wesen zurückgehen, die man ‚Lügner‘ nennt.

„Die ‚Lügenkrankheit‘ ist dort weit verbreitet.

„Auf dem Planeten Erde lügt man bewußt und unbewußt.

„Bewußt lügt man dort, wenn man vom Lügen einen persönlichen materiellen Vorteil bekommen kann, unbewußt lügt man, wenn man von der Krankheit, die ‚Hysterie‘ genannt wird, befallen ist.

„Außer dem Besitzer der ‚Tschaikana‘ begannen mir sehr bald in der Stadt Gob auch noch eine Anzahl anderer Wesen unbewußt zu helfen, die wie der Besitzer der Tschaikana eifrige Unterstützer meiner Erfindung geworden waren, und bald fingen alle Wesen jener zweiten Gruppe asiatischer Wesen diese meine Erfindung eifrig zu verbreiten und andere davon zu überzeugen an, daß sie eine plötzlich offenbarte, unbezweifelbare Wahrheit sei.

„All dem zufolge verminderte sich dort im Lande Maralplässie nicht nur die Zahl der Opfer-Darbringungen, sondern man begann sogar die Wesen anderer Formen beispiellos gut zu behandeln.

„Und bald kam es dort zu solch komischen Schauspielen, daß es mir, trotzdem ich der Erfinder dieser Erfindung war, schwer fiel, nicht zu lachen.

„Es ereigneten sich zum Beispiel dort komische Schauspiele wie die folgenden: Ein sehr geachteter und reicher Kaufmann der Stadt Gob ritt eines Morgens auf seinem eigenen Esel in sein Geschäft, unterwegs aber zog eine Volksmenge diesen achtbaren Kaufmann von seinem Esel herunter und verprügelte ihn ordentlich, weil er gewagt hatte, sich auf den Esel zu setzen, und darauf begleitete die besagte Menge den Esel, auf dem der Kaufmann geritten war, mit tiefen Verbeugungen, wo immer er hinging.

„Ein anderes Mal fuhr einer, den man einen ‚Holzhacker‘ nennt, mit seinem eigenen Ochsen aus dem Walde in die Stadt zum Holzmarkt.

„Unterwegs riß die Volksmenge auch ihn von seinem Wagen herunter und verprügelte ihn ordentlich; darauf spannte sie den Ochsen vorsichtig ab und folgte ihm dann, wo immer er hinging.

„Falls aber ein Lastwagen mitten in der Stadt, wo er den Verkehr störte, ohne Gespann stehenblieb, zogen ihn die Bürger selbst auf den Markt und überließen ihn dort seinem Schicksal.

„Und so entstanden sehr bald durch diese meine Erfindung verschiedene neue Sitten in der Stadt Gob.

„Es bildete sich zum Beispiel die Sitte, auf allen Plätzen und an den Kreuzungsstraßen Tröge aufzustellen, in die jeder Bürger der Stadt Gob jeden Morgen seine besten Nahrungsbissen für Hunde oder andere herrenlose Wesen verschiedener Form hineinwarf und bei Sonnenaufgang schütteten sie alles mögliche Futter ins ‚Gesegnete-Meer‘ für die Wesen, die ‚Fische‘ heißen.

„Am sonderbarsten war die Sitte, auf die Stimmen der Wesen verschiedener Formen achtzugeben.

„Sobald sie die Stimme eines Wesens irgendeiner Form

vernahmen, begannen sie sofort die Namen ihrer Götter zu preisen und sie um Gnade anzuflehen.

„Das Krähen eines Hahnes, das Bellen eines Hundes, das Miauen einer Katze, das Gequietsche eines Affen und so weiter... all dies erregte ihre Aufmerksamkeit.

„Hier mag noch hinzugefügt werden, daß sie in solchen Fällen aus irgendeinem Grund ihr Haupt erhoben und zum Himmel emporblickten, obgleich nach der Lehre ihrer Religion ihr Gott und seine Assistenten auf einem Niveau mit ihnen existierten und nicht dort, wohin sie ihre Augen und Gebete richteten.

„Es war im höchsten Grade interessant, ihre Gesichter in diesen Augenblicken zu beobachten..."

„Vergebt mir, Hochehrwürden", unterbrach ihn in diesem Augenblick sein alter ergebener Diener Ahun, der mit großem Interesse seiner Erzählung zugehört hatte.

„Erinnert ihr euch, Hochehrwürden, wie oft wir selbst in dieser Stadt Gob während des Geschreis der Wesen verschiedener Form in den Straßen auf die Knie fielen?" Auf diese Bemerkung hin sagte Beelzebub:

„Natürlich erinnere ich mich dessen, teurer Ahun. Wie könnte ich solch komische Eindrücke vergessen!

„Du mußt nämlich wissen", fuhr er fort, wobei er sich wieder an Hassin wandte, „daß die Wesen des Planeten Erde ungemein stolz und empfindlich sind. Und sobald jemand nicht ihre Ansichten teilt und nicht einwilligt, zu tun was sie tun, oder gar ihre Manifestationen kritisiert, so sind sie sogleich sehr darüber empört und beleidigt.

„Wenn es in der Macht eines von ihnen stände, würde er befehlen, daß, wer sich erdreiste, nicht zu tun wie er oder wer sein Betragen kritisiere, — in ein Gemach eingesperrt werde, wo es unzählige ‚Ratten' und ‚Läuse' gibt.

„Manchmal aber kommt es vor, daß der Beleidigte, wenn er physisch stärker ist und ihn kein machthabendes Wesen, mit dem er befreundet ist, sehen kann — den Beleidiger

240

einfach so durchhaut, wie einst der russische Isidor seine Lieblingsziege.

„Da ich sehr gut auch diesen Zug ihrer seltsamen Psyche kenne, wollte ich sie weder beleidigen, noch mir ihren Zorn zuziehen, um so weniger, als ich immer tief davon überzeugt war, daß es jeder Moral zuwider ist, das religiöse Gefühl von irgend jemand zu verletzen. Wenn ich mich deshalb unter ihnen aufzuhalten hatte, bemühte ich mich immer, zu tun wie sie tun, um nicht ihre Aufmerksamkeit auf mich zu lenken.

„Hier mag auch noch bemerkt werden, daß durch die dort waltenden anomalen Verhältnisse der gewöhnlichen Existenz gerade jene Wesen unter deinen Lieblingen, den dreihirnigen Wesen des sonderbaren Planeten Erde, besonders in ihren letzten Jahrhunderten, bemerkt und folglich von den übrigen geehrt werden, die sich nicht wie die meisten von ihnen manifestieren, sondern irgendwie absurder; je absurder und unsinniger ihre Manifestationen sind und je dümmer und niederträchtiger die von ihnen ausgeführten Streiche, um so mehr werden solche Wesen bemerkt und berühmt und um so größer ist die Anzahl der Wesen auf dem betreffenden Kontinent oder sogar auf anderen Kontinenten, die sie persönlich oder wenigstens dem Namen nach kennen.

„Umgekehrt wird ein ehrliches Wesen, das sich durch keine unsinnigen Manifestationen hervortut, auch wenn es an und für sich gut und vernünftig ist, unter den übrigen Wesen weder berühmt noch auch nur bemerkt.

„Also, mein Junge, das woran unser Ahun mich schadenfroh erinnerte, betraf eben jene in der Stadt Gob weit verbreitete Sitte, den Stimmen der Wesen verschiedener Form eine bestimmte Bedeutung zuzuschreiben, und das galt besonders von der Stimme der ‚Esel‘, deren es aus irgendeinem Grund damals sehr viele in der Stadt Gob gab.

„Die Wesen aller übrigen Formen auf deinem Planeten

manifestieren sich durch ihre Stimme immer zu einer bestimmten Zeit. So kräht zum Beispiel der Hahn um Mitternacht, der Affe schreit dagegen des Morgens, wenn er hungrig ist und so fort; die Esel aber schreien, wenn es ihnen einfällt, und deshalb kann man die Stimme dieses dummen Wesens zu jeder Tages- und Nachtzeit hören.

„Also, mein Junge, es war in der Stadt Gob dahin gekommen, daß, sobald nur die Stimme eines Esels ertönte, alle, die sie hörten, sofort niederfielen und zu ihrem Gott oder ihren verehrten Götzen beteten, und du weißt, daß die Esel von Natur aus eine sehr laute Stimme haben und man ihr Geschrei weithin hören kann.

„Wenn wir dann die Straßen der Stadt Gob entlang spazierten und sahen, daß die Bürger auf das Geschrei eines Esels hin niederfielen, so fielen wir auch nieder, um uns nicht von den anderen zu unterscheiden, und diese komische Sitte bereitete, wie ich jetzt sehe, unserem alten Ahun sehr viel Vergnügen.

„Du hast doch, teurer Hassin, bemerkt, wie unser alter Ahun nach Verlauf so vieler Jahrhunderte ... mich mit einem giftigen Vergnügen an jene komische Lage damals erinnerte."

Nachdem Beelzebub dies lächelnd gesagt hatte, fuhr er mit seiner Erzählung fort:

„Es braucht nicht gesagt zu werden, daß auch hier im zweiten Kulturzentrum der dreihirnigen Wesen deines Planeten, die damals auf dem Festland Aschark vorkamen, die Vernichtung der Wesen anderer Form zu Opferzwecken fast gänzlich aufhörte; falls einzelne Fälle vorkamen, rechneten die Wesen dieser Gruppe selbst unbarmherzig mit dem Schuldigen ab.

„Nachdem ich mich überzeugt hatte, daß es auch hier unter der zweiten Gruppe der Wesen des Kontinents Aschark so leicht gelungen war, den Opferbrauch auf lange Zeit auszurotten, beschloß ich abzureisen; dabei hatte ich im Sinn, noch einige größere Punkte in der Nähe zu besuchen, wo ebenfalls Wesen dieser zweiten Gruppe vorkamen, und ich wählte dazu die Gegend des Flusses ‚Naria-tschi‘.

„Bald nach diesem Entschluß fuhr ich mit Ahun nach der Mündung dieses Flusses und wir verfolgten dann seinen Lauf stromaufwärts, wobei wir uns überzeugten, daß die großen von den Wesen dieser zweiten Gruppe bevölkerten Punkte schon zu denselben Sitten übergegangen waren wie die Stadt Gob und dieselben Begriffe über die Darbringung von Opfern durch Vernichtung der Existenz anderer Wesen hatten.

„Endlich kamen wir in eine kleine Stadt mit Namen ‚Argenien‘, die damals als der entfernteste Punkt von Maralplässie galt.

„Auch dort existierte eine Anzahl von Wesen dieser zweiten asiatischen Gruppe, und sie beschäftigten sich hauptsächlich damit, der Natur was man dort ‚Türkis‘ nennt, abzugewinnen.

„In diesem Städtchen Argenien besuchte ich wieder die verschiedenen Tschaikanas und tat auch dort nach meiner Art.“

XXI. Kapitel

BEELZEBUB BESUCHT ZUM ERSTENMAL INDIEN

Beelzebub fuhr zu sprechen fort:

„In diesem Flecken ‚Argenien' hörte ich einmal zufällig in einer Tschaikana einem Gespräch einiger Wesen zu, die nicht weit von mir saßen.

„Sie besprachen, wann und wie sie mit einer Karawane nach ‚Perlandia' gehen würden.

„Ihrem Gespräch entnahm ich, daß sie dahin gehen wollten, um ihren ‚Türkis' gegen die dortigen sogenannten ‚Perlen' einzutauschen.

„In diesem Zusammenhang muß ich hervorheben, daß deine Lieblinge in vergangenen wie auch gegenwärtigen Epochen sowohl ‚Perlen' und den erwähnten ‚Türkis' als auch viele andere sogenannte ‚Kostbarkeiten' gerne tragen, um damit, wie sie sagen, ihr Äußeres zu schmücken.

„Wenn du aber meine Meinung wissen willst, sie tun es natürlich instinktiv, um wenigstens auf diese Weise sozusagen den ‚Wert-ihrer-inneren-in-sich-selbst-nichtigen-Bedeutung' wettzumachen.

„In der Periode, von der meine Erzählung hier handelt, waren die besagten Perlen unter den Wesen der zweiten asiatischen Gruppe eine große Seltenheit und erzielten dort hohe Preise. Dagegen gab es in Perlandia sehr viele ‚Perlen' und sie waren viel billiger dort, weil sie in jener Zeit ausschließlich nur aus den dieses Land umgebenden Wasserräumen gewonnen wurden.

„Das erwähnte Gespräch zwischen den Wesen, die in meiner Nähe in der Tschaikana saßen, interessierte

244

mich deshalb sofort, weil auch ich damals beabsichtigte, nach diesem Perlandia zu gehen, wo die dreihirnigen Wesen der dritten Gruppe des Kontinents Aschark vorkamen.

„Das von mir aufgefangene Gespräch rief in mir sogleich die Assoziation hervor, daß es besser wäre, von dort aus direkt mit der großen Karawane dieser Wesen nach Perlandia zu gehen, anstatt auf demselben Wege nach dem ‚Gesegneten-Meer‘ zurückzukehren, um von dort mit unserem Schiffe ‚Okkasion‘ dieses Land zu erreichen.

„Obschon diese Reise, die für die Erdenwesen in jenen Zeiten höchst schwierig war, sicher viel Zeit beanspruchen würde, so glaubte ich doch, daß die Rückreise zum ‚Gesegneten-Meer‘ mit allem unvorhergesehenen Drum und Dran vielleicht nicht weniger Zeit erfordern würde.

„Diese Assoziation entstand damals in meinem Denken hauptsächlich deshalb, weil ich schon lange zuvor sehr viel über die seltenen Eigentümlichkeiten dieser Teile der Natur jenes sonderbaren Planeten gehört hatte, durch die die geplante Karawane kommen mußte; und das eben ließ die in mir schon kristallisierte sogenannte ‚Seins-Wißbegier‘, nachdem sie durch das Gehörte einen Anstoß zum Funktionieren empfangen hatte, sofort meinen ganzen Bestand die Notwendigkeit einsehen, daß ich mich von allem mit meinen eigenen Wahrnehmungsorganen überzeugen müsse.

„Den besagten Erwägungen zufolge, mein Junge, setzte ich mich absichtlich zu diesen sich beratenden Wesen und nahm an ihren Überlegungen teil.

„Das Ergebnis von all dem war, daß ich und Ahun uns ihrer Karawane anschlossen und mit ihnen zusammen zwei Tage später aufbrachen.

„Wir kamen damals tatsächlich durch höchst ungewöhnliche Plätze, ungewöhnlich sogar für die ganze Natur jenes sonderbaren Planeten, wobei übrigens einige seiner

Teile nur deshalb so geworden waren, weil dieser unglückselige Planet vor jener Periode schon zwei sogenannte ‚transapalnische-Umwälzungen' mitgemacht hatte, wie solche fast nie im Weltall vorkommen.

„Vom ersten Tage an kamen wir ausschließlich durch eine Region verschiedener ‚Festlandserhebungen' von ungewöhnlicher Form, die aus Konglomeraten verschiedenster ‚inplanetischer-Minerale' bestanden.

„Und erst nach einer ganzen Monatsreise — ihrer Zeitrechnung nach — gelangte unsere Karawane aus Argenien in Gegenden, wo die Natur noch nicht völlig die Möglichkeit verloren hatte, aufplanetische Bildungen zu formen und Verhältnisse zu schaffen, die der Entstehung und Existenz verschiedener einhirniger und zweihirniger Wesen entsprechen.

„Als wir nach allerlei überstandenen Schwierigkeiten an einem Regenmorgen eine Anhöhe entlang zogen, sahen wir plötzlich am Horizont Umrisse eines großen Wasserraumes, der den Teil des Kontinents Aschark umgab, der eben damals Perlandia hieß.

„Und nach vier Tagen kamen wir in den Hauptexistenzpunkt der Wesen dieser dritten Gruppe, in die damalige Stadt ‚Kaiamon'.

„Nachdem wir dort einen Platz für unsere dauernde Niederlassung bestimmt hatten, taten wir, das heißt ich und Ahun, die ersten Tage nichts weiter, als die Straßen der Stadt auf und ab zu schlendern und die besonderen Manifestationen der Wesen der dritten Gruppe in ihrem gewöhnlichen Existenzprozeß zu beobachten.

„Und da hilft nichts, mein teurer Hassin, da ich dir schon die Entstehungsgeschichte der zweiten Gruppe der dreihirnigen Wesen des Kontinents Aschark erzählt habe, muß ich dir jetzt ebenfalls die Entstehungsgeschichte der dritten Gruppe mitteilen."

„Bitte erzähle sie mir, mein teurer und geliebter Großvater", rief Hassin freudig aus, und indem er seine Hände mit großer Andacht erhob, sagte er ernst:

„Möge mein teurer und guter Großvater gewürdigt werden, sich durch Vernunft bis zum Grade des heiligen Anklad zu vervollkommnen."

Ohne etwas darauf zu sagen, lächelte Beelzebub nur und fuhr dann in seiner Erzählung folgendermaßen fort: „Die Entstehungsgeschichte dieser dritten Gruppe asiatischer Wesen beginnt auch kurz nach der Periode, wo die Familien der Pirmaraljäger zuerst vom Festland Atlantis an die Küsten des ,Gesegneten-Meeres' gelangt waren und sich dort niedergelassen hatten, womit sie den Anfang zu der zweiten Gruppe asiatischer Wesen bildeten.

„Und gerade in jenen für deine heutigen Lieblinge unendlich fernen Tagen, nämlich kurz vor der zweiten ,Transapalnischen Umwälzung', die diesem unglückseligen Planeten widerfuhr, hatten sich im Bestand der dreizentrischen Wesen dort auf dem Kontinent Atlantis bestimmte Folgen der Eigenschaften des Organs Kundabuffer zu kristallisieren begonnen, wodurch neben anderen für dreihirnige Wesen ungeziemenden Bedürfnissen auch das entstand, wovon ich dir bereits sprach, nämlich verschiedene Kleinodien gleichsam als Schmuck zu tragen und auch als von ihnen erfundenen und sogenannten ,Talisman'.

„Als eines dieser Kleinodien galten damals auf dem Kontinent Atlantis genau wie heute auf allen Kontinenten des Planeten Erde eben diese ,Perlen'.

„Diese Perlen bilden sich in einem einhirnigen Wesen, das in dem ,Saljakuriap' auch auf deinem Planeten vorkommt, das heißt in dem Teile, der ,Hantralispana' heißt oder ,Planetenblut', das ein Teil des allgemeinen Bestandes jedes Planeten ist und der Verwirklichung des Prozesses des Hocherhabenen Allgemeinen-Kosmischen-Trogoautoegokraten dient; auf deinem Planeten wird dieser Teil ,Wasser' genannt.

„Diese einhirnigen Wesen, in denen sich die besagten ‚Perlen‘ bilden, kamen früher gewöhnlich in den ‚Saljakuriapnischen‘ oder Wassergebieten vor, die das Festland Atlantis umgaben. Da aber ob der großen Perlennachfrage diese einhirnigen ‚perlentragenden‘ Wesen in Massen vernichtet wurden, gab es deren bald keine mehr in der Nähe des Kontinents Atlantis. Als darauf die dortigen Wesen, bei denen Ziel und Sinn ihres Daseins lediglich die Vernichtung dieser perlentragenden Wesen war, die nämlich — bloß zur Befriedigung ihres vollkommen unsinnigen Egoismus — diese perlentragenden Wesen vernichteten, um jenen Teil von deren allgemeinem Bestand zu erhalten, den sie Perlen nennen, keine dieser perlentragenden Wesen mehr in den Wasserregionen in der Nähe des Kontinents Atlantis finden konnten, begannen sie in anderen Wasserräumen danach zu suchen — und entfernten sich damit immer mehr und mehr von ihrem Kontinent.

„Bei solchem Suchen gelangten ihre Flöße einmal — durch mehrere Tage dauernde ‚Saljakuriapnische‘ Verschiebungen oder wie sie sagen, andauernde ‚Stürme‘ — unerwartet an einen Ort, wo es viele perlentragende Wesen gab und dieser Ort selbst die Vernichtung der perlentragenden Wesen sehr erleichterte.

„Die Wasserräume, in die die Vernichter der perlentragenden Wesen damals gerieten und wo diese Wesen in Unmengen vorkamen, waren eben jene Wasserräume, die die Gegend umgaben, die damals ‚Perlandia‘ hieß und heutzutage ‚Hindustan‘ oder ‚Indien‘ genannt wird.

„Anfangs beschäftigten sich diese besagten irdischen Fachleute, die zufällig dahin gekommen waren, lediglich damit, die ihrem Bestand bereits eigen gewordene Neigung hinsichtlich der Vernichtung dieser einhirnigen Wesen ihres Planeten in vollem Maße zu befriedigen, und erst später, nachdem sie, wie immer zufällig, herausgefunden hatten, daß es auf den benachbarten Festländern fast alles,

248

was für die gewöhnliche Seins-Existenz nötig ist, in Hülle und Fülle gab, beschlossen sie, nicht mehr nach Atlantis zurückzukehren, sondern sich dort dauernd niederzulassen.

„Nur einige aus der Zahl dieser Vernichter der perlentragenden Wesen kehrten damals nach dem Kontinent Atlantis zurück, und nachdem sie dort ihre Perlen gegen verschiedene am neuen Platz noch nicht vorhandene Gegenstände umgetauscht hatten, fuhren sie dorthin zurück und nahmen sowohl ihre eigenen Familien als auch die Familien der Dortgebliebenen mit sich.

„Später besuchten verschiedene dieser ersten Siedler jenes für diese Wesen damals ‚neuen‘ Landes von Zeit zu Zeit ihre frühere Heimat, um Perlen gegen dort nötige Artikel einzutauschen, und jedesmal brachten sie eine weitere Zahl von Wesen, entweder ihre Bluts- oder angeheirateten Verwandten oder die für ihre großen Unternehmungen nötigen Arbeiter mit.

„Und von da an, mein Junge, wurde jener Teil der Oberfläche des Planeten unter allen dreihirnigen Wesen als ‚Gesegnetes-Land‘ bekannt.

„Auf diese Weise existierten schon vor dem zweiten großen Unglück mit dem Planeten Erde auf diesem Teil des Festlandes Aschark viele Wesen vom Kontinent Atlantis, und als sich die zweite Katastrophe mit jenem Planeten zutrug, kamen viele von den zufällig geretteten Wesen aus dem Kontinent Atlantis dorthin, hauptsächlich jene, die in diesem Perlandia bereits Bluts- oder angeheiratete Verwandte hatten.

„Ob immer derselben ‚Fruchtbarkeit‘ vermehrten sie sich auch dort und bevölkerten allmählich auch diesen Teil der festen Oberfläche ihres Planeten immer mehr.

„Anfangs bevölkerten sie dort in Perlandia nur zwei bestimmte Bezirke, und zwar die Gegend an der Mündung der zwei großen Flüsse, die aus dem Inneren Perlandias sich in den großen Wasserraum ergossen, den Gegenden, in deren Nähe viele von den erwähnten perlentragenden Wesen vorkamen.

„Als aber die Bevölkerung dort stark anwuchs, bevölkerten sie nach und nach auch das Innere jenes Teiles des Kontinents Aschark, doch blieben ihre Lieblingsgegenden auch weiterhin die Täler der zwei erwähnten Flüsse.

„Also, mein Junge, als ich zum erstenmal nach Perlandia kam, beschloß ich, auch dort mein Ziel mit Hilfe der dort existierenden ‚Hawatwernoni‘ zu erreichen, das heißt durch ihre ‚Religionslehren‘.

„Es zeigte sich aber, daß es dort unter den Wesen dieser dritten Gruppe des Kontinents Aschark mehrere eigenartige ‚Hawatwernoni‘ gab und daß sie alle auf verschiedenen ganz selbständigen sogenannten ‚Religionslehren‘ begründet waren, die nichts miteinander gemein hatten.

„Aus diesem Grunde studierte ich zuerst ernstlich die dort herrschenden ‚Religionslehren‘, und nachdem ich im Laufe meiner Studien festgestellt hatte, daß eine von ihnen die meisten Anhänger hatte, richtete ich meine Hauptaufmerksamkeit auf das Studium eben dieser einen. Diese Religionslehre war auf der Lehre eines echten Gesandten UNSERES — GEMEINSAMEN — UNENDLICHEN SCHÖPFERS begründet, der später ‚Heiliger Buddha‘ genannt wurde.

„Bevor ich dir über die dreihirnigen Wesen, die gerade auf diesem Teil der Oberfläche des Planeten Erde vorkommen, weiter erzähle, scheint es mir nötig, hier, wenn auch nur kurz, einzuschalten, daß dort seit der Zeit, wo unter deinen Lieblingen die Gewohnheit, besondere ‚Seins-Hawatwernoni‘ oder ‚Religionen‘ zu haben, entstanden ist und sich einbürgerte, gewöhnlich zwei Hauptgattungen von Religionslehren existierten und noch existieren.

„Die eine Art ist die Erfindung solcher dreihirniger

Wesen, in denen aus irgendeinem Grunde ein psychisches Funktionieren entsteht, wie es Hasnamussen eigen ist, und die andere Gattung beruht auf den genauen Vorschriften, die gewissermaßen echte Gesandte von Oben gegeben haben, Gesandte, die von Zeit zu Zeit von einigen UNSEREM GEMEINSAMEN VATER nahen Helfern geschickt werden, damit sie den dreihirnigen Wesen deines Planeten beistehen, die in ihrem Bestand kristallisierten Folgen der Eigenschaften des Organs Kundabuffer zu vernichten.

„Die Religion, der die meisten Wesen des Landes Perlandia damals anhingen und auf die damals mein Hauptaugenmerk gerichtet war und von der ich dir jetzt sprechen will, war dort folgendermaßen entstanden.

„Wie ich später erfuhr, hatten sich mit der Vermehrung der dreihirnigen Wesen jener dritten Gruppe viele Wesen aus ihrer Mitte mit Hasnamussischen Eigenschaften zu verantwortlichen Wesen herangebildet und als diese Letzteren unter den übrigen Wesen dieser Gruppe mehr als üblich verderbliche Ideen zu verbreiten begannen, kristallisierte sich im Bestande der meisten dreizentrischen Wesen jener dritten Gruppe jene besondere psychische Eigenschaft, die dann einen Faktor hervorrief, der den normalen durch den ‚Hocherhabenen-Allgemein-Kosmischen-Trogoautoegokraten‘ verwirklichten ‚Stoffwechsel‘ sehr störte. Sobald dieser beklagenswerte Faktor, der wieder von ihrem Planeten ausging, von einigen Aller-Aller-heiligsten Individuen bemerkt wurde, geruhten sie ein entsprechendes heiliges Individuum eigens zu jener Gruppe von Wesen zu schicken, um ihre Seins-Existenz mehr oder weniger leidlich in Einklang mit der Existenz dieses ganzen Sonnensystems zu bringen.

„Damals eben ward das obenerwähnte heilige Individuum zu ihnen geschickt, das, nachdem es mit dem planetischen Körper eines irdischen Wesens bekleidet war, wie ich schon sagte, ‚heiliger Buddha‘ genannt wurde.

„Die Bekleidung des besagten heiligen Individuums mit dem planetischen Körper eines irdischen dreihirnigen Wesens war dort einige Jahrhunderte vor meinem ersten Besuch des Landes Perlandia verwirklicht worden."

An dieser Stelle von Beelzebubs Erzählungen wandte sich Hassin an ihn und sagte: „Mein teurer Großvater, du hast im Laufe deiner Erzählungen schon mehrmals den Ausdruck ‚Hasnamuss' gebraucht. Bisher habe ich nur aus dem Ton deiner Stimme und dem Klang des Wortes selbst verstanden, daß du mit diesem Ausdruck solche dreizentrische Wesen bezeichnest, die du immer von den andern scheidest, als ob sie ‚objektive Verachtung' verdienten.

„Sei so gut wie immer und erkläre mir die wirkliche Bedeutung und den genauen Sinn dieses Wortes."

Darauf sagte Beelzebub mit einem ihm eigenen Lächeln folgendes: „Was das ‚Typische' der dreihirnigen Wesen angeht, auf die ich dieses Wort als Definition anwende, so werde ich es dir zur rechten Zeit erklären; einstweilen merke dir nur, daß dieses Wort jeden schon ‚vollends bestimmten' allgemeinen Bestand solcher dreihirniger Wesen bezeichnet, sowohl den, der nur aus dem einen planetischen Körper besteht, als auch den, deren höhere Seins-Körper schon in ihnen bekleidet sind, in denen sich aber aus irgendeinem Grund keine Gegebenheiten für den göttlichen Impuls des ‚objektiven Gewissens' kristallisiert haben."

Nachdem Beelzebub nur dies zur Bestimmung des Wortes Hasnamuss gesagt hatte, fuhr er zu sprechen fort:

„Durch mein eingehendes Studium der erwähnten Religionslehre fand ich heraus, daß dieses heilige Individuum, nachdem es mit dem Bestand eines dreihirnigen Wesens dort endgültig bekleidet worden war, ernstlich nachdachte, wie es die ihm von Oben auferlegte Aufgabe erfüllen solle, und daß es beschloß, dies durch die Erleuchtung ihrer Vernunft zu erreichen.

„Es muß hier unbedingt vermerkt werden, daß, obgleich

zu jener Zeit im Bestande des heiligen Buddha — wie meine eingehenden Untersuchungen ebenfalls aufklärten — sich die sehr klare Einsicht kristallisiert hatte, daß die Vernunft der dreizentrischen Wesen des Planeten Erde im Prozeß ihrer anomalen Bildung schließlich zu einer ‚Instinkt-terebelnischen‘ geworden war, das heißt zu einer Vernunft, die nur durch entsprechende von außen kommende Schocks funktioniert... der heilige Buddha dessen ungeachtet beschloß, seine Aufgabe nur durch ihre für dreizentrische Wesen sonderbare Vernunft auszuführen, und deshalb vor allem ihre seltsame Vernunft durch alle möglichen objektiven Wahrheiten zu unterrichten begann.

„Zuerst versammelte der heilige Buddha viele der Häupter jener dritten asiatischen Gruppe und sprach zu ihnen folgendermaßen:

„ ‚Ihr Wesen mit einem dem All-Erschaffer-selbst-ähnlichen-Bestand!

„ ‚Durch einige all-erleuchtete und allgerecht-leitende aller-heiligste-endgültige-Resultate der Verwirklichung alles im Weltall Existierenden ist mein Wesen zu euch gesandt worden, um euch als helfender Faktor im Streben eines jeden zu dienen, sich von den Folgen jener anomalen Seins-Eigenschaften zu befreien, die aus höchst wichtigen allgemein kosmischen Nöten in den Bestand eurer Vorfahren eingeimpft worden und durch Vererbung von Geschlecht zu Geschlecht bis auf euch gelangt sind.‘

„Der heilige Buddha sprach noch einmal ausführlicher darüber, diesmal aber nur zu bestimmten, nämlich von ihm eingeweihten Wesen dort.

„Und zwar drückte er sich dieses zweite Mal in folgenden Worten aus:

„„Ihr Wesen mit einem Bestand zur Verwirklichung der Hoffnung unseres GEMEINSAMEN VATERS!

„„Fast in den ersten Anfängen der Entstehung eures Geschlechtes ereignete sich im Prozeß der normalen Existenz unseres ganzen Sonnensystems ein unvorhergesehenes Unglück, das ernste Folgen für alles Existierende nach sich zu ziehen drohte.

„ ,Den Feststellungen einiger sehr hoher aller-aller-heiligster-Individuen nach erforderte die Regulierung jenes allgemein-kosmischen Unfalls unter anderem eine gewisse Veränderung im Funktionieren des allgemeinen Bestandes deiner Vorfahren, und zwar wurde ihrem Bestand ein gewisses Organ mit besonderen Eigenschaften eingeimpft, was bewirkte, daß alles Äußere, was von ihrem Bestand wahrgenommen und für ihre eigene Bekleidung umgewandelt wurde, sich später als nicht mit der Wirklichkeit übereinstimmend herausstellte.

„ ,Als ein wenig später das normale Funktionieren eures Sonnensystems wieder hergestellt war und einige absichtlich geschaffene Verwirklichungen nicht mehr benötigt wurden, gab unser ALLERGNÄDIGSTER-GEMEINSAMER-VATER sofort den Befehl, daß diese künstlichen Mittel nicht mehr länger angewandt werden sollten und auch daß aus dem allgemeinen Bestand deiner Vorfahren das schon überflüssig gewordene Organ Kundabuffer mit all seinen besonderen Eigenschaften zu beseitigen sei; und dieser Befehl wurde sofort von den entsprechenden heiligen Individuen, die solche kosmische Verwirklichungen überwachen, ausgeführt.

„ ,Nach geraumer Zeit stellte es sich plötzlich heraus, daß, obgleich durch die erwähnten heiligen Individuen alle Eigenschaften des besagten Organs tatsächlich aus dem Bestande eurer Vorfahren beseitigt worden waren, dennoch ein bestimmtes gesetzmäßig daraus fließendes kosmisches Resultat, das man ,Veranlagung' nennt und das in jedem mehr oder weniger selbständigen kosmischen Bestand durch wiederholte Wirkung bestimmter Funktionen in ihm entsteht, nicht vorausgesehen und nicht in ihrem Bestand vernichtet worden war.

254

„‚Es stellte sich also heraus, daß durch diese ‚Veranlagung‘, die erblich auf die folgenden Geschlechter überging, in ihrem Bestande sich allmählich die Folgen vieler Eigenschaften des Organs Kundabuffer zu kristallisieren begannen.

„‚Sobald sich diese bedauernswerte Tatsache im Bestande der dreihirnigen Wesen, die auf dem Planeten Erde vorkamen, zum erstenmal zeigte, wurde mit der allerhöchsten Erlaubnis unseres GEMEINSAMEN VATERS ein passendes heiliges Individuum dorthin geschickt, damit es, mit einem Bestand wie dem euren bekleidet und durch objektive Vernunft vervollkommnet, euch in den dort waltenden Verhältnissen besser lehren und den Weg zeigen könne, aus eurem Bestand sowohl die schon kristallisierten Folgen der Eigenschaften des Organs Kundabuffer als auch die ererbten ‚Anlagen‘ zu neuen Kristallisationen auszurotten.

„‚In der Periode, in der das erwähnte heilige Individuum, bekleidet mit einem Bestande wie dem euren, und schon im Alter eines euch ähnlichen verantwortlichen dreihirnigen Wesens, selbst den gewöhnlichen Prozeß der Seins-Existenz eurer Vorfahren leitete, befreiten sich tatsächlich viele derselben vollkommen von den Folgen der Eigenschaften des Organs Kundabuffer und erlangten dadurch entweder ein persönliches ‚Sein‘ für sich selbst oder wurden normale Quellen zur Entstehung des normalen Bestandes von Nachkommen ihresgleichen.

„‚Da aber noch vor der Periode des besagten heiligen Individuums eure Existenzdauer hier durch viele von euch geschaffene fest bestehende anomale Verhältnisse der gewöhnlichen Existenz im allgemeinen anomal kurz geworden war, widerfuhr auch ihm, diesem heiligen Individuum, der Prozeß des ‚heiligen Raskuarno‘ sehr bald — das heißt auch er mußte wie ihr frühzeitig sterben, und nach seinem Tode stellten sich die früheren Verhältnisse

allmählich wieder her, einerseits ob der von ihnen eingerichteten anomalen Verhältnisse der gewöhnlichen Seins-
Existenz und anderseits ob jener üblen Eigenschaft in
eurer Psyche, die ihr ‚klügeln‘ nennt.

„‚Ob dieser besagten Eigentümlichkeit in eurer Psyche
veränderten die dortigen Wesen schon der zweiten Generation nach den Zeitgenossen des erwähnten von Oben
gesandten heiligen Individuum alles, was er erklärt und
vorgeschrieben hatte, so daß schließlich alles vollends
vernichtet wurde.

„‚Noch mehrmals verwirklichten die Aller-Aller-Heilig-
sten-Sehr-Hohen-Allgemein-Kosmischen-Endgültigen-
Resultate ein Gleiches und jedesmal wurden die gleichen
fruchtlosen Resultate erzielt.

„‚In der gegenwärtigen Periode des Zeitlaufs, in der
die anomale Seins-Existenz der dreihirnigen Wesen des
Planeten Erde, besonders der Wesen, die auf jenem Teil
der Erdoberfläche entstehen und existieren, der Perlandia
heißt, die normale harmonische Existenz dieses ganzen
Sonnensystems bereits ernstlich zu hindern beginnt, wird
mein Wesen von Oben her unter euch manifestiert, damit
es hier an Ort und Stelle in Gemeinschaft mit eurem
Wesen und unter den hier schon eingebürgerten Verhältnissen Mittel und Wege finde, um aus eurem Bestand die
Folgen auszurotten, die ob des Mangels an Voraussicht
einiger Aller-heiligster-Endgültiger-Kosmischer-Resultate
in euch vorhanden sind.‘

„Nachdem der heilige Buddha all dies gesagt hatte,
machte er es zuerst sich selbst klar und erklärte darauf
auch ihnen, indem er einfach zu ihnen redete, wie der
Prozeß ihrer Existenz gelenkt werden müsse, und wie und
in welcher Folge ihr positiver Teil die Manifestationen
ihrer unbewußten Teile bewußt leiten sollte, damit sowohl
die kristallisierten Folgen der Eigenschaften des Organs
Kundabuffer als auch die ererbte Veranlagung in ihrem

256

allgemeinen Bestand allmählich zum Verschwinden gebracht werden könnten.

„Wie ich durch meine eingehenden Nachforschungen herausfand, begannen in der Periode, in der die Psyche der Wesen jenes Teiles der Erdoberfläche von diesem echten Gesandten von Oben, dem heiligen Buddha, geleitet wurde, viele der besagten verderblichen Folgen tatsächlich aus dem Bestande vieler Wesen zu verschwinden.

„Aber zum Kummer jedes Individuums mit reiner Vernunft irgendeines Grades und zum Unglück der dreihirnigen Wesen aller folgenden Generationen auf jenem Planeten begann — durch immer dieselbe Eigentümlichkeit ihrer Psyche, nämlich das ‚Klügeln‘, das bis heute eines der Hauptresultate der Verhältnisse der dort anomal-gestalteten gewöhnlichen Seins-Existenz ist — begann bereits die auf die Zeitgenossen dieses echten von Oben Gesandten, des heiligen Buddha, folgende Generation das ‚Klügeln‘ über all seine Vorschriften und Ratschläge und ‚überklügelte‘ sie diesmal so, daß auf die Wesen der dritten und vierten Generation nur das kam, was unser hochgeschätzter Mulla-Nassr-Eddin mit folgenden Worten definiert:

„‚Nur die Kunde von dem besonderen Geruch.‘

„Sie änderten nämlich nach und nach seine Vorschriften und Ratschläge dermaßen, daß, wenn ihr heiliger Verfasser wieder dort erscheinen und sich aus irgendeinem Grunde wieder mit ihnen vertraut machen würde, er nicht einmal vermuten könnte, daß er selbst einst diese Vorschriften und Ratschläge gegeben habe.

„Ich kann nicht umhin, meinem Wesenskummer über jenen seltsamen Brauch deiner Lieblinge, der im Laufe vieler Jahrhunderte allmählich gleichsam gesetzmäßig im Prozeß ihrer gewöhnlichen Existenz geworden ist, hier Ausdruck zu verleihen.

„Auch im gegebenen Falle diente eben dieser dort bestehende und schon festeingewurzelte seltsame Brauch der

Umgestaltung aller wahren Vorschriften und genauen Ratschläge des heiligen Buddha und somit der Schaffung eines noch weiteren Faktors für eine noch größere Schwächung ihrer Psyche.

„Diese dortige schon seit langem existierende Gewohnheit besteht darin, daß eine kleine, manchmal ganz geringfügige Ursache genügt, um eine Veränderung zum Schlechteren und sogar die völlige Vernichtung alles und jedes objektiv guten, äußeren und inneren, früher erworbenen sogenannten ‚Tempos-der-gewöhnlichen-Existenz‘ zu bewirken.

„Und da, mein Junge, die Aufklärung einiger Einzelheiten der Entstehung jener geringfügigen Ursache, die in diesem Falle die Entstellung aller wahren Vorschriften und genauen Ratschläge auch dieses echten Gesandten von Oben, des heiligen Buddha, verursachte, dir als vortreffliches Material dienen mag, um die Seltsamkeit der Psyche jener dir lieben dreihirnigen Wesen zu verstehen und besser zu begreifen — so will ich dir darüber, wenn möglich, ausführlich erzählen und dir auch erklären, in welcher Reihenfolge der besagte Brauch damals entstand, der zu dem traurigen Mißverständnis führte, das dort aufzutreten begann und sich besonders jetzt dort deutlich manifestiert.

„Zuerst aber muß ich dich über die folgenden zwei Tatsachen unterrichten:

„Die erste besteht darin, daß ich mir dieses Mißverständnis erst sehr lange nach dieser Zeitperiode, auf die sich meine Erzählung hier bezieht, erklären konnte, und zwar erst in der Periode meines sechsten Verweilens dort, als es in Verbindung mit einer, den heiligen Aschiata Schiämasch — von dem ich dir auch bald ausführlich erzählen werde — betreffenden Frage nötig wurde, etwas über die Tätigkeit dieses echten Gesandten von Oben, des heiligen Buddha, herauszufinden.

„Und die zweite Tatsache ist die, daß der Anlaß zu diesem bedauernswerten Mißverständnis leider bestimmte authentische Worte aus einer der Erklärungen des heiligen Buddha selbst waren.

„Es stellte sich heraus, daß der heilige Buddha selbst sich tatsächlich im Kreise einiger seiner ihm nächsten von ihm selbst Eingeweihten im Laufe seiner Erklärungen sehr deutlich über die Mittel zur Vernichtung der erwähnten ihnen vererbten Folgen der Eigenschaften des Organs Kundabuffer geäußert hatte.

„Unter anderem hatte er ihnen damals sehr bestimmt folgendes gesagt:

„‚Eines der besten Mittel, um die in euren Naturen vorhandene Anlage zur Kristallisierung der Folgen der Eigenschaften des Organs Kundabuffer unwirksam zu machen, besteht im ‚absichtlichen Leiden‘, und das größte ‚absichtliche Leiden‘ kann in eurem Bestande dann erzielt werden, wenn ihr euch zwingt, die euch ‚unangenehmen-Manifestationen-der-anderen-euch-gegenüber‘ ruhig zu ertragen.‘

„Diese Erklärung des heiligen Buddha wurde zusammen mit anderen bestimmten Vorschriften von den ihm nächsten Eingeweihten unter den gewöhnlichen Wesen verbreitet, und nachdem ihm der heilige Raskuarno-Prozeß widerfahren war, ging auch sie von Geschlecht zu Geschlecht weiter.

„Also, mein Junge, als zum Unglück der gewöhnlichen dreizentrischen Wesen jener Periode, und auch der Wesen aller weiteren Geschlechter sogar bis auf die der Jetztzeit, wie ich dir schon sagte, die dortigen dreizentrischen Wesen der zweiten und dritten Generation nach den Zeitgenossen des heiligen Buddha, in deren Psyche seit dem Untergang von Atlantis sich jene Eigentümlichkeit eingebürgert hatte, die ‚organisch-psychisches-Bedürfnis-zu-klügeln‘ genannt wird, das ‚Klügeln‘ und ‚Überklügeln‘ über diese Ratschläge des heiligen Buddha begannen, setzte sich als Resultat davon ein sehr bestimmter Begriff dort fest und ging von Geschlecht zu Geschlecht über, daß nämlich dieses ‚Ertragen‘ in völliger Einsamkeit geschehen, solle.

„Und die Seltsamkeit der Psyche deiner Lieblinge drückte sich damals wie auch heute noch darin aus, daß sie die für jede mehr oder weniger gesunde Vernunft offensichtliche Tatsache nicht begriffen hatten und noch nicht begreifen, daß, indem der göttliche Lehrer, der Heilige Buddha, ihnen riet, ein solches Ertragen zu üben, er dabei natürlich im Sinne hatte, daß sie dieses Ertragen eben inmitten der übrigen Wesen ihresgleichen anwenden sollten, um durch das häufige Üben dieser heiligen Seins-Verwirklichung in ihrem Bestande den ihnen unangenehmen Manifestationen der Wesen ihresgleichen gegenüber jenes sogenannte ‚Trentrudianos‘, oder wie sie selbst sagen würden, jenes ‚Chemisch-physische-Resultat‘ hervorzubringen, das im Bestande aller dreizentrischen Wesen überhaupt jenes heilig ‚Seiende‘ bildet, das im allgemeinen Bestand der dreizentrischen Wesen eine der drei heiligen Kräfte des heiligen ‚Seins-Triamasikamno‘ verwirklicht; diese heilige Kraft wird in den Wesen allen in ihnen vorhandenen verneinenden Eigenschaften gegenüber stets positiv.

„Also, mein Junge, seit der erwähnte bestimmte Begriff aufgekommen war, verließen deine Lieblinge die schon bestehenden Verhältnisse ihrer gewöhnlichen Seins-Existenz, durch die die in ihrem Bestand vorhandene Anlage zur Kristallisierung der Folgen des Organs Kundabuffer höchst intensiv geworden war, in denen jedoch, wie der göttliche Lehrer Buddha dargelegt hatte, das besagte ‚Ertragen‘ der ‚einem-selbst-unangenehmen-Manifestationen‘ der andern die für alle dreizentrischen Wesen nötige Partkdolg-Pflicht in ihrem allgemeinen Bestande allein kristallisieren kann.

260

„Zwecks dieses berüchtigten ‚Leidens' gingen also viele der dreizentrischen Wesen deines Planeten entweder einzeln oder in Gruppen, das heißt mit anderen Gleichgesinnten zusammen, von den Wesen ihresgleichen weg.

„Sie gründeten sogar zu diesem Zweck besondere Kolonien, wo sie trotz des gemeinsamen Zusammenlebens doch alles so einrichteten, daß sie ihrem ‚Leiden' in Einsamkeit nachgehen konnten.

„Damals eben entstanden ihre berühmten sogenannten ‚Klöster', die bis heute dort existieren und in denen auch einige deiner heutigen Lieblinge gleichsam, wie sie sagen, ‚ihre-Seelen-retten'.

„Als ich jenes ‚Perlandia' zum erstenmal besuchte, waren, wie ich schon sagte, die meisten dreihirnigen Wesen dort Anhänger eben dieser Religion, von der es hieß, daß sie auf den genauen Ratschlägen und Vorschriften des heiligen Buddha selbst beruhe, und der Glaube an diese Religion stand in jedem von ihnen unerschütterlich fest.

„Am Anfang meiner Studien der Feinheiten dieser dortigen Religionslehre war ich noch zu keinem endgültigen Entschluß gekommen, wie ich sie für meine Zwecke nutzbar machen könnte; als ich aber im Laufe meiner Forschungen eine sehr bestimmte Auffassung, die jeder Anhänger jener Religion hatte, und im Zusammenhang damit ein weiteres Mißverständnis gewisser vom heiligen Buddha tatsächlich gebrauchter Worte entdeckte, beschloß ich sofort, daß ich auch dort durch diese ihre besondere ‚Hawatwernoni' oder ‚Religion' handeln würde.

„Es stellte sich heraus, daß der heilige Buddha ihnen in seinen Erklärungen kosmischer Wahrheiten unter anderem gesagt hatte, daß im allgemeinen die dreizentrischen Wesen, die auf verschiedenen Planeten unseres großen Weltalls existieren — und natürlich auch die dreizentrischen Wesen auf der Erde — im Grunde nichts als ein Teil jener größten Größe sind, die alles Existierende umfaßt.

„Dieses Alles-Existierende-All-Umfassende emaniert dauernd durch das ganze Weltall, und aus seinen Teilchen bekleiden sich auf allen Planeten in einigen dreizentrischen Wesen, die in ihrem allgemeinen Bestande die Fähigkeit erwerben, ein eigenes Funktionieren der beiden kosmischen Grundgesetze, des heiligen Heptaparaparschinoch und des heiligen Triamasikamno, zu haben, bestimmte Einheiten, in denen allein Objektive Göttliche Vernunft konzentriert und fixiert werden kann.

„Und dies ist in dieser Weise von UNSEREM GEMEINSAMEN SCHÖPFER dazu vorausgesehen und geschaffen worden, damit, wenn jene Teile des großen Allumfassenden, die schon durch Göttliche Vernunft vergeistigt sind, zurückkehren und wieder mit dem großen Urquell des Allumfassenden zusammenfließen, sie dann jenes Ganze bilden, auf das UNSER-ALLER-EINSSEIENDER-UNENDLICHER seine Hoffnung zur Verwirklichung des Sinnes und Strebens alles im Weltall Existierenden gesetzt hat.

„Weiterhin sagte der heilige Buddha, wie es scheint, ihnen auch noch folgendes:

„ ‚Ihr dreizentrischen Wesen des Planeten Erde, die ihr die Möglichkeit habt, in euch die beiden heiligen universellen-Haupt-und-Grundgesetze zu erwerben, ihr habt auch eine volle Möglichkeit, euch mit diesem heiligsten Teil des großen Alles-Existierende-Allumfassenden zu bekleiden und es durch die erforderliche göttliche Vernunft zu vervollkommnen.

„ ‚Und dieses große Allumfassende-Alles-Umfaßten heißt heiliges ‚Prana‘.‘

„Diese ganz bestimmte Erklärung des heiligen Buddha wurde von seinen Zeitgenossen sehr gut begriffen, und viele von ihnen begannen, wie ich schon sagte, eifrig danach zu streben, zuerst die Teilchen dieser größten Größe in ihren Bestand aufzunehmen und später sie mit Göttlicher Objektiver Vernunft auszustatten.

„Als aber die zweite und dritte Generation nach den Zeitgenossen des heiligen Buddha seine Erklärungen der kosmischen Wahrheiten durchklügelten, erklügelten sie mit ihrer sonderbaren ,Vernunft' und verbreiteten eine sehr bestimmte Vorstellung, nämlich, daß derselbe ,Herr-Prana' in ihnen sofort bei ihrem Entstehen vorhanden sei.

„Diesem Mißverständnis zufolge bildeten sich die Wesen jener Periode und die aller folgenden Generationen und bilden sich auch die der heutigen Periode ein, daß sie ohne ,Seins-Partkdolg-Pflicht' schon Teilchen jener größten Größe sind, die der heilige Buddha selbst sehr bestimmt erklärt hatte.

„Also, mein Junge, sobald ich dieses Mißverständnis aufgeklärt und einwandfrei festgestellt hatte, daß alle Wesen jenes Landes Perlandia ohne Ausnahme davon überzeugt waren, daß sie schon Teilchen des ,Herrn-Prana' selbst sind, beschloß ich sofort, dieses Mißverständnis zu gebrauchen, um auch dort mein Ziel durch diese ihre Religion zu erreichen.

„Bevor ich weiter darüber rede, muß ich noch hervorheben, daß meine persönlichen eingehenden Forschungen über diese selben Erklärungen des heiligen Buddha — darüber nämlich, daß er behauptet haben soll, daß die Wesen schon bei ihrer Entstehung ein Teilchen der größten Größe in sich haben — ganz eindeutig erwiesen, daß er dies ganz unmöglich gesagt haben kann.

„Und er konnte es deshalb nicht gesagt haben, weil, wie dieselben eingehenden Forschungen mir zeigten, der heilige Buddha einmal in der Gegend ,Senkuori' im Kreise seiner ergebenen Schüler deutlich folgendes sagte:

„,Wenn sich dieses heiligste Prana in euch kristallisiert, bewußt oder unbewußt seitens eures ,Ich', müßt ihr unbe-

dingt die Vervollkommnung der individuellen Vernunft
seiner heiligsten Atome insgesamt bis zum erforderlichen
Grade durchführen, andernfalls muß diese heiligste Bekleidung verschiedene äußere Bekleidungen annehmen
und für immer leiden und schmachten.'

„Übrigens waren sie auch schon zuvor durch ein anderes
heiliges Individuum gewarnt worden, das auch ein echter
Gesandter von Oben war, nämlich durch den heiligen
Kirmininascha.

„Und dieser Heilige und echte Gesandte verlieh seiner
Warnung mit folgenden Worten Ausdruck:

„ ‚Selig, wer eine Seele hat; selig, wer keine Seele hat;
aber Unglück und Kummer dem, der sie im Keimen hat.'

„Als ich dann, mein Junge, dies dort in Perlandia herausgefunden hatte, beschloß ich sofort, ihren Irrtum zur
Erlangung meines Zieles zu gebrauchen.

„Wie in der Stadt Gob erfand ich auch in Perlandia
‚einen ausführlichen Zusatz' zu der erwähnten Religionslehre und begann später meine Erfindung auf jede erdenkliche Art und Weise zu verbreiten.

„Ich begann dort in Perlandia zu verbreiten, daß das
‚Heiligste Prana', das unser göttlicher Lehrer, der heilige
Buddha, erklärt hatte, nicht nur in uns Menschen vorhanden ist, sondern auch in allen übrigen Wesen, die auf
unserem Planeten Erde entstehen und existieren.

„Ein Teilchen jenes größten-Großen-Allumfassenden,
nämlich ‚das heilige Prana', dringt von Anfang an in die
Wesen jeder Art und Form ein, die auf der Oberfläche
und im Innern des Planeten vorkommen, im Wasser sowohl als auch in der Atmosphäre.

„Hier muß ich leider sagen, mein Junge, daß ich damals
mehr als einmal betonen mußte, daß diese Worte aus dem
Munde des heiligen Buddha selbst gekommen waren.

„Einige Wesen dort, mit denen ich inzwischen ‚freund-
schaftliche' Beziehungen hergestellt hatte und die ich zu-

erst von dieser Erfindung überzeugte, schenkten ihr ohne Diskussion sofort vollen Glauben und halfen mir später, natürlich unbewußt, sehr wirkungsvoll, diese meine Erfindung zu verbreiten.

„Auch dort bewiesen diese meine Freunde immer und überall eifrig und leidenschaftlich anderen Wesen ihresgleichen, daß dem eben so sei und daß es nicht anders sein könne.

„Kurzum, ich erzielte durch diese zweite Erfindung unerwartet und rasch dort in Perlandia sehr erwünschte Resultate.

„Auch dort in Perlandia änderte meine Erfindung das Wesens-Verhalten deiner Lieblinge den Wesen anderer Form gegenüber, so daß sie nicht nur aufhörten, deren Existenz zu ihrer berüchtigten Opfer-Darbringung zu vernichten, sondern sogar begannen, mit ihrem ganzen Sein die Wesen anderer Formen für Wesen ihresgleichen zu halten.

„Wenn all das so weitergegangen wäre, wäre es schon recht gut gewesen, aber bald begannen sie auch dort, wie im Lande Maralplässie, wie es ihnen eigen ist, zu ‚klügeln‘, und viele andere komische Aspekte ihrer ‚Hawatwernoni‘ zu manifestieren.

„So konnte man zum Beispiel ein Vierteljahr nach dem Beginn meiner Predigt auf den Straßen der Stadt Kaiamon auf Schritt und Tritt Wesen sehen, die auf sogenannten ‚Stelzen‘ gingen.

„Und sie gingen auf Stelzen, um ja nicht zufällig ein Insekt oder, wie sie dachten, ein ‚kleines Wesen‘ ihresgleichen zu zertreten.

„Viele von ihnen fürchteten Wasser zu trinken, das nicht soeben aus einer Quelle oder einem Fluß gekommen war, weil sie glaubten, daß in das Wasser, das schon lange aus einer Quelle oder einem Fluß genommen war, vielleicht kleine Wesen hineingeraten sein konnten, und daß sie, ohne es zu bemerken, diese ‚armen-kleinen-ihnen-ähnlichen-Geschöpfe‘ unvermutet verschlucken könnten.

„Aus gleicher Vorsicht begannen viele von ihnen, sogenannte ‚Schleier‘ zu tragen, damit diese ‚armen-kleinen-ihnen-ähnlichen-Wesen‘ in der Luft nicht zufällig ihnen in Mund oder Nase geraten sollten, und so fort und so weiter.

„Von da entstanden dort in Perlandia sowohl in der Stadt Kaiamon als auch in ihrer Umgegend verschiedene Gesellschaften, deren Ziel die Verteidigung ‚schutzloser-Wesen‘ verschiedener Form war, sowohl der unter ihnen existierenden als auch der sogenannten ‚wilden‘.

„Nach den Regeln all dieser Gesellschaften war nicht nur die Vernichtung dieser Wesen zur ‚Darbringung von Opfern‘ verboten, sondern auch der Gebrauch ihrer planetischen Körper als ‚erste Nahrung‘.

„Ach, Aaaach... mein Junge!

„Die absichtlichen Leiden und bewußten Bemühungen auch dieses heiligen Individuums, des heiligen Buddha, der eigens ihretwillen mit einem ihnen ähnlichen planetischen Bestand verwirklicht worden war, waren und sind noch immer bloß ob der Seltsamkeit ihrer Psyche vergebens und haben bisher keine wirklichen gesetzmäßig erwarteten Resultate verwirklicht, sondern sie haben bis jetzt nur fortdauernd verschiedene ‚Pseudo-Lehren‘ hervorgebracht, in der Art derer, die in der letzten Zeit unter den Namen ‚Okkultismus‘, ‚Theosophie‘, ‚Spiritismus‘, ‚Psycho-Analyse‘ und so weiter wie früher so auch jetzt nur Mittel zur Verwirrung ihrer schon ohnedies verwirrten Psyche sind.

„Es braucht kaum gesagt zu werden, daß von den Hinweisen auf verschiedene Wahrheiten, die der heilige Buddha selbst gegeben hatte, absolut nichts übrig blieb und nichts bis auf die Wesen der Jetztzeit gelangte.

„Einzig ein halbes seiner Worte gelangte bis auf die heutigen Wesen jenes unvergleichlichen Planeten.

266

„Und dieses halbe Wort gelangte auf folgende Weise zu ihnen.

„Unter anderem hatte der heilige Buddha den Wesen in Perlandia erklärt, wie und an welcher Stelle ihres Körpers das besagte berüchtigte Organ Kundabuffer bei ihren Ahnen angebracht gewesen war.

„Er sagte ihnen, daß dieses Organ in ihren Ahnen durch den Erzengel Luisos am äußersten Ende jenes Gehirns eingepflanzt worden war, das in ihnen wie in dir von der Natur den Rücken entlang, in das sogenannte ‚Rückgrat‘ gelegt worden ist.

„Der heilige Buddha sagte damals auch noch, wie ich ebenfalls feststellte, daß, obgleich die Eigenschaften dieses Organs vollständig in ihren Vorfahren vernichtet worden waren, doch die materielle Bildung‘ dieses Organs am unteren Ende dieses Gehirns verblieb. Und diese materielle Bildung, die von Geschlecht zu Geschlecht vererbt wurde, hatte auch sie erreicht.

„ ‚Diese materielle Bildung‘, sagte er, hat jetzt in euch keinerlei Bedeutung mehr und kann mit der Zeit völlig vernichtet werden, wenn eure Seins-Existenz so vor sich geht, wie es sich für dreizentrische Wesen ziemt.‘

„Und gerade damals begannen sie zu ‚klügeln‘ und verschiedene Formen jenes berüchtigten ‚Leidens‘ zu erfinden, wobei sie ihr gewöhnliches Spiel mit diesem Worte trieben.

„Da nämlich die Wurzel der zweiten Hälfte dieses Wortes mit einem Wort ihrer damaligen Sprache zusammenfiel, das ‚Reflexion‘ bedeutete, und da sie auch ein Mittel erfunden hatten, um die besagte materielle Bildung schneller zu vernichten, nicht nur durch die Wirkung der Zeit allein, wie ihnen der heilige Buddha gesagt hatte — so klügelten sie mit ihrer kurzgeschorenen Vernunft auch über dieses Wort in der Art der folgenden Überlegungen: solange nämlich dieses Organ in Wirkung war, sollte es auch die Wurzel des Wortes ‚Reflexion‘ in sich haben;

seit sie aber sogar seine materielle Basis angeblich vernichtet hatten, sollte dieses Wort mir der Bezeichnung ‚früher' enden, und da früher in ihrer Umgangssprache ‚Lina' hieß, änderten sie die zweite Hälfte dieses Wortes und ersetzten das Wort ‚Reflexion' mit dem Wort ‚Lina' und erhielten so an Stelle des Wortes Kundabuffer das Wort Kundalina.

„So blieb eine Hälfte des Wortes Kundabuffer übrig und gelangte, von Geschlecht zu Geschlecht übergehend, schließlich bis auf deine heutigen Lieblinge, zusammen natürlich mit tausendundeiner verschiedenen Erklärung.

„Sogar die modernen ‚Gelehrten' haben ebenfalls einen Namen für diesen Teil des Rückenmarks aus sehr wunderlichen lateinischen Wurzeln zusammengesetzt.

„Die ganze sogenannte ‚Indische-Philosophie' gründet sich ebenfalls auf diese berüchtigte Kundalina, und es gibt über dieses Wort selbst tausend verschiedene höchst geheime und allergeheimste ‚Wissenschaften', die nichts erklären.

„Wie aber die modernen irdischen Gelehrten der exakten Wissenschaften die Bedeutung jenes Teiles des Rückenmarkes erklären, so ist das schon, mein lieber Junge, ein recht tiefes Geheimnis.

„Und es ist deshalb ein Geheimnis, weil diese Erklärung vor einigen Jahrhunderten plötzlich ohne Grund in dem Lieblings-Muttermal der berühmten Scheherazade zum Vorschein kam, das sich bei dieser unvergleichlichen arabischen Phantasiererin zufällig auf der rechten Seite ihres bewunderungswürdigen Nabels befand.

„Und dort wird diese wissenschaftliche Erklärung unversehrt aufbewahrt.

„Als ich völlig überzeugt war, daß es mir so leicht gelungen war, die Vernichtung jenes schrecklichen Brauches für lange Zeit unter den Wesen jener Gruppe dort in Perlandia zu erreichen, beschloß ich, nicht länger dort zu verweilen, sondern wieder zum ‚Gesegneten-Meer‘ auf unserm Schiff Okkasion zurückzukehren.

„Als wir endgültig von Perlandia aufbrachen, hatte ich plötzlich Lust zum Gesegneten Meer nicht auf dem gleichen Wege, auf dem wir gekommen waren, zurückzukehren, sondern auf einem anderen, in jenen Tagen ganz ungewöhnlichen Wege.

„Ich beschloß nämlich, durch die Gegend zurückzukehren, die später ‚Tibet‘ hieß.“

XXII. Kapitel

BEELZEBUB ZUM ERSTENMAL IN TIBET

„Da die damals geplante Reiseroute in jenen Zeiten für
irdische dreihirnige Wesen noch ganz ungewöhnlich war,
konnten wir nicht damit rechnen, daß wir uns zufällig
einer ‚Karawane‘ anschließen könnten. Somit war ich darauf angewiesen, meine eigene Karawane zu organisieren, und ich fing noch am selben Tage an, alles dafür
Erforderliche vorzubereiten und anzuschaffen.

„Ich erwarb damals mehrere Dutzend vierfüßiger Wesen: ‚Pferde‘, ‚Esel‘, ‚Maulesel‘, ‚Tschamianische Ziegen‘
und so weiter, und mietete eine Anzahl deiner zweifüßigen Lieblinge, die für die aufgezählten Wesen zu sorgen
und die halbbewußten Arbeiten unterwegs auf dieser
Reiseroute zu verrichten hatten.

„Nachdem alles Nötige angeschafft war, brach ich, von
Ahun begleitet, auf.

„Diesmal durchquerten wir noch sonderbarere Gegenden und kamen durch noch ungewöhnlichere Teile der allgemeinen Natur dieses unseligen Planeten; und diesmal
stießen wir auch auf eine größere Anzahl einhirniger und
zweihirniger Wesen verschiedener Form oder, sagen wir,
es gelangten in unseren Gesichtskreis solche ein- und zweihirnige Wesen, die dort ‚wild‘ genannt werden und die in
jenen Tagen aus sehr entfernten Gegenden des Kontinents
Aschark dorthin kamen, um, wie man dort sagt, ‚zu jagen‘.

„Diese besagten ‚wilden‘ Wesen waren in jener Periode
besonders ‚gefährlich‘ für die dreizentrischen Wesen dort
und auch für jene Formen vierfüßiger Wesen, die deine

270

Lieblinge mit der ihnen eigenen Schlauheit sich schon zu Sklaven zu machen verstanden hatten und die sie zwangen, ausschließlich für die Befriedigung ihrer egoistischen Bedürfnisse zu arbeiten.

„Besonders gefährlich aber waren damals die besagten dortigen ‚wilden Wesen‘ deshalb, weil sich gerade in jener Periode im Bestand jener wilden Wesen eine besondere Funktion kristallisierte, die auch durch die anomal eingerichteten Verhältnisse der Seins-Existenz der dreihirnigen Wesen dort entstanden war, eine besondere Funktion, die ich dir zur rechten Zeit ausführlich erklären werde.

„Die Gegenden, durch die unser Weg diesmal führte, waren in jener Periode für dreihirnige Wesen vor allem ob dieser ‚wilden‘ Wesen fast unzugänglich.

„Damals durften dreihirnige Wesen sich durch jene Gegenden, wenn überhaupt, so nur, wie sie sagen, ‚am Tage‘ wagen, das heißt zur Zeit, wenn in der Atmosphäre ihres Planeten mit dem aktiven Elemente Okidanoch der Prozeß ‚Aieioiuëa‘ vor sich geht.

„Und sie konnten sich deshalb ‚am Tage‘ durchwagen, weil zu dieser Zeit der ‚krentonalen‘ Lage ihres Planeten in seiner Stellung zu den Strahlen seiner Sonne fast alle ‚wilden‘ irdischen Wesen in dem Seins-Zustand sich befinden, der ‚Schlaf‘ genannt wird, nämlich in einem Zustand der automatischen Herstellung jener Energie in ihrem Bestande, die für ihre gewöhnliche Existenz nötig ist, und diese Herstellung der Energie geschieht eben am Tag in ihnen, wogegen in den dreizentrischen Wesen dort das gleiche nur dann hergestellt wird, wenn der erwähnte heilige Prozeß nicht in der Atmosphäre vor sich geht, das heißt, zu jener Periode im Taglauf, die sie ‚Nacht‘ nennen.

„Also, mein Junge, aus diesem Grunde konnten deine Lieblinge damals durch diese Gegenden nur am Tage gehen. Des Nachts waren große Wachsamkeit und der

Gebrauch aller möglichen Barrieren zum Schutze sowohl ihrer selbst als auch ihrer ‚Habe' vor diesen wilden Wesen erforderlich.

„In dieser Periode der erwähnten ‚Krentonal'-Lage des Planeten Erde sind die wilden Wesen dort vollkommen wach und verzehren ihre erste ‚Seins-Nahrung'. Und da sie in jener Periode schon daran gewöhnt waren, fast nur die planetischen Körper schwächerer auch auf ihrem Planeten entstandener Wesen anderer Formen dazu zu gebrauchen, so suchten sie immer in dieser Periode sich eines Wesens zu bemächtigen, um seinen planetischen Körper zur Befriedigung ihrer Bedürfnisse zu benutzen.

„Diese ‚wilden' Wesen, besonders die kleinsten von ihnen, waren zu jener Zeit schon — natürlich ebenfalls ob der anomal eingerichteten Verhältnisse der gewöhnlichen Seins-Existenz der dreihirnigen Wesen — sowohl was Auffassungsfähigkeit als auch Schlauheit anbelangt, bis zum Ideal vervollkommnet.

„Deshalb mußten wir und besonders unsere Arbeiter für halbbewußte Arbeiten diese ganze Reise hindurch höchst vorsichtig und wachsam sein, um uns selbst, unsere vierfüßigen Arbeiter und unseren Proviant zu bewachen.

„Des Nachts sammelte sich gewöhnlich eine ganze ‚Bande' dieser wilden Wesen um unseren Lagerplatz herum, um irgend etwas Passendes dort für ihre erste Nahrung zu erwerben, eine ‚Bande' in der Art einer ‚Bande' deiner Lieblinge bei der sogenannten ‚Notierung der Börsen-Preise' oder bei der ‚Wahl' von Repräsentanten für irgendeine Gesellschaft, deren nomineller Zweck die gemeinsame Auffindung eines Mittels für die glückliche Existenz aller Wesen ihresgleichen ist, ohne Unterschied ihrer berüchtigten Kasten.

„Obgleich wir immer die ganze Nacht hindurch Holzblöcke brannten, die mit heller Flamme loderten, um diese ‚wilden' Tiere abzuschrecken, und obgleich unsere zwei-

272

füßigen Arbeiter, entgegen unserem Verbot, mit vergifteten Pfeilen, den sogenannten ‚Kilnapara‘, die Wesen, die unserem Lagerplatze zu nahe kamen, vernichteten, verging doch keine einzige Nacht, in der nicht, was man dort ‚Tiger‘, ‚Löwen‘ und ‚Hyänen‘ nennt, eines oder mehrere unserer vierfüßigen Wesen wegtrugen, weshalb ihre Zahl mit jedem Tag abnahm.

„Dieser Rückweg zum ‚Gesegneten-Meer‘ kostete uns zwar viel mehr Zeit als der, auf dem wir gekommen waren, aber alles, was wir damals auf dieser Reise durch jene Gegenden hinsichtlich der Seltsamkeit der Psyche deiner Lieblinge zu sehen und zu hören bekamen, rechtfertigte vollkommen diesen Zeitverlust.

„In diesen Bedingungen reisten wir mehr als einen ‚Monat‘ — nach ihrer Zeit — und stießen schließlich auf eine kleine Siedlung dreihirniger Wesen, die, wie es sich später herausstellte, erst kurz zuvor aus Perlandia dorthin übersiedelt waren.

„Diese Siedlung hieß ‚Sinkratorza‘, und als sich diese Gegend später bevölkerte und der gleiche Platz zum Hauptpunkt aller Wesen jenes Bezirkes wurde, nannte man das ganze Land mit diesem Namen.

„Später änderte sich der Name dieser Gegend öfters und heutzutage heißt sie ‚Tibet‘.

„Da wir die besagten Wesen gerade beim Anbruch der Nacht trafen, baten wir sie, wie man dort sagt, ‚um ein Nachtlager‘.

„Und als sie uns gestatteten, die Nacht unter ihrem Zelt zu verbringen, freuten wir uns sehr auf die uns bevorstehende ruhige Nacht, denn tatsächlich waren wir alle durch den beständigen Kampf mit den wilden Tieren sehr erschöpft, so daß sowohl wir als auch unsere zweifüßigen Arbeiter es dringend nötig hatten, wenigstens eine Nacht in Frieden zu verbringen.

„Im Laufe der Abendunterhaltung stellte es sich heraus,

daß alle Wesen dieser Siedlung zu einer damals in Perlandia unter dem Namen der ‚Selbstbezwinger‘ bekannten
Sekte gehörten, die sich aus der Zahl der Anhänger eben
jener Religion gebildet hatte, die, wie ich dir schon sagte,
angeblich auf den unmittelbaren Vorschriften des heiligen
Buddha begründet war.

„Es wird nicht schaden, in diesem Zusammenhang zu
erwähnen, daß die Wesen jenes Planeten noch eine andere
Eigentümlichkeit besitzen, die schon lange zuvor nur ihnen
eigen geworden war und die darin besteht, daß, sobald
irgendeine neue ‚Hawatwernoni‘ oder Religion unter ihnen
entsteht, die Anhänger dieser Religion sich sofort in verschiedene Parteien spalten, von denen jede sehr bald
wieder ihre eigenen sogenannten ‚Sekten‘ bildet.

„Die besondere Seltsamkeit dieser ihrer Eigentümlichkeit besteht darin, daß die, die zu irgendeiner Sekte
gehören, sich niemals ‚Sektierer‘ nennen, sondern diesen
Namen für eine Beleidigung halten und ihn nur den
Wesen geben, die nicht ihrer Sekte angehören.

‚Und auch für andere Wesen sind die Anhänger einer
Sekte nur solange Sektierer, solange sie keine ‚Kanonen‘
und ‚Schiffe‘ haben; sobald sie aber in den Besitz einer
genügenden Zahl von Kanonen und Schiffen kommen,
wird ihre besondere Sekte zur herrschenden Religion.

„Die Wesen dieser Siedlung wie auch die vieler anderer
Gegenden Perlandias waren Sektierer geworden, indem
sie sich von der Religion abgesondert hatten, deren Lehre
ich, wie ich dir schon sagte, ausführlich dort studierte
und die später ‚Buddhismus‘ genannt wurde.

„Diese Sektierer, die sich ‚Selbstbezwinger‘ nannten,
entstanden durch eine entstellte Auffassung der buddhistischen Religion, die sie, wie ich dir schon sagte, ‚Leiden in Einsamkeit‘ nannten.

„Diese Wesen, bei denen wir übernachteten, hatten sich
deshalb so weit von ihren eigenen Leuten entfernt, um sich

diesem besagten gepriesenen ‚Leiden‘ zu überlassen, ohne von anderen ihresgleichen darin gestört zu werden.

„Da alles, mein Junge, was ich in jener Nacht erfuhr und am folgenden Tage von den Anhängern dieser Sekte zu sehen bekam, einen so schmerzlichen Eindruck auf mich machte, daß ich mich für viele ihrer Jahrhunderte nicht ohne das, was ‚Schaudern‘ genannt wird, daran erinnern konnte, bis ich mir viel später die Ursachen der Seltsamkeit der Psyche dieser deiner Lieblinge vollends erklären konnte —, möchte ich dir gern alles, was ich damals sah und erfuhr, ausführlich erzählen.

„Die Häupter dieser neuen Sekte der buddhistischen Religion hatten, wie ich damals bei diesem Gespräch in der Nacht herausfand, noch vor der Übersiedlung der Anhänger dieser neuen Sekte in Perlandia eine besondere Form von ‚Leiden‘ erfunden, sie hatten nämlich beschlossen, sich auf irgendeinem unzugänglichen Ort niederzulassen, wo sie nicht von anderen Wesen ihresgleichen, die nicht ihrer Sekte angehörten und nicht in ihr Geheimnis eingeweiht waren, in dem von ihnen eigens erfundenen ‚Leiden‘ gestört werden konnten.

„Als sie nach langem Suchen schließlich jenen Platz gefunden hatten, zu dem wir zufällig gelangten, einen Platz, der ihrem Zweck gut entsprach, siedelten sie sich, schon wohl organisiert und materiell sichergestellt, mit ihren Familien unter großen Schwierigkeiten an diesem für ihre gewöhnlichen Landsleute schwer zugänglichen Platz an und nannten ihn damals zuerst, wie ich dir schon sagte, ‚Sinkratorza‘.

„Anfangs, solange sie sich auf diesem neuen Platz einrichteten, herrschte noch mehr oder weniger Übereinstimmung unter ihnen; als sie aber zur praktischen Ausführung der besonderen Form des von ihnen erfundenen ‚Leidens‘ schreiten wollten und ihre Familien und besonders ihre Frauen erfuhren, worin es bestand, widersetzten sich diese und machten einen großen Skandal, dessen Ergebnis ein — Schisma war.

„Dieses Schisma hatte unter ihnen kurz vor unserem zufälligen Zusammentreffen mit ihnen stattgefunden, und zu der Zeit, da wir in dieses Sinkratorza kamen, hatten sie schon begonnen, nach anderen, kürzlich von ihnen entdeckten Orten überzusiedeln, die ihnen für eine abgesonderte Existenz noch passender erschienen.

„Zum klaren Verständnis des Folgenden mußt du die Hauptursache der Glaubenstrennung zwischen diesen Sektierern kennenlernen.

„Es scheint, daß die Führer dieser Sekte noch in Perlandia untereinander ausgemacht hatten, von den Wesen ihresgleichen wegzugehen und, ohne sich durch etwas abhalten zu lassen, ihre Befreiung von den Folgen jenes Organs zu erreichen, von dem der göttliche Lehrer, der heilige Buddha, gesprochen hatte.

„In ihren Abmachungen war vorgesehen, daß sie auf eine bestimmte Weise bis zur endgültigen Vernichtung ihres planetischen Körpers, oder, wie sie sagen, bis zu ihrem Tode existieren sollten, damit, wie sie sagten, ihre ‚Seele‘ durch diese besondere Existenzform von allen fremden Auswüchsen gereinigt werde, die von jenem Organ Kundabuffer herkamen, das — wie der heilige Buddha gesagt hatte — ihre Vorfahren besessen hatten, und um nach der Befreiung von diesen Folgen die Möglichkeit zu erwerben, sich — wie der heilige Buddha gesagt hatte — mit dem ‚Allesumfassenden heiligen Prana‘ zu vereinen.

„Als sie aber, wie ich schon erzählte, sich dort angesiedelt hatten und sich zur praktischen Ausführung der besonderen Form des von ihnen erfundenen ‚Leidens‘ anschickten, sich dann aber ihre Frauen, nachdem sie den eigentlichen Sinn dieses Leidens erfahren hatten, widersetzten und sich darauf viele von ihnen unter dem Einfluß ihrer Frauen weigerten, die in Perlandia übernommenen

276

Verpflichtungen auszuführen, spalteten sie sich eben in zwei selbständige Parteien.

„Daraufhin hatten diese Sektierer, die zuvor ‚Selbstbezwinger‘ hießen, schon verschiedene Namen, und zwar hießen jene Selbstbezwinger, die den auf sich genommenen Verpflichtungen treu blieben, ‚Orthodox-Heiduraki‘, während die übrigen, die gewisse in ihrer Heimat übernommene Verpflichtungen aufgaben, ‚Katoschki-Heiduraki‘ genannt wurden.

„Zur Zeit unserer Ankunft in Sinkratorza hatten jene Sektierer, die ‚Orthodox-Heiduraki‘ hießen, ein gut organisiertes sogenanntes ‚Kloster‘, nicht weit von ihrem anfänglichen Siedlungsplatz, und dort war die besagte besondere Form von ‚Leiden‘ in vollem Gange.

„Als wir nach einer ruhig verbrachten Nacht am anderen Tage unsere Reise fortsetzten, kamen wir an dem Kloster jener Sektierer der buddhistischen Religion, den Anhängern der Orthodox-Heidurakischen Glaubenslehre, vorbei.

„Da wir zu dieser Tageszeit gewöhnlich Halt machten, um unsere vierfüßigen Arbeiter zu füttern, baten wir die Mönche, uns zu erlauben, im Schutze ihres Klosters Halt zu machen.

„So seltsam und ungewöhnlich es auch sein mag, schlugen die dortigen Wesen, die den Namen Mönch führten, unsere im objektiven Sinne gerechtfertigte Bitte nicht ab, sondern gewährten sie uns sofort, ohne jegliches ‚Großtun‘, das sonst den Mönchen aller Jahrhunderte und aller Sekten dort eigen ist. Und auf diese Weise gelangten wir damals unverhofft in das Zentrum jener Sphäre der Geheimnisse ihrer Glaubenslehre, in der es sich die Wesen des Planeten Erde von den ersten Anfängen ihrer Entstehung an von Zeit zu Zeit sehr angelegen sein lassen, sich vor der Beobachtung sogar von Individuen mit reiner Vernunft zu verbergen.

„Mit anderen Worten, sie hatten es sich angelegen sein lassen, etwas zu ‚erklügeln‘ und daraus, wie sie sagen, ein ‚Geheimnis‘ zu machen und dieses ‚Geheimnis‘ vor anderen durch alle erdenklichen Mittel zu verbergen, so daß selbst Wesen mit reiner Vernunft diese verborgenen Geheimnisse nicht entdecken konnten.

„Das Kloster dieser ‚Orthodox-Heidurakischen‘ Sekte der buddhistischen Religion nahm einen großen Platz ein und hatte eine stark befestigte Mauer rundum zum Schutze vor Wesen ihresgleichen und vor ‚wilden‘ Wesen.

„In der Mitte dieses enorm stark ummauerten Platzes stand ein großer, auch stark ummauerter Bau, der eben den Hauptteil des Klosters darstellte.

„In der einen Hälfte dieses großen Gebäudes verlief ihre gewöhnliche Seins-Existenz, während sie in der anderen jene besonderen Übungen verrichteten, die eben die Eigentümlichkeit der Glaubensform der Anhänger jener Sekte und ein Geheimnis für die anderen waren.

„Der inneren Seite der äußeren Mauer entlang standen eine Reihe kleiner fest ummauerter Abteilungen wie ‚Zellen‘.

„Diese Zellen eben machten den Unterschied zwischen diesem Kloster und den anderen Klöstern des Planeten Erde im allgemeinen aus.

„Diese schilderhausartigen Zellen waren auf allen Seiten vollkommen ummauert und nur an ihrem unteren Teile war eine kleine Öffnung, durch die man mit großer Mühe die Hand durchstecken konnte.

„Und diese schilderhausartigen starken Gebäude waren dazu da, um die schon ‚verdienten‘ Wesen dieser Sekte auf immer einzumauern, und darin beschäftigen sie sich dann bis zur völligen Vernichtung ihrer planetischen Existenz mit gewissen Manipulationen mit ihren sogenannten ‚Gefühlen‘ und ‚Gedanken‘.

„Als die Frauen der ‚Selbstbezwinger‘-Sektierer eben

278

davon erfuhren, machten sie den erwähnten großen Aufruhr.

„In der Hauptglaubenslehre dieser Sekte gab es eine vollständige Erklärung über Dauer und Art der Manipulationen, die man vornehmen müsse, um schließlich zu verdienen, in einer dieser fest ummauerten Zellen eingemauert zu werden, wo jeder täglich nur ein Stück Brot und einen Krug Wasser erhielt.

„Als wir hinter die Ummauerung jenes schrecklichen Klosters gelangten, waren alle diese entsetzlichen Zellen schon besetzt, und das Bedienen der Eingemauerten, nämlich einmal täglich durch die erwähnten kleinen Öffnungen ein Stück Brot und einen schmalen Krug Wasser hindurchzustecken, wurde mit großer Andacht von den Sektierern ausgeführt, die Kandidaten für jene Einmauerung waren und die in der Wartezeit, bis sie an die Reihe kamen, in dem besagten Gebäude existierten, das in der Mitte des Klosterplatzes stand.

„Deine eingemauerten Lieblinge existierten tatsächlich in den besagten entsetzlichen Grüften, bis ihre unbewegliche, halb verhungerte Existenz voller Entbehrungen gänzlich endete.

„Sobald die Gefährten der Eingemauerten erfuhren, daß einer von ihnen zu existieren aufgehört hatte, entfernten sie seinen planetischen Körper aus der improvisierten Gruft und mauerten an Stelle des Wesens, das sich so vernichtet hatte, einen anderen unseligen Fanatiker dieser übelbringenden Religionslehre ein, und sein Platz wurde von einem anderen Mitglied dieser sonderbaren Sekte besetzt, von denen immer neue aus Perlandia kamen.

„In Perlandia wußten schon alle Anhänger jener Sekte von der Existenz jenes besonderen Platzes, der so ‚bequem' zur Verwirklichung des letzten Akkordes ihrer Religionslehre, die angeblich auf den genauen Vorschriften des heiligen Buddha beruhte, geeignet war, ja, es gab sogar in allen großen Punkten sogenannte ‚Agenten‘, die denen halfen, die dorthin gelangen wollten.

„Nachdem wir uns ausgeruht und unsere zwei- und vierfüßigen Arbeiter gefüttert hatten, verließen wir diesen traurigen Ort der Opfer jenes elenden Organs, das nach den Überlegungen gewisser heiliger kosmischer Individuen aus irgendeinem Grunde unbedingt dem Bestande der früheren dreihirnigen Wesen jenes unglückseligen Planeten hatte eingeimpft werden müssen.

„Ach, ach, ach! Mein Junge, wir gingen von dort, wie du dir vorstellen kannst, mit nicht allzu angenehmen Empfindungen und keineswegs fröhlichen Gedanken weg.

„Wir setzten unsere Reise in der Richtung zum ‚Gesegneten Meer‘ hin fort und kamen wieder an sehr verschiedenartigen Formen von Festlandserhebungen vorbei, auch an Konglomeraten von inplanetischen Mineralien, die aus großen Tiefen auf die Oberfläche des Planeten getrieben worden waren.

„Hier muß ich etwas außerordentlich Sonderbares erwähnen, das ich festgestellt habe und das mit jenem Teil der Oberfläche deines Planeten zusammenhängt, der ‚Tibet‘ heißt.

„Als ich in jener Periode nämlich zum erstenmal durch Tibet zog, ragten seine Erhebungen zwar auch schon ungewöhnlich hoch über die Oberfläche der Erde empor, unterschieden sich jedoch damals noch nicht sonderlich von anderen Erhebungen auf anderen Kontinenten und auf dem gleichen Kontinent Aschark oder Asien, von dem Tibet ein Teil ist.

„Als aber bei meinem letzten sechsten persönlichen Aufenthalt auf dem Planeten Erde mein Weg mich wieder durch diese mir gut erinnerlichen Gegenden führte, konnte ich feststellen, daß nach einigen Dutzenden ihrer Jahrhunderte diese ganze Gegend so weit aus dem Planeten hervorragte, daß die Höhen anderer Kontinente überhaupt nicht mit ihnen verglichen werden konnten.

„Zum Beispiel war der Haupthöhenzug, durch den wir damals zogen, nämlich die Reihe von Erhebungen, die die Wesen dort eine ‚Bergkette‘ nennen, in der Zwischenzeit so weit aus dem Planeten herausgetreten, daß einige seiner Spitzen heutzutage die allerhöchsten aller anomalen Erhebungen jenes vergebens vielgeprüften Planeten sind. Wenn du sie besteigen würdest, könntest du wahrscheinlich mit Hilfe eines Teskuanos die gegenüberliegende Seite jenes sonderbaren Planeten ‚deutlich sehen‘.

„Als ich jene sonderbare Erscheinung deines erstaunlich eigentümlichen Planeten zum erstenmal feststellte, dachte ich sofort, daß aller Wahrscheinlichkeit nach darin der Anlaß zur Entstehung eines späteren Unglücks großen allgemein kosmischen Maßstabs zu suchen sei, und als ich später eine Statistik über das Anwachsen dieser anomalen Erscheinungen in verschiedenen Perioden führte, wuchs meine anfängliche Befürchtung mehr und mehr.

„Und sie wuchs hauptsächlich deshalb so sehr, weil ein Faktor, der sehr zu dieser Erscheinung beiträgt, laut meiner Statistik, mit jeder ‚Dekade‘ zunahm.

„Der besagte Faktor betreffs der tibetanischen Erhebungen bezog sich nämlich auf die sogenannten ‚Planeten-Erschütterungen‘ oder, wie deine Lieblinge sie nennen, ‚Erdbeben‘, die durch diese außerordentlich hohen Erhebungen hervorgerufen worden waren.

„Obgleich planetische ‚Erschütterungen‘ oder ‚Erdbeben‘ häufig auf deinem Planeten durch inplanetische Disharmonien entstehen, die als Folge der zwei schon erwähnten großen transapalnischen Umwälzungen entstanden sind, deren Ursachen ich dir später erklären will, so sind doch nichtsdestoweniger die meisten planetischen Erschütterungen dort und besonders die der letzten Jahrhunderte durch jene anomal hohen Erhebungen entstanden.

„Und sie entstanden, weil infolge dieser besonders großen Erhebungen auch die Atmosphäre jenes Planeten dieselben Erhebungen in ihrem Bestand erwarb und noch erwirbt, was besagen will, das was der sogenannte ‚Blastegoklornische Umkreis‘ der Atmosphäre des Planeten Erde genannt wird, hat einen übermäßig herausragenden. materialisierten Bestand erworben, was das sogenannte ‚Ineinander-Schmelzen-der-Resultate-aller-Planeten-des-betreffenden-Sonnensystems‘ betrifft. Und demzufolge ‚hakt‘ sich die Atmosphäre jenes Planeten während seiner Bewegung und in dem Prozeß, der ‚allgemeine-System-Harmonie‘ genannt wird, zu gewissen Perioden an die Atmosphären anderer Planeten oder Kometen des gleichen Systems gleichsam an.

„Und durch dieses ‚Anhaken‘ finden an entsprechenden Stellen des allgemeinen Bestandes deines Planeten eben jene besagten planetischen ‚Erschütterungen‘ und ‚Beben‘ statt.

„Ich muß dir noch erklären, daß die Stelle, an der im ganzen Planeten-Bestand solche Erschütterungen vorkommen, durch die Stellung bestimmt wird, die der Planet im Prozeß der allgemein-harmonischen-System-Bewegung in bezug auf andere Verdichtungen des gleichen Systems gerade einnimmt.

„Wie dem auch sein mag, wenn dieses anomale Anwachsen der tibetanischen Berge in der Zukunft noch fortdauern sollte, ist eine große Katastrophe allgemein kosmischen Maßstabes früher oder später unvermeidlich.

„Wenn jedoch die von mir vorhergesehene Gefahr tatsächlich drohend wird, werden die höchsten heiligen kosmischen Individuen sicherlich rechtzeitig zu entsprechenden Maßnahmen greifen.“

„Entschuldigt, entschuldigt, Hochehrwürden“, unterbrach Ahun Beelzebub und fügte eilig hinzu:

„Gestatten, Hochehrwürden, daß ich Euch gerade, was

das Anwachsen jener tibetanischen Berge angeht, von denen Ihr soeben zu sprechen geruhtet, das berichte, was ich zufällig auffing.

„Gerade vor unserem Abfliegen vom Planeten Karatas", fuhr Ahun fort, „hatte ich das Glück, mit dem Erzengel Viluar, dem Leiter unseres Sonnensystems, zusammenzutreffen, und seine Erlauchtheit geruhte, mich zu erkennen und mit mir zu sprechen.

„Erinnert Ihr Euch, Hochehrwürden, daß zur Zeit, wo wir auf dem Planeten ‚Zernakur' existierten, seine Erlauchtheit, der Erzengel Viluar, noch ein einfacher Engel war und uns damals oft besuchte.

„Und als nun seine Herrlichkeit im Laufe unserer Unterredung den Namen jenes Sonnensystems, auf das wir verbannt worden waren, erfuhr, sagte er mir, daß beim letzten allerhöchsten allerheiligsten Empfang zurückgekehrter endgültiger kosmischer Resultate ein gewisses Individuum, der heilige Lama, das Glück gehabt hatte, in Gegenwart allerhöchster Individuen persönlich zu Füßen unseres UNENDLICH-EINS-SEIENDEN eine Petition niederzulegen betreffs des anomalen Anwachsens einiger Erhebungen irgendeines Planeten, offenbar jenes Sonnensystems, und daß unser ALLERGNÄDIGSTER UNENDLICHER diese Bitte sofort erhörte und sogleich befahl, den Erzengel Luisas auf jenes Sonnensystem zu schicken, damit er — der sich schon auf diesem System auskannte — an Ort und Stelle die Ursachen der besagten Erhebungen aufkläre und entsprechende Maßnahmen ergreife.

„Deshalb eben erledigt Seine Gemessenheit, der Erzengel Luisos, schleunigst seine laufenden Geschäfte, um sich dann dorthin zu begeben."

„Teurer Ahun . . .", bemerkte Beelzebub und fügte hinzu: „Dank sei dir für diese Kunde . . . Dank unserem Schöpfer . . . Was du soeben sagtest, wird jedenfalls in meinem Bestande die Befürchtung vernichten, die in mir

entstanden war, als ich zum erstenmal das anomale Anwachsen der besagten tibetanischen Berge feststellte, jene
Befürchtung nämlich, daß aus dem Weltall das kostbare
Andenken unseres über alles verehrten Mulla-Nassr-Eddin, des Weisesten der Weisen, verschwinden könnte."

Nachdem er dies gesagt und seinem Gesicht den gewohnten Ausdruck wieder verliehen hatte, fuhr Beelzebub
so fort:

„Durch diese jetzt Tibet genannte Gegend setzten wir
damals unsere Reise fort, wobei wir alle möglichen Unbequemlichkeiten erduldeten. Schließlich kamen wir zur
Quelle des Flusses namens Keria-tschi und fuhren auf ihm
einige Tage lang bis zum ‚Gesegneten Meer‘ und kamen
so zu unserem Schiff ‚Okkasion‘.

„Obgleich ich nach dieser meiner dritten Hinabfahrt
auf deinen Planeten Erde ihn längere Zeit nicht persönlich besuchte, beobachtete ich doch von Zeit zu Zeit deine
Lieblinge aufmerksam durch mein großes ‚Teskuano‘.

„Und ich hatte für längere Zeit keinen Grund, dort hinzugehen um des folgenden willen:

„Nachdem ich auf den Planeten Mars zurückgekehrt
war, interessierte ich mich sehr für eine Arbeit, die die
dreihirnigen Wesen auf dem Planeten Mars gerade damals
auf der Oberfläche ihres Planeten ausführten.

„Damit du besser begreifen kannst, für welche Arbeit
ich mich damals interessierte, mußt du vor allem wissen,
daß der Planet Mars für das System Ors, zu dem er gehört, ein sogenanntes ‚Mdnelautnisches‘ Glied in der
Umwandlung kosmischer Stoffe ist, weshalb er eine
sogenannte ‚Keskestasantnische‘ feste Oberfläche hat,
was besagt, daß eine Hälfte seiner Oberfläche aus Land-
bestand besteht und die andere aus ‚Saljakuriapnischen
Massen‘, oder, wie deine Lieblinge sagen würden, eine
Hälfte davon ist Land oder ein zusammenhängender Kontinent, und die andere ist mit Wasser bedeckt.

„Also, mein Junge, da die dreihirnigen Wesen des Planeten Mars zu ihrer ersten Seins-Nahrung ausschließlich ‚Prosphora‘ oder, wie deine Lieblinge es nennen, ‚Brot‘ gebrauchen, säen sie immer auf der Landhälfte ihres Planeten sogenannten ‚Weizen‘, und da dieser Weizen die ihm zum sogenannten evolvierenden Dschartklom erforderliche Feuchtigkeit nur durch den sogenannten Tau gewinnt, ist es dort schließlich dahin gekommen, daß jedes Samenkorn nur einen siebenten Teil des erfüllten Prozesses des heiligen Heptaparaparschinoch erzielt, das heißt, der sogenannte ‚Ertrag‘ der Ernte ist nur ein Siebentel.

„Da aber dieses Maß von Weizen ihnen nicht genügte, und weil, um größere Quantitäten zu erzielen, der Bestand ihres Planeten saljakuriapnisch ausgenutzt werden mußte, so sprachen die dreizentrischen Wesen schon am ersten Tag nach meiner Ankunft dort viel davon, daß sie die nötige Quantität jenes Saljakuriap von der Seite ihres Planeten herleiten wollten, die der Seite, wo sie ihre Seins-Existenz hatten, entgegengesetzt war.

„Und als sie nach mehreren Jahren endlich diese Frage gelöst und alle notwendigen Vorkehrungen getroffen hatten, fingen sie mit jenen Arbeiten gerade vor meiner Rückkehr vom Planeten Erde an, das heißt, sie begannen eigens Kanäle zur Leitung des Saljakuriap zu graben.

„Da, mein Junge, diese Arbeit höchst kompliziert war, hatten die Wesen auf dem Planeten Mars alle möglichen Maschinen und Vorrichtungen erfunden und erfanden immer noch neue.

„Und da sehr viele der von ihnen erfundenen Maschinen und Vorrichtungen sehr sonderbar und interessant waren, nahmen mich, der ich stets für alle Arten von neuen Erfindungen großes Interesse hatte, diese besagten Arbeiten der Wesen auf dem Planeten Mars völlig gefangen.

„Dank der Liebenswürdigkeit der freundlichen Marsianer verbrachte ich damals fast meine ganze Zeit bei diesen Arbeiten und kam deshalb höchst selten auf andere Planeten dieses Sonnensystems herab.

„Ich flog nur manchmal auf den Planeten Saturn, um mich auszuruhen, zu Gornahur Harcharch, der unterdessen schon mein wirklicher Wesensfreund geworden war, und durch den ich in den Besitz eines solchen Wunders gekommen war, wie es mein großes Teskuano ist, das, wie ich dir schon sagte, die fernen Sichtbarkeiten siebenmillionenzweihundertfünfundachtzigmal näher bringt."

XXIII. Kapitel

DER VIERTE PERSÖNLICHE AUFENTHALT BEELZEBUBS AUF DEM PLANETEN ERDE

Beelzebub fuhr fort:

„Zum vierten Male kam ich auf jenen Planeten Erde auf die Bitte meines Wesens-Freundes Gornahur Harcharch hin. Ich muß dir vor allem sagen, daß, seit ich diesen Gornachur Harharch getroffen und mit ihm befreundet worden war, ich unseren ‚subjektiven Meinungsaustausch‘ bei all unseren Zusammenkünften dazu benutzte, um ihm meine Eindrücke über die Psyche der dreizentrischen Wesen deines Planeten mitzuteilen.

„Und dieser Meinungsaustausch über deine Lieblinge führte schließlich dazu, daß auch er sich so sehr für sie zu interessieren begann, daß er mich sogar einmal nachdrücklich ersuchte, ihn, wenn auch nur kurz, über meine Beobachtungen auf dem Laufenden zu halten; und von da an sandte ich ihm genau wie deinem Onkel Tuilan Kopien meiner kurzen Aufzeichnungen über die seltsamen Eigentümlichkeiten ihrer Psyche.

„Die näheren Umstände meiner vierten Hinabkunft waren folgende:

„Ich sagte dir schon, daß ich nach meiner dritten persönlichen Hinabkunft auf deinen Planeten nur ab und zu zur Erholung auf den Planeten Saturn zu diesem meinem Freunde hinaufflog.

„Da ich mich auf diesen Flügen zu ihm von seiner großen Gelehrtheit überzeugt hatte, kam mir einmal die Idee, ihn einzuladen, auf unserem Schiffe Okkasion auf den Planeten Mars hinunterzufahren, um mir daselbst an Ort und Stelle mit seinen Kenntnissen bei einigen Einzelheiten der Einrichtung meines Observatoriums, das ich gerade damals vollendete, behilflich zu sein.

„Hier sollte ich wohl die Tatsache hervorheben, daß, wenn dieses mein Observatorium später berühmt und tatsächlich die beste aller Konstruktionen dieser Art im ganzen Weltall wurde, ich dies hauptsächlich der Gelehrtheit eben dieses meines Wesens-Freundes verdanke.

„Als ich mich damals an Gornahur Harcharch mit jener Bitte wandte, gab er mir ohne langes Bedenken seine Einwilligung und darauf überlegten wir beide sofort, wie wir unsere Absicht ausführen könnten.

„Das Problem war, daß unser Weg vom Planeten Saturn zum Planeten Mars durch kosmische Sphären führen mußte, die dem Bestande Gornachur Harharchs als eines Wesens, das nur erst die Möglichkeit zu einer gewöhnlichen planetischen Existenz hatte, nicht entsprachen.

„Das Resultat unserer Überlegungen war, daß gleich am folgenden Tage seine Hauptassistenten unter seiner Leitung eine besondere Abteilung auf unserem Schiffe Okkasion einzurichten und mit allerlei Vorrichtungen und Apparaten auszustatten begannen zur Erzeugung jener Stoffe, aus denen die Atmosphäre des Planeten Saturn besteht und denen Gornachur Harharch von Natur aus angepaßt war.

„Als all diese Vorbereitungen getroffen waren, traten wir in einem Hrch-chru unsere Reise nach dem Planeten Mars an und landeten glücklich bei meinem Haus.

„Und dort auf dem Planeten Mars, dessen Atmosphäre beinahe die gleiche wie die des Planeten Saturn war, akklimatisierte sich mein Wesens-Freund Gornachur Harharch sehr bald.

„Während seines Aufenthaltes auf dem Mars erfand er dann jenes Teskuano oder, wie deine Lieblinge es nennen,

‚Fernrohr‘, durch das, wie ich schon sagte, mein Observatorium einzig in seiner Art und später im ganzen Weltall berühmt wurde.

„Das von ihm konstruierte Teskuano ist tatsächlich ein Wunder an Seins-Vernunft, da es entfernte kosmische Verdichtungen bis zu siebenmillionenzweihundertfünfundachtzigmal dem Seins-Sehorgan näherbringen kann, und zwar sowohl bei gewissen Prozessen in kosmischen Stoffen, die in den fast alle kosmischen Verdichtungen umgebenden Atmosphären vor sich gehen, als auch bei einigen Prozessen in dem kosmischen Ätherokrilno in Zwischen-Raum-Sphären.

„Dank dieses Teskuanos konnte ich von meinem Haus auf dem Mars aus fast alles deutlich beobachten, was auf den Teilen der Oberfläche anderer Planeten dieses Sonnensystems vor sich ging, die sich in dem Prozeß, der allgemeine System-Bewegung genannt wird, zur gegebenen Zeit im Blickfeld meines Observatoriums befanden.

„Und, mein teurer Junge, als Gornahur Harcharch damals bei mir zu Gast war und wir wieder einmal zusammen die Existenz deiner Lieblinge beobachteten, verursachte eine zufällig von uns bemerkte Tatsache einen sehr ernsten Meinungsaustausch zwischen uns über die dreizentrischen Wesen deines sonderbaren Planeten.

„Dieser Meinungsaustausch hatte zur Folge, daß ich mich verpflichtete, auf die Oberfläche jenes Planeten hinabzufliegen und eine Anzahl von Wesen, die man dort Affen nennt, auf den Planeten Saturn zurückzubringen, und zwar, um an ihnen einige aufklärende Experimente vorzunehmen betreffs der von uns bemerkten Tatsache, die uns damals verwunderte.“

An dieser Stelle von Beelzebubs Erzählung ward ihm ein „Leitutschanbros“ überreicht, das heißt ein besonderes Metallplättchen, auf dem der Text eines von irgendwoher erhaltenen Ätherogramms verzeichnet war; der

Adressat hatte es nur an sein Hör-Organ zu bringen, um alles in ihm Mitgeteilte hören zu können.

Nachdem Beelzebub auf diese Weise den Inhalt des ihm überreichten „Leitutschanbros" zu Ende gehört hatte, wandte er sich an seinen Enkel und sagte:

„Du siehst, mein Junge, was für zufällige Zusammentreffen in unserem Weltall vorkommen können.

„Der Inhalt dieses Ätherogramms betrifft gerade deine Lieblinge im Zusammenhang mit den von mir soeben erwähnten irdischen ‚Affen-Wesen‘.

„Es ist mir vom Planeten Mars aus gesandt worden und teilt mir unter anderem mit, daß die dreizentrischen Wesen des Planeten Erde sich wieder über die sogenannte ‚Affen-Frage‘ aufregen.

„Ich muß dir vor allem sagen, daß, verursacht durch die dortige anomale Sein-Existenz, sich im Bestande jener sonderbaren dreihirnigen Wesen auf dem Planeten Erde ein seltsamer Faktor kristallisiert hat, der periodisch stärker funktioniert und von Zeit zu Zeit in ihrem Bestande jenen ‚kreszendierenden Impuls‘ hervorruft, durch den sie in den Perioden seiner Wirkung unbedingt erfahren wollen, ob sie von diesen Affen abstammen oder diese Affen von ihnen.

„Diesem Ätherogramm nach zu urteilen, regt diese Frage diesmal vor allem jene zweifüßigen Wesen auf, die auf dem Kontinent namens Amerika vorkommen.

„Diese Frage beunruhigt sie immer von Zeit zu Zeit und wird manchmal sogar für lange, wie sie sich ausdrücken, zur ‚brennenden Tagesfrage‘.

„Ich erinnere mich sehr gut, daß diese Geistesaufregung über den Ursprung eben dieser Affen zum erstenmal damals vorkam, als Tikliamisch, wie sie es auszudrücken belieben, ihr ‚Kulturzentrum‘ war.

„Diese Geistesaufregung begann mit dem ‚Klügeln‘ eines dortigen Gelehrten neuen Formats namens Menitkel.

„Dieser Menitkel wurde ein Gelehrter, erstens, weil seine kinderlose Tante eine ausgezeichnete sogenannte ‚Ehestifterin' war und viel mit machthabenden Wesen verkehrte, und zweitens, weil gerade zu der Zeit, wo er seinem Alter nach sich der ‚Schwelle-des-Seins' eines verantwortlichen Wesens näherte, er als Geburtstagsgeschenk ein Buch erhielt, betitelt ‚Handbuch-für-guten-Ton-und-zum-Schreiben-von-Liebesbriefen'. Und da er außerdem dank der ihm von seinem Onkel, einem ehemaligen Besitzer einer Pfandverleihanstalt, nachgelassenen Erbschaft wohlversorgt und folglich vollkommen frei war, schrieb er damals aus Langeweile ein dickes wissenschaftliches Buch, in dem er eine ganze Theorie mit allen möglichen, ‚logischen Beweisen' über die Herkunft der Affen ausheckte — doch natürlich mit ‚logischen Beweisen', die nur von der Vernunft der dir gefallenden Sonderlinge dort angenommen werden und sich in ihnen allein kristallisieren können.

„Dieser Menitkel versuchte nämlich in seiner Theorie zu beweisen, daß diese ihre ‚Affen-Genossen' von nichts anderem als von sogenannten ‚verwilderten Menschen' abstammen.

„Die übrigen Wesen jener Periode schenkten, wie es schon damals üblich war, diesem ‚Muttersöhnchen' vollen Glauben ohne jegliche Wesens-Kritik, und so wurde diese Frage, die damals die sonderbare Vernunft deiner Lieblinge beunruhigte, ein Gegenstand zu Diskussionen und Phantasierereien und dauerte bis zu dem sogenannten ‚Siebenten-großen-all-planetischen-Prozeß-gegenseitigen-Vernichtens'.

„Es hatte sich in jener Periode sogar durch diese üble Idee im Instinkt der meisten dieser Unglückseligen noch ein anderer anomaler, ‚herrschender Faktor' gebildet, der in ihrem allgemeinen Bestand das falsche Gefühl hervorrief, daß diese Affenwesen gleichsam heilige Wesen seien, und dieser anomale Faktor, der einen gotteslästerlichen

Impuls erzeugte, ging auch von Geschlecht zu Geschlecht bis in den Instinkt sehr vieler Wesen der Jetztzeit über.

„Diese falsche Idee, die dort durch den besagten Sprößling des Pfandverleihers entstand und fast während zweier ihrer Jahrhunderte maßgebend war, wurde ein unzertrennlicher Teil der Vernunft der meisten, und nur verschiedene Ereignisse, die aus dem erwähnten all-planetischen Prozeß des gegenseitigen Vernichtens kamen, der fast ein halbes Jahrhundert dauerte, verdrängten diese Idee langsam, bis sie schließlich wieder ganz aus ihrem allgemeinen Bestand verschwand.

„Als aber ihre sogenannte ‚kultivierte Existenz‘ sich auf dem Kontinent konzentrierte, der Europa genannt wird, und als dort die sonderbare Krankheit, das ‚Klügeln‘ nämlich, — das schon lange zuvor dem kosmischen Grundgesetz Heptaparaparschinoch verfallen war und diesem Gesetz zufolge in gewissen Perioden mit größter Intensität funktionierte, sich besonders intensiv äußerte, — kam zum Kummer der dreihirnigen Wesen des ganzen Weltalls wiederum diese Affenfrage, nämlich wer von wem abstamme, aufs Tapet, und kristallisierte sich, wurde also wiederum ein Bestandteil der anomalen Vernunft deiner Lieblinge.

„Den Anstoß zur Wiederaufnahme dieser Affenfrage gab diesmal wieder ein Gelehrter und natürlich auch ein großer Gelehrter, jedoch einer von ganz ‚neuem Format‘, namens Darwin. Und dieser ‚große‘ Gelehrte, der seine Theorie wieder auf ihrer gleichen Logik aufbaute, bewies das Gegenteil von dem, was Menitkel behauptet hatte, er bewies nämlich, daß sie selbst von diesen Herren Affen abstammen.

„Was den objektiven Wert der Theorien dieser beiden großen irdischen Gelehrten betrifft, so fällt mir ein weiser Ausspruch unseres geschätzten Mulla-Nassr-Eddin ein, der hier angeführt zu werden verdient, nämlich:

„ ‚Es gelang-ihnen-beiden,-jedoch-natürlich-nicht-ohne-Glück,-im-alten-Mist-die-echte-Patin-der-unvergleich-lichen-Scheherezade-zu-finden.‘

„Auf jeden Fall mußt du wissen und dir merken, daß schon viele Jahrhunderte lang diese Frage neben ande-ren ephemeren Fragen Material für jene Art von Denken liefert, das deinen Lieblingen als ‚Äußerung höchster Ver-nunft‘ gilt.

„Meiner Meinung nach würden deine Lieblinge eine ganz richtige Antwort auf diese sie immer wieder be-unruhigende Frage, nämlich auf die Frage über die Ent-stehung des Affen erhalten, wenn sie in diesem Falle einen Satz unseres teuren Mulla-Nassr-Eddin richtig anzu-wenden verstünden, der bei vielen Gelegenheiten zu sagen pflegte:

„‚Die-Ursache-jedes-Mißverständnisses-muß-im-Weib-gesucht-werden.‘

„Wenn sie mit dieser Weisheit an die Lösung dieser rätselhaften Frage herantreten würden, würden sie jeden-falls schließlich entdecken, von wo und wie diese ihre Landsleute abstammen.

„Da die Frage der Genealogie dieser Affen dort tat-sächlich höchst kompliziert und ungewöhnlich ist, will ich sie deiner Vernunft möglichst allseitig darstellen.

„In Wirklichkeit stammen weder sie vom Affen ab noch die Affen von ihnen, sondern die Ursache der Entstehung dieser Affen liegt wie bei allen anderen Mißverständnissen eben im Weib.

„Vor allem mußt du wissen, daß es die Gattung der irdischen Affen-Wesen, die heutzutage in verschiedenen äußeren Formen dort entstehen, überhaupt nicht vor der zweiten transapalnischen Umwälzung gab. Erst danach beginnt der Stammbaum dieser Gattung.

„Die Ursachen der Entstehung dieser ‚mißverständ-lichen‘ Wesen sind genau dieselben wie für alle anderen im objektiven Sinn mehr oder weniger ernsten Tatsachen, die sich auf der Oberfläche jenes Unglücksplaneten ereigneten, nämlich zwei voneinander vollkommen unabhängige Umstände.

„Der erste Umstand war wie immer derselbe Mangel an Voraussicht seitens einiger höchster allerheiligster kosmischer Individuen, und der zweite kam auch in diesem Falle aus denselben anomalen von ihnen selbst geschaffenen Verhältnissen ihrer gewöhnlichen Seins-Existenz.

„Du mußt wissen, daß zur Zeit der zweiten transapalnischen Umwälzung auf deinem unglückseligen Planeten außer seinem Hauptkontinent Atlantis noch viele andere große und kleine Festländer einsanken und an ihrer Stelle neue Festländer auf der Oberfläche des Planeten erschienen.

„Solche Umlagerungen einzelner Teile des ganzen Bestandes jenes unglückseligen Planeten fanden damals während mehrerer ihrer Tage statt, zusammen mit wiederholten Planetenerschütterungen und mit anderen ähnlichen Äußerungen, die unbedingt im Bewußtsein und in den Empfindungen aller Art von Wesen Schrecken hervorrufen mußten.

„In dieser Periode gelangten viele von deinen zufällig geretteten dreihirnigen Lieblingen zusammen mit ein- und zweihirnigen Wesen anderer Form ganz unerwartet auf neugebildete Festländer und vollkommen neue ihnen unbekannte Plätze.

„Und damals geschah es, daß viele dieser seltsamen kestschapmartnischen dreihirnigen Wesen aktiven und passiven Geschlechtes oder, wie sie sagen, Männer und Frauen, für mehrere Jahre abgesondert, nämlich ohne das entgegengesetzte Geschlecht, existieren mußten.

„Bevor ich dir erzähle, wie all das zuging, muß ich dir etwas ausführlicher von jenem heiligen Stoff sprechen, der das Endresultat der Evolutions-Umwandlungen aller

Arten von Seins-Nahrung im Bestande jedes Wesens ist, ungeachtet seines Gehirnsystems.

„Dieser heilige, im Bestande aller Wesen entstehende Stoff wird fast überall ‚Exioächary‘ genannt, deine Lieblinge auf dem Planeten Erde aber nennen ihn ‚Sperma‘.

„Dank der allergnädigsten Voraussicht und dem Befehl UNSERES GEMEINSAMEN VATERS DES SCHÖPFERS und im Einklang mit der Verwirklichung der Großen Natur entsteht dieser heilige Stoff im Bestande aller Wesen ohne Unterschied des Gehirnsystems und der äußeren Bekleidung hauptsächlich, damit alle Wesen durch denselben bewußt oder automatisch jenen Teil ihrer Seins-Pflicht erfüllen, der in der Fortpflanzung ihrer Gattung besteht; aber im Bestande der dreihirnigen Wesen entsteht er auch noch dazu, damit er in ihrem allgemeinen Bestand für die Bekleidung ihrer höchsten Seins-Körper für ihr eigenes Sein bewußt umgewandelt werde.

„Vor der zweiten ‚transapalnischen Umwälzung‘ dort, jener Periode ihres Planeten, die die modernen dreihirnigen Wesen mit den Worten ‚Vor-dem-Untergang-des-Kontinents-Atlantis‘ definieren, zur Zeit, wo sich schon verschiedene Folgen der Eigenschaften des Organs Kundabuffer in ihrem Bestand langsam kristallisierten, bildete sich in ihnen ein seltsamer Seins-Impuls und wurde immer maßgebender für sie.

„Dieser Impuls wird dort ‚Vergnügen‘ genannt, und um ihn zu befriedigen, führten sie allmählich eine für dreizentrische Wesen ungeziemende Existenz; die meisten von ihnen gebrauchen nämlich die Ausscheidung eben dieses heiligen Seins-Stoffes aus ihrem Bestande lediglich zur Befriedigung des erwähnten Impulses.

„Und mein Junge: da die meisten dreihirnigen Wesen des Planeten Erde den Prozeß der Ausscheidung des sich in ihnen ständig bildenden Stoffes nicht in jenen bestimmten Perioden vollzogen, die von der Großen Natur

— entsprechend der Organisation der verschiedenen Wesen — zur Fortpflanzung der Gattung bestimmt waren, und da die meisten von ihnen auch aufhörten, diesen Stoff bewußt für die Bekleidung ihrer höchsten Seins-Körper zu gebrauchen, kam es schließlich dahin, daß, wenn sie ihn nicht auf mechanische Weise von sich ausscheiden, sie jene Empfindung erleben müssen, die ‚Sirkliniamana‘ heißt oder, wie deine Lieblinge sagen würden, den Zustand, den man umschreiben kann als ‚Nicht-in-Ordnung-sein‘, ein Zustand, der unausbleiblich von sogenannten ‚mechanischen-Leiden‘ begleitet ist.

„Erinnere mich gelegentlich an die besagten von der Natur festgesetzten Perioden für die normale Nutzbarmachung des ‚Exioächary‘ durch Wesen verschiedener Gehirnsysteme zur Fortpflanzung ihrer Gattung, damit ich dir das ausführlich erkläre.

„Also, dem Obengesagten zufolge und auch, weil sie wie wir nur kestschapmartnische Wesen sind und eine normale Ausscheidung aus ihrem Bestande dieses heiligen Stoffes, der stets und unvermeidlich in ihnen entsteht, einzig und allein zusammen mit einem Wesen des entgegengesetzten Geschlechts durch den heiligen Elmuarno-Prozeß vor sich gehen kann und weil sie nicht gewohnt waren, ihn zur Bekleidung ihrer höheren Seins-Körper zu gebrauchen, begannen jene zufällig geretteten dreihirnigen Wesen dort, die sich damals schon auf eine für dreihirnige Wesen ungeziemende Art verhielten, als sie für mehrere Jahre ohne Wesen des ihnen entgegengesetzten Geschlechts existiert hatten, zu verschiedenen unnatürlichen Mitteln zu greifen, um den heiligen Stoff Exioächary aus sich auszuscheiden. Die Wesen männlichen Geschlechts griffen damals zu jenen widernatürlichen Mitteln, die man ‚Murdurten‘ und ‚Androperastie‘ nennt, oder wie die Wesen der Jetztzeit sagen, ‚Onanie‘ und ‚Päderastie‘, und diese widernatürlichen Mittel befriedigten sie vollständig.

„Aber für die dreihirnigen Wesen des passiven Geschlechts oder, wie sie diese dort nennen, für ihre Weiber waren die besagten widernatürlichen Mittel nicht genügend befriedigend und deshalb suchten sich die ‚armen verwaisten Frauen‘ — die schon damals um vieles listiger und erfinderischer waren als die Männer — am gegebenen Platz Wesen anderer Formen als ‚Partner‘ aus.

„Und durch diese Partnerschaften begann dann in unserem großen Weltall jene Art von Wesen zu entstehen, die, wie unser teurer Mulla-Nassr-Eddin sagen würde, ‚weder-das-eine-noch-das-andere-sind‘.

„Was die Möglichkeit eines so anomalen Verschmelzens zweier verschiedener Arten von Exioächary zur Entstehung eines neuen planetischen Körpers eines Wesens angeht, muß ich dir noch folgendes erklären:

„Auf dem Planeten Erde, genau wie auf anderen Planeten unseres Weltalls, wo kestschapmartnische dreihirnige Wesen vorkommen, das heißt solche dreihirnige Wesen, bei denen zur Entstehung eines neuen Wesens die Bildung des Exioächary notwendig im Bestande zweier selbständiger ‚Geschlechter‘ vor sich gehen muß, besteht der Hauptunterschied zwischen dem heiligen Exioächary, das sich im Bestande der entgegengesetzten Geschlechter der kestschapmartnischen Wesen, das heißt in Männern und Frauen bildet, darin, daß an der Bildung des Exioächary, im Bestande der Wesen männlichen Geschlechts die lokalisierte heilige ‚bejahende‘ oder ‚positive‘ Kraft des heiligen Triamasikamno teilnimmt, wogegen an der Bildung des Exioächary im Bestande der Wesen weiblichen Geschlechts die lokalisierte heilige ‚verneinende‘ oder ‚negative‘ Kraft dieses selben Gesetzes teilnimmt.

„Und dank derselben allergnädigsten Voraussicht und dem Befehl des VATERS von allem im Weltall Existierenden und im Einklang mit den Verwirklichungen der Großen Mutter Natur geschieht das Verschmelzen dieser beiden in zwei verschiedenen selbständigen Wesen entstandenen Exioächary unter gewissen Bedingungen und unter Mitwirkung der dritten lokalisierten heiligen Kraft des heiligen Triamasikamno, nämlich der Kraft der heiligen ‚Versöhnung‘ und bildet — durch den zwischen den Wesen verschiedenen Geschlechts stattgefundenen ‚heiligen Elmuarno-Prozeß‘ — den Anfang zur Entstehung eines neuen Wesens.

„Das Verschmelzen zweier verschiedenartiger Exioächary von Wesen verschiedenen Gehirnsystems war damals nur durch ein kosmisches Gesetz, genannt, Zahlenaffinität-der-gesamten-Vibrationen‘ möglich; dieses Gesetz war in Wirkung getreten, als die zweite ‚Transapalnische Umwälzung‘ diesem unglückseligen Planeten widerfahren war und blieb danach weiter für seinen allgemeinen Bestand wirksam.

„Hinsichtlich des soeben erwähnten kosmischen Gesetzes muß ich dir unbedingt sagen, daß es im Weltall erst entstand und zu wirken begann, nachdem das heilige Grundgesetz Triamasikamno von UNSEREM SCHÖPFER verändert worden war, um den Heropas unschädlich zu machen, und zwar in der Weise verändert, daß seine- zuvor vollkommen selbständigen heiligen Teile von von außen kommenden Kräften abhängig gemacht wurden.

„Übrigens wirst du auch dieses kosmische Gesetz erst dann vollends begreifen, wenn ich dir, wie ich schon versprach, ausführlich alle Grundgesetze der Welterschaffung und Weltexistenz erklären werde.

„Einstweilen aber merke dir betreffs dieser Frage, daß im allgemeinen überall auf normal existierenden Planeten unseres großen Weltalls das Exioächary, das sich im Bestande der dreihirnigen Wesen bildet, in denen die Empfangs- und Umformungsorgane zur Lokalisierung des heiligen bejahenden Teiles des heiligen Triamasikamno vorhanden sind, das heißt im Bestande der dreihirnigen kestschapmartnischen Wesen männlichen Geschlechts, dieses Exioächary auf Grund des soeben erwähnten kosmischen Gesetzes nie mit einem Exioächary eines zweihirnigen kestschapmartnischen Wesens entgegengesetzten Geschlechtes verschmelzen kann.

„Aber das Exioächary, das sich in einem dreihirnigen kestschapmartnischen Wesen weiblichen Geschlechtes bildet, kann manchmal — in den Fällen, in denen eine besondere Kombination der verschmelzenden kosmischen Kräfte vorliegt, und wenn das besagte Gesetz unter bestimmten Bedingungen zur Wirkung kommt — vollständig mit dem Exioächary verschmelzen, das sich in zweihirnigen kestschapmartnischen Wesen männlichen Geschlechts bildet, in diesem Falle aber wirkt es als der aktive Faktor in dem sich auf diese Weise vollziehenden Prozeß des heiligen Grundgesetzes Triamasikamno.

„Kurzum, in den besagten schrecklichen Jahren auf deinem Planeten fand dieses im ganzen Weltall höchst seltene Ereignis statt, das heißt, es fand ein Verschmelzen der Exioächary zweier kestschapmartnischer Wesen entgegengesetzten Geschlechts von verschiedenen Gehirnsystemen statt, und als Folge davon entstanden die Ureltern dieser irdischen ‚mißverständlichen Wesen‘, die man jetzt Affen nennt und die manchmal deine Lieblinge beunruhigen und von Zeit zu Zeit ihre seltsame Vernunft in Aufregung versetzen.

„Als aber nach der erwähnten schrecklichen Periode auf deinem Planeten sich ein relativ normaler Prozeß der gewöhnlichen Existenz wieder herstellte und deine Lieblinge beiderlei Geschlechts einander wiederfanden und wieder zusammen existierten, vollzog sich auch die Fortpflanzung der Affenwesen unter ihresgleichen.

„Und diese Fortpflanzung der Gattung der anomal entstandenen Affenwesen konnte deshalb unter ihnen selbst fortgesetzt werden, weil die Empfängnis der ersten dieser anomalen Wesen auch auf Grund der erwähnten äußeren

Verhältnisse stattgefunden hatte, durch die im allgemeinen der Bestand der künftigen kestschapmartnischen Wesen aktiven und passiven Geschlechts bestimmt wird.

„Das interessanteste Resultat dieser vollends anomalen Manifestation der dreihirnigen Wesen deines Planeten ist die Tatsache, daß jetzt dort sehr viele der äußeren Form nach verschiedene Arten von Affenwesen existieren, wobei jede dieser verschiedenen Arten noch eine ausgeprägte Ähnlichkeit mit einer der noch existierenden Formen zweihirniger vierfüßiger Wesen hat.

„Und das kommt daher, weil das Exioächary der dreihirnigen kestschapmartnischen Wesen weiblichen Geschlechts der Ureltern dieser Affen damals mit dem aktiven Exioächary verschiedener bis heute noch existierender vierfüßiger Wesen verschmolz.

„Und in der Tat, mein Junge, als ich in der Periode meines letzten persönlichen Aufenthaltes auf dem Planeten Erde zufällig auf meinen Reisen den besagten verschiedenen selbständigen Affenarten begegnete und sie, wie es mir schon zur zweiten Natur geworden ist, gewohnheitsmäßig beobachtete, stellte ich sehr bestimmt fest, daß das ganze innere Funktionieren und das, was man die automatischen Stellungen jeder einzelnen Art dieser gegenwärtigen Affen nennt, denen gleichen, die sich im ganzen Bestande eines normal entstandenen vierfüßigen Wesens zeigen, und daß sogar das, was ihre ,Gesichtszüge' genannt wird, sehr deutlich dem der besagten Vierfüßler ähneln; anderseits aber sind die sogenanten psychischen Züge bei allen einzelnen Arten dieser Affen, sogar im kleinsten, mit denen der Psyche der dortigen dreihirnigen Wesen weiblichen Geschlechts vollkommen identisch."

An dieser Stelle seiner Erzählung machte Beelzebub eine lange Pause und sah seinen Liebling Hassin mit einem doppeldeutigen Lächeln an. Dann fuhr er, noch immer lächelnd, fort:

300

„In dem Text des Ätherogramms, das ich soeben erhielt, wird auch noch gemeldet, daß diese dir so lieben Sonderlinge diesmal die Frage, wer von wem abstamme, ob sie von den Affen oder die Affen von ihnen, endgültig lösen wollen, und daß sie deshalb beschlossen haben, ‚wissenschaftliche Experimente‘ anzustellen und daß einige von ihnen bereits nach Afrika gingen, wo viele Affen vorkommen, um von dort die für ihre ‚wissenschaftlichen Forschungen‘ nötige Anzahl mitzubringen.

„Diesem Ätherogramm nach zu urteilen, machen die dir lieben Wesen des Planeten Erde wieder einmal ihre alten Kunststücke! Aus dem, was ich durch meine Beobachtungen über sie erfuhr, läßt sich voraussehen, daß dieses wissenschaftliche Experiment natürlich auch unter den übrigen deiner Lieblinge großes Interesse finden und eine Zeitlang ihrer sonderbaren Vernunft wieder Material zu endlosen Diskussionen und viel Gerede geben wird.

„All das ist schon ganz in der Ordnung dort!

„Was das wissenschaftliche Experiment selbst betrifft, das sie mit den aus Afrika ausgeführten Affen unternehmen werden, so kann ich schon im voraus mit voller Überzeugung sagen, daß wenigstens der erste Teil davon zweifellos ‚aller Ehren wert‘ gelingen wird.

„Und er wird aller Ehren wert gelingen, weil die Affen selbst, Wesen eines sogenannten ‚terbelnischen Resultates‘, schon von Natur aus sich gern mit ‚Gekitzel‘ beschäftigen und sicherlich, ehe ein Tag vorbei ist, mit großem Interesse an diesem wissenschaftlichen Experiment teilnehmen und deinen Lieblingen behilflich sein werden.

„Was die Wesen anbelangt, die dieses wissenschaftliche Experiment ausführen werden und den Vorteil, der daraus für andere dreihirnige Wesen dort kommen wird, so kann man sich davon eine gute Vorstellung machen, wenn man sich des tiefgründigen Ausspruches unseres geschätzten Mulla-Nassr-Eddin erinnert, der da sagt:

„ ‚Glücklich der Vater, dessen Sohn so beschäftigt ist, sei es auch mit Mord und Raub, daß er keine Zeit hat, sich mit ‚Gekitzel‘ zu beschäftigen!‘

„Ja, mein Junge, mir scheint, daß ich dir noch nicht sagte, warum und von wem ich, seit ich das Sonnensystem Ors verließ, durch Ätherogramme über die wichtigsten Ereignisse auf verschiedenen Planeten jenes Sonnensystems benachrichtigt werde und somit natürlich auch über das, was auf deinem Planeten Erde vor sich geht.

„Du erinnerst dich, daß ich dir sagte, daß meine erste persönliche Herabkunft auf die Oberfläche deines Planeten wegen eines unserer jungen Landsleute geschah, der damals nicht länger dort bleiben wollte, sondern mit uns auf den Planeten Mars zurückkehrte, wo er später ein sehr guter Statthalter aller Wesen unseres Stammes auf dem Planeten Mars wurde; jetzt ist er schon das Oberhaupt aller Wesen unseres Stammes überhaupt, die, verschiedener Gründe wegen, noch auf einigen Planeten jenes Ors‘schen Systems geblieben sind.

„Und als ich, mein Junge, jenes System verließ, schenkte ich ihm mein berühmtes Observatorium mit allem, was darin war, und er versprach mir als Dank dafür jedes Jahr — der Zeitrechnung des Planeten Mars nach — über alle wichtigeren Ereignisse auf den Planeten jenes Systems zu berichten.

„Und dieser Statthalter benachrichtigt mich sehr regelmäßig von den wichtigsten Ereignissen auf allen Planeten, auf denen es Dasein gibt. Und da er mein großes Interesse für die dreizentrischen Wesen auf deinem Planeten kennt, tut er, wie ich sehe, sein Bestes, um mir Kunde über ihr Gehaben zukommen zu lassen, wodurch ich auch jetzt die Möglichkeit habe, immer über den ganzen Prozeß der gewöhnlichen Existenz dieser dreihirnigen Wesen auf dem laufenden zu sein, obgleich ich für ihre federleichten Gedanken unerreichbar fern von ihnen bin.

Der Statthalter unserer dortgebliebenen Wesen sammelt die verschiedenen Nachrichten über die dreihirnigen Wesen auf dem Planeten Erde, sowohl die, die er aus eigener Beobachtung durch das große Teskuano gewinnt, das ich ihm hinterließ, als auch die, die ihm der Reihe nach von jenen drei Wesen unseres Stammes mitgeteilt werden, die für immer auf dem Planeten Erde zu existieren vorzogen und von denen alle drei zur jetzigen Zeit auf dem Kontinent Europa verschiedene gewichtige selbständige Unternehmen haben, die unter den dort herrschenden Verhältnissen für jeden dort Existierenden unentbehrlich sind.

„Einer von ihnen hat in einer großen Stadt eine ‚Begräbnisanstalt‘, der zweite hat in einer anderen großen Stadt ein sogenanntes Büro für ‚Kuppler- und Scheidungs-Angelegenheiten‘, und der dritte ist Besitzer mehrerer von ihm in verschiedenen Städten gegründeten sogenannten ‚Geld-und-Wechsel-Stuben‘.

„Durch dieses Ätherogramm, mein Junge, bin ich jedoch weit von meiner anfänglichen Erzählung abgelenkt worden.

„Laß uns jetzt zu unserem früheren Thema zurückkehren.

„Also auf unserem vierten Hinabflug auf den Planeten Erde landete unser Schiff Okkasion auf dem Meer, das dort ‚Rotes Meer‘ heißt.

„Wir landeten auf diesem Meer, weil seine westliche Seite jenen Kontinent bespült, auf den ich gelangen wollte, nämlich den Kontinent, der damals Grabonzy hieß und jetzt Afrika und wo damals mehr als auf jedem anderen Festlandsteil der Oberfläche deines Planeten die Affenwesen vorkamen, die ich nötig hatte, und auch deshalb, weil dieses Meer in jener Periode besondere Bequemlichkeiten zum Verankern unseres Schiffes Okkasion bot, hauptsächlich aber aus dem Grunde, weil auf einer Seite von ihm jenes Land lag, das damals ‚Nilien‘ hieß und jetzt Ägypten und wo sich eben damals jene Wesen unseres Stammes niedergelassen hatten, die auf jenem Planeten zu bleiben vorgezogen hatten und mit deren Hilfe ich die Affen zu fangen gedachte.

„Nachdem wir uns aufs Rote Meer niedergelassen hatten, fuhren wir vom Schiffe Okkasion auf ‚Eppodrenechen‘ ans Ufer und erreichten dann auf Kamelen jene Stadt, wo unsere Wesen ansässig waren, die damalige Hauptstadt des späteren Ägypten.

„Diese damalige Hauptstadt hieß ‚Theben‘.

„Gleich am Tag meiner Ankunft in der Stadt Theben sagte mir eines der dort existierenden Wesen unseres Stammes im Laufe unserer Unterhaltung unter anderem, daß die Erdenwesen dieser Gegend ein neues System erfunden hätten, um von ihrem Planeten aus andere kosmische Verdichtungen zu beobachten, und daß sie gerade damals bauten, was nötig war, um es praktisch gebrauchen zu können und auch, daß die Bequemlichkeiten und Möglichkeiten dieses neuen Systems dort vorzüglich seien und nicht ihresgleichen auf Erden hätten.

„Und als er erzählte, was er alles mit eigenen Augen gesehen hatte, wurde mein Interesse sofort wach, da mir seine Beschreibung einiger Einzelheiten dieser neuen Konstruktion darauf hinzudeuten schien, daß diese irdischen Wesen möglicherweise ein Mittel gefunden hätten, jene Unbequemlichkeit zu überwinden, die mir selbst in der letzten Zeit, als ich die Einrichtung meines Observatoriums auf dem Planeten Mars vollendete, viel zu denken gegeben hatte.

„Und deshalb beschloß ich, mein erstes Vorhaben, sofort weiter nach dem Süden jenes Kontinents zu gehen, um die Affen, die ich nötig hatte, dort zu sammeln, aufzuschieben und statt dessen zuerst dahin zu gehen, wo die besagten Bauten aufgeführt wurden, um persönlich an Ort und Stelle alles allseitig kennenzulernen und mir selbst die ganze Sache klarzumachen.

„Und so fuhr ich gleich am Tage meiner Ankunft in der Stadt Theben in Begleitung eines Wesens unseres Stammes, das dort schon viele Freunde hatte, und auch des Haupterbauers der besagten Bauten und natürlich auch unseres Ahun auf sogenannten ‚Tschurtetev‘ jenen großen Fluß stromabwärts, der jetzt Nil heißt.

„Unweit von der Stelle, wo dieser Strom in einen großen Saljakuriapnischen Raum floß, waren jene Bauten fast vollendet, von denen ein Teil mich eben damals interessierte.

„Die Gegend selbst, wo die Arbeiten sowohl für dieses neue ‚Oberservatorium‘, wie sie es nannten, als auch für einige andere Bauten zum Wohl ihrer Seins-Existenz errichtet wurden, hieß damals ‚Awaslin‘; ein paar Jahre später wurde sie ‚Kaironana‘ genannt, und zur heutigen Zeit heißt sie einfach ‚der Distrikt Kairo‘.

„Die erwähnten Bauten waren schon lange zuvor von einem ihrer sogenannten ‚Pharaos‘ angefangen worden, mit welchem Namen die Wesen dieser Gegend ihre Könige bezeichneten. Zur Zeit meines vierten Hinabflugs auf die Erde und meines ersten Besuchs dieser Gegend wurden die von ihm begonnenen Bauten von seinem Enkel, auch einem Pharao, zu Ende geführt.

„Obschon das Observatorium, das mich interessierte, noch nicht ganz fertig war, so konnte doch schon von ihm die Sichtbarkeit kosmischer Verdichtungen beobachtet, die sich daraus ergebenden Resultate studiert und ein Vergleich zwischen diesen Resultaten angestellt werden. Die Wesen dort, die mit solchen Beobachtungen und Studien beschäftigt waren, hießen damals ‚Astrologen‘.

„Als sich aber später jene psychische Krankheit, die ‚Klügeln‘ heißt, dort endgültig einbürgerte und auch diese Spezialisten immer seichter wurden und schließlich nur noch Spezialisten in der Benennung entfernter kosmischer Verdichtungen waren, nannte man sie ‚Astronomen‘.

„Da — von den Wesen ihrer Umgebung aus gesehen — der Unterschied in der Bedeutung und im Wert zwischen den damaligen Wesen dieses Berufes und denen, die heutzutage gleichsam dieselbe Beschäftigung haben, dir sozusagen die ‚Offensichtlichkeit-der-stetigen-Verschlechterung-des-Kristallisationsgrades‘ der Gegebenheiten zeigen kann, die ‚Gesundes-logisches-Denken‘ hervorbringen und die im allgemeinen Bestand deiner Lieblinge als dreihirnigen Wesen vorhanden sein sollten, will ich ihn dir erklären, um dir zu helfen, ein ungefähres Verständnis dieses immer größer werdenden Unterschieds zu gewinnen.

„In der damaligen Periode machten die irdischen dreihirnigen Wesen, die die anderen ‚Astrologen‘ nannten, nicht nur die besagten Beobachtungen und Studien verschiedener kosmischer Verdichtungen, um den allgemeinen Wissenszweig, dessen Repräsentanten sie waren, wie man sagt, mehr ‚zu detaillieren‘, sondern nahmen auch einige andere bestimmte Wesens-Verpflichtungen den sie umgebenden Wesen ihresgleichen gegenüber auf sich.

„Eine ihrer hauptsächlichsten Verpflichtungen war, daß sie ebenso wie auch unsere Zerlikner allen Ehepaaren ihrer, wie man damals sagte, ‚Gemeinde‘ über die Zeit und Form des Prozesses des heiligen ‚Elmuarno‘ — je nach dem Typ der Ehegatten — zwecks einer erwünschten und entsprechenden Empfängnis ihrer Resultate raten mußten, und wenn diese Resultate erzielt oder, wie sie selbst sagen, ‚geboren‘ waren, hatten sie ihr ‚Oblekiunerisch‘ zu stellen, was dasselbe ist wie das, was deine heutigen Lieblinge ‚Horoskop‘ nennen. Später hatten sie oder ihre Vertreter das neugeborene Wesen während der ganzen Periode seiner Entwicklung bis zum verantwortlichen Alter und auch in seinem weiteren verantwortlichen Existenzprozeß zu leiten und ihm entsprechende Anweisungen auf Grund des besagten ‚Oblekiunerisch‘ und auch auf Grund der kosmischen Gesetze zu geben, die sie fortwährend erforschten und die aus den Wirkungen der Resultate anderer großer kosmischer Verdichtungen auf den Prozeß der Seins-Existenz der Wesen auf allen Planeten stammen.

„Ihre Vorschriften und auch ihre sogenannten ‚warnenden Ratschläge‘ waren derart: Wenn eine Funktion im Bestande eines Wesens ihrer Gemeinde unharmonisch wurde oder auch nur unharmonisch zu werden begann, wandte sich dieses Wesen an den Astrologen seines Distrikts, der auf Grund des besagten eigens für dieses Wesen gestellten ‚Oblekiunerisch‘ und auf Grund der nach den astrologischen Berechnungen erwarteten Veränderungen der in der Atmosphäre vor sich gehenden Prozesse — die wiederum aus der Wirkung anderer Planeten ihres Sonnensystems stammen — diesem Wesen angab, was es mit seinem planetischen Körper und in welchen Perioden der krentonalen Bewegung ihres Planeten tun sollte, wie zum Beispiel in welcher Richtung liegen, wie atmen, welche Bewegungen hauptsächlich machen, mit welchen Typen Beziehungen vermeiden und viele Dinge dieser Art. Außerdem bestimmten sie ebenfalls auf Grund dieser ‚Oblekiunerisch‘ für die Wesen im siebenten Jahre ihrer Existenz die entsprechenden Ehegenossen des entgegengesetzten Geschlechtes zum Zwecke der Erfüllung einer ihrer Haupt-Seins-Pflichten, nämlich der Erhaltung ihrer Gattung oder, wie deine Lieblinge sagen würden, sie bestimmten den ‚Ehemann‘ oder die ‚Ehefrau‘ für sie.

„Man muß deinen Lieblingen jener Periode, als es Astrologen unter ihnen gab, Gerechtigkeit widerfahren lassen; sie befolgten damals tatsächlich sehr genau die Ratschläge dieser Astrologen und taten in ihren ehelichen Verbindungen ausschließlich nur nach ihren Weisungen.

„Deshalb paßten sie in jener Periode dem Typ nach in ihren ehelichen Verbindungen immer zueinander, fast so wie Ehepaare überall auf Planeten, wo kestschapmartnische Wesen vorkommen, zueinander passen.

„Diese alten Astrologen machten diese Auswahl deshalb so erfolgreich, weil sie, auch wenn sie sehr weit von der Kenntnis vieler kosmischer Trogoautoegokratischer Wahrheiten entfernt waren, doch immerhin sehr gut die Gesetze des Einflusses verschiedener Planeten ihres Sonnensystems auf die Wesen ihres eigenen Planeten kannten, nämlich den Einfluß der Planeten auf ein Wesen im Augenblick seiner Empfängnis und während seiner weiteren Bildung bis zum vollständigen Erwerben des Seins eines verantwortlichen Wesens.

„Dank der ihnen von Geschlecht zu Geschlecht vermittelten, viele Jahrhunderte langen praktischen Erfahrung wußten sie schon, welchem Typ des passiven Geschlechtes welcher Typ des aktiven Geschlechtes entspricht.

„Und demzufolge paßten die Paare, die nach ihren Anweisungen zusammengegeben wurden, fast immer zusammen, nicht so wie in der heutigen Zeit, wo sich nämlich fast immer solche Typen zu einem Ehepaar vereinen, die nicht zueinander passen, weshalb im Verlaufe der ganzen Existenz dieser Ehepaare die Hälfte ihres sogenannten inneren Lebens‘ nur mit dem ausgefüllt ist, was unser hochgeschätzter Mulla-Nassr-Eddin in einem seiner Sprüche mit den folgenden Worten ausdrückt:

„ ‚Was für ein guter Ehemann er ist, oder was für eine gute Ehefrau sie doch ist, wenn nicht ihre ganze innere Welt damit beschäftigt ist, an der anderen Hälfte herumzunörgeln.‘

„Auf jeden Fall, mein Junge, wenn es diese Astrologen weiter dort gegeben hätte, wäre sicherlich dank ihrer weiteren Praxis die Existenz der Wesen dieses unglückseligen Planeten jetzt schon allmählich so, daß sie wenigstens in ihren Familienbeziehungen der Existenz der entsprechenden Wesen auf anderen Planeten unseres großen Weltalls ähnlich wäre.

„Aber auch diese segensreiche Einrichtung im Prozeß ihrer Existenz gaben sie wie alles andere Gute, das sie erreicht hatten, ehe sie auch nur Zeit gehabt hatten, es genügend zu nutzen, dem ‚gefräßigen Schwein' unseres verehrten Mulla-Nassr-Eddin.

„Und, wie es gewöhnlich dort geht, nahm die Zahl dieser Astrologen zunächst allmählich ab, und später ging ihnen die ‚Puste' vollends aus.

„Danach erschienen andere an ihrer Stelle in dem gleichen Berufszweig, diesmal aber ‚gelehrte Wesen neuen Formats', die angeblich auch die Resultate, die aus verschiedenen großen kosmischen Verdichtungen stammen und deren Einfluß auf die Existenz der Wesen ihres Planeten beobachteten und studierten. Und als die gewöhnlichen Wesen um sie herum bald bemerkten, daß diese ‚Beobachtungen' und ‚Studien' nur in der Erfindung von Namen für verschiedene entfernte Sonnen und Planeten bestanden, die nichts für sie bedeuten und die es zu Milliarden im Weltall gibt und daß diese Gelehrten durch eine Methode, die nur ihnen bekannt und ihr Berufsgeheimnis ist, die Entfernung zwischen kosmischen Punkten, die sie von ihrem Planeten aus durch ihr ‚Kinderspielzeug', genannt ‚Teleskop', gleichsam messen, nannte man sie bald, wie ich dir schon gesagt habe, ‚Astronomen'.

„Da wir, mein Junge, schon über diese heutigen ‚Ultra-Phantasten' unter deinen Lieblingen sprechen, können wir ebensogut, indem wir die Form des Denkens und die verbale Darlegung unseres teuren Lehrers Mulla-Nassr-Eddin imitieren, ‚illuminatorisch' dich auch über ihre von deinen Lieblingen so geschätzte Bedeutung aufklären.

„Vor allem mußt du über jenes gewöhnliche kosmische, auch für diese irdischen Typen geltende ‚Etwas' Bescheid wissen, das sich im allgemeinen immer von selbst für jede kosmische Einheit verwirklicht und das für Wesen mit Objektiver Vernunft als ein sogenanntes ‚Ausgangsprinzip' zur Erklärung des Sinnes und der Bedeutung jedes gegebenen kosmischen ‚Resultates‘ dient.

„Dieses ‚Etwas‘, das als ein ‚Ausgangsprinzip‘ zur Erkennung der Bedeutung dieser irdischen heutigen Typen dient, ist eine ‚erklügelte Karte‘, die sie selbst, natürlich unbewußt, ‚die Karte des Inventars der Himmelsräume‘ nennen.

„Es ist für uns nicht nötig, einen anderen logischen Schluß aus diesem bloß für sie geltenden ‚Ausgangsprinzip‘ zu ziehen; schon allein der Name dieser ihrer Karte zeigt, daß die Bestimmungen, die auf ihr angegeben sind, nicht anders als nur relativ sein können, weil sie von der Oberfläche ihres Planeten mit den Möglichkeiten, die ihnen zur Verfügung stehen und mit denen sie sich ihre ‚verehrten Köpfe‘ über die erfundenen Namen zerbrechen und verschiedene Berechnungen verschiedener Arten von Messungen machen, nur jene Sonnen und Planeten sehen können, die zu ihrem Glück ihren Fallkurs in bezug auf ihren eigenen Planeten nicht sehr rasch ändern und ihnen deshalb für eine lange Zeitperiode — lang natürlich nur im Vergleich mit der Kürze ihrer eigenen Existenzdauer — die Möglichkeit geben, sie zu beobachten und, wie sie sich großartig ausdrücken, ‚ihre Lage anzumerken‘.

„Aber auf jeden Fall, mein Junge, wie schlecht es auch mit den Resultaten der Tätigkeit dieser heutigen Repräsentanten der Wissenschaft unter deinen Lieblingen stehen mag, bitte, sei nicht böse auf sie. Wenn sie deinen Lieblingen auch keinen Nutzen bringen, so schaden sie ihnen doch auch nicht sehr.

„Schließlich müssen sie sich doch mit etwas beschäftigen. Sie tragen doch nicht umsonst Brillen deutscher Marke und besondere Fracks, die aus England kommen.

„Laß sie nur, laß sie damit beschäftigt sein, der Herr sei mit ihnen!

„Sonst werden auch sie wie die meisten anderen Wichte

dort, die sich mit sogenannten ‚höheren Dingen‘ abgeben, sich aus Langeweile noch mit dem ‚Kampf von fünf gegen einen‘ beschäftigen.

„Und es ist allen bekannt, daß die Wesen, die mit diesen Dingen beschäftigt sind, immer sehr schädliche Vibrationen für die Wesen ihresgleichen um sie herum haben.

„Genug davon! Lassen wir diese heutigen ‚Kitzler‘ in Frieden und kehren wir zu unserem unterbrochenen Thema zurück.

„In Hinsicht darauf, mein Junge, daß dieses ‚bewußte Können‘ der dreihirnigen Wesen deines Planeten, das in der Schöpfung eines solchen Kunstbaues zum Ausdruck kam, der seinesgleichen nicht vor und nicht nach dieser Periode hatte, und den ich mit eigenen Augen sah, auch ein Resultat dessen war, was die Wesen, die Mitglieder der Gelehrten-Gesellschaft Achaldan waren, die auf dem Kontinent Atlantis vor der zweiten großen irdischen Katastrophe gebildet worden war, erreicht hatten, halte ich es für das beste, wenn ich dir, bevor ich dir weiter das erwähnte Observatorium und andere Bauten erkläre, die dort zum Wohl der Seins-Existenz aufgeführt waren, wenn auch nur kurz die Entstehungsgeschichte dieser aus gewöhnlichen dreihirnigen Wesen bestehenden, tatsächlich großen Gelehrten-Gesellschaft-Achaldan auf dem Kontinent Atlantis erzähle.

„Du mußt unbedingt darüber unterrichtet werden, weil ich im Laufe meiner weiteren Erklärungen über die dreihirnigen Wesen des Planeten Erde aller Wahrscheinlichkeit nach noch öfters auf diese Gesellschaft der dortigen gelehrten Wesen zurückkommen werde.

„Ich will dir die Geschichte der Entstehung und Existenz jener Gesellschaft auf dem Kontinent Atlantis zu dem Zwecke erzählen, damit du eine Vorstellung gewinnst, daß auch auf deinem Planeten etwas von dreihirnigen Wesen durch Seins-Partkdolgpflicht erworben werden kann, das heißt durch bewußte Arbeit und absichtliches Leiden, und daß diese Erwerbungen von ihnen nicht nur zum Wohl ihres eigenen Seins benutzt werden, sondern daß ein bestimmter Teil ‚wie bei uns‘ erblich weitergeht und in den Besitz ihrer direkten Nachkommen gelangt.

„Du kannst ein solch gesetzmäßiges Resultat dort aus der Tatsache ersehen, daß, obschon am Ende der Existenz des Festlandes Atlantis sich dort anomale Verhältnisse in der Form ihrer gewöhnlichen Seins-Existenz einzustellen begonnen hatten, die sich nach der zweiten großen Katastrophe in solchem Tempo verschlechterten, daß bald all ihre Fähigkeit, die in ihnen vorhandenen Möglichkeiten zu äußern, wie es dem Bestand jedes dreihirnigen Wesens zukommt, vernichtet wurde, trotzdem diese ‚wissenschaftlichen Erwerbungen‘ wenigstens teilweise, wenn auch nur mechanisch, bis auf ihre entfernten Nachkommen erblich übergingen.

„Vor allem muß ich dir sagen, daß ich diese Geschichte durch sogenannte ‚Teleoginuaren‘ erfuhr, die es auch in der Atmosphäre deines Planeten Erde gibt.

„Da du jedenfalls nicht genau weißt, was ein Teleoginuar ist, so versuche, die Kunde auch über diese kosmische Verwirklichung in die entsprechenden Teile deines Bestandes aufzunehmen.

„Teleoginuaren sind materialisierte Ideen oder Gedanken, die nach ihrer Entstehung so gut wie für immer in der Atmosphäre jenes Planeten bleiben, auf dem sie entstehen.

„Teleoginuaren können durch jene Eigenschaft der Seins-Betrachtung gebildet werden, die nur solche dreihirnige Wesen besitzen und verwirklichen können, die in ihrem Bestande ihre höheren Seins-Körper bekleidet und die Vervollkommnung der Vernunft ihrer höheren Seins-Teile bis zu dem Grade der heiligen ‚Martfotai‘ gebracht haben.

„Zusammenhängende Reihen solcher materialisierter Seins-Ideen über irgendein Ereignis werden ‚Korkaptilnische-Gedanken-Bänder‘ genannt.

„Viel später fand ich heraus, daß die besagten ‚Korkaptilnischen Gedanken-Bänder‘, die die Entstehungsgeschichte der Gelehrten Gesellschaft Achaldan betreffen, offenbar absichtlich von einem gewissen, jetzt schon heiligen, ewigen Individuum‘ Assuaïlon fixiert worden waren, der sich mit dem allgemeinen Bestand eines dreihirnigen Wesens namens Tetetos bekleidet hatte, das auf deinem Planeten entstand, und zwar auf dem Kontinent Atlantis und dort schon vier Jahrhunderte vor der zweiten großen transapalnischen Umwälzung existierte.

„Diese ‚Korkaptilnischen-Gedanken-Bänder‘ dauern solange wie der betreffende Planet der noch im sogenannten ‚Bewegungstempo-der-Urentstehung‘ begriffen ist und unterliegen keiner der Umwandlungen aus irgendwelchen kosmischen Ursachen, denen periodisch alle anderen kosmischen Stoffe und Kristallisationen unterliegen.

„Der Text dieser ‚Korkaptilnischen-Gedanken-Bänder‘ kann, ungeachtet der schon verflossenen Zeit, von jedem dreihirnigen Wesen wahrgenommen und erkannt werden, in dessen Bestand die Fähigkeit erworben worden ist, in den Seins-Zustand gelangen zu können, genannt ‚Surptakalnische Betrachtung‘.

„Und so habe ich, mein Junge, die Einzelheiten über die Entstehung der Achaldan-Gesellschaft dort teilweise aus dem Text der soeben erwähnten Teleoginuaren erfahren und teilweise aus vielen Gegebenheiten, die ich erst später herausfand, nämlich, nachdem ich mich auch für eine höchst bedeutsame Tatsache dort interessierte und meine gewohnten eingehenden Forschungen betrieb.

„Durch den Text der erwähnten Teleoginuaren und die Gegebenheiten, die ich später erfuhr, wurde es mir ganz und gar klar, daß diese wissenschaftliche Gesellschaft

Achaldan, die damals auf dem Kontinent Atlantis entstand und sich aus dreihirnigen Wesen der Erde zu-
sammensetzte, siebenhundertfünfunddreißig Jahre vor der
zweiten transapalnischen Umwälzung dort gegründet worden war.

„Sie war durch die Initiative eines dortigen Wesens gegründet worden, namens Belkultassy, dem es damals gelang, die Vervollkommnung seiner höheren Seins-Teile bis
zum Sein eines heiligen ‚ewigen Individuums‘ zu bringen;
jetzt wohnt sein höherer Teil schon auf dem heiligen Planeten Fegefeuer.

„Meine Nachforschungen über alle jene inneren und
äußeren Seins-Impulse und Manifestationen, die dazu
führten, daß dieser Belkultassy der wirkliche Stifter jener
wahrhaft großen Gesellschaft gewöhnlicher dreihirniger
Wesen wurde — eine Gesellschaft, die zu ihrer Zeit im
ganzen Weltall sozusagen eine ‚Lust zur Nachahmung‘
hervorrief — ergaben, daß als dieses später heilige Individuum Belkultassy sich einmal — nach dem Brauch
aller normalen Wesen — Betrachtungen hingab und seine
Gedanken-Assoziationen auf sich selbst konzentrierte, das
heißt auf Sinn und Ziel seiner eigenen Existenz, er plötzlich empfand und erkannte, daß der Prozeß des Funktionierens seines ganzen Bestandes bis dahin nicht so vor sich
gegangen war, wie er gesunder Logik nach hätte vor sich
gehen sollen.

„Diese unerwartete Feststellung erschütterte ihn so tief,
daß er von dieser Zeit an sich ganz dem Bestreben widmete, sich dies um jeden Preis zu erklären und es vollends
verstehen zu lernen.

„Zuerst beschloß er, ohne Aufschub ein solches ‚Können‘ zu erwerben, das ihm die Kraft und Möglichkeit, vollends aufrichtig mit sich selbst zu sein, verleihen würde,
das heißt fähig zu sein, jener Impulse Herr zu werden, die
schon zur Gewohnheit im Funktionieren seines allgmeinen

Bestandes geworden waren durch viele heterogene Assoziationen, die in ihm durch alle möglichen zufälligen Schocks von außen und auch spontan in ihm entstanden waren, nämlich Impulse, genannt ‚Selbstliebe‘, ‚Stolz‘, ‚Eitelkeit‘ und so weiter.

„Und als er nach unglaublichen sogenannten ‚organischen und psychischen Anstrengungen‘ dies erreicht hatte, dachte er, ohne die seinem Bestand eigen gewordenen Seins-Impulse zu schonen, angestrengt nach und erinnerte sich, wann und welche verschiedenen Seins-Impulse während seiner früheren Existenz jemals in seinem Bestande aufgetreten waren und wie er bewußt oder unbewußt auf sie reagiert hatte.

„Indem er sich so analysierte, erinnerte er sich jener Impulse, die in seinen selbständigen vergeistigten Teilen, das heißt in seinem Körper, in seinen Gefühlen und in seinen Gedanken die eine oder andere Reaktion hervorgerufen hatten, und wie es auf seinen Wesenskern gewirkt hatte, wenn er auf etwas mehr oder weniger aufmerksam reagierte, und wie und wann er in seinen Reaktionen mit seinem ‚Ich‘ sich bewußt oder lediglich automatisch, nur von seinem Instinkt geleitet, geäußert hatte.

„Als dieser Träger des späteren heiligen Individuums Belkultassy auf diese Weise damals sich aller seiner früheren Wahrnehmungen, Erlebnisse und Äußerungen erinnerte, stellte er deutlich fest, daß seine äußeren Manifestationen weder seinen Wahrnehmungen noch den sich in ihm bildenden Impulsen entsprachen.

„Ferner machte er dieselben aufrichtigen Beobachtungen an seinen Eindrücken, sowohl an den von außen kommenden als auch an den sich in seinem Inneren bildenden, die sein ganzer Bestand wahrnahm, und er überprüfte mit der gleichen allseitigen bewußten Beobachtung, wie diese Eindrücke von seinen einzelnen vergeistigten Teilen wahrgenommen wurden, wie und bei welchen Gelegenheiten

sie von seinem ganzen Bestande erlebt und für welche
Äußerungen sie zu Impulsen wurden.

„Diese allseitigen bewußten Beobachtungen und unparteiischen Feststellungen überzeugten Belkultassy schließlich
endgültig davon, daß etwas in seinem ganzen Bestande
nicht so vor sich ging, wie es gesunder Seins-Logik nach
vor sich gehen sollte.

„Meine späteren eingehenden Forschungen ergaben,
daß, obgleich Belkultassy von der Genauigkeit seiner Beobachtungen ganz zweifellos überzeugt war, er doch
Zweifel an der Richtigkeit seiner eigenen Empfindungen und Begriffe hatte und auch an der Normalität
seiner eigenen psychischen Organisation und sich daraufhin die Aufgabe stellte, vor allem herauszufinden, ob
er, da er alles so und nicht anders empfunden und begriffen hatte, überhaupt normal sei.

„Um diese Aufgabe auszuführen, beschloß er herauszufinden, wie andere das gleiche empfinden und erkennen.

„In dieser Absicht begann er, seine Freunde und Bekannten zu befragen und suchte von ihnen zu erfahren,
wie sie dies alles empfinden und wie sie ihre früheren und
gegenwärtigen Empfindungen und Äußerungen erkennen,
wobei er dies natürlich sehr vorsichtig tat, um nicht an
die besagten für dreihirnige Wesen ungeziemenden Impulse
von ‚Selbstliebe‘, ‚Hochmut‘ und so weiter, die auch ihnen
eigen waren, zu rühren.

„Durch dieses Nachfragen gelang es Belkultassy allmählich, unter seinen Freunden und Bekannten Aufrichtigkeit zu erwecken, und das Ergebnis zeigte, daß sie alle
alles in sich genau so empfanden und sahen wie er.

„Es stellte sich heraus, daß unter den Freunden und Bekannten Belkultassys mehrere ernsthafte Wesen waren, die
noch nicht völlig der Wirkung der Folgen der Eigenschaften des Organs Kundabuffer erlegen waren. Und da
sie vom Wesen und der Wichtigkeit der Sache durch-

316

drungen waren, interessierten auch sie sich sehr ernstlich dafür und machten sich daran, festzustellen, was in ihnen selbst vorging, und begannen selbständig die Wesen ihrer Umgebung zu beobachten.

„Bald danach versammelten sie sich auf den Vorschlag Belkultassys hin von Zeit zu Zeit, um ihre Beobachtungen und neuen Feststellungen auszutauschen.

„Nach fortgesetzten Überprüfungen, Beobachtungen und unparteiischen Feststellungen war diese ganze Gruppe irdischer Wesen gleich Belkultassy völlig davon überzeugt, daß sie nicht so sind wie sie sein sollten.

„Etwas später gesellten sich dieser Gruppe irdischer Wesen noch viele andere mit gleichem Interesse hinzu.

„Und später gründeten sie die Gesellschaft, die sie Achaldan-Gesellschaft nannten.

„Das Wort Achaldan bezeichnet folgenden Begriff:

‚Das Bestreben, Sinn und Ziel des Seins der Wesen zu erkennen.‘

„Gleich vom Anfang der Gründung dieser Gesellschaft stand ihr Belkultassy vor, und die folgenden Arbeiten der Wesen dieser Gesellschaft fanden unter seiner Leitung statt.

„Viele Jahre lang existierte die Gesellschaft unter dem besagten Namen, und ihre Mitglieder wurden Achaldansoworen genannt; als aber später die Mitglieder dieser Gesellschaft aus Gründen allgemeinen Charakters sich in mehrere selbständige Gruppen teilten, wurden die Mitglieder der verschiedenen Gruppen verschieden genannt.

„Und die Teilung in Gruppen geschah damals aus folgendem Grunde:

„Als sie endgültig überzeugt waren, daß etwas Unwünschenswertes in ihrem Bestande war und nach Mitteln und Wegen suchten, dies zu entfernen und so zu werden, wie sie gesunder Logik nach sein sollten, nämlich dem Sinn und Ziel ihrer Existenz entsprechend, deren Erklärung sie um jeden Preis zur Grundlage ihrer Aufgabe machten, wie sie zuvor durch ihre Vernunft beschlossen hatten, wurde es klar, daß es unbedingt zur praktischen Erfüllung dieser Aufgabe nötig war, in ihrer Vernunft mehr eingehende Kunden über verschiedene besondere Wissens-Zweige zu haben.

„Da es aber unmöglich war, daß jeder einzelne alle erforderlichen besonderen Kenntnisse erwerben konnte, teilten sie sich der Bequemlichkeit halber in mehrere Gruppen, damit jede Gruppe selbständig einen besonderen Wissenszweig studiere, der zu dem allgemeinen Ziele nötig war.

„Du mußt, mein Junge, hier wissen, daß gerade damals zum ersten Male wahrhaft objektive Wissenschaft entstand und zu existieren begann, die sich normal bis zu der Zeit des zweiten großen Unglücks mit deinem Planeten entwickelte und auch, daß das Wachstum und die Entwicklung ihrer verschiedenen Zweige in unvergleichlich schnellem Tempo vor sich ging.

„Und deshalb begannen zu jener Zeit eine Anzahl von großen und kleinen, was ‚objektive Wahrheiten‘ genannt werden, allmählich diesen dir lieben dreihirnigen Wesen offenbar zu werden.

„Die gelehrten Mitglieder dieser ersten und vielleicht letzten großen irdischen Gelehrten-Gesellschaft teilten sich damals in sieben selbständige Gruppen oder, wie man auch sagt, ‚Sektionen‘, und jede dieser Gruppen oder ‚Sektionen‘ hatte ihren eigenen Namen.

„Die Mitglieder der ersten Gruppe der Achaldan-Gesellschaft hießen ‚Achaldan-Fochsoworen‘, was bedeutete, daß die zu dieser Sektion gehörigen Wesen sowohl den Bestand als auch die gegenseitige Wirkung der einzelnen Teile ihres Planeten studierten.

„Die Mitglieder der zweiten Sektion wurden ‚Achaldan-Strasoworen‘ genannt, und das besagte, daß die zu dieser

Gruppe zählenden Wesen die sogenannten ‚Ausstrahlungen-aller-anderen-Planeten-auf-ihr-Sonnensystem-und-deren-gegenseitige-Wirkung-aufeinander‘ studierten.

„Die Mitglieder der dritten Sektion hießen ‚Achaldan-Metrosoworen‘, und dies bezeichnete Wesen, die mit dem Studium jenes Wissenschaftszweiges beschäftigt waren, der dem Zweig unserer allgemeinen Wissenschaft, genannt ‚Silkurnano‘ glich und ungefähr dem entspricht, was deine gegenwärtigen Lieblinge ‚Mathematik‘ nennen.

„Die Mitglieder der vierten Gruppe hießen ‚Achaldan-Psychosoworen‘, und mit diesem Namen kennzeichnete man damals jene Mitglieder der Achaldan-Gesellschaft, deren Beobachtungen sich auf die Wahrnehmungen, Erlebnisse und Äußerungen der Wesen ihresgleichen erstreckten und diese Beobachtungen statistisch überprüften.

„Die Mitglieder der fünften Gruppe waren als ‚Achaldan-Harnosoworen‘ bekannt und dies bedeutete, daß sie sich mit dem Studium jenes Wissenszweiges beschäftigten, der in sich jene zwei gegenwärtigen Wissenschaften dort vereinigte, die deine Lieblinge ‚Chemie‘ und ‚Physik‘ nennen.

„Die zu der sechsten Sektion gehörenden Mitglieder nannte man ‚Achaldan-Mistessoworen‘ und sie erforschten alle möglichen außerhalb ihrer selbst entstehenden Tatsachen, sowohl die, die bewußt von außen verwirklicht werden als auch die, die aus sich selbst entstehen, und sie suchten zu erkennen, welche von ihnen und in welchen Fällen sie von den Wesen falsch wahrgenommen werden.

„Und was die Mitglieder der siebenten und letzten Gruppe betrifft, so wurden sie ‚Achaldan-Gespadschisoworen‘ genannt. Diese Mitglieder der Achaldan-Gesellschaft widmeten sich dem Studium jener Äußerungen im Bestand der dreihirnigen Wesen ihres Planeten, die in ihnen nicht als Folge verschiedenen Funktionierens, das aus verschiedenartigen Impulsen stammt, die durch in ihnen vorhandene Gegebenheiten hervorgerufen werden, vor sich gehen, sondern durch von außen kommende kosmische Einflüsse, die nicht von den Wesen selbst abhängen.

„Die dreihirnigen Wesen deines Planeten, die damals Mitglieder dieser Gesellschaft wurden, taten in der Tat schon viel in der Richtung zu objektivem Wissen, wie dergleichen nie zuvor getan worden war und jedenfalls nie wieder getan werden wird.

„Und man kann nicht umhin, sein Bedauern auszudrücken und zu wiederholen, daß zum größten Unglück der dortigen dreihirnigen Wesen aller späteren Zeit gerade damals, als durch die unglaublichen Seins-Bemühungen der Mitglieder-Wesen dieser großen Gesellschaft das erforderliche Arbeitstempo schon erworben war — und zwar, was sowohl die bewußte Erkenntnis ihrer selbst als auch — ihnen unbewußt — die Vorbereitung des Wohls ihrer Nachkommen angeht, daß gerade damals, auf dem Höhepunkt von all dem einige von ihnen, wie ich dir schon sagte, feststellten, daß etwas Ernsthaftes sich sehr bald mit ihrem Planeten ereignen werde.

„Um die Natur des erwarteten ernsthaften Ereignisses herauszufinden, zerstreuten sie sich über den ganzen Planeten und bald darauf fand, wie ich dir schon sagte, die erwähnte zweite ‚transapalnische Umwälzung‘ mit deinem unglückseligen Planeten statt.

„Und als dann, mein Junge, einige Mitgliederwesen dieser großen Gelehrten-Gesellschaft, die die Katastrophe überlebt hatten, sich danach allmählich wieder zusammenfanden, hatten sie kein Heimatland mehr und ließen sich mit den meisten anderen übriggebliebenen Wesen in der Mitte des Kontinents Grabonzy nieder. Später aber, als auch die anderen dreizentrischen Wesen auf dem Kontinent Grabonzy nach ungesetzmäßigen ‚Kataklysmen‘, die sich dort ereignet hatten, mehr oder weniger ‚zu sich selbst kamen', beschlossen sie, gemeinsam zu versuchen, alle jene Aufgaben, die die Basis ihrer verschwundenen Gesellschaft gebildet hatten, wieder aufzunehmen, in der Hoffnung, daß sie sie nun fortsetzen und praktisch durchführen könnten.

„Da die anomalen Verhältnisse der Seins-Existenz der meisten dreihirnigen Wesen auf dem besagten Teil der Oberfläche des Kontinents Grabonzy, der schon vor der Katastrophe gebildet worden war, dann schon wieder in vollem Schwunge waren, suchten die übriggebliebenen Mitglieder der Achaldan-Gesellschaft nach einem anderen Ort für ihre weitere Existenz auf demselben Kontinent, einem Platz, der mehr ihrer Arbeit entsprach, die vollkommene Isolierung erforderte.

„Diesen passenden Platz fanden sie an einem großen Strom auf der Nordseite dieses Kontinents, und dahin übersiedelten sie tatsächlich alle mit ihren Familien, um in der Einsamkeit dort weiter an der Erfüllung der ihnen von ihrer Gesellschaft gestellten Aufgaben zu arbeiten.

„Diese ganze Gegend, durch die der erwähnte große Strom floß, nannten sie zuerst ‚Sakronakari‘.

„Dieser Name wurde später mehrmals geändert, und heute heißt diese Gegend Ägypten, und der erwähnte große Strom, der damals ‚Nipilhuatschi‘ hieß, wird jetzt, wie ich schon sagte, ‚Nil‘ genannt.

„Bald nachdem sich einige frühere Mitglieder der wissenschaftlichen Gesellschaft Achaldan auf diesem Teile der Erdoberfläche niedergelassen hatten, siedelten sich dort auch alle die Wesen unseres Stammes an, die damals noch auf der Oberfläche jenes dir lieben Planeten weilten.

„Die Beziehungen der Wesen unseres Stammes zu jenem Teil deines Planeten und auch die erste Obersiedlung der zufällig geretteten früheren Mitglieder der Achaldan-Gesellschaft dorthin waren folgende:

„Ich sagte dir schon einmal, daß gerade vor der zweiten ‚transapalnischen Umwälzung‘ unsere ‚Stammes-Pythia‘ in ihren Prophezeiungen allen Wesen unseres Stammes befahl, ohne Aufschub zu ihrer weiteren Existenz auf jenem Planeten nach einem andern bestimmten Teil auf der Oberfläche jenes gleichen Kontinents überzusiedeln, der jetzt Afrika heißt.

„Dieser uns von der Pythia angewiesene Teil der Oberfläche dieses Festlandes lag gerade an der Quelle des besagten großen Stromes ‚Nipilhuatschi‘, wo die Wesen unseres Stammes während der ganzen Dauer der besagten zweiten ‚transapalnischen Umwälzung‘ existierten — und auch später, als alles allmählich wieder zu einem verhältnismäßig normalen Zustand zurückgekehrt war, und die meisten verschont gebliebenen Wesen dort fast vergessen hatten, was vorgefallen war, gründeten sie, als ob nichts mit ihnen geschehen sei, wieder eines ihrer berühmten ‚Kulturzentren‘, und zwar genau in der Mitte des späteren ‚Afrika‘. Gerade damals nun, als die früheren Mitglieder der Achaldan-Gesellschaft nach einem ihnen passenden Platz für ihre dauernde Existenz suchten, und zufällig einige Wesen unseres Stammes trafen, rieten diese ihnen, sich in der Gegend weiter flußaufwärts niederzulassen.

„Die Bekanntschaft und die freundlichen Beziehungen zwischen uns und vielen früheren Mitgliedern der Achaldan-Gesellschaft hatten schon auf dem Kontinent Atlantis und sogar schon vor der Gründung jener Gesellschaft bestanden.

„Erinnerst du dich, daß ich dir schon sagte, daß, als ich zum erstenmal auf diesen Planeten hinabging, die Wesen unseres Stammes sich in der Stadt Samlios versammelten, damit wir gemeinsam einen Ausweg aus der damals schwierigen Lage fänden; jene allgemeine Versammlung der Unsrigen wurde eben in einer Abteilung der Hauptkathedrale der Achaldan-Gesellschaft gehalten; und von dieser Zeit an bestanden gute Beziehungen zwischen vielen Wesen unseres Stammes und einigen Mitgliedern dieser Gesellschaft.

„Dort also, in diesem späteren Ägypten, wohin beide in der besagten Art übergesiedelt waren, blieben die Beziehungen zwischen den Wesen unseres Stammes und den früheren Mitgliedern der Achaldan-Gesellschaft, die zufällig gerettet worden waren, und auch mit den Nachkommen anderer Mitglieder ununterbrochen gut und dauerten fast bis zur Abreise unseres Stammes von deinem Planeten. Obgleich sich die Hoffnung der zufällig übriggebliebenen Mitglieder der Achaldan-Gesellschaft, daß sie die Verwirklichung der Aufgaben ihrer Gesellschaft wieder aufnehmen könnten, nicht erfüllte, blieb doch dank ihrer allein im Bestand der Wesen einiger folgenden Geschlechter nach dem Untergang der Atlantis die ‚instinktive Überzeugung‘ erhalten betreffs des Sinnes dessen, was dort ‚vollendetes persönliches Sein‘ genannt wird.

„Außerdem blieb dank ihrer noch etwas von dem erhalten, was von den dreihirnigen Wesen, als sie noch normale Vernunft hatten, erreicht worden war und ging später automatisch durch Vererbung von Geschlecht zu Geschlecht weiter und gelangte so auf die Wesen späterer Zeiten, sogar bis auf einige Wesen der heutigen Zeit.

„Unter den Resultaten der durch Vererbung weitergegebenen wissenschaftlichen Erwerbungen der Mitglieder der Achaldan-Gesellschaft waren zweifellos auch jene klug ersonnenen und soliden ‚Kunstbauten‘, die ich während meines vierten Aufenthaltes auf jenem Teil der Oberfläche des Kontinents des gegenwärtigen Afrika errichten sah, und über die ich dich jetzt unterrichten will.

„Obgleich die Erwartungen, die ich nach all dem hegte, was unser Landsmann mir über das erwähnte neue Observatorium erzählt hatte, ehe ich es mit eigenen Augen gesehen hatte, nicht erfüllt wurden, waren trotzdem sowohl das Observatorium selbst als auch die anderen

‚Kunstbauten‘ jener Gegend sehr klug ersonnen und bildeten für meinen allgemeinen Bestand Gegebenheiten zur Bereicherung meines Bewußtseins mit vielen produktiven Kenntnissen.

„Damit du dir klar vorstellen und verstehen kannst, wie diese verschiedenen ‚Kunstbauten‘ von den dreihirnigen Wesen dieser Gegend zum Wohl ihrer Seins-Existenz aufgeführt wurden, scheint es mir genügend, wenn ich dir, wenn möglich, ausführlich erkläre, worin sich die Besonderheit ihrer vernünftigen und praktischen Erfindung gerade im Hinblick auf dieses ihr neues Oberservatorium zeigte, um dessentwillen ich jene Gegend damals besuchte.

„Zu diesem Zwecke muß ich dich aber zuvor über zwei Dinge unterrichten, die mit dem Wandel im allgemeinen Bestand dieser dir lieben dreizentrischen Wesen zusammenhängen.

„Das erste besteht darin, daß am Anfang, als sie noch normal existierten, nämlich so, wie es im allgemeinen allen dreihirnigen Wesen zu existieren zukommt, und als sie noch das, was ‚oluestechnochnisches-Sehvermögen‘ genannt wird, hatten, konnten auch sie bei allen in ihrer Atmosphäre mit dem Allgegenwärtigen Okidanoch vor sich gehenden Prozessen das Sichtbare aller großen und kleinen kosmischen Verdichtungen wahrnehmen, sobald diese letzteren in einer den gewöhnlichen dreihirnigen Wesen entsprechenden Entfernung waren.

„Außerdem erwarben diejenigen unter ihnen, die sich bewußt vervollkommneten und die dadurch die Feinheit der Wahrnehmung ihres Gesichtsorgans — wie die dreihirnigen Wesen überall — bis zu dem sogenannten ‚oluesultratesnochnischen‘ Zustand brachten, die Möglichkeit, auch das Sichtbare all jener kosmischen Einheiten wahrzunehmen, die in gleicher Entfernung liegen und deren Entstehung und weitere Existenz von den Kristallisationen abhängig sind, die unmittelbar aus dem heiligen ‚Theomertmalogos' lokalisiert werden, das heißt aus den Emanationen unserer allerheiligsten Sonne Absolut.

„Später aber, als sich immer dieselben anomalen Verhältnisse der gewohnten Seins-Existenz endgültig eingebürgert hatten und die große Natur gezwungen war, aus schon erwähnten Gründen, außer anderen Einschränkungen auch das Funktionieren ihres Gesichtsorgans umzuwandeln, nämlich in ein ‚koritesnochnisches‘, daß heißt ein Sehvermögen, wie es dem Bestand ein- und zweihirniger Wesen eigen ist, konnten sie die Sichtbarkeit sowohl der großen wie der kleinen Verdichtungen, die jenseits von ihnen lagen, nur dann wahrnehmen, wenn in der Atmosphäre ihres Planeten mit dem Allgegenwärtigen Aktiven Element Okidanoch der heilige Prozeß ‚Aieioiuëa‘ vor sich geht, das heißt, wie sie es selbst ihrem Verständnis und ihren Wahrnehmungen entsprechend ausdrücken, ‚im nächtlichen Dunkel‘.

„Und die zweite Tatsache ist ob derselben Degeneration ihres Sehvermögens in ein ‚koritesnochnisches‘ auf dem für alle Wesen geltenden Gesetz begründet, laut dem die von jeder Manifestation des Allgegenwärtigen Okidanoch erhaltenen Resultate von den Gesichtsorganen nur bei unmittelbarem Kontakt mit jenen Vibrationen wahrgenommen werden können, die sich in den Wesen bilden und das Funktionieren des Seins-Organs für die Wahrnehmung der Sichtbarkeit kosmischer Verdichtungen im gegebenen Augenblick verwirklichen, das heißt nur in dem Falle, wenn die besagten Resultate der Manifestation des Allgegenwärtigen Okidanoch innerhalb der Grenze vor sich gehen, jenseits derer je nach der Qualität des entsprechenden Organs die sogenannte ‚Stoßkraft des Impulses‘ für die Wahrnehmung der Sichtbarkeit abnimmt, oder, um es anders auszudrücken, sie nehmen nur die Sichtbarkeit der sich in der Nähe befindlichen Gegenstände wahr.

„Finden aber diese Resultate außerhalb der erwähnten

Grenze statt, so erreichen sie die Wesen überhaupt nicht, in deren Bestand die Wahrnehmungsorgane nur durch die Resultate des gesamten ‚Itoklanoz' geformt sind.

„Es ist hier ganz am Platze, einen der selten gebrauchten Sprüche unseres Mulla-Nassr-Eddin anzuführen, der diesen Fall, nämlich diesen Grad von Beschränktheit in der Wahrnehmung der Sichtbarkeit durch deine gegenwärtigen Lieblinge definiert.

„Dieser weise, selten gebrauchte Spruch lautet folgendermaßen: ‚Wenn du mir den Elefanten, den ein Blinder sah, zeigst, will ich dir glauben, daß du eine Fliege wirklich sehen kannst'.

„Und somit, mein Junge, erwarb jeder deiner unglückseligen Lieblinge trotz des ihm von früher eigenen ‚koritesnochnischen' Sehvermögens durch diese Kunstbauten für die Beobachtung anderer kosmischer Verdichtungen, die, wie ich damals sah, in dem künftigen Ägypten dank der Initiative, die aus der Vernunft entfernter Nachkommen der Mitgliedswesen der Gelehrten-Achaldan-Gesellschaft aufgeführt wurden, trotzdem das Vermögen, zu jeder Zeit, wie sie sagen, ‚des Tages und der Nacht' die Sichtbarkeit all dieser entfernten kosmischen Verdichtungen wahrzunehmen, die im Prozeß der allgemeinen kosmischen harmonischen Bewegung in die Sphäre ihres Beobachtungshorizontes gelangen.

„Um diese Beschränkung ihres Organs für die Wahrnehmung der Sichtbarkeit wettzumachen, erfanden sie damals folgendes:

„Sie stellten ihr ‚Teskuano' oder ‚Fernrohr', dessen Konstruktionsplan, wie hier gesagt werden muß, auch von ihnen bis auf ihre fernen Nachkommen überging, nicht auf der Oberfläche ihres Planeten auf, wie es gewöhnlich dort getan wurde und jetzt noch getan wird, sondern stellten es tief ins Innere ihres Planeten und beobachteten von da aus durch eigens dazu gebohrte röhrenartige Schächte

326

die kosmischen Verdichtungen, die außerhalb der Atmosphäre ihres Planeten lagen.

„Das Observatorium, das ich damals sah, hatte fünf solcher Schächte. Sie gingen von verschiedenen Stellen auf der Oberfläche des Planeten, die zum Observatorium gehörten, aus, und sie kamen alle in einem kleinen unterirdischen Schacht zusammen, der eine Art Höhle darstellte, und von da aus machten die Spezialisten, damals ‚Astrologen' genannt, ihre Beobachtungen, um, wie ich dir schon sagte, den sichtbaren Bestand und die Resultate der gegenseitigen Wirkung anderer kosmischer Verdichtungen zu studieren, sowohl derer ihres eigenen Sonnensystems als auch der anderen Systeme des großen Weltalls.

„Sie machten diese Beobachtungen durch einen der erwähnten Schächte, die in verschiedenen Richtungen auf ihren Horizont hinaussahen, je nach der gegebenen Lage ihres Planeten in bezug auf die kosmische Verdichtung, die im Prozeß der ‚allgemeinen-kosmischen-harmonischen-Bewegung' gerade beobachtet wurde.

„Ich wiederhole, mein Junge, daß, obschon die Haupteigentümlichkeit dieses von den dreihirnigen Wesen des künftigen Ägypten errichteten Observatoriums nichts Neues für mich war, da das gleiche Prinzip auch in meinem Observatorium auf dem Mars angewandt worden war, nur mit dem Unterschied, daß meine sieben langen Röhren nicht im Inneren des Planeten, sondern auf ihm aufgestellt worden waren, doch alle diese Neuerungen so interessant in ihren Einzelheiten waren, daß ich während meines Aufenthaltes dort eine ausführliche Zeichnung von allem, was ich dort sah, anfertigte, und einiges davon später in meinem eigenen Observatorium gebrauchte.

„Was aber die anderen ‚Kunstbauten' dort betrifft, so will ich dir vielleicht später ausführlich von ihnen sprechen. Einstweilen aber will ich nur sagen, daß alle diese selbständigen, damals noch nicht ganz vollendeten

Bauten unweit des Observatoriums lagen und, wie ich auf meiner Besichtigung unter der Führung des Erbauers feststellte, der uns begleitete und ein Freund eines der Unsrigen war, einesteils ebenfalls zur Beobachtung anderer Sonnen und Planeten unseres großen Weltalls bestimmt waren und andernteils um den Lauf der uns umgebenden Atmosphäre zu bestimmen und absichtlich so zu lenken, um das gewünschte ‚Klima‘ zu erhalten.

All diese ihre ‚Kunstbauten‘ nahmen eine ziemlich große Fläche auf jenem Teil der besagten Gegend ein und waren mit einem besonderen Flechtwerk umzäunt, das aus einer Pflanze gemacht war, die damals ‚Salnakatar‘ hieß.

„Es ist höchst interessant, hier einzuschalten, daß sie am Haupteingang jener enormen Umzäunung eine beträchtlich große — groß natürlich im Vergleich mit der Größe ihres Bestandes — Stein-Statue errichteten, ‚Sphinx‘ genannt, die mich sehr an die Statue erinnerte, die ich während meines ersten persönlichen Aufenthaltes auf ihrem Planeten in der Stadt Samlios gesehen hatte, gerade dem enormen Gebäude gegenüber, das der Gelehrten-Achaldan-Gesellschaft gehörte und damals die ‚Hauptkathedrale der Achaldan-Gesellschaft‘ genannt wurde.

„Die Statue, die ich damals in der Stadt Samlios sah und die mich sehr interessierte, war das Sinnbild dieser Gesellschaft und wurde ‚Gewissen‘ genannt.

„Sie stellte ein allegorisches Wesen dar, bei dem jeder Teil seines planetischen Körpers durch einen Teil des planetischen Körpers eines dort existierenden Wesens verschiedener Form dargestellt war, und zwar Teile solcher Wesen anderer Form, in denen — nach den kristallisierten Auffassungen der dortigen dreihirnigen Wesen — die eine oder andere Seins-Funktion im höchsten Grade vorhanden ist.

„Der Hauptteil des planetischen Körpers dieses allegorischen Wesens war durch den Rumpf eines dortigen Wesens von bestimmter Form dargestellt, ‚Stier‘ genannt.

„Dieser Stierrumpf ruhte auf den vier Füßen eines anderen Wesens einer auch dort existierenden bestimmten Form, ‚Löwe‘ genannt, und an jenem Teil des Stierrumpfes, der sein Rücken genannt wird, waren zwei große Flügel angebracht, die ähnlich aussahen wie die eines starken Vogelwesens, das dort vorkommt, ‚Adler‘ genannt.

„An der Stelle aber, wo der Kopf sein sollte, waren an den Stierrumpf durch ein Bernsteinstück zwei Brüste angebracht, die, was ‚jungfräuliche Brüste‘ genannt wird, darstellten.

„Als ich mich damals auf dem Kontinent Atlantis für diese sonderbare allegorische Darstellung zu interessieren begann und mich nach ihrer Bedeutung erkundigte, erklärte sie mir ein gelehrtes Mitglied der großen Gesellschaft von Menschenwesen folgendermaßen:

„‚Diese allegorische Figur ist das Sinnbild der Achaldan-Gesellschaft und dient unseren Mitgliedern zur Anregung, um die entsprechenden Impulse hervorzurufen, die dieser allegorischen Figur zugeschrieben werden, und ständig ihrer eingedenk zu sein.‘

„Weiter fuhr er fort: ‚Jeder Teil dieser allegorischen Darstellung erweckt in jedem Mitglied unserer Gesellschaft in allen drei selbständig assoziierenden Teilen seines ganzen Bestandes, nämlich in seinem Körper, in seinen Gedanken und in seinen Gefühlen einen Anstoß zu den entsprechenden Assoziationen für jene einzelnen Einsichten, die insgesamt uns allein die Möglichkeit verleihen können, allmählich jene unwünschenswerten Faktoren loszuwerden, die in jedem von uns vorhanden sind, sowohl die uns vererbten als auch die von uns selbst erworbenen, die allmählich für uns unwünschenswerte Impulse erwecken und denen zufolge wir nicht sind, wie wir sein sollten.

„ ‚Dieses unser Sinnbild weist uns darauf hin und erinnert uns ständig, daß die Befreiung nur erreicht werden kann, wenn wir unsern ganzen Bestand unaufhörlich zwingen, in entsprechenden Fällen stets so zu denken, zu fühlen und zu handeln, wie es dieses unser Sinnbild ausdrückt.

„ ‚Und dieses unser Sinnbild wird von allen unseren Mitgliedern der Achaldan-Gesellschaft folgendermaßen verstanden:

„ ‚Der Rumpf dieses allegorischen Wesens, der den Rumpf eines Stieres darstellt, bedeutet, daß die in uns kristallisierten Faktoren, die in unserem Bestande die für uns selbst nachteiligen, ererbten oder von uns selbst erworbenen Impulse erwecken, nur durch unermüdliche Arbeit umgeändert werden können, und zwar durch solche Arbeit, zu der unter den Wesen unseres Planeten der Stier besonders tauglich ist.

„ ‚Daß dieser Rumpf auf den Pranken eines Löwen ruht, bedeutet, daß die besagte Arbeit mit dem Bewußtsein und dem Gefühl von Mut und Zutrauen zu seiner eigenen Kraft ausgeführt werden soll, jener Kraft, die von allen Wesen der Erde im höchsten Grade von dem Besitzer jener Füße besessen wird, dem mächtigen Löwen.

„ ‚Die am Stierrumpf angebrachten Flügel des allerstärksten und höher als alle anderen Vögel fliegenden Vogels, des Adlers, erinnern die Mitglieder unserer Gesellschaft ständig daran, daß es bei der besagten Arbeit und für die erwähnten psychischen Eigenschaften ihres Selbstvertrauens unumgänglich notwendig ist, dauernd solche Fragen zu bedenken, die keinen Bezug zu den direkten für die gewöhnliche Seins-Existenz erforderlichen Interessen haben.

„ ‚Was aber die sonderbare Darstellung des Kopfes unseres allegorischen Wesens in Form ‚Jungfräulicher Brüste‘ betrifft, so wird dadurch ausgedrückt, daß bei all unserem von unserem eigenen Bewußtsein hervorgerufenen inneren und äußeren Funktionieren, eine solche Liebe immer und allem vorherrschen sollte, wie sie nur im Bestande solcher Verdichtungen entstehen und vorhanden sein kann, die sich an den gesetzmäßigen Teilen jedes verantwortlichen Wesens bilden, auf dem die Hoffnungen unseres GEMEINSAMEN VATERS beruhen.

„ ‚Der Umstand endlich, daß dieser Kopf am Stierrumpf durch Bernstein angebracht ist, bedeutet, daß die besagte Liebe vollkommen unparteiisch sein muß, das heißt, daß sie von allen anderen Funktionen, die in jedem verantwortlichen Wesen vor sich gehen, vollkommen getrennt sein muß.'

„Damit du, mein Junge, den Sinn dieses Sinnbildes ganz verstehen kannst, weshalb nämlich als Material, was ‚Bernstein' genannt wird, dazu verwendet wird, muß ich hinzufügen, daß Bernstein eine der sieben aufplanetischen-Bildungen ist, an deren Entstehung das Allgegenwärtige Aktive Element Okidanoch mit all seinen drei einzelnen selbständigen heiligen Teilen in gleicher Proportion teilnimmt; und in dem Prozeß der planetischen Verwirklichungen dienen diese in- und aufplanetischen Bildungen für den freien Lauf dieser drei lokalisierten selbständigen heiligen Teile als das was ‚Hemmungen' genannt wird."

An dieser Stelle seiner Erzählung machte Beelzebub eine kurze Pause, als dächte er über etwas nach, und darauf fuhr er fort:

„Während meiner Erzählung von dem, was ich damals auf jenem bis heute erhalten gebliebenen Festland auf der Oberfläche deines Planeten sah, und zwar bei jenen dreihirnigen Wesen dort, von denen einige direkte Nachkommen der Mitgliederwesen der wahrhaft großen Gelehrten-Achaldan-Gesellschaft waren, tauchten durch verschiedene assoziative Erinnerungen an alle möglichen Eindrücke von

Wahrnehmungen der Sichtbarkeit der äußeren Umgebung der besagten Gegend, die sich meinem allgemeinen Bestand eingeprägt hatten, alle Szenen und die Gedankenverbindungen eines meiner Seins-Erlebnisse allmählich wieder auf, die ich während meines letzten Besuches eben dieses heutigen Ägyptens gehabt hatte, als ich einmal in Gedanken versunken am Fuß einer jener erhalten gebliebenen Kunstbauten saß, die jetzt dort ‚Pyramiden‘ genannt werden.

„Gerade damals geschah es, daß sich in dem allgemeinen Funktionieren meiner Vernunft außer anderem auch das folgende assoziierte:

„Gut!... wenn keines der Güter, die von der Vernunft der Wesen des Kontinents Atlantis für die gewöhnliche Seins-Existenz erreicht worden sind, in den Besitz der gegenwärtigen Wesen dieses Planeten überging, so mag das vielleicht logisch damit gerechtfertigt werden, daß durch kosmische Gründe, die nicht von den dreihirnigen Wesen dort kommen, noch von ihnen abhängig sind, jener zweite große ‚ungesetzmäßige Kataklysmus‘ stattfand, in dessen Verlauf nicht allein jener Kontinent selbst unterging, sondern auch alles, was auf ihm war.

„Aber dieses Ägypten!... Noch vor kurzem stand es in vollem Glanze.

„Zwar kann es nicht geleugnet werden, daß durch die dritte kleine Katastrophe mit jenem unglückseligen Planeten und auch durch die fünfte, von der ich später sprechen werde, auch dieser Teil seiner Oberfläche litt und mit Sand verschüttet ward. Die dort wohnenden dreihirnigen Wesen kamen aber nicht um, sondern zerstreuten sich über verschiedene andere Teile des gleichen Kontinents und sollten deshalb — aus was für neuen äußeren Umgebungen sie auch stammen mögen — in ihrem Bestand die kristallisierten Resultate der vervollkommneten Faktoren besitzen, die ihnen erblich für ein normales logisches Seins-Denken gegeben worden waren.

„Also, mein Junge, als ich nach diesem betrübenden ‚Altusori‘ oder, wie deine Lieblinge sagen würden, nach diesem ‚kummervollen Nachdenken‘ den Wunsch verspürte, mir den eigentlichen Kern der Gründe auch für diese bedauernswerte Tatsache klarzumachen, fand ich am Ende meiner sorgfältigen Forschungen heraus und begriff mit meinem ganzen Sein, daß diese Anomalität ausschließlich durch eine sehr bemerkenswerte Seite der Haupteigentümlichkeit ihrer seltsamen Psyche vor sich geht, nämlich jener Eigenschaft, die sich schon ganz in ihnen kristallisiert hat und ein unzertrennlicher Teil ihres allgemeinen Bestandes geworden ist und als Faktor dient, daß in ihnen periodisch das entsteht, was genannt wird ‚dringendes-Bedürfnis-alles-um-sie-herum-zu-vernichten‘.

„Die Sache ist die, daß, wenn sie auf der Höhe der für jede Vernunft schrecklichen Entwicklung dieser Eigentümlichkeit der Psyche der dreihirnigen Wesen diese phänomenale Besonderheit in ihrem allgemeinen Bestande nach außen manifestieren, was besagt, wenn sie auf einem Teile der Oberfläche ihres Planeten ‚Prozesse-gegenseitigen-Vernichtens‘ ausführen, sie gleichzeitig ohne bestimmtes Ziel und sogar ohne sogenanntes organisches Bedürfnis alles übrige, was nur immer in die Sphäre der Wahrnehmung ihres Gesichtsorganes gelangt, vernichten. In den Perioden solcher phänomenal ‚psychopathischer Höhepunkte‘ vernichten sie auch alle am betreffenden Ort und zu der betreffenden Zeit vorhandenen Gegenstände, sowohl die, die sie selbst, diese gleichen Wesen, zwischen denen sich dieser schreckliche Prozeß vollzieht, absichtlich verfertigten als auch die, die von früher erhalten geblieben und von den Wesen vergangener Epochen auf sie gekommen waren.

„Also, mein Junge, während meines vierten persönlichen Aufenthalts auf der Oberfläche deines Planeten gelangte ich zuerst in das Land, das heute Ägypten genannt wird. Und nachdem ich dort unter den entfernten Nachkommen der Mitgliederwesen der großen Gelehrten-Achaldan-Gesellschaft ein paar Tage verbracht hatte und einige übriggebliebene Resultate ihrer ‚Seins-Partkdolg-pflicht‘ zum Wohl ihrer Nachkommenschaft kennengelernt hatte, ging ich, von zwei unserer Landsleute begleitet, in die südlichen Gegenden dieses selben Kontinents und fing dort mit Hilfe der dortigen dreihirnigen Wesen die erforderliche Anzahl von Affenwesen.

„Als wir damit fertig waren, bestellte ich telepathisch unser Schiff Okkasion, das sich zu uns in der ersten — nebenbei gesagt, sehr dunklen — Nacht herunterließ, und nachdem wir die Affenwesen auf eine besondere Abteilung des Schiffes Okkasion geladen hatten, die unter der Leitung Gornachur Harharchs dazu gebaut worden war, kehrten wir wieder auf den Planeten Mars zurück und flogen von dort nach drei marsianischen Tagen auf demselben Schiff und mit denselben Affen auf den Planeten Saturn weiter.

„Obgleich wir zuvor geplant hatten, daß wir die Experimente mit den Affen erst im folgenden Jahre vornehmen wollten, nachdem sie genügend akklimatisiert und an die neuen Existenzbedingungen gewöhnt waren, stieg ich damals doch schon so bald auf den Planeten Saturn auf, weil ich bei meinem letzten persönlichen Verweilen dort Gornahur Harcharch versprochen hatte, einem seiner Familienfeste beizuwohnen, das bald stattfinden sollte.

„Und dies Familienfest Gornahur Harcharchs bestand darin, daß die ihm gleichen Wesen seiner Umgebung den von ihm erzeugten ersten Erben weihen wollten.

„Ich hatte versprochen, dieser Familienfeier ‚Hrichrachri‘ beizuwohnen, um für diesen von ihm erzeugten Erben die sogenannte ‚Allnaturornische Seins-Pflicht‘ zu übernehmen.

„Es ist interessant, hier anzufügen, daß es diese Art von

Vorgang zur Übernahme dieser Seins-Pflicht auch unter den dreihirnigen Wesen deines Planeten im Altertum gab und daß er sogar bis auf deine gegenwärtigen Lieblinge gelangte, wobei diese zwar, genau wie in allen anderen, nur die äußere Form dieses ernsten und bedeutenden Vorganges beachten. Die Wesen, die diese Pflichten sozusagen übernehmen, werden von deinen gegenwärtigen Lieblingen ‚Pate‘ und ‚Patin‘ genannt.

„Der Erbe Gornahur Harcharchs wurde damals ‚Ra-urch‘ genannt."

XXIV. Kapitel

BEELZEBUB FLIEGT EIN FÜNFTES MAL
AUF DEN PLANETEN ERDE

Beelzebub fuhr zu erzählen fort:

„Nach meinem vierten Verweilen auf der Oberfläche des Planeten Erde vergingen viele Jahre.

„Natürlich beobachtete ich manchmal in diesen Jahren wie zuvor aufmerksam durch mein Teskuano die Seins-Existenz deiner Lieblinge.

„In dieser Zeit wuchs ihre Zahl beträchtlich an, und sie bevölkerten schon fast alle großen und kleinem ‚Festlandsteile' der Oberfläche deines Planeten, und natürlich äußerten sie auch weiterhin ihre Haupteigentümlichkeit, daß heißt von Zeit zu Zeit vernichteten sie einander.

„In der Periode zwischen meinem vierten und fünften Besuch fanden große Veränderungen auf der Oberfläche deines Planeten und ebenfalls in den Verdichtungszentren der Siedlungsplätze deiner Lieblinge statt. So gab es zum Beispiel zur Zeit meiner fünften Ankunft dort all jene ‚Kulturzentren' auf dem Kontinent Aschark, die ich persönlich während meiner früheren Aufenthalte auf der Erde besucht hatte, nämlich die Länder Tikliamisch und Maralplässie, überhaupt nicht mehr.

„Die Vernichtung dieser Kulturzentren und überhaupt die Veränderungen auf der Oberfläche dieses Planeten waren wiederum durch ein Unglück verursacht worden, das dritte an der Zahl, das diesem unglückseligen Planeten widerfuhr.

„Dieses dritte Unglück hatte ausschließlich lokalen

Charakter und war dadurch verursacht worden, daß während mehrerer Jahre in der Erdatmosphäre ungewöhnliche sogenannte ‚beschleunigte Verdrängungen von Teilen der Atmosphäre‘ vor sich gingen, oder wie deine Lieblinge sagen würden, ‚starke Winde‘.

„Die Ursache dieser anomalen Verdrängungen oder ‚Großen Winde‘ waren damals wieder einmal jene zwei Teile, die während des großen Unglücks sich von deinem Planeten abgetrennt hatten und später selbständige kleine Planeten dieses Sonnensystems geworden waren und jetzt ‚Mond‘ und ‚Anulios‘ heißen. Eigentlich war der Hauptgrund zu diesem dritten irdischen Unglück nur das größere dieser abgetrennten Stücke, nämlich der ‚Mond‘ — das kleinere Stück, ‚Anulios‘, spielte fast keine Rolle dabei.

„Die ‚beschleunigten Verdrängungen‘ in der Erdatmosphäre kamen folgendermaßen zustande: Auf dem kleinen zufällig entstandenen Planeten Mond hatte sich endlich eine eigene Atmosphäre gebildet; der Mond jedoch fiel nach dem bereits erwähnten ‚Einholungsgesetz‘ weiterhin auf sein Hauptstück auf seiner damals schon eingefahrenen Bahn zurück. Da aber dieser neuentstandene bestimmte Bestand auf dem Mond noch nicht seine eigene Harmonie im ‚System-der-allgemeinen-harmonischen-Bewegung‘ erreicht hatte, rief die sozusagen mit dem Ganzen noch nicht-harmonisierte sogenannte ‚osmualnische‘ Reibung in der Erdatmosphäre die erwähnten ‚beschleunigten Verdrängungen‘ oder ‚Großen Winde‘ hervor. Diese ungewöhnlich starken ‚Großen Winde‘ begannen damals, wie man sich ausdrückt, die erhöhten Festlandsteile ‚abzutragen‘ und die entsprechenden ‚Depressionen‘ aufzufüllen.

„Solche Depressionen waren damals jene beiden Länder des Kontinents Aschark, auf denen sich hauptsächlich der Existenzprozeß der zweiten und dritten Gruppe der Wesen des damaligen Asien konzentrierte, nämlich die

Hauptteile der Länder Tikliamisch und Maralplässie.

„Ebenfalls versandet wurden damals auch einige Teile des Landes Perlandia und jenes Land in der Mitte des Kontinents Grabonzy, wo, wie ich dir schon sagte, nach dem Untergang der Atlantis das sogenannte Haupt-Kulturzentrum aller dreihirnigen Wesen sich entwickelt hatte, eine Gegend, die damals der blühendste Teil der Oberfläche deines Planeten war und jetzt nur eine Wüste ist, mit Namen ‚Sahara‘.

„Merke dir auch, daß zur Zeit der anomalen Winde außer den erwähnten Ländern noch verschiedene andere kleinere Festlandsräume auf der Oberfläche jenes Unglücksplaneten mit Sand bedeckt wurden.

„Es ist interessant, hier zu bemerken, daß, was die Veränderungen anbelangt, die damals in den Hauptexistenzplätzen der dreihirnigen Wesen vor sich gingen, auch deine gegenwärtigen Lieblinge irgendwie davon erfuhren und auch dafür eine ‚Aufschrift‘ fanden und diese Zeit als ‚Große Völkerwanderung‘ in ihre sogenannten Wissenschaften einordneten.

„Heutzutage keuchen eine Anzahl der dortigen Gelehrten vor Anstrengung beim Erforschen der Gründe, warum und wie all das geschah, um dann alle anderen davon in Kenntnis setzen zu können.

„Jetzt gibt es dort schon mehrere Theorien darüber und obgleich sie nichts miteinander gemein haben und trotzdem im objektiven Sinne eine absurder als die andere ist, so sind sie doch alle von der sogenannten ‚offiziellen Wissenschaft‘ anerkannt.

„In Wirklichkeit aber war die eigentliche Ursache der Wanderung der damaligen dreizentrischen Wesen die, daß, sobald die erwähnte ‚Abtragung‘ begann, die auf dem Festland Aschark wohnenden Wesen fürchteten, von Sand begraben zu werden, und deshalb nach und nach in andere mehr oder weniger sichere Gegenden übersiedelten. Und diese Übersiedlung der damaligen dreizentrischen Wesen ging folgendermaßen vor sich:

„Die meisten der dreihirnigen Wesen, die Tikliamisch bewohnten, zogen nach dem Süden des gleichen Kontinents Aschark, in das Land, das später ‚Persien‘ hieß, und die andern gingen nach Norden und ließen sich in jenen Gegenden nieder, die später ‚Kirkistscheri‘ genannt wurden.

„Und von den Wesen, die das Land Maralplässie bewohnten, wanderte der eine Teil in östlicher Richtung und der andere, größere Teil, zog westlich. Nachdem die, die ostwärts zogen, die östlichen Höhen überschritten hatten, ließen sie sich an den Küsten eines großen ‚Saljakuriapnischen‘ Raumes nieder, und dieses Land wurde später ‚China‘ genannt.

„Und jener Teil der Wesen aus Maralplässie, die ihre Rettung auf ihrem Zug nach Westen suchten, erreichten, nachdem sie von Ort zu Ort gewandert waren, schließlich den benachbarten Kontinent, der später ‚Europa‘ hieß, während die dreihirnigen Wesen, die damals noch mitten auf dem Kontinent Grabonzy wohnten, sich über seine ganze Oberfläche hin zerstreuten.

„Also, mein Junge, diese meine fünfte persönliche Hinabkunft auf deinen Planeten gehört schon der Zeitperiode an, die auf die besagte Zerstreuung der Gemeinschaftsgruppen deiner Lieblinge folgte. Meine persönliche Hinabkunft dorthin aber war durch folgende Ereignisse verursacht worden.

„Ich muß dir vor allem sagen, daß die Haupteigentümlichkeit der Psyche deiner Lieblinge, nämlich ‚das periodische-Bedürfnis-die-Existenz-anderer-ihresgleichen-zu-vernichten‘, mich mit jedem ihrer Jahrhunderte mehr und mehr interessierte und daß sich gleichzeitig der Wunsch in mir verstärkte, die genauen Ursachen dieser für dreihirnige Wesen so phänomenalen Eigentümlichkeit auszukundschaften.

„Und, mein Junge, um mehr Material zur Aufklärung dieser Frage, die mich so stark interessierte, zu gewinnen, organisierte ich in der Zeit zwischen meinem vierten und fünften Aufenthalt auf dem Planeten Erde meine Beobachtungen der Existenz dieser sonderbaren dreihirnigen Wesen durch mein Teskuano vom Planeten Mars aus in der folgenden Weise:

„Ich beobachtete absichtlich unausgesetzt eine Anzahl einzelner Wesen deiner Lieblinge und während vieler ihrer Jahre ließ ich persönlich oder jemand, den ich eigens damit beauftragte, nicht nach, sie aufmerksam zu beobachten, um, wenn möglich, ja nichts zu übersehen und alle Eigentümlichkeiten ihrer Äußerungen im Prozeß ihrer gewöhnlichen Existenz dort allseitig herauszufinden.

„Und ich muß dir gestehen, mein Junge, daß ich manchmal, wenn ich frei war, während ganzer ‚Sinonume‘ oder wie deine Lieblinge die entsprechende Zeitspanne dort annähernd definieren, viele Stunden lang die Bewegungen der dreihirnigen Wesen dort beobachtete und mir gleichzeitig ihre sogenannten ‚psychischen Erlebnisse‘ logisch zu erklären suchte.

„Und bei diesen Beobachtungen durch mein Teskuano vom Planeten Mars aus fiel mir einmal blitzlichtartig auf, was dann den Anfang zu meinen weiteren ernsten Studien über die Psyche der dir lieben dreihirnigen Wesen bildete, und zwar, daß ihre Existenzdauer mit jedem Jahrhundert und sogar mit jedem Jahre in einem ganz bestimmten und gleichmäßigen Tempo kürzer und kürzer wurde.

„Als ich dies zum erstenmal feststellte, zog ich sofort nicht nur die Haupteigentümlichkeit ihrer Psyche, nämlich ihr periodisches gegenseitiges Vernichten in Betracht, sondern auch die unzähligen auf diesem Planeten vorkommenden sogenannten ‚Krankheiten‘, von denen die meisten, nebenbei gesagt, durch immer dieselben von ihnen selbst eingerichteten anomalen Bedingungen ihrer gewöhnlichen Seins-Existenz entstanden sind und weiter noch entstehen, und es ihnen unmöglich machen, normal bis zum heiligen Raskuarno zu existieren. Als ich dies zum erstenmal bemerkte und mich gleichzeitig der früheren Eindrücke über dasselbe erinnerte, wurden alle einzelnen selbständigen vergeistigten Teile meines ganzen Bestandes von der Überzeugung erfüllt, und mein ‚Ich‘ erkannte blitzlichtartig, daß diese dreihirnigen Wesen deines Planeten anfangs tatsächlich — ihrer Zeitrechnung nach — ungefähr zwölf und manche von ihnen sogar fünfzehn Jahrhunderte existiert hatten.

„Damit du dir mehr oder weniger klar vorstellen kannst, in welchem Tempo sich während dieser Zeit ihre Existenzdauer verkürzte, genügt es für dich zu wissen, daß, als ich dieses Sonnensystem für immer verließ, die äußerste Länge ihrer Lebensdauer siebzig bis neunzig Jahre betrug.

„Und wenn jetzt jemand dort so lange existiert, so glauben alle übrigen Wesen dieses sonderbaren Planeten, daß er wirklich recht lang existiert; wenn es aber vorkommt, daß einer etwas über ein Jahrhundert erreicht, so wird er in ihren Museen ausgestellt und alle übrigen Wesen dort wissen natürlich von ihm, da seine Photographien und die Beschreibungen seiner Lebensweise, ja sogar all seiner Schritte, beständig in allen ihren sogenannten ‚Zeitungen‘ veröffentlicht werden.

„Und da ich, mein Junge, als ich diese Tatsache zum erstenmal feststellte, nichts besonderes auf dem Planeten Mars zu tun hatte, und es unmöglich war, diese neue Eigentümlichkeit durch das Teskuano zu studieren, beschloß ich, mich selbst dorthin zu begeben, um an Ort und Stelle die Ursachen von all dem erforschen zu können.

„Einige marsianische Tage nach meinem Entschluß flog ich wieder mit dem Schiff Okkasion dort hinunter. Zur Zeit dieser meiner fünften persönlichen Hinabkunft auf deinen Planeten war das ‚Zentrum-für-hereinkommen-de-und-hinausgehende Resultate der vervollkommneten Seins-Fassungskraft‘, oder, wie sie es selbst nennen, ihr ‚Kulturzentrum‘, schon die Stadt Babylon, und eben dahin hatte ich zu gehen beschlossen.

„Diesmal landete unser Schiff Okkasion auf dem sogenannten ‚Persischen Golf‘, da wir noch vor unserem Abflug durch das Teskuano festgestellt hatten, daß dieser Saljakuriapnische Raum der Oberfläche deines Planeten die meisten Bequemlichkeiten für meine weitere Reise bot, nämlich um nach Babylon zu gelangen und auch als Ankerplatz für unser Schiff Okkasion.

„Dieser Wasserraum paßte für meine weitere Reise, weil sich jener große Fluß in ihn ergoß, an dessen Ufern die Stadt Babylon lag, und weil wir beabsichtigten, stromaufwärts dorthin zu gelangen.

„In jener Zeitperiode blühte dieses ‚unvergleichlich majestätische‘ Babylon in jeder Hinsicht. Es war nicht nur ein Kulturzentrum für die Wesen, die auf dem Kontinent Aschark wohnten, sondern auch für alle Wesen aller übrigen großen und kleinen Festländer, die die Bedürfnisse der gewöhnlichen Seins-Existenz auf jenem Planeten teilten.

„Zur Zeit meiner ersten Ankunft dort in diesem ihrem ‚Kulturzentrum‘ bereiteten sie gerade vor, was später die Hauptursache zur Beschleunigung der Geschwindigkeit des Niedergangs ihrer ‚psychischen Organisation‘ wurde, besonders was die Entartung des instinktiven Funktionierens jener drei Grundfaktoren in ihnen betrifft, die in dem Bestand aller dreihirnigen Wesen vorhanden sein sollten, die Faktoren nämlich, die jene Seins-Impulse entstehen lassen, die unter den Namen ‚Glaube‘, ‚Hoffnung‘ und ‚Liebe‘ bekannt sind.

„Die erblich von Geschlecht zu Geschlecht fortschreitende Entartung dieser Seins-Faktoren hat verursacht, daß an Stelle einer echten Seins-Psyche, wie sie im Bestande aller dreihirnigen Wesen sein sollte, es jetzt im Bestande deiner gegenwärtigen Lieblinge zwar auch eine ‚wirkliche Psyche‘ gibt, jedoch eine solche, die sehr gut mit einem der weisen Sprüche unseres teuren Mulla-Nassr-Eddin definiert wird, nämlich:

„‚Alles ist darin außer dem Kerngehäuse und dem Kern.‘

„Ich muß dir unbedingt ausführlich erzählen, was in jener Periode in Babylon vor sich ging, da all diese Kunden dir ein sehr gutes Material liefern können, um deiner Vernunft alle Ursachen aufzuklären und besser verständlich zu machen, die insgesamt schließlich jene sonderbare Psyche der dreizentrischen Wesen hervorriefen, die deine gegenwärtigen Lieblinge jetzt haben.

„Ich muß dir vor allem sagen, daß ich die Kunden über die damaligen Ereignisse, die ich dir jetzt erzählen will, von jenen dreihirnigen Wesen erfuhr, die die anderen Wesen ‚gelehrt‘ nennen.

„Bevor ich hier fortfahre, muß ich überhaupt ein wenig bei den Wesen verweilen, die die anderen Wesen auf deinem Planeten ‚gelehrt‘ nennen.

„Schon vor diesem meinem fünften Aufenthalt dort, das heißt vor jener Periode, in der, wie ich dir schon sagte, Babylon in jeder Hinsicht blühte, waren die Wesen, die dort ‚Gelehrte‘ wurden und bei anderen als solche galten, nicht wie die, die sonst überall im Weltall solche sind und als solche gelten, noch auch wie die, die es anfangs auf deinem Planeten gab, nämlich Wesen, die durch ihre bewußten Bemühungen und absichtlichen Leiden die Fähigkeit erwarben, über die Einzelheiten alles Existierenden Betrachtungen vom Standpunkt der Weltentstehung und Weltexistenz aus anstellen zu können, wodurch sie hauptsächlich ihren höchsten Körper bis zum entsprechenden Grade des heiligen Maßes objektiver Vernunft vervollkommnen, und später kosmische Wahrheiten in sich je nach dem Grad der Vervollkommnung ihres höchsten Seins-Körpers empfinden können.

„Aber von den Zeiten der sogenannten Tikliamischen Zivilisation an bis heute werden solche Wesen Gelehrte, die allen möglichen nichtssagenden Plunder einochsen, in der Art, wie ‚alte Schrullen‘ ihn gern erzählen, als wäre davon in alten Zeiten viel die Rede gewesen.

„Merke dir unter anderem, daß sich bei unserem geschätzten Mulla-Nassr-Eddin auch ein Satz findet, der die Wichtigkeit dieser Gelehrten folgendermaßen definiert:

„ ‚Jeder tut so, als ob unsere Gelehrten wüßten, daß die Hälfte von hundert fünfzig ist.‘

„Je mehr dort auf deinem Planeten einer deiner Lieblinge mechanisch etwas einochst, was er selbst nie nachgeprüft und auch nie selbst empfunden hat, um so gelehrter gilt er den anderen.

„Also, mein Junge, als wir in die Stadt Babylon gelangten, gab es dort tatsächlich sehr viele Gelehrte, die aus allen Teilen dieses Planeten dort zusammengekommen waren.

„Da das erste Zusammenkommen dieser Wesen in der Stadt Babylon auf sehr interessante Weise verursacht worden war, will ich dir auch darüber etwas ausführlicher erzählen. Fast alle Gelehrten der Erde waren damals zwangsweise durch einen sehr sonderbaren persischen König dort zusammengebracht worden, unter dessen Herrschaft in jener Periode auch die Stadt Babylon war.

„Damit du die Hauptseiten der gesamten Resultate der anomal eingerichteten Verhältnisse der gewöhnlichen Seins-Existenz vollends verstehen mögest, die die besagte Eigentümlichkeit dieses persischen Königs bedingten, muß ich dich vor allem über zwei Tatsachen unterrichten, die schon seit langem dort deutlich erkennbar sind.

„Die erste Tatsache ist, daß sich schon fast sofort nach

dem Untergang des Kontinents Atlantis im Bestande eines jeden deiner Lieblinge eine besondere ‚Wesens-Eigenschaft‘ langsam und in den letzten Jahrhunderten schon bereits endgültig kristallisierte, der zufolge jene Seins-Empfindung, die ‚Glück-über-sein-Sein‘ genannt wird, und die von Zeit zu Zeit von jedem dreihirnigen Wesen aus der Befriedigung seiner inneren Bewertung seiner selbst erlebt wird, im Bestande deiner Lieblinge nur dann auftritt, wenn ihnen viel von dem bekannten Metall zur Verfügung steht, das da ‚Gold‘ heißt.

„Ein weiteres Übel, das für sie aus dieser besonderen ‚Inhärenz‘ ihres allgemeinen Bestandes stammt, besteht darin, daß die erwähnte durch den Besitz des besagten Metalls erworbene Empfindung von den Wesen, die um einen solchen Besitzer herum sind, verstärkt wird und auch von Wesen, die nur durch ‚Hören-sagen‘ und nicht durch eigene entsprechende Wahrnehmungen davon wissen. Außerdem ist es schon eine eingebürgerte Sitte, niemals nachzuforschen, durch welche Art von ‚Seins-Äußerungen‘ irgendein Wesen in den Besitz einer großen Menge dieses Metalls kam, wodurch es dort für seine ganze Umgebung zu einem Objekt wird, das in ihrem Bestande das Funktionieren jener kristallisierten Folge der Eigenschaft des Organs Kundabuffer hervorruft, die ‚Neid‘ genannt wird.

„Und die zweite Tatsache besteht darin, daß, wenn im Bestande deiner Lieblinge ihre Haupt-Eigentümlichkeit ‚kreszendierend‘ funktioniert und ihr Prozeß der gegenseitigen Vernichtung ihrer Existenz in verschiedenen ihrer Gemeinschaften der bestehenden Sitte nach stattgefunden und sich danach diese Eigenschaft, die ihnen allein eigen und so übelbringend für sie ist, wieder beruhigt hat, und sie dann eine Zeitlang diese Prozesse einstellen, der König jener Gemeinschaft, in der eine größere Zahl von Untertanen heil blieb, als Sieger gilt und an sich rafft. was er unter den Wesen der besiegten Gemeinschaft vorfindet.

„Ein solcher Sieger-König befiehlt dann gewöhnlich seinen Untertanen, den Besiegten ihr ganzes Land wegzunehmen, und auch alle in der besiegten Gemeinschaft vorhandenen jungen Wesen weiblichen Geschlechts und alle ihre in Jahrhunderten angesammelten sogenannten ‚Reichtümer‘.

„Also, mein Junge, als die Untertanen des besagten sonderbaren persischen Königs die Wesen einer anderen Gemeinschaft besiegt hatten, befahl ihnen der König, nichts dergleichen wegzunehmen, ja nicht einmal anzurühren, sondern nur allein alle gelehrten Wesen der besiegten Gemeinschaft als sogenannte ‚Gefangene‘ mit sich zu nehmen.

‚Damit du dir aber einen klaren Begriff davon machen und begreifen kannst, warum in der Individualität jenes persischen Königs eine solch sonderbare Narrheit entstand und ihm gerade eigen war, mußt du wissen, daß noch in der Periode der Tikliamischen Zivilisation dort in der Stadt, die ‚Tschiklaral‘ hieß, ein dreihirniges gelehrtes Wesen, mit Namen ‚Harnachum‘, dessen Wesen sich später in ein sogenanntes ‚ewiges Hasnamuss-Individuum‘ kristallisierte, erfunden hatte, daß jedes alte beliebige Metall, das auf jenem Planeten vorkommt, sehr leicht in das seltene Metall ‚Gold‘ verwandelt werden kann und daß dazu nur nötig ist, daß man ein sehr kleines ‚Geheimnis‘ kenne.

„Diese verderbliche ‚Erfindung‘ wurde damals weit verbreitet, und nachdem sie sich im Bestand der damaligen Wesen kristallisiert hatte, ging sie erblich von Geschlecht zu Geschlecht über und kam auf die Wesen der folgenden Generation als eine verderbliche phantastische Wissenschaft, mit Namen ‚Alchimie‘, jene große Wissenschaft nämlich, die es tatsächlich in längst vergangenen Zeiten gegeben hat, damals als im Bestand ihrer Vorfahren die

Folgen der Eigenschaften des Organs Kundabuffer noch nicht ganz kristallisiert waren, ein echter Wissenszweig übrigens, der den dortigen dreihirnigen Wesen, selbst den gegenwärtigen, recht notwendig und tatsächlich nützlich sein könnte.

„Und da in jener Periode, von der meine Erzählung hier spricht, dieser persische König für eines seiner zweifellos hasnamussischen Ziele sehr viel von jenem, auf der Oberfläche des Planeten ‚Gold‘ genannten, seltenen Metalles nötig hatte, und das Gerücht über die von jenem ‚hasnamussischen‘ Individuum Harnachum erfundene Methode auch in seinen Bestand gelangt war, wollte er unbedingt Gold auf eine so leichte Art bekommen.

„Als dieser persische König schließlich beschloß, Gold durch ‚Alchimie‘ zu bekommen, erkannte er zum erstenmal mit seinem ganzen Sein, daß er jenes ‚kleine Geheimnis‘ noch nicht kannte, ohne das es unmöglich war, seinen Wunsch zu erfüllen. Und daraufhin sann er darüber nach, wie dieses kleine Geheimnis herauszufinden wäre. Und sein Nachdenken führte zu folgendem Schluß:

„Da die Gelehrten schon alle anderen ‚Geheimnisse‘ kennen, muß wohl einer von ihnen auch dieses Geheimnis kennen.

„Nachdem er zu diesem Schluß gelangt war, verspürte er ein intensives Funktionieren von ‚Seins-Verwunderung‘ darüber, daß ihm eine so einfache Idee nicht früher in den Kopf gekommen war, und er rief sogleich einige seiner Getreuen zu sich und befahl ihnen herauszufinden, welches gelehrte Wesen in seiner Hauptstadt dieses ‚Geheimnis‘ kenne.

Als ihm am nächsten Tage berichtet wurde, daß keines der gelehrten Wesen seiner Hauptstadt dieses ‚Geheimnis‘ kenne, befahl er Erkundigungen auch bei allen übrigen gelehrten Wesen seiner Gemeinschaft anzustellen; als er aber nach einigen Tagen eine zweite verneinende Antwort erhielt, verfiel er wieder, und diesmal recht ernsthaft, in Nachdenken.

„Sein ernstes Nachdenken ließ seine Vernunft einsehen, daß zweifellos irgendeines der gelehrten Wesen seiner Gemeinschaft dieses ‚Geheimnis‘ kennen müsse und es nur nicht verraten wolle, weil keiner unter den Wesen dieser Schicht ‚Berufsgeheimnisse‘ preisgeben will.

„Das Resultat seines ernsthaften Nachdenkens war, daß er erkannte, daß man die gelehrten Wesen nicht einfach nach diesem Geheimnis fragen, sondern sie einem Verhör unterziehen müsse.

„Noch am gleichen Tage gab er seinen nächsten Assistenten die entsprechenden Befehle, und diese begannen dann sofort in der Art zu ‚verhören‘, die schon längst von machthabenden Wesen gebraucht wird, um gewöhnliche Wesen auszuforschen.

„Als sich aber dieser sonderbare persische König trotzdem schließlich davon überzeugen mußte, daß die gelehrten Wesen seiner Gemeinschaft tatsächlich und wahrhaftig nicht von diesem Geheimnis wußten, sah er sich nach gelehrten Wesen in anderen Gemeinschaften um, in der Hoffnung, daß sie das Geheimnis vielleicht kennen würden.

„Da aber die Könige der anderen Gemeinschaften nicht gewillt waren, ihre gelehrten Wesen solchen ‚Verhören‘ preiszugeben, beschloß er eben, die Widerstrebenden durch Gewalt zu zwingen. Und von da an unternahm er an der Spitze vieler ihm untertäniger Kriegshorden und mit ihrer Hilfe das, was man ‚Kriegszüge‘ nennt.

„Diesem persischen König waren damals deshalb viele Heere untertan, weil in jener Periode in der Region der Oberfläche deines Planeten, wo jene Gemeinschaft lag, deren König er zufällig war, im Bestand der Wesen sogar vor dieser Zeit durch das, was ‚voraussichtige Anpassung‘ der Großen Natur genannt wird, die sogenannte ‚Geburtenzahl‘ der Wesen sehr angewachsen war, und in jener Periode das, was für den all-kosmischen Trogoauto-egokratischen Prozeß nötig war, dort verwirklicht wurde, das heißt, daß aus dieser Gegend der Oberfläche deines Planeten mehr solcher Vibrationen kommen mußten, die durch die Vernichtung von Seins-Existenz entstehen."

Bei dieser letzten Erklärung unterbrach Hassin Beelzebub mit folgenden Worten:

„Teurer Großvater, ich begreife nicht, weshalb für die Zwecke der Verwirklichung dieses größten kosmischen Prozesses die Entstehung der erforderlichen Vibrationen von einem bestimmten Teil der Planetoberfläche abhängig sein sollte."

Auf diese Frage seines Enkels hin erwiderte Beelzebub folgendes:

„Da ich bald die besondere Frage hinsichtlich ihrer schrecklichen Prozesse der gegenseitigen Vernichtung, die sie ‚Kriege' nennen, zum Thema meiner Erzählungen über die dreihirnigen Wesen auf dem Planeten Erde zu machen beabsichtige, wird es besser sein, auch deine Frage bis zu dieser besonderen Erzählung aufzuschieben, weil du dann all das im Zusammenhang verstehen wirst."

Nach diesen Worten fuhr Beelzebub wieder in seiner Erzählung über die babylonischen Ereignisse fort.

„Als der erwähnte persische König mit Hilfe der ihm untertanen Kriegs-Horden nach und nach Wesen anderer Gemeinschaften besiegte und die Gelehrten unter ihnen gewaltsam erfaßte, bestimmte er die besagte Stadt Babylon zu ihrem Sammel- und Existenzpunkt und ließ sie dahin bringen, damit er, der Herrscher über die Hälfte des damaligen Kontinents Asien, sie später nach Belieben verhören könne, in der Hoffnung, daß einer von ihnen vielleicht das Geheimnis kenne, wie billiges Metall in das Metall Gold verwandelt werden könne.

„Zu demselben Zwecke unternahm er einen besonderen sogenannten ‚Feldzug' nach dem Lande ‚Ägypten'.

„Diesen besonderen Feldzug dorthin unternahm er, da in jeder Periode gelehrte Wesen aus allen Kontinenten des Planeten dorthin kamen, weil damals die Meinung weit verbreitet war, daß in diesem Ägypten mehr Kunden für ihre verschiedenen ‚Wissenschaften‘ erworben werden könnten als sonst irgendwo auf ihrem Planeten.

„Dieser persische Eroberer-König nahm damals aus Ägypten alle dort vorhandenen gelehrten Wesen mit, sowohl die Eingeborenen als auch die, die aus anderen Gemeinschaften dorthin gekommen waren, und unter ihnen waren auch einige sogenannte ‚Ägyptische Priester‘, Nachkommen der zufällig geretteten gelehrten Mitglieder der Achaldan-Gesellschaft, die entkommen und sich als erste in jenem Lande niedergelassen hatten.

„Als ein wenig später eine neue Narrheit im Bestand dieses sonderbaren Königs entstand, eben die Narrheit für diesen Prozeß der Vernichtung der Existenz anderer Wesen seinesgleichen und seine alte Narrheit dadurch verdrängt wurde, vergaß er diese Gelehrten, und diese existierten, dieweil sie auf seine weiteren Befehle warteten, frei dort in der Stadt Babylon.

„Die auf diese Weise dort in der Stadt Babylon fast vom ganzen Planeten zusammengebrachten ‚gelehrten Wesen‘ pflegten oft zusammenzukommen und natürlich, wie es den gelehrten Wesen des Planeten Erde eigen ist, solche Fragen zu diskutieren, die entweder sehr weit jenseits ihres Verständnisses lagen oder über die sie niemals weder für sich selbst noch für die gewöhnlichen Wesen dort Nützliches herausfinden konnten.

„In diesen Versammlungen nun und bei diesen Diskussionen entstand auch, wie es im allgemeinen dort unter gelehrten Wesen vorkommt, eine sogenannte ‚brennende Tagesfrage‘, eine Frage nämlich, die sie zu jener Zeit, wie sie sagen, bis ins ‚Mark‘ interessierte.

„Diese Frage, die zufällig zur ‚brennenden Tagesfrage‘

wurde, rührte so lebhaft an das Wesen eines jeden, daß siesogar von ihren sogenannten ,Lehrstühlen herabstiegen' und diese Frage nicht nur mit Gelehrten ihresgleichen besprachen, sondern mit jedem ersten Besten, der ihnen in den Weg kam.

„Infolgedessen verbreitete sich das Interesse für diese Frage langsam unter allen gewöhnlichen dreihirnigen Wesen, die es damals in Babylon gab, und als wir dort ankamen, war sie schon für alle dortigen Wesen zur ,Tagesfrage' geworden.

„Nicht nur die Gelehrten sprachen und stritten über diese Frage, sondern Gespräche und heftige Diskussionen darüber wüteten auch unter den gewöhnlichen Wesen dort.

„Alt und Jung, Männer und Frauen besprachen und diskutierten sie, ja selbst die babylonischen Metzger.

„Sie alle und besonders die ,Gelehrten' brannten darauf, etwas über diese Frage zu erfahren.

„Vor unserer Ankunft dort waren viele der damals in Babylon existierenden Wesen ob dieser Frage verrückt geworden und viele andere waren schon auf dem besten Weg dazu.

„Diese ,brennende Tagesfrage' war, daß sowohl die Jammergelehrten als auch die gewöhnlichen Wesen der Stadt Babylon unbedingt erfahren wollten, ob sie eine ,Seele' hätten.

„Über diese Frage gab es in Babylon alle möglichen phantastischen Theorien und immer neue wurden noch dazugebraut und jede, wie man dort sagt, ,verfängliche Theorie', fand natürlich ihre Anhänger.

„Obgleich es damals eine Unmenge dieser verschiedenen Theorien gab, so beruhten sie doch alle nur auf zwei ganz entgegengesetzten Prinzipien.

„Eine von ihnen wurde die ,atheistische' genannt und die andere die ,idealistische' oder ,dualistische'.

„Alle dualistischen Theorien hielten an der Existenz der Seele fest und natürlich an ihrer Unsterblichkeit und auch an allen möglichen Arten von ‚Umwandlungen‘ der Seele nach dem Tod des Menschenwesens.

„Und alle atheistischen Theorien behaupteten gerade das Gegenteil.

„Kurzum, mein Junge, bei unserer Ankunft in der Stadt Babylon fand dort gerade der sogenannte ‚Turmbau von Babel‘ statt.“

Nach diesen letzten Worten wurde Beelzebub nachdenklich und fuhr dann so fort:

„Jetzt will ich dir den soeben von mir gebrauchten Ausdruck ‚Turmbau von Babel‘ erklären. Dieser Ausdruck wird oft auf deinem Planeten auch von den gegenwärtigen dreihirnigen Wesen dort gebraucht.

„Ich will an diesen dort oft gebrauchten Ausdruck hauptsächlich deswegen rühren und ihn dir erklären, weil ich damals zufällig Augenzeuge all der Ereignisse war, die ihn entstehen ließen, und zweitens, weil die Entstehungsgeschichte dieses Ausdrucks und seine Umwandlung in dem Verständnis deiner gegenwärtigen Lieblinge dir klar und deutlich erklären können, daß durch immer dieselben anomal eingerichteten Bedingungen der gewöhnlichen Seins-Existenz niemals genaue Kunden über die Ereignisse, die tatsächlich unter den Wesen früherer Epochen stattfanden, bis auf die Wesen späterer Geschlechter gelangen. Wenn aber etwas, wie dieser Ausdruck, zufällig doch bis zu ihnen gelangt, so konstruiert die phantastische Vernunft deiner Lieblinge eine ganze Theorie gerade über diesen einen Ausdruck und vermehrt und verstärkt dadurch in ihrem Bestand jene eingebildeten ‚Seins-Egoplastikuren‘ oder ‚psychischen Vorstellungen‘, durch die die im ganzen Weltall seltsame und einzigartige Psyche entstanden ist, die jeder deiner Lieblinge hat.

„Als wir also damals in der Stadt Babylon angekommen

352

waren und ich zur Aufklärung dieser mich interessierenden Frage mit verschiedenen Wesen dort zusammenkam und entsprechende Beobachtungen machte, stieß ich fast überall auf die erwähnten Gelehrten, die sich dort in großer Zahl versammelt hatten, so daß ich schließlich nur mit ihnen verkehrte und meine Beobachtungen sowohl durch sie als auch über sie machte.

„Unter den gelehrten Wesen, mit denen ich um des erwähnten Zieles willen zusammenkam, war einer, der auch zwangsweise dorthin aus Ägypten gebracht worden war, mit Namen Hamolinadir.

„Und bei unseren Zusammentreffen stellten sich zwischen mir und diesem irdischen dreihirnigen Wesen Hamolinadir fast die gleichen Beziehungen her, wie sie sich im allgemeinen überall unter dreihirnigen Wesen bilden, die häufig zusammenkommen.

„Dieser Hamolinadir war einer jener dortigen Gelehrten, in deren gesamtem Bestand die erblich auf sie übergegangenen Faktoren zu den Impulsen eines normalen dreihirnigen Wesens nicht völlig verschwunden waren. Und außerdem stellte es sich noch heraus, daß in seinem vorbereitenden Alter die verantwortlichen Wesen seiner Umgebung ihn dazu erzogen hatten, auch mehr oder weniger normal verantwortlich zu sein.

„Es muß hier gesagt werden, daß es damals viele derartige gelehrte Wesen in der Stadt Babylon gab.

„Obgleich dieser Gelehrte Hamolinadir seine Entstehung und Vorbereitung zu einem verantwortlichen Wesen dort in der Stadt Babylon empfangen hatte und von der Rasse der Wesen abstammte, die dort Assyrer genannt werden, so hatte er doch sein Wissen in Ägypten erworben, wo es damals die beste Schule gab, die da hieß ‚Schule zum Gedanken-Materialisieren‘.

„In dem Alter, in dem ich ihn traf, war sein ‚Ich‘ schon, was die vernünftige Leitung des in seinem Bestande vorhandenen sogenannten ‚automatisch-psychischen Funktionierens‘ angeht, in einer für dreizentrische Wesen des Planeten Erde höchsten Stabilität, derzufolge er in dem sogenannten ‚passiven-Wachzustand‘ sehr bestimmte Seins-Äußerungen ausdrückte, wie zum Beispiel ‚Selbstbewußtsein‘, ‚Unparteilichkeit‘, ‚Aufrichtigkeit‘, ‚feines Wahrnehmungsvermögen‘, ‚Auffassungskraft‘ und dergleichen mehr.

„Bald nach unserer Ankunft in Babylon ging ich mit diesem Hamolinadir zu den ‚sogenannten Versammlungen‘ der erwähnten Gelehrten und hörte mir alle möglichen sogenannten ‚Vorträge‘ über jene Frage an, die damals die ‚Tagesfrage‘ und der Grund zu der ‚Geisteserregung ganz Babylons‘ war.

„Die besagte ‚brennende Frage‘ hatte auch meinen Freund Hamolinadir sehr erregt.

„Es regte ihn auf und ärgerte ihn, daß die vielen existierenden und neu aufkommenden Theorien über diese Frage, trotz ihrer vollkommen entgegengesetzten Beweise alle gleich überzeugend und glaubwürdig waren.

„Er sagte, daß jene Theorien, die beweisen, daß wir eine ‚Seele‘ haben, sehr logisch und überzeugend dargestellt seien, daß aber auch jene Theorien, die das genaue Gegenteil behaupteten, nicht weniger logisch und überzeugend dargestellt seien.

„Und damit du dich selbst in die Lage jenes sympathischen Assyrers versetzen kannst, will ich dir auch erklären, daß auf deinem Planeten damals in Babylon und auch heute überhaupt die meisten Theorien, sei es über die Frage nach dem, was sie das ‚Jenseits‘ nennen, oder betreffs der Aufklärung der Einzelheiten irgendeiner bestimmten Tatsache, fast immer von solchen dreihirnigen Wesen dort erfunden werden, in denen die meisten Folgen der Eigenschaften des Organs Kundabuffer endgültig kristallisiert sind, weshalb in ihrem Bestand jene ‚Seins-

354

Eigenschaft' gut funktioniert, die sie selbst ‚Schlauheit'
nennen; und ihr zufolge erwerben sie in ihrem ganzen
Bestande allmählich, entweder bewußt — bewußt natürlich nur mit jener Art von Vernunft, die zu haben nur
ihnen schon seit langem eigen ist — oder automatisch die
Fähigkeit, die schwachen Seiten der Psyche der ihnen
ähnlichen Wesen ihrer Umgebung ‚rasch zu entdecken'.
Und diese Fähigkeit bildet in ihnen allmählich Gegebenheiten, die sie zeitweise befähigen, die sonderbare Logik
in den Wesen ihrer Umgebung zu empfinden und sogar
zu verstehen und durch diese Gegebenheiten eine ihrer
‚Theorien' über diese oder jene Frage zu erfinden und
vorzutragen. Und da, wie ich dir schon sagte, in den
meisten dreihirnigen Wesen dort durch die von ihnen
selbst geschaffenen anomalen Verhältnisse ihrer gewöhnlichen Seins-Existenz, die ‚Seins-Funktion', genannt ‚kos-
mische-Wahrheiten-instinktiv-zu-empfinden', allmählich
schwindet, so sind sie — wenn sie sich zufällig dem, eingehenden Studium einer dieser ‚Theorien' widmen — unwillkürlich mit ihrem ganzen Bestand von ihrer Richtigkeit überzeugt.

„Also, mein Junge …

„Es waren schon sieben ihrer Monate nach unserer Ankunft in der Stadt Babylon vergangen, als ich mit diesem
meinem Freund Hamolinadir zu einem sogenannten ‚all-
gemeinen-Gelehrten-Kongreß' ging.

„Dieser ‚allgemeine-Gelehrten-Kongreß' war damals von
den gelehrten Wesen, die gewaltsam dorthin gebracht worden waren, einberufen worden. Auf dieser Versammlung
waren nicht nur die Gelehrten anwesend, die von dem
erwähnten persischen König — der inzwischen seine Narrheit betreffs der alchimistischen Wissenschaft schon über-
wunden und alles vergessen hatte — zwangsweise nach
Babylon gebracht worden waren, sondern auch viele
andere Gelehrte aus allen anderen Gemeinschaften, die

freiwillig dorthin gekommen waren, wie sie sagten ‚der Wissenschaft halber‘.

„Auf diesem allgemeinen Gelehrten-Kongreß wurden verschiedene Vorträge gehalten ...

„Mein Freund Hamolinadir hatte auch über irgend etwas einen Vortrag zu halten und zog deshalb ein Los; dadurch fiel es ihm zu, als fünfter zu reden.

„Die Redner, die ihm vorangingen, sprachen entweder über neue Theorien, die sie erfunden hatten, oder kritisierten Theorien, die es schon seit langem gab und jedermann bekannt waren.

„Endlich kam unser sympathischer Assyrer an die Reihe.

„Er bestieg das sogenante ‚Podium‘, während gleichzeitig einige Bedienstete ein Plakat dort anbrachten, auf dem der Gegenstand des betreffenden Referats angezeigt war.

„So war es damals Sitte.

„Das Plakat zeigte an, daß der Redner zum Thema seines Vortrages ‚die Unstetigkeit der menschlichen Vernunft‘ nahm.

„Darauf stellte dieser mein irdischer Freund zuerst die Art der Struktur dar, die seiner Meinung nach das menschliche ‚Kopfhirn‘ hat und in welchen Fällen und in welcher Weise verschiedene Eindrücke von den andern menschlichen Gehirnen wahrgenommen werden, und wie erst nach bestimmter sogenannter ‚Übereinstimmung‘ aller Gehirne sich die Gesamtresultate diesem Kopfhirn einprägen.

„Anfangs sprach er sehr ruhig, aber je länger er sprach, um so mehr regte er sich auf, bis seine Stimme in Schreien überging, als er dazu kam, die menschliche Vernunft zu kritisieren.

„Dabei kritisierte er schonungslos auch seine eigene Vernunft.

„Noch immer schreiend, zeigte er höchst logisch und überzeugend die Unstetigkeit und Wankelmütigkeit der

356

menschlichen Vernunft und bewies eingehend, wie leicht es ist, dieser Vernunft alles mögliche zu beweisen und sie von allem Beliebigen zu überzeugen.

„Obschon gelegentlich etwas wie Schluchzen im Geschrei dieses meines irdischen Freundes Hamolinadir zu hören war, fuhr er trotzdem und selbst mit Schluchzen noch zu schreien fort. Und er sagte weiter:

„ ,Es kostet gar keine Mühe, jedem und natürlich auch mir etwas zu beweisen — man muß nur einfach wissen, welche Schocks und welche Assoziationen in den anderen menschlichen Gehirnen hervorgerufen werden müssen, um die eine oder andere ,Wahrheit' zu beweisen. Es ist sehr leicht möglich, dem Menschen sogar zu beweisen, daß unsere ganze Welt und natürlich auch die Menschen auf ihr nichts anderes als eine Illusion sind, und daß die Wirklichkeit und Glaubwürdigkeit der Welt nur ein ,Hühnerauge' ist und außerdem das ,Hühnerauge', das an der großen Zehe unseres linken Fußes sitzt. Außer diesem Hühnerauge existiert absolut nichts in der Welt; alles andere scheint nur zu sein und auch das nur für ,Psychopathen im Quadrat'.'

„An diesem Punkt der Rede jenes sympathischen irdischen dreihirnigen Wesens bot ihm ein Bediensteter einen Krug Wasser an, und nachdem er dieses Wasser gierig getrunken hatte, fuhr er in seiner Rede fort, nun aber etwas ruhiger.

„Er sagte:

„ ,Nehmt mich zum Beispiel!

„ ,Ich bin nicht irgendein gewöhnlicher Gelehrter. Ganz Babylon und Leute aus vielen anderen Städten kennen mich als einen außerordentlichen Gelehrten und klugen Menschen.

„ ,Ich habe einen Studiengang hinter mir, der auf Erden nicht seinesgleichen hat und der wohl nie übertroffen werden kann.

„ ‚Was aber hat mir diese hohe Entwicklung meiner Vernunft genutzt in der Frage, die schon während ein oder zwei Jahren alle Babylonier verrückt macht? Meine im höchsten Grade entwickelte Vernunft hat mir während dieses allgemeinen Wahnsinns betreffs der Frage über die ‚Seele‘ nichts anderes gegeben, als ‚fünf Freitage in einer Woche‘.

„ ‚In dieser Zeit habe ich aufmerksam und ernsthaft alle alten und neuen Theorien über die Seele verfolgt. Und es gab keine einzige Theorie, mit deren Autor ich nicht innerlich einverstanden war, da sie alle sehr logisch und glaubwürdig dargelegt waren, und eine Vernunft, wie ich sie habe, nicht anders kann, als mit ihrer Logik und Wahrscheinlichkeit einverstanden sein.

„ ‚Ich selbst schrieb in dieser Zeit ein sehr langes Werk über die Frage nach dem ‚Jenseits‘, und viele von den hier Anwesenden sind sicherlich mit diesem meinem logischen Denken bekannt, und höchst wahrscheinlich beneidet mich jeder von euch um mein logisches Denken.

„ ‚Und doch erkläre ich euch hiermit aufrichtig, daß ich, was diese Frage nach dem ‚Jenseits‘ betrifft, mit all den Kenntnissen, die sich in mir angesammelt haben, nicht mehr und nicht weniger bin, als eben ein ‚Idiot im Quadrat‘.

„ ‚Jetzt wird unter uns in der Stadt Babylon von allen Nationen gemeinsam das Gebäude eines Turmes aufgeführt, damit man zum ‚Himmel‘ aufsteigen und mit eigenen Augen sehen kann, was dort vorgeht.

„ ‚Dieser Turm wird aus Bausteinen aufgeführt, die alle ihrem Aussehen nach einander gleichen, die aber aus ganz verschiedenem Material verfertigt sind.

„ ‚Unter diesen Bausteinen gibt es eiserne, hölzerne und auch solche aus ‚Teig‘ und sogar aus ‚Eiderdaunen‘.

„ ‚Und aus solchen Bausteinen wird jetzt im Zentrum Babylons ein unermeßlich hoher Turm errichtet, und jeder mehr oder weniger bewußte Mensch muß wissen, daß dieser Turm früher oder später einmal sicherlich einstürzen und dabei nicht nur alle Einwohner Babylons, sondern auch alles, was es sonst dort gibt, zerschmettern wird.

„ ‚Da ich persönlich noch leben möchte und keineswegs von diesem babylonischen Turm zerschmettert werden will, gehe ich sofort von hier weg; ihr aber macht, was ihr wollt.‘

„Diese letzten Worte sagte er schon im Gehen und lief davon.

„Danach sah ich diesen sympathischen Assyrer nie mehr wieder.

„Wie ich später erfuhr, verließ er noch am gleichen Tage die Stadt Babylon und ging nach Ninive und erreichte irgendwo dort ein hohes Alter. Ich fand auch heraus, daß dieser Hamolinadir sich nie wieder mit den Wissenschaften abgab und daß er sein Dasein damit verbrachte, ‚Tschungary‘ zu pflanzen, was in der gegenwärtigen Sprache ‚Mais‘ genannt wird.

„Es hatte aber, mein Junge, die Rede dieses Hamolinadir damals einen solch großen Eindruck auf die dortigen Wesen gemacht, daß sie beinahe einen Monat lang ‚mit hängenden Mundwinkeln‘ herumliefen.

„Und wenn sie einander trafen, sprachen sie über nichts anderes, als einzig über verschiedene Stellen seiner Rede, an die sie sich erinnerten und die sie wiederholten.

„Sie wiederholten sie so oft, daß einzelne Ausdrücke Hamolinadirs sich unter den gewöhnlichen Wesen Babylons verbreiteten und als Redensarten in ihren täglichen Gesprächen angewandt wurden.

„Einige seiner Ausdrücke erreichten sogar die gegenwärtigen Wesen des Planeten Erde und darunter ist eben auch der Ausdruck: ‚der Turmbau von Babel‘.

„Die Wesen der Jetztzeit stellen sich schon ganz bestimmt vor, daß einst vor langer Zeit eben in dieser Stadt Babylon ein Turm aufgeführt wurde, um es den Wesen zu ermöglichen, mit ihrem planetischen Körper bis zu ‚Gott‘ selbst aufzusteigen.

„Die gegenwärtigen Wesen des Planeten Erde sagen auch und sind fest davon überzeugt, daß während des Baues dieses babylonischen Turmes sich eine Anzahl ihrer ‚Zungen‘ verwirrten.

„Es kamen überhaupt auf die gegenwärtigen Wesen des Planeten Erde eine große Anzahl einzelner Ausdrücke, die verschiedene vernünftige Wesen früherer Epochen geäußert oder formuliert hatten über gewisse Einzelheiten eines vollen Verständnisses aus jener Epoche, als Babylon das Kulturzentrum war und auch aus anderen Epochen. Und lediglich auf Grund dieser ‚Stückchen‘ haben deine Lieblinge der letzten Jahrhunderte mit ihrer schon ganz närrischen Vernunft solch dummes Zeug zusammengebraut, daß selbst unser erzlistiger Luzifer sie beneiden könnte.

„Unter den vielen Lehren, die damals in Babylon über die Frage nach dem ‚Jenseits‘ in Umlauf waren, hatten besonders zwei viele Anhänger, wobei diese Lehren nichts miteinander gemein hatten.

„Und diese beiden Lehren gingen von Geschlecht zu Geschlecht über und verwirrten ihr ohnedies schon verwirrtes ‚gesundes-Seins-Denken‘ noch mehr.

„Obgleich diese beiden Lehren im Laufe ihres Übergangs von Geschlecht zu Geschlecht Änderungen erlitten, blieben doch die in ihnen enthaltenen Grundgedanken unverändert und kamen sogar bis auf die heutige Zeit.

„Die eine dieser Lehren, die damals in Babylon viele Anhänger hatte, war die ‚dualistische‘ und die andere die ‚atheistische‘, wobei die eine von ihnen bewies, daß sie eine ‚Seele‘ haben, und die andere das genaue Gegenteil behauptete, nämlich, daß sie keine Seele haben.

„In der ‚dualistischen‘ oder ‚idealistischen‘ Lehre wurde gesagt, daß es im groben Körper der Menschenwesen einen feinen unsichtbaren Körper gebe, der eben die ‚Seele‘ sei.

„Dieser feine Körper des Menschen ist unsterblich, was besagt, daß er nie vernichtet wird.

„Dieser ‚feine Körper‘ oder ‚Seele‘ — so ward weiter gesagt — muß für alle Taten des ‚physischen Körpers‘, sowohl die willkürlichen als auch die unwillkürlichen entsprechend aufkommen, und jeder Mensch besteht schon von Geburt an aus diesen zwei Körpern, nämlich dem ‚physischen Körper‘ und der ‚Seele‘.

„Und weiter ward noch gesagt, daß sobald ein Mensch geboren wird, sich zwei unsichtbare Geister sofort auf seine Schultern heften.

„Auf seine rechte Schulter setzt sich ein ‚guter Geist‘, der da ‚Engel‘ heißt, und auf seine linke ein anderer, ein ‚böser Geist‘, ‚Teufel‘ genannt.

„Gleich vom ersten Tage an notieren diese Geister — der gute Geist und der böse Geist — in ihre Notizbücher alle Äußerungen des betreffenden Wesens, wobei der Geist, der auf der rechten Schulter sitzt, die sogenannten ‚guten Äußerungen‘ oder ‚guten Taten‘ verzeichnet, und der Geist, der auf der linken Schulter sitzt, die ‚schlechten‘.

„Jeder dieser zwei Geister hält es für seine Pflicht, den Menschen zu versuchen und ihn zu zwingen, mehr solcher Äußerungen zu tun, die in seinem Bereich liegen.

„Der Geist auf der rechten Seite bemüht sich immer, den Menschen von solchen Handlungen abzuhalten, die zum Bereich des entgegengesetzten Geistes gehören und ihn mehr zu denen seines eigenen Bereiches anzutreiben.

„Und der Geist auf der linken Seite tut ganz dasselbe, nur alles im entgegengesetzten Sinn.

„Weiter war in dieser sonderbaren Lehre gesagt, daß diese zwei ‚Rival-Geister‘ stets miteinander kämpfen, und daß jeder alles tue, um den Menschen dazu zu bringen, mehr solcher Handlungen zu verrichten, die in seinen Bereich fallen.

„Wenn der Mensch stirbt, lassen diese Geister seinen ‚physischen‘ Körper auf der Erde — seine Seele aber tragen sie zu Gott, der irgendwo ‚oben im Himmel‘ existiert.

„Dort im Himmel sitzt dieser Gott, umgeben von ihm treu ergebenen Erzengeln und Engeln, und vor ihm steht eine ‚Waage‘.

„Auf beiden Seiten der Waage stehen die diensthabenden Geister. Rechts stehen die Geister, die ‚Diener des Paradieses‘ genannt werden, nämlich die Engel; auf der linken Seite aber stehen die ‚Diener der Hölle‘, und das sind die Teufel.

„Die Geister, die auf der Schulter des Menschen sein ganzes Leben hindurch saßen, bringen nach seinem Tod seine ‚Seele‘ zu ‚Gott‘ und ‚Gott‘ nimmt aus ihren Händen die ‚Notizbücher‘, in denen alle Handlungen des Menschen verzeichnet stehen und legt sie auf die ‚Schalen‘ der Waage.

„In die rechte ‚Schale‘ legt er das ‚Notizbuch‘ des Engels und in die linke ‚Schale‘ das ‚Notizbuch‘ des Teufels. Und je nach dem, welche Schale sinkt, befiehlt Gott den zu seiner Rechten oder den zu seiner Linken stehenden Geistern, diese ‚Seele‘ in ihre ‚Obhut‘ zu nehmen.

„In die Obhut der diensthabenden Geister auf der rechten Seite ist jener Platz gegeben, der ‚Paradies‘ heißt.

„Dies ist ein Ort von unbeschreiblicher Schönheit und Pracht. In diesem Paradies gibt es wunderbare Früchte im Oberfluß und unzählige Mengen wohlriechender Blumen. Durch die Luft tönen beständig bezaubernde Klänge vom Gesang der Cherubim und seraphische Musik, und viele ähnliche Dinge wurden noch aufgezählt, deren äußere Wirkung, der den dreihirnigen Wesen jenes sonderbaren Planeten anomal inhärent gewordenen Empfindungen und Erkenntnissen nach — wie sie sagen — ‚große Befriedigung‘ hervorrufen, das heißt, die Befriedigung jener Bedürfnisse, die zu haben für dreizentrische Wesen ein Frevel ist und die insgesamt aus ihrem Bestand alles

362

ohne Ausnahme verdrängen, was von unserem GEMEIN-SAMEN VATER in sie hineingelegt war und was jedes dreihirnige Wesen absolut notwendig besitzen muß.

„Und in die Obhut der diensttuenden Geister auf der linken Seite der Waage, die laut dieser babylonischen Lehre ‚Teufel' sind, ist die sogenannte Hölle gegeben.

„Von der Hölle wird gesagt, daß sie ein Ort ist ohne Vegetation und von unglaublicher Hitze und ohne einen Tropfen Wasser.

„In dieser Hölle klingen beständig Töne schrecklicher ‚Kakophonie' wider und gräßliches ‚Schimpfen'.

„Dort gibt es Geräte für alle erdenklichen Foltern, von der Reckbank bis zum Rad, um die Körper zu schinden und mechanisch mit Salz zu reiben und noch mehr in dieser Art.

„In dieser babylonischen ‚idealistischen Lehre' wurde sehr ausführlich erklärt, daß der Mensch, damit seine Seele ins Paradies gelange, sich auf Erden dauernd bemühen müsse, mehr Material für das Notizbuch des Engelsgeistes, der auf seiner rechten Schulter sitzt, zu liefern, andernfalls mehr Anmerkungen in den Aufzeichnungen des Geistes, der auf der linken Schulter sitzt, verzeichnet werden, in welchem Falle die Seele eines solchen Menschen unbedingt in die schrecklichste ‚Hölle' wandern muß."

Hier konnte sich Hassin nicht zurückhalten, Beelzebub plötzlich mit folgenden Worten zu unterbrechen:

„Welche ihrer Äußerungen aber halten sie für gut und welche für böse?"

Beelzebub sah mit einem sehr seltsamen Blick nach seinem Enkel, schüttelte den Kopf und sagte dann:

„Was das angeht, welche Seins-Äußerungen dort auf deinem Planeten für gut und welche für böse gelten, so hat es von den ältesten Zeiten an zwei selbständige Auffassungen gegeben, die nichts miteinander gemein haben, die aber von Geschlecht zu Geschlecht von den ältesten Zeiten bis auf die gegenwärtige Periode übergingen.

„Die erste dieser Auffassungen besteht dort und wird unter solchen dreihirnigen Wesen von einer Generation zur nächsten weitergegeben, die wie die Mitglieder der Achaldan-Gesellschaft auf dem Kontinent Atlantis sind und wie die Wesen, die, wenn auch auf andere Art, einige Jahrhunderte nach der Transapalnischen Umwälzung fast dieselben Grundlagen für ihren allgemeinen Bestand erwarben und ‚Eingeweihte‘ genannt wurden.

„Die erste dieser Auffassungen existiert dort in der folgenden Formulierung:

„Jede Handlung des Menschen ist im objektiven Sinne gut, wenn sie seinem Gewissen entsprechend vollbracht wird, und jede Handlung ist schlecht, über die er später ‚Reue‘ empfindet.

„Die zweite Auffassung aber entstand dort bald nach der klugen ‚Erfindung‘ des großen Königs Konuzion und ging von Geschlecht zu Geschlecht unter den gewöhnlichen Wesen dort weiter, bis sie sich schließlich über den ganzen Planeten unter dem Namen ‚Moral‘ verbreitete.

„Es ist hier sehr interessant, eine Besonderheit dieser ‚Moral‘ zu erwähnen, die ihr vom Anfang ihrer Entstehung an angehängt und später ein voller Bestandteil von ihr wurde.

„Worin die besagte Besonderheit dieser irdischen Moral besteht, kannst du dir leicht vorstellen und begreifen, wenn ich dir sage, daß sie sowohl innerlich als auch äußerlich jene einzige ‚Eigenschaft‘ erfordert, die dem Wesen eigen ist, das ‚Chamäleon‘ genannt wird.

„Die Seltsamkeit und Besonderheit der besagten Eigenschaft dieser Moral dort, besonders der gegenwärtigen Moral, liegt darin, daß ihr Funktionieren nur rein automatisch von den Späßen der lokalen Obrigkeit abhängt, von Späßen, die ihrerseits ebenso automatisch vom

Zustand von vier dort existierenden Wirkungsquellen abhängen, die die Namen von ‚Schwiegermutter‘, ‚Verdauung‘, ‚Johann Johanns Sohn‘ und ‚Moneten‘ tragen.

„Die zweite babylonische Lehre, die damals viele Anhänger hatte und auch von Geschlecht zu Geschlecht weiterging und so auf deine gegenwärtigen Lieblinge kam, war dagegen eine der ‚atheistischen‘ Lehren jener Periode.

„In dieser Lehre hatten die irdischen Hasnamuss-Kandidaten jener Zeit dargelegt, daß es keinen Gott in der Welt gäbe und noch weniger eine ‚Seele‘ im Menschen und daß all dies nur Gerede sei und daß dergleichen Diskussionen über die Seele nichts anderes seien als die Phantastereien kranker Schwärmer.

„Und weiter wurde darin behauptet, daß es in der Welt nur ein besonderes Gesetz der Mechanik gebe, demzufolge alles Existierende aus einer Form in eine andere übergehe, das heißt, daß die aus gewissen vorausgehenden Ursachen entstandenen Resultate allmählich umgewandelt und zu Ursachen darauffolgender Resultate werden.

„Auch der Mensch sei demzufolge nur eine Folge von vorausgehenden Ursachen und müsse seinerseits als Resultat zur Ursache für weitere Folgen dienen.

„Weiter wurde gesagt, daß sogar alle sogenannten ‚übernatürlichen Erscheinungen‘, die für die meisten Leute wirklich wahrnehmbar sind, auch nichts anderes seien als Resultate, die aus dem besagten besonderen mechanischen Gesetz stammen.

„Ein volles Verständnis dieses Gesetzes durch die reine Vernunft hängt von der allmählichen unparteiischen allseitigen Erkenntnis seiner zahlreichen Einzelheiten ab, die sich der reinen Vernunft je nach ihrem Entwicklungsgrad enthüllen können.

„Was aber die menschliche Vernunft betrifft, so ist sie nur die Summe aller von ihr aufgenommenen Eindrücke, aus denen langsam im Menschen Gegebenheiten zu Vergleichen, Folgerungen und Schlüssen entstehen.

„Als Resultat all dessen erreicht der Mensch eine große Kenntnis aller möglichen um ihn herum sich wiederholenden Tatsachen, die ihrerseits in der allgemeinen Organisation des Menschen als Material zur Bildung bestimmter Überzeugungen in ihm dienen. Somit bildet sich aus all dem im Menschen Vernunft, das heißt, seine eigene subjektive Psyche.

„Was auch immer in diesen beiden ‚Lehren‘ über die ‚Seele‘ gesagt worden sein mag, und was auch für schädliche Mittel zur allmählichen Umwandlung der Vernunft der Nachkommen dieser Wesen in eine wahrhaft närrische Mühle von diesen von beinahe dem ganzen Planeten versammelten Gelehrten zusammengebraut worden war — all das wäre im objektive Sinn kein volles Unglück gewesen — aber der ganze objektive Greuel liegt darin, daß aus diesen Lehren später ein großes Übel nicht nur für ihre Nachkommen, sondern für alles Existierende überhaupt wurde.

„Die Sache ist die, daß durch ihr gemeinschaftliches Klügeln während der erwähnten ‚Geistes-Erregung‘ in der Stadt Babylon diese gelehrten Wesen in ihrem Bestand zu all den bereits vorhandenen eine Menge neuer Gegebenheiten für hasnamussische Äußerungen erwarben und als sie dann nach Hause gingen, überall, natürlich unbewußt, all jene Ideen wie ansteckende Bazillen verbreiteten, die schließlich und endgültig die letzten Reste und sogar die Spuren der Resultate der heiligen Arbeiten des sehr heiligen Aschiata Schiämasch vernichteten.

„Damit verschwanden aber die letzten Reste jener heiligen ‚bewußt-leidenden‘ Arbeiten, die er absichtlich verwirklicht hatte, um für die dreizentrischen Wesen gerade jene besonderen äußeren Verhältnisse gewöhnlicher Seins-Existenz zu schaffen, in denen allein die verderblichen

Folgen der Eigenschaften des Organs Kundabuffer aus ihrem Bestande langsam verschwinden und statt dessen jene Eigenschaften allmählich erworben werden könnten, die im Bestand aller dreihirnigen Wesen vorhanden sein sollten, deren ganzer Bestand ein genaues Abbild alles im Weltall Existierenden ist.

„Ein anderes Resultat der verschiedenen ‚Klügeleien‘ der gelehrten Erdenwesen damals in der Stadt Babylon über die Frage nach der ‚Seele‘ war, daß bald nach meiner fünften persönlichen Hinabkunft auf die Oberfläche deines Planeten auch dieses ‚Kultur-Zentrum‘, das unvergleichliche und wirklich majestätische Babylon, ganz vom Antlitz der Erde, wie man dort sagt, weggefegt wurde.

„Und nicht nur die Stadt Babylon selbst wurde damals vernichtet, sondern alles, was in vielen Jahrhunderten dort von den früheren Wesen erworben und erreicht worden war. Um der Gerechtigkeit willen muß ich sagen, daß der erste Anstoß zur Vernichtung der heilige Arbeiten Aschiata Schiämaschs nicht von den Gelehrten ausging, die damals in der Stadt Babylon versammelt waren, sondern von der Erfindung eines gelehrten, sehr berühmten Wesens, das auch mehrere Jahrhunderte vor diesen babylonischen Ereignissen dort existierte, nämlich von der Erfindung eines Wesens, namens ‚Lentrohamsanin‘, der, nachdem er seinen höheren Seins-Teil in eine bestimmte Einheit gekleidet und seine Vernunft bis zum erforderlichen Grad von objektiver Vernunft vervollkommnet hatte, zu einem jener dreihundertunddreizehn ‚hasnamussischer ewiger Individuen‘ wurde, die jetzt auf dem kleinen Planeten existieren, der den Namen ‚Vergeltung‘ führt.

„Über diesen Lentrohamsanin werde ich dir noch ausführlich erzählen, da die ihn betreffenden Kunden dir zur Aufhellung deines Verständnisses der seltsamen Psyche jener dreihirnigen Wesen dienen mögen, die auf jenem entfernten sonderbaren Planeten existieren.

„Ich werde dir aber erst dann von diesem Lentrohamsanin erzählen, wenn ich meinen Bericht über den Sehr Heiligen Aschiata Schiämasch beendet habe, da die dieses jetzt schon Höchste Sehr Heilige Individuum Aschiata Schiämasch und seine Tätigkeit auf diesem Planeten betreffende Kunde die wichtigste und wesentlichste ist für dein Verständnis der Sonderbarkeit der Psyche der dir lieben dreihirnigen Wesen auf dem Planeten Erde."

XXV. Kapitel

DER VON OBEN AUF DIE ERDE GESANDTE SEHR HEILIGE ASCHIATA SCHIÄMASCH

„Also mein Junge:

„Höre nun sehr aufmerksam der Kunde zu, die das Höchste, Sehr Heilige, jetzt schon All-kosmische Individuum Aschiata Schiämasch und seine Tätigkeit unter den dir lieben dreihirnigen Wesen auf jenem Planeten Erde betrifft.

„Ich sagte dir schon mehr als einmal, daß unsere Höchsten Kosmischen Allerheiligsten Individuen auf den Allergnädigsten Befehl unseres ALLIEBENDEN GEMEINSAMEN VATERS DES UNENDLICHEN, manchmal im Bestand eines irdischen dreihirnigen Wesens eine ‚bestimmende‘ Empfängnis eines heiligen Individuums bewirken, damit dieses Individuum, nachdem es ein irdisches Wesen mit einem solchen Bestand geworden ist, dort an Ort und Stelle sich selbst orientieren und dem Prozeß ihrer gewöhnlichen Seins-Existenz eine entsprechende neue Richtung geben möge, eben eine solche Richtung, durch die vielleicht sowohl die schon kristallisierten Folgen der Eigenschaften des Organs Kundabuffer als auch die Anlagen zu neuen derartigen Kristallisationen aus ihrem Bestande beseitigt würden.

„Und so wurde sieben Jahrhunderte vor den babylonischen Ereignissen, von denen ich sprach, im planetischen Körper eines dreihirnigen Wesens dort die ‚bestimmende‘ Empfängnis eines heiligen Individuums bewirkt, namens Aschiata Schiämasch, der dort dann der nächste

Gesandte von Oben wurde und der jetzt schon eines
der Höchsten Allerheiligsten all-kosmischen Heiligen
Individuen ist.

„Aschiata Schiämasch erhielt seine Empfängnis im
planetischen Körper eines Jungen aus armer Familie, die
von der sogenannten ,Sumerischen‘ Rasse herkam, in
einem kleinen Flecken, der damals ,Pispaskana‘ hieß und
nicht weit von Babylon lag.

„Er wuchs und bildete sich zu einem verantwortlichen
Wesen teilweise in diesem kleinen Flecken und teilweise in Babylon selbst heran, das damals zwar noch nicht
majestätisch, aber doch schon eine bedeutende Stadt war.

„Der Sehr Heilige Aschiata Schiämasch war der einzige von Oben auf deinen Planeten Gesandte, dem es durch
Seine Heiligen Arbeiten gelang, auf jenem Planeten Verhältnisse zu schaffen, unter denen die Existenz der unglückseligen dreihirnigen Wesen eine zeitlang irgendwie
der Existenz dreihirniger Wesen anderer Planeten unseres großen Weltalls glich, auf denen Wesen mit gleichen
Möglichkeiten existieren, und er war auch der erste, der
für die ihm aufgetragene Mission nicht die gewöhnlichen
Methoden anwandte, die in den vorausgehenden Jahrhunderten von allen anderen zu den dreihirnigen Wesen jenes
Planeten von Oben Gesandten angewandt worden waren.

„Der Sehr Heilige Aschiata Schiämasch lehrte die
gewöhnlichen dreihirnigen Wesen der Erde überhaupt
nicht, er predigte ihnen auch nicht, wie es vor ihm und
nach ihm alle zum gleichen Ziel von Oben Gesandten
getan hatten.

„Und hauptsächlich deshalb kam fast keine seiner Lehren in irgendeiner Form von seinen Zeitgenossen bis
auch nur auf die dritte Generation der gewöhnlichen
Wesen, geschweige denn auf die heutigen gewöhnlichen
Wesen.

„Bestimmte Kunden über Seine Sehr Heilige Tätigkeit

wurden von den Zeitgenossen des Sehr Heiligen Aschiata Schiämasch auf die Wesen der folgenden Generation und danach von Generation zu Generation durch das, was man dort ‚Eingeweihte‘ nennt, weitergegeben, und zwar mittels eines sogenannten ‚Legomonismus‘ seiner Überlegungen, unter dem Titel ‚Der Schrecken der Situation‘.

„Außerdem ist aus der Periode Seiner Sehr Heiligen Tätigkeit eine sogenannte ‚Marmortafel‘ erhalten geblieben und existiert noch heute, und darauf sind seine ‚Ratschläge‘ und ‚Gebote‘ für seine Zeitgenossen eingemeißelt.

„Diese erhalten gebliebene Tafel dient auch heute noch als wichtigstes Heiligtum für eine kleine Gruppe eingeweihter Wesen dort, die die ‚Olbogmek-Bruderschaft‘ genannt wird und deren Existenzort mitten im Kontinent Asien liegt.

„Der Name Olbogmek bedeutet: ‚Es gibt nicht verschiedene Religionen, es gibt nur einen Gott.‘

„Ich lernte diesen ‚Legomonismus‘, der den fernen Geschlechtern eingeweihter Menschenwesen des Planeten Erde die Überlegungen des heiligen Aschiata Schiämasch unter dem Titel ‚Der Schrecken der Situation‘ weitergibt, zufällig kennen, als ich zum letztenmal auf der Oberfläche deines Planeten war.

„Dieser Legomonismus half mir sehr, gewisse seltsame Seiten der Psyche dieser sonderbaren Wesen aufzuklären — gerade jene seltsamen Seiten ihrer Psyche, die ich trotz all meiner aufmerksamen Beobachtungen in Dezennien von Jahrhunderten vorher durchaus nicht hatte verstehen können.“

„Mein teurer und geliebter Großvater, bitte sage mir, was bedeutet das Wort ‚Legomonismus‘?“, bat Hassin.

„Das Wort ‚Legomonismus‘ “, erwiderte Beelzebub, „bezeichnet eine dort übliche Art von Weitergabe gewisser Kunden von schon längst verflossenen Ereignissen, die von

Geschlecht zu Geschlecht durch solche dreihirnige Wesen überliefert werden, die verdienen, Eingeweihte zu sein und genannt zu werden.

„Diese Art der Überlieferung von Kunden von Geschlecht zu Geschlecht war von den Wesen des Kontinents Atlantis erfunden worden.

„Damit du die erwähnte Art der Weitergabe von Kunden an Wesen folgender Geschlechter durch einen ‚Legomonismus‘ besser verstehen kannst, muß ich dir hier auch ein wenig von jenen dortigen Wesen erzählen, die man ‚Eingeweihte‘ nannte und noch nennt.

„In früheren Zeiten wurde dieses Wort auf dem Planeten Erde immer nur in einem Sinn angewandt, nämlich für solche dreihirnige Wesen, die in ihrem Bestand objektive Gegebenheiten erwerben, die von anderen Wesen auf fast gleiche Weise empfunden werden können.

„Aber seit den letzten zwei Jahrhunderten wird dieses Wort schon in zwei verschiedenen Bedeutungen gebraucht.

„In der einen Bedeutung wird es zum gleichen Zweck wie früher angewandt, was besagen will, für solche Wesen, die zu Eingeweihten durch ihre eigenen bewußten Bemühungen und absichtlichen Leiden werden und dadurch, wie ich dir schon sagte, in sich objektive Verdienste erwerben, die von den übrigen Wesen, ganz gleich welchen Hirnsystems, empfunden werden und in ihnen Ehrfurcht und Zutrauen erwecken.

„In der anderen Bedeutung aber wird dieser Name von solchen Wesen untereinander angewandt, die zu dem, was man dort ‚Räuberbanden‘ nennt, gehören, die sich in der besagten Zeitperiode dort sehr vermehrt haben und deren Mitglieder es sich zum Hauptziel machen, von den Wesen ihrer Umgebung hauptsächlich ‚wesentliche-Werte‘ wegzunehmen.

„Unter dem Vorwand ‚übernatürlicher‘ oder ‚mystischer‘ Wissenschaften sind diese ‚Räuberbanden‘ wirklich und sehr erfolgreich mit allen erdenklichen Plünderungen dieser Art beschäftigt.

„Und jedes Mitglied solcher Banden wird dort ein ‚Eingeweihter' genannt.

„Unter diesen Eingeweihten gibt es sogar ‚große Eingeweihte' und zu ihnen gehören heutzutage besonders jene gewöhnlichen ‚Eingeweihten neuen Formates', die in ihren glänzenden ‚virtuosen Affären', wie man dort sagt, durch ‚Feuer-Wasser-Kupferröhren-und-sogar-durch-alle-Roulettehallen-in-Monte-Carlo' gehen.

„Also, mein Junge, ein Legomonismus ist die Bezeichnung für die direkte Weitergabe von Kunden von längst vergangenen Ereignissen, die auf dem Planeten Erde geschahen, und zwar durch Eingeweihte an Eingeweihte ersten Grades, das heißt, wirklich verdiente Wesen, die wiederum die Kunde von ebenso verdienten Wesen erhielten.

„Für die Erfindung dieser Art von Überlieferung gebührt den Wesen des Kontinents Atlantis volle Anerkennung; denn dieses Mittel ist wirklich sehr weise und erreicht tatsächlich sein Ziel.

„Es ist das einzige Mittel, durch das Kunden von bestimmten Ereignissen, die in längst vergangenen Zeiten geschahen, unverändert auf die Wesen ferner späterer Generationen kamen.

„Die Kunden aber, die durch die gewöhnliche Masse der Wesen dieses Planeten von Geschlecht zu Geschlecht weitergegeben werden, verschwinden entweder vollends, weil sie bald vergessen werden, oder es bleibt von ihnen, wie unser teurer Mulla-Nassr-Eddin sagt, nur ‚der-Schwanz-und-die-Mähne-und-Stoff-für-Scheherazaden'.

„Das erklärt, warum, wenn kümmerliche Reste von Kunden über verschiedene Ereignisse die Wesen ferner späterer Generationen manchmal erreichen und, wenn die Gelehrtenwesen ‚neuen Formats' auf Grund solcher Reste einen Mischmasch brauen, sich ein höchst sonderbares und lehrreiches ‚Phänomen‘ einstellt — wenn nämlich die Schwabenkäfer zufällig erfahren, woraus dieser Mischmasch besteht, fährt sofort in ihren allgemeinen Bestand der sogenannte ‚böse-Geist-des-heiligen-Vitus‘ und tobt sich in ihnen aus.

„Wie aber die heutigen gelehrten Wesen des Planeten Erde aus Resten von Kunden, die sie erreichen, ihren Mischmasch zusammenbrauen, ist sehr gut in einem der weisen Aussprüche unseres teuren Mulla-Nassr-Eddin definiert, der da lautet: ‚Ein Floh ist dazu da … daß, wenn er niest, sich jene Sintflut wiederholt, die zu beschreiben sich unsere gelehrten Wesen ‚zum Beruf machen‘.‘

„Ich muß dir gestehen, daß es mir, als ich unter deinen Lieblingen existierte, schwer fiel, wie deine Lieblinge sagen, ‚das Lachen zu verbeißen‘, wenn der eine oder andere der dortigen Gelehrten eine ‚Vorlesung‘ hielt oder mir über vergangene Ereignisse erzählte, die ich mit eigenen Augen gesehen hatte.

„Diese Vorlesungen oder ‚Erzählungen‘ sind so voller absurder Erdichtungen, daß weder unser erzlistiger Luzifer noch seine Gehilfen sie erfinden könnten, selbst wenn sie sich darum bemühten.“

XXVI. Kapitel

DER LEGOMONISMUS BETREFFS DER ÜBER-
LEGUNGEN DES SEHR HEILIGEN
ASCHIATA SCHIÄMASCH UNTER DEM TITEL
„DER SCHRECKEN DER SITUATION"

„Der Legomonismus", fuhr Beelzebub fort, „durch den die Überlegungen des SEHR HEILIGEN ASCHIATA SCHIÄMASCH weitergegeben wurden, hatte folgenden Inhalt:

„Er begann mit dem Gebet:

„ ‚Im Namen der Ursachen meiner Entstehung werde ich stets danach streben, gegen jeden schon vergeistigten Ursprung und auch gegen den Ursprung der künftigen vergeistigten Manifestationen UNSERES GEMEIN-SAMEN SCHÖPFERS, DES ALLMÄCHTIGEN UND ALLEIN HERRSCHENDEN UNENDLICHEN, gerecht zu sein, Amen.

„ ‚Mir nichtigem Teilchen des ganzen großen Ganzen wurde von Oben befohlen, mich mit dem planetischen Körper eines dreizentrischen Wesens dieses Planeten zu bekleiden und allen übrigen auf ihm entstehenden und existierenden Wesen beizustehen, sich von den Folgen der Eigenschaften jenes Organs zu befreien, das um ge-wichtiger Gründe willen im Bestand ihrer Vorfahren verwirklicht worden war.

„ ‚Alle heiligen Individuen, die hier vor mir eigens und absichtlich von Oben her verwirklicht worden sind, haben immer im Streben nach dem gleichen Ziele versucht, die ihnen auferlegte Aufgabe durch einen jener drei heiligen

Selbstvervollkommnungspfade zu erreichen, die von UNSEREM UNENDLICHEN SCHÖPFER SELBST dazu ausersehen waren — nämlich durch die heiligen Pfade, die auf den Seins-Impulsen beruhen, die da ‚Glaube‘, ‚Hoffnung‘ und ‚Liebe‘ heißen.

„ ‚Als ich siebzehn Jahre alt war, fing ich an, wie mir von Oben befohlen war, meinen planetischen Körper vorzubereiten, um während meiner verantwortlichen Existenz unparteiisch sein zu ‚können‘.

„ ‚In dieser Periode meiner ‚Selbst-Vorbereitung‘ beabsichtigte ich, wenn ich das verantwortliche Alter erreichen würde, die mir auferlegte Aufgabe ebenfalls durch einen der besagten drei heiligen Seins-Impulse auszuführen.

„ ‚Als ich aber in dieser Periode meiner ‚Selbst-Vorbereitung‘ viele Wesen fast aller ‚Typen‘ kennenlernte, die sich hier in der Stadt Babylon bildeten und existierten, und als ich bei meinen unparteiischen Beobachtungen viele Züge ihrer Seins-Äußerungen feststellte, schlich sich ein ‚Wesens-Zweifel‘ in mich ein und nahm ständig zu, nämlich darüber, ob die dreizentrischen Wesen jenes Planeten durch irgendeinen dieser drei heiligen Pfade noch gerettet werden könnten.

„ ‚Die verschiedenen Äußerungen der Wesen, mit denen ich damals zusammentraf, verstärkten meine Zweifel und überzeugten mich langsam, daß diese Folgen der Eigenschaften des Organs Kundabuffer, die viele Geschlechter und eine sehr lange Zeit hindurch erblich weitergegangen waren, schließlich sich in ihrem Bestande so kristallisiert hatten, daß sie auf die gegenwärtigen Wesen schon sozusagen als ein gesetzmäßiger Teil ihres Wesenskerns kommen und somit diese kristallisierten Folgen der Eigenschaften des Organs Kundabuffer jetzt schon ihrem allgemeinen Bestand gleichsam zur ‚zweiten Natur‘ geworden sind.

„ ‚Als ich dann schließlich ein verantwortliches Wesen

wurde, beschloß ich, ehe ich die Wahl zwischen diesen drei heiligen Pfaden treffen würde, meinen planetischen Körper in den Zustand des heiligen ,Kscherknar' zu versetzen, nämlich in den Zustand ,der-allhirnigen-gleichgewichtigen Seins-Aufnahmefähigkeit' und erst in diesem Zustand den Pfad für meine weitere Tätigkeit zu wählen.

„,Zu diesem Zweck stieg ich damals auf den Berg ,Wesiniama', wo ich vierzig Tage und Nächte kniend zubrachte und mich in Konzentration übte.

„,Weitere vierzig Tage und Nächte aß ich nicht und trank ich nicht, sondern erinnerte mich aller in mir vorhandenen Eindrücke aus allen Wahrnehmungen, die ich während meiner Existenz in der Periode meiner Selbst-Vorbereitung empfangen hatte und analysierte sie.

„,Die dritten vierzig Tage und Nächte verbrachte ich auf meinen Knien, aß nicht und trank nicht und zog mir jede halbe Stunde zwei Haare aus der Brust.

„,Und als ich dann gänzlich von allen Assoziationen der körperlichen und geistigen Eindrücke des gewöhnlichen Lebens frei war, sann ich nach, was ich tun sollte.

„,Diese Überlegungen meiner gereinigten Vernunft machten es mir kategorisch klar, daß es bereits zu spät war, die gegenwärtigen Wesen durch einen der besagten drei heiligen Pfade zu retten.

„,Gleichzeitig machten diese Überlegungen mir kategorisch klar, daß alle echten Funktionen, die die Menschen ebenso haben sollten, wie sie allen dreizentrischen Wesen unseres großen Weltalls eigen sind, schon in ihren entfernten Vorfahren in andere Funktionen degeneriert waren, nämlich in Funktionen, die zu den Eigenschaften des Organs Kundabuffer gehören und dem Anschein nach den echten heiligen Seins-Funktionen ,Glaube', ,Liebe' und ,Hoffnung' sehr gleichen.

„,Diese Degeneration aber geschah aller Wahrscheinlichkeit nach deshalb, weil in ihren Ahnen, als das Organ

Kundabuffer in ihnen vernichtet worden war und sie in sich auch Faktoren für die echten heiligen Seins-Impulse erworben hatten, ihnen dennoch der Geschmack an vielen Eigenschaften des Organs Kundabuffer geblieben war und jene Eigenschaften des Organs Kundabuffer, die diesen drei heiligen Impulsen gleichen, sich langsam mit den letzteren vermischt hatten, mit dem Resultat, daß sich in ihrer Psyche die Faktoren zu den Impulsen ‚Glaube‘, ‚Liebe‘ und ‚Hoffnung‘ kristallisierten, die, obgleich sie den echten ähneln, trotzdem ganz verschieden von ihnen sind.

„ ‚Gelegentlich glauben, lieben und hoffen auch die gegenwärtigen dreizentrischen Wesen, sowohl mit ihrer Vernunft als auch mit ihrem Gefühl, aber wie sie glauben, lieben und hoffen — eben darin liegt die ganze Sonderbarkeit dieser drei Seins-Eigenschaften.

„ ‚Gewiß, sie glauben — doch funktioniert in ihnen dieser heilige Impuls nicht selbständig, wie sonst bei allen dreizentrischen Wesen, die auf den verschiedenen anderen Planeten unseres großen Weltalls existieren, auf denen Wesen mit gleichen Möglichkeiten vorkommen, sondern ihr Glaube hängt von diesen oder jenen Faktoren ab, die sich in ihrem allgemeinen Bestande, immer durch die gleichen Folgen der Eigenschaften des Organs Kundabuffer bilden, wie zum Beispiel von den in ihnen entstehenden besonderen Eigenschaften, die sie selbst ‚Eitelkeit‘, ‚Eigenliebe‘, ‚Stolz‘, ‚Eigendünkel‘ und so weiter nennen.

„ ‚Demzufolge unterliegen die dreihirnigen Wesen hier in ihrem Bestande den Wahrnehmungen und Fixierungen aller Arten von ‚Sinkrpussaren‘ oder, wie sie es dort ausdrücken, sie ‚glauben-alle-alten-Fabeleien‘.

„ ‚Es ist sehr leicht, den Wesen dieses Planeten alles Beliebige glauben zu machen, wenn nur in ihnen beim Aufnehmen dieser ‚Fabeleien‘, entweder bewußt von außen oder automatisch von selbst das Funktionieren der einen

378

oder anderen entsprechenden Folge der Eigenschaften des Organs Kundabuffer geweckt wird und vor sich geht, die in ihnen kristallisiert sind und die die sogenannte ‚Subjektivität' des betreffenden Wesens bilden, wie zum Beispiel ‚Eigenliebe', ‚Hochmut', ‚Eitelkeit', ‚Großtuerei', ‚Einbildung', ‚Prahlerei', ‚Arroganz' und so weiter.

„‚Durch den Einfluß solcher Wirkungen auf ihre degenerierte Vernunft und die degenerierten Faktoren in ihren Lokalisationen, die ihre Seins-Empfindungen bewirken, kristallisiert sich nicht nur eine falsche Überzeugung betreffs der erwähnten Fabeleien in ihnen, sondern sie versuchen sogar danach mit voller Aufrichtigkeit und vollem Glauben eifrig ihrer Umgebung zu beweisen, daß es eben so sei und nicht anders sein könne.

„‚Eine ebenso anomale Form nahmen die Gegebenheiten in ihnen an, die den heiligen Impuls der ‚Liebe' hervorbringen.

„‚Im Bestand der Wesen der Jetztzeit entsteht und gibt es, so viel man will, jenen seltsamen Impuls, den sie ‚Liebe' nennen; doch ist diese ihre sonderbare Liebe erstens auch ein Resultat bestimmter kristallisierter Folgen der Eigenschaften des gleichen Kundabuffer, und zweitens entsteht und äußert sich dieser Impuls im Bestande eines jeden von ihnen gänzlich subjektiv, so subjektiv und so verschieden, daß, wenn man ihrer zehn darum bitten würde, zu erklären, wie sie diesen inneren Impuls empfinden, alle zehn von ihnen — natürlich nur falls sie ausnahmsweise offen und ehrlich ihre echten Empfindungen bekennen sollten und nicht die, die sie irgendwo gelesen oder von irgend jemand gehört haben — daß alle zehn von ihnen verschieden antworten und zehn verschiedene Empfindungen beschreiben würden.

„‚Einer wird diese Empfindung vom sexuellen Standpunkt aus erklären, ein anderer aus dem Gefühl des Mitleids heraus, ein dritter aus dem Wunsch nach Unterordnung, ein vierter aus gemeinsamem Interesse für äußere Dinge und so fort und so weiter, aber nicht einer der zehn wird auch nur im entferntesten die Empfindung echter Liebe erklären können.

„ ,Und keiner von ihnen kann sie erklären, weil keines der gewöhnlichen dortigen Menschenwesen schon seit langem eine Empfindung des heiligen Seins-Impulses echter Liebe gehabt hat. Da ihnen aber der ,Geschmack‘ daran fehlt, können sie auch selbst nicht annähernd jenen heiligen Seins-Impuls erklären, der das seligste im Bestande jedes dreizentrischen Wesens des ganzen Weltalls ist und der im Einklang mit der göttlichen Vorsehung der großen Natur jene Gegebenheiten in uns bildet, deren Resultate zu erleben uns von den verdienten Arbeiten, die wir zum Zweck der Selbstvervollkommnung verwirklichen, selig ausruhen läßt.

„ ,Wenn heutzutage eines dieser dreihirnigen Wesen irgendein anderes ,liebt‘, so ,liebt‘ er diesen anderen entweder, weil dieser andere ihn immer ermutigt, oder ihn unverdient preist, oder weil seine Nase der Nase jenes Weibchens oder Männchens ähnelt, mit dem — den kosmischen Gesetzen von ,Polarität‘ und ,Typus‘ zufolge — ein noch nicht unterbrochener Kontakt besteht; oder endlich ,liebt‘ er ihn nur, weil der Onkel des anderen gute Geschäfte macht und ihm vielleicht einmal verhelfen wird, auch gute Geschäfte zu machen, und so weiter und so weiter.

„ ,Nie aber lieben die Menschenwesen dort einander mit echter, unparteiischer und unegoistischer Liebe.

„ ,Durch die Art von Liebe, die die gegenwärtigen Wesen dort besitzen, kristallisieren sich die erblich auf sie gekommenen Folgen der Eigenschaften des Organs Kundabuffer jetzt ohne jede Hinderung und setzen sich schließlich in ihrer Natur als ein gesetzmäßiger Teil von ihnen fest.

„ ,Was aber den dritten heiligen Seins-Impuls betrifft,

380

nämlich die ‚Wesens-Hoffnung', so ist es um sie im Bestand der dreizentrischen Wesen sogar noch schlechter bestellt als um die zwei ersten.

„ ‚Dieser Seins-Impuls hat sich nicht nur in seiner entstellten Form endgültig ihrem ganzen Bestand angeglichen, sondern diese neugeformte, sonderbare verderbliche ‚Hoffnung', die an den Platz des Seins-Impulses der heiligen ‚Hoffnung' trat, ist jetzt der Hauptgrund, weshalb sie nicht mehr in sich die Faktoren zum Funktionieren der echten Seins-Impulse von ‚Glaube', ‚Liebe' und ‚Hoffnung' erwerben können.

„ ‚Zufolge dieser neugeformten anomalen ‚Hoffnung' hoffen sie immer auf etwas, wodurch in ihnen beständig all jene absichtlich von außen oder zufällig von selbst entstehenden Möglichkeiten gelähmt werden, die es vielleicht noch ermöglichen würden, die in ihrem Bestand vorhandenen ererbten Anlagen zur Kristallisation der Eigenschaften der Folgen des Organs Kundabuffer zu vernichten.

„ ‚Als ich vom Berge Wesiniama nach Babylon zurückgekehrt war, setzte ich meine Beobachtungen wieder fort, um herauszufinden, ob es nicht möglich wäre, diesen Unglückseligen in irgendeiner Weise zu helfen.

„ ‚Während eines Jahres diesmal besonders eingehender Beobachtung aller ihrer Äußerungen und Wahrnehmungen machte ich mir selbst kategorisch klar, daß, obgleich die Faktoren, die in ihrem Bestand die heiligen Seins-Impulse ‚Glaube', ‚Hoffnung' und ‚Liebe' hervorbringen, in den Wesen dieses Planeten schon ganz degeneriert sind, trotzdem der Faktor, der jenen Seins-Impuls hervorruft, auf dem überhaupt die ganze Psyche der Wesen eines dreihirnigen Systems basiert und der unter dem Namen ‚Objektives Gewissen' existiert, noch nicht in ihnen ausgelöscht ist und sich in ihrem Bestand beinahe im ursprünglichen Zustand bewahrt hat.

„,Durch die herrschenden anomal eingerichteten Verhältnisse der gewöhnlichen äußeren Seins-Existenz drang dieser Faktor allmählich bis in die Tiefen jenes Bewußtseins ein, das ,Unterbewußtsein' genannt wird und nimmt am Funktionieren ihres gewöhnlichen Bewußtseins überhaupt nicht teil.

„,Eben damals verstand ich mit voller Sicherheit durch alle einzelnen auffassenden Teile, die mein ganzes ,Ich' ausmachen, daß nur, wenn das Funktionieren dieses Seins-Faktors, der noch in ihrem ganzen Bestand erhalten geblieben war, am allgemeinen Funktionieren jenes Teiles ihres Bewußtseins teilnehmen würde, in dem sie, wie sie sagen, ihre tägliche ,Wach-Existenz' verbringen, daß es nur dann noch möglich wäre, die gegenwärtigen dreihirnigen Wesen von den Folgen der Eigenschaften jenes Organs zu befreien, das absichtlich ihren frühesten Vorfahren eingeimpft worden war.

„,Meine weiteren Überlegungen bestätigten mir, daß dies nur dann möglich wäre, wenn ihre gewöhnliche Seins-Existenz für lange Zeit unter entsprechend-vorausgesehenen Bedingungen verfließen würde.

„,Als ich von all dem oben Gesagten ganz und gar durchdrungen war, beschloß ich, von der Zeit an mich ganz der Schaffung von Bedingungen zu widmen, durch die das Funktionieren des ,Heiligen Gewissens', das in ihrem Unterbewußtsein noch erhalten war, langsam ins Funktionieren ihres gewöhnlichen Bewußtseins übergehen sollte.

„,Möge unser ALLMÄCHTIGER ALLIEBEVOLLER GEMEINSAMER VATER, DER UNENDLICH EINS-SEIENDE SCHÖPFER meinen Entschluß segnen. Amen.'

„So endete der Legomonismus betreffs der Überlegungen des Sehr Heiligen Unvergleichlichen Aschiata Schiämasch unter dem Titel ,Der Schrecken der Situation'.

„Als ich, mein Junge, wie ich dir schon sagte, am Anfang meines letzten persönlichen Aufenthaltes auf der Oberfläche deines Planeten den soeben erwähnten Legomonismus näher kennenlernte, interessierte ich mich sofort für die Schlußfolgerungen eben dieses Höchsten Sehr Heiligen All-kosmischen Individuums Aschiata Schiämasch, und da es dort weder andere Legomonismen noch andere Quellen für Kunden über seine weitere Sehr Heilige Tätigkeit unter deinen Lieblingen gab, beschloß ich, eingehend zu erforschen und unbedingt herauszufinden, welche Maßnahmen er ergriffen und wie er sie im Weiteren verwirklicht hatte, um diesen Unglückseligen zu helfen, sich von den ererbten Folgen der Eigenschaften des für sie verderblichen Organs Kundabuffer zu befreien.

„Und deshalb machte ich es mir während meines letzten persönlichen Aufenthaltes auf der Oberfläche deines Planeten zu einer meiner Hauptaufgaben, die ganze weitere Sehr Heilige Tätigkeit jenes Großen Das Wesen liebenden Jetzt Schon Höchsten Sehr Heiligen Allgemein-Kosmischen Individuums Aschiata Schiämasch unter deinen Lieblingen dort eingehend zu erforschen und aufzuklären.

„Was aber jene Marmortafel betrifft, die zufällig aus der Zeit der Sehr Heiligen Tätigkeit des großen Aschiata Schiämasch erhalten geblieben ist und jetzt die Hauptreliquie der Bruderschaft der dort eingeweihten Wesen ist, die ‚Olbogmek-Brüder' heißen, so habe ich bei meinem letzten Aufenthalt dort den Inhalt der Marmorinschrift gesehen und gelesen.

„Aus meinen folgenden Nachforschungen ergab sich, daß später, nachdem der Sehr Heilige Aschiata Schiämasch die von ihm beabsichtigten besonderen Bedingungen zur gewöhnlichen Seins-Existenz eingerichtet hatte, auf Seine Initiative und Seinen Ratschlag hin an entsprechenden Stellen in vielen großen Städten mehrere solcher Tafeln aufgestellt wurden, in die alle möglichen Sprüche und

Ratschläge für eine entsprechende Existenz eingemeißelt
waren.

„Als aber später ihre großen Kriege wieder begannen.
wurden auch alle diese Tafeln von diesen seltsamen Wesen selbst vernichtet, und nur eine, eben die von mir erwähnte Tafel blieb erhalten, wie ich schon sagte, und ist
jetzt im Besitz dieser ‚Bruderschaft‘.

„Auf dieser erhalten gebliebenen Marmortafel sind Inschriften über die heiligen Seins-Impulse eingemeißelt,
genannt ‚Glaube‘, ‚Liebe‘ und ‚Hoffnung‘.

„Und zwar:

‚GLAUBE‘, LIEBE‘ und ‚HOFFNUNG‘.

Glaube des Bewußtseins ist Freiheit,
Glaube des Gefühls ist Schwäche,
Glaube des Körpers ist Dummheit.

Liebe des Bewußtseins ruft das Gleiche hervor,
Liebe des Gefühls erweckt das Gegenteil,
Liebe des Körpers hängt von Typus und Polarität ab.

Hoffnung des Bewußtseins ist Kraft,
Hoffnung des Gefühls ist Sklaverei,
Hoffnung des Körpers ist Krankheit.

„Ehe ich dir weiter über die Tätigkeit des Sehr Heiligen
Aschiata Schiämasch zum Wohle deiner Lieblinge erzähle, muß ich dir, scheint mir, etwas ausführlicher jenen
inneren Impuls erklären, den deine Lieblinge ‚Hoffnung‘
nennen und über den der Sehr Heilige Aschiata Schiämasch festgestellt hat, daß es um ihn noch schlechter
bestellt ist als um die beiden anderen.

„Und meine persönlichen späteren Beobachtungen und
Nachforschungen, die ich eigens über diesen in ihnen
vorhandenen sonderbaren Impuls vornahm, zeigten mir

klar, daß die Faktoren, die diesen anomalen Impuls in ihrem Bestand hervorbringen, höchst verderblich für sie selbst sind.

„Durch diese ihre anomale Hoffnung entstand in ihnen jene sehr sonderbare und höchst seltsame Krankheit mit der ihr anhaftenden Eigenschaft sich weiter zu entwickeln und existiert auch noch jetzt unter ihnen, die Krankheit, dort ‚Morgen' genannt.

„Diese seltsame Krankheit ‚Morgen' bringt schreckliche Folgen mit sich und besonders für jene dreihirnigen unglückseligen Wesen, die zufällig erfahren und sich mit ihrem ganzen Bestande davon überzeugen, daß in ihnen sehr unerwünschte Eigenschaften vorhanden sind, und daß sie gewisse Anstrengungen machen müssen, um sich von ihnen zu befreien, und die sogar wissen, welche Anstrengungen sie zu machen haben.

„Aber ob der erwähnten Krankheit ‚Morgen' können auch sie nie diese erforderlichen Anstrengungen machen, und dies ist eben die verderbliche Seite jenes großen schrecklichen Übels, das durch verschiedene große und kleine Ursachen im Prozeß der gewöhnlichen Seins-Existenz dieser bemitleidenswerten dreihirnigen Wesen konzentriert ist, und jene unglückseligen Wesen dort, die zufällig all das erfahren, was ich hier erwähnte, und es immer von morgen auf morgen verschieben, verlieren dadurch die Möglichkeit, jemals etwas Wirkliches zu erreichen.

„Diese seltsame und für deine Lieblinge verderbliche Krankheit ‚Morgen' ist für die Wesen der heutigen Zeit nicht nur ein Hindernis, weil sie sie vollends aller Möglichkeiten beraubt, aus ihrem Bestande die kristallisierten Folgen der Eigenschaften des Organs Kundabuffer zu beseitigen, sondern weil sie die meisten von ihnen auch hindert, ehrlich wenigstens jene Sein-Verpflichtungen zu erfüllen, die in den bestehenden Verhältnissen ihrer gewöhnlichen Seins-Existenz schon ganz unerläßlich sind.

„Die dreihirnigen Wesen dort, besonders die gegenwärtigen, verschieben der Krankheit ‚Morgen‘ zufolge fast immer alles auf später, was im Augenblick getan werden sollte, in der Annahme, daß sie es ‚später‘ besser und intensiver tun werden.

„Wegen der besagten verderblichen Krankheit ‚Morgen‘ schieben die meisten jener unglückseligen Wesen dort, die zufällig oder durch eine bewußte Anregung von außen mit ihrer ganzen Vernunft ihre volle Nichtigkeit erkennen und sie mit all ihren einzelnen vergeistigten Teilen zu empfinden beginnen, und die auch zufällig erfahren, welche ‚Seins-Anstrengungen‘ gemacht werden müssen, und in welcher Weise, damit sie so werden, wie dreihirnige Wesen sein sollten, — ob der besagten verderblichen Krankheit schieben sie es von morgen auf morgen auf und kommen fast alle eines traurigen Tages zu dem Punkt, wo in ihnen die Vorboten des Alters entstehen und sich zu äußern beginnen, die da genannt werden ‚Schwäche‘ und ‚Kraftlosigkeit‘, die das unausbleibliche Los aller großen und kleinen kosmischen Bildungen am Ende ihrer vollendeten Existenz sind.

„Hier muß ich dir noch unbedingt von jener seltsamen Erscheinung erzählen, die ich dort bei meinen Beobachtungen und Studien des fast gänzlich degenerierten Bestandes deiner Lieblinge feststellte; und zwar stellte ich eindeutig fest, daß in vielen von ihnen gegen das Ende ihrer planetischen Existenz hin die meisten in ihrem Bestande kristallisierten Folgen der Eigenschaften immer desselben Organs langsam schwächer werden und einige sogar völlig verschwinden, weshalb diese Wesen dann die Wirklichkeit ein wenig besser zu sehen und zu empfinden beginnen.

„In solchen Fällen erscheint im ganzen Bestande solcher

Wesen deiner Lieblinge ein starker Wunsch, an sich selbst zu arbeiten, wie sie sagen, um ‚ihre-Seele-zu-retten'.

„Natürlich kann aus ihren Wünschen eben deswegen nichts werden, weil es schon zu spät für sie ist, da die ihnen von der großen Natur zu diesem Zweck gegebene Zeit schon vorüber ist, und außerdem, weil, obschon sie die Notwendigkeit zur Verwirklichung der erforderlichen Seins-Anstrengungen einsehen und fühlen, sie doch zur Erfüllung ihrer Wünsche dann nur ‚fruchtloses Begehren' und ‚gesetzmäßige Alters-Schwäche' haben.

„Also, mein Junge, meine Nachforschungen und Untersuchungen betreffs der weiteren Tätigkeit des Sehr Heiligen Aschiata Schiämasch zum Wohle der dreihirnigen Wesen auf deinem Planeten machten mir schließlich folgendes klar:

„Als dieses große und seiner Vernunft nach fast unvergleichliche Heilige Individuum schließlich davon überzeugt war, daß die gewöhnlichen heiligen Pfade, die zu dem Zweck der Selbstvervollkommnung aller dreihirnigen Wesen des Weltalls bestehen, bereits nicht mehr für die Wesen dieses Planeten Erde taugten, stieg er nach einem Jahr besonderer Beobachtungen und Studien ihrer Psyche wieder auf den gleichen Berg Wesiniama hinauf und dachte während mehrerer irdischer Monate in Betrachtungen nach, auf welche Weise sein Entschluß ausgeführt werden könnte, nämlich wie die Wesen dieses Planeten von jenen ererbten Anlagen der Kristallisationen der Folgen der Eigenschaften des Organs Kundabuffer gerettet werden könnten, und zwar durch die in ihrem Unterbewußtsein verbliebenen Gegebenheiten zu dem heiligen Haupt-Seins-Impuls ‚Gewissen'.

„Diese Überlegungen überzeugten ihn damals vor allem endgültig davon, daß, obgleich es tatsächlich möglich war, sie durch jene Gegebenheiten zu retten, die in ihrem ganzen Bestande zur Hervorbringung dieses heiligen

Seins-Impulses verblieben waren, dies trotzdem und nur
in dem Falle möglich wäre, wenn die Äußerungen der in
ihrem Unterbewußtsein verbliebenen Gegebenheiten am
Funktionieren jenes Bewußtseins teilnehmen würden,
unter dessen Leitung sich ihre tägliche Wachexistenz
abspielt, und fernerhin, wenn dieser Seins-Impuls eine
längere Zeit hindurch von allen Seiten ihres Bewußtseins
geäußert würde."

XXVII. Kapitel

DIE FORM DER EXISTENZ-ORDNUNG, DIE DER SEHR HEILIGE ASCHIATA SCHIÄMASCH FÜR DIE MENSCHEN SCHUF

Beelzebub fuhr zu erzählen fort:

„Durch meine weiteren Untersuchungen und Nachforschungen wurde mir klar, daß der Sehr Heilige Aschiata Schiämasch, nachdem er auf dem Berge ‚Wesiniama‘ nachgedacht und in seiner Vernunft einen bestimmten Plan für seine weiteren höchst heiligen Tätigkeiten zurechtgelegt hatte, nicht wieder in die Stadt Babylon zurückkehrte, sondern direkt in ein im Inneren des Kontinents Asien gelegenes Land ging, das damals ‚Kurlandtech‘ hieß, und zwar in seine Hauptstadt ‚Dschulfapal‘.

„Dort knüpfte er vor allem Beziehungen mit den Brüdern einer in der Nähe dieser Stadt gelegenen Bruderschaft ‚Tschaftanturi‘ an, ein Name, der bedeutet ‚Sein-oder-gar-nicht-sein‘.

„Die besagte Bruderschaft war fünf dortige Jahre vor der Ankunft des Sehr Heiligen Aschiata Schiämasch auf die Initiative zweier echter irdischer ‚Eingeweihter‘ hin gegründet worden, die zu solchen nach den Prinzipien geworden waren, die in der Zeit dort vor der sogenannten ‚Aschiatischen Epoche‘ walteten.

„Der eine dieser zwei irdischen dreihirnigen Wesen jener Zeit, die echte Eingeweihte wurden, hieß ‚Paundoliro‘ und der andere ‚Sensimiriniko‘.

„Es mag hier eingeschaltet werden, daß diese beiden irdischen echten Eingeweihten zu jener Zeit die höheren

Seins-Teile ihres allgemeinen Bestandes schon bis zu dem Grad, genannt ‚Vollendung‘, bekleidet hatten, und es ihnen dann in ihrer weiteren Existenz gelang, diese ihre höheren Teile bis zu dem erforderlichen Grad heiliger objektiver Vernunft zu vervollkommnen, sodaß zur Jetztzeit ihre vervollkommneten höheren Seins-Teile sogar würdig geworden sind, ihre weitere Existenz auf dem heiligen Planeten Fegefeuer zu verbringen.

„In meinen späteren eingehenden Nachforschungen fand ich über diese beiden eingeweihten Wesen heraus, daß zur Zeit, wo in allen einzelnen vergeistigten Teilen des allgemeinen Bestandes dieser beiden dreihirnigen Wesen dort, nämlich Paundoliro und Sensimiriniko, die Vermutung entstand und andauernd empfunden und später zu ihrer vollen Überzeugung wurde, daß in ihrer ganzen Organisation offenbar irgendwelchen ungesetzmäßigen Ursachen zufolge ein gewisses für sie selbst ‚sehr-unwünschenswerte-Etwas‘ erworben worden war und funktionierte, daß sie aber gleichzeitig dieses ‚sehr-unwünschenswerte-Etwas‘ durch in ihnen vorhandene Gegebenheiten aus sich beseitigen konnten — sie eben damals beschlossen, andere Wesen ihresgleichen zu suchen, die nach demselben Ziele strebten, um gemeinschaftlich zu versuchen, das besagte ‚sehr-unwünschenswerte-Etwas‘ aus sich zu beseitigen.

„Diesem Ziel entsprechende Wesen fanden sie auch bald unter den sogenannten Mönchen in sogenannten ‚Klöstern‘, deren es viele in jener Periode in der Umgebung der Stadt ‚Dschulfapal‘ gab.

„Und mit diesen von ihnen gewählten Mönchen gründeten sie die erwähnte ‚Bruderschaft‘.

„Und als der Sehr Heilige Aschiata Schiämasch nach seiner Ankunft in der Stadt Dschulfapal mit diesen Brüdern der erwähnten Bruderschaft, die schon an dem, von ihnen selbst festgestellten, anomal vor sich gehenden

Funktionieren ihrer Psyche arbeiteten, entsprechende Beziehungen anknüpfte, begann er ihre Vernunft durch objektiv wahre Kunden zu erleuchten und ihre Seins-Impulse so zu lenken, daß sie diese Wahrheiten empfinden konnten ohne die Mitwirkung weder der in ihrem Bestande bereits vorhandenen anomal kristallisierten Faktoren, noch auch jener Faktoren, die aus den Resultaten äußerer Wahrnehmungen, die sie durch die anomal eingerichtete Form der gewöhnlichen Seins-Existenz empfangen, neu entstehen könnten.

„Dieweil der Sehr Heilige Aschiata Schiämasch auf diese Weise die Brüder der besagten Bruderschaft erleuchtete und sich mit ihnen über sein Vorhaben und seine Absichten beriet, war er gleichzeitig mit der Abfassung der sogenannten ‚Regeln‘ oder, wie man dort sagt, der ‚Statuten‘ dieser Bruderschaft beschäftigt, die er gemeinsam mit diesen von ihm eingeweihten Brüdern aufstellte, den früheren Brüdern der Bruderschaft Tschaftanturi, die in der Stadt Dschulfapal gegründet worden war, der späteren Bruderschaft ‚Hichtwori‘, was da bedeutet: ‚Nur der kann Sohn Gottes genannt werden und sein, der in sich selbst ein Gewissen erwirbt‘.

„Nachdem später mit Hilfe dieser Brüder der früheren Bruderschaft Tschaftanturi alles ausgearbeitet und organisiert worden war, sandte der Sehr Heilige Aschiata Schiämasch diese selben Brüder nach verschiedenen Pläzen und beauftragte sie, unter seiner allgemeinen Leitung die Kunde unter den Leuten zu verbreiten, daß in ihrem ‚Unterbewußtsein‘ die Gegebenheiten sich kristallisieren und stets vorhanden sind, die ihnen von Oben zur Bildung des göttlichen Impulses des echten Gewissens gegeben worden sind, und daß nur der, der das ‚Können‘ erwirbt, die Wirkung dieser Gegebenheiten am Funktionieren jenes Bewußtseins teilnehmen zu lassen, in welchem sie ihre tägliche Existenz verbringen, ein im objektiven Sinn ehrliches

Recht hat, ein echter Sohn unseres GEMEINSAMEN VATERS, des SCHÖPFERS ALLES EXISTIERENDEN, genannt zu werden und wirklich zu sein.

„Diese Brüder begannen anfangs diese objektive Wahrheit hauptsächlich den Mönchen der erwähnten Klöster zu predigen, deren es viele, wie ich schon sagte, in der Umgebung der Stadt Dschulfapal gab, und später auch unter den gewöhnlichen Einwohnern dieser Stadt selbst.

„Das Resultat ihrer Predigten war, daß sie fünfunddreißig ernste und gut vorbereitete sogenannte ‚Novizen‘ wählten, aus der Zahl der ersten Bruderschaft Hichtwori, die sie in der Stadt Dschulfapal gegründet hatten.

„Während der Sehr Heilige Aschiata Schiämasch weiterhin die Vernunft der früheren Brüder der Bruderschaft Tschaftanturi erleuchtete, fing er gleichzeitig mit Hilfe dieser Brüder an, die Vernunft auch dieser fünfunddreißig Novizen zu erleuchten.

„So ging es während eines ganzen dortigen Jahres weiter, und erst danach wurden einige der Brüder der früheren Bruderschaft Tschaftanturi und der fünfunddreißig Novizen allmählich würdig befunden, sogenante ‚alle-Rechte-besitzender‘-Bruder dieser ersten Bruderschaft Hichtwori zu werden.

„Gemäß der vom Sehr heiligen Aschiata Schiämasch zusammengestellten Statuten konnte jeder der Brüder ein ‚alle-Rechte-besitzender‘-Bruder der Bruderschaft Hichtwori nur in dem Falle werden, wenn er außer anderen ebenfalls vorausgesehenen bestimmten objektiven Errungenschaften sich — im Sinne des ‚Könnens-der-bewußten-Leitung-des-Funktionierens-seiner-eigenen-Psyche‘ — dazu bringen konnte, hundert andere Wesen vollkommen zu überzeugen, erstens daß der Impuls des objektiven Seins-Gewissens im Menschen vorhanden ist, und zweitens, wie er geäußert werden muß, damit der Mensch dem wirklichen Sinn und Ziel seiner Existenz entsprechen könne, und sie sogar so zu überzeugen, daß jeder dieser anderen seinerseits ebenfalls in sich die sogenannte ‚erforderliche Intensität-des-Könnens‘ gewinnen sollte, fähig zu werden, nicht weniger als hundert anderen dasselbe zu beweisen und sie vom Gleichen zu überzeugen.

„Für jene, die würdig befunden wurden, ein ‚alle-Rechte-besitzender‘-Bruder der Bruderschaft Hichtwori zu werden, kam damals zuerst das Wort ‚Priester‘ auf.

„Zum vollen Verständnis der Sehr Heiligen Tätigkeit Aschiata Schiämaschs mußt du noch wissen, daß später, als alle Resultate der Sehr Heiligen Arbeiten des Sehr Heiligen Aschiata Schiämasch vernichtet worden waren, deine Lieblinge dort sowohl das Wort ‚Priester‘ als auch das Wort ‚Eingeweihte‘, von dem ich dir schon sprach, in zwei ganz verschiedenen Bedeutungen brauchten und noch heute gebrauchen. In einer Bedeutung wurde von damals an das Wort ‚Priester‘ allgemein gebraucht und wird auch noch jetzt gebraucht, aber nur an gewissen Orten und von unbedeutenden abgesonderten Gruppen, die Zugehörige jener Berufsklasse so bezeichnen, die man jetzt dort auch ‚Beichtväter‘ oder ‚Geistliche‘ nennt.

„In der anderen Bedeutung aber werden mit dem Worte ‚Priester‘ solche Wesen bezeichnet, die durch ihre gottgefällige Existenz und die Verdienste für ihre Taten zum Wohle ihrer Umgebung sich so unter den gewöhnlichen dreihirnigen Wesen dort auszeichnen, daß, wenn gewöhnliche Wesen sich ihrer erinnern, in ihrem Bestand der Prozeß, genannt ‚Dankbarkeit‘, entsteht und sich vollzieht.

„Im Laufe dieser Periode, als der Sehr Heilige Aschiata Schiämasch die Vernunft der Brüder der früheren Bruderschaft Tschaftanturi und ebenso die neu gesammelten fünfunddreißig Novizen erleuchtete, begann sich unter den gewöhnlichen Wesen der Stadt Dschulfapal und ihrer Umgebung die wahre Idee darüber zu verbreiten, daß im allgemeinen Bestand der Menschenwesen alle Gegebenheiten zur Äußerung des göttlichen Impulses Gewissen vorhanden sind, daß aber dieser göttliche Impuls an ihrem allgemeinen Bewußtsein nicht teilnimmt, und daß er ob jener Äußerungen willen nicht teilnimmt, die, obgleich sie sofort einige sogenannte ‚ganz-spät-zu-bezahlende-Befriedigungen' und großen materiellen Vorteil mit sich bringen, allmählich die Gegebenheiten auslöschen, die ihrem Bestand von der Natur verliehen sind, damit sie in den Wesen ihrer Umgebung, ganz gleich welches Gehirnsystem sie haben, den objektiven Impuls der Göttlichen Liebe hervorrufen.

„Diese wahre Kunde begann sich hauptsächlich durch jene höchst weise Umsicht des Sehr Heiligen Aschiata Schiämasch zu verbreiten, die jeden, der danach strebte, ein ‚alle-Rechte-besitzender-Bruder' der Bruderschaft Hichtwori zu werden, verpflichtete, außer verschiedenen bestimmten ‚Selbst-Verdiensten', das ‚Können' zu erreichen, alle drei einzelnen vergeistigten und assoziierenden Teile weiterer hundert dreihirniger Wesen dort von dem göttlichen Impuls Gewissen zu überzeugen.

„Als die Organisation der ersten Bruderschaft Hichtwori in der Stadt Dschulfapal mehr oder weniger eingerichtet und soweit geordnet war, daß die weitere Arbeit schon selbständig nur durch die Angaben, die aus der Vernunft der zu diesem Orden gehörenden Brüder kamen, weitergehen konnte, wählte der Sehr Heilige Aschiata Schiämasch selbst aus denen, die bereits ‚alle-Rechte-besitzende-Brüder' der Bruderschaft geworden waren, solche aus, die den besagten göttlichen Impuls bewußt mit ihrer Vernunft und unbewußt mit dem Gefühl ihres Unterbewußtseins empfunden und die den vollen Glauben hatten, daß durch bestimmte Selbst-Anstrengungen dieser göttliche Seins-Impuls ein unzertrennlicher Teil ihres gewöhnlichen Bewußtseins werden und für immer bleiben könnte.

„Und jene, die diesen göttlichen Impuls Gewissen empfunden und erkannt hatten, die sogenannten ‚Eingeweihten-ersten-Grades‘, sonderte er ab und erleuchtete ihre Vernunft eigens über jene objektiven Wahrheiten, die den dreihirnigen Wesen dort damals noch ganz unbekannt waren.

„Und eben jene abgesonderten ‚eingeweihten-Wesen-ersten-Grades‘ wurden damals dort zuerst ‚Große-Eingeweihte‘ genannt.

„Hier muß noch bemerkt werden, daß jene Prinzipien, die das Sein der eingeweihten Wesen dort lenkten, gerade damals von dem Sehr Heiligen Aschiata Schiämasch erneuert wurden und später dort ‚Aschiatische Erneuerungen‘ hießen.

„Und eben jenen großen ‚Eingeweihten‘, die der Sehr Heilige und jetzt schon Höchste Sehr Heilige Aschiata Schiämasch damals zuerst ausgesucht hatte, erklärte er unter anderem eingehend, was dieser Seins-Impuls ‚Objektives-Gewissen‘ bedeutet und wie im Bestande der dreihirnigen Wesen die Faktoren zu seiner Äußerung entstehen. Darüber sagte er einmal folgendes:

„ ‚Die Faktoren für den Seins-Impuls Gewissen entstehen im Bestand der dreihirnigen Wesen aus der Lokalisierung der Teilchen der ‚Emanationen des Kummers‘ unseres ALL LIEBENDEN LANGDULDENDEN UNENDLICHEN SCHÖPFERS; deswegen wird die Äußerungsquelle des echten Gewissens in dreizentrischen Wesen manchmal DER STELLVERTRETER GOTTES genannt.

„‚Und dieser Kummer wird in unserem ALLES ERHALTENDEN VATER durch den ständig im Weltall vor sich gehenden Kampf zwischen Freud und Leid gebildet.‘

„Und weiter sagte er damals noch:

„ ‚In allen dreizentrischen Wesen unseres großen Weltalls ohne Ausnahme, zu denen auch wir Menschen gehören, sind, dank der Gegebenheiten, die sich in unserem allgemeinen Bestand kristallisieren, um den göttlichen Impuls Gewissen in uns hervorzubringen — sind und müssen sein — das ‚ganze Wir‘ und unser ganzes Wesen im Grunde nur leidend.

„ ‚Und sie müssen leidend sein, weil die volle Verwirklichung der Äußerung eines solchen Seins-Impulses in uns nur durch den ständigen Kampf zwischen zwei vollkommen entgegengesetzten sogenannten ‚Funktionierungs-Komplexen‘ jener zwei Quellen vor sich gehen kann, die ganz verschiedenen Ursprungs sind, und zwar zwischen den Funktionierungs-Prozessen unseres planetischen Körpers selbst und dem gleichzeitigen Funktionieren, das durch die Bekleidung und Vervollkommnung unserer höheren Seins-Körper in unserem planetischen Körper progressiv entsteht und in seiner Gesamtheit alle verschiedenen Arten von Vernunft in den dreizentrischen Wesen bewirken.

„ ‚Demzufolge muß jedes dreizentrische Wesen unseres großen Weltalls und müssen auch wir Menschen, die auf der Erde existieren, da in uns auch die Faktoren zur Hervorbringung des göttlichen Impulses des ‚objektiven Gewissens‘ vorhanden sind, unbedingt immer mit zwei ganz entgegengesetzten Funktionierungsprozessen kämpfen, die in unserem gesamten Bestande entstehen und vor sich gehen und Resultate erzeugen, von denen die einen immer von uns als ‚Wünsche‘ und die anderen als ‚Nicht-Wünsche‘ empfunden werden.

„ ‚Und nur der, der den Vorgang dieses inneren Kampfes bewußt fördert und bewußt den ‚Nicht-Wünschen‘ hilft, über die ‚Wünsche‘ die Oberhand zu gewinnen, nur der handelt im Sinne UNSERES GEMEINSAMEN VATERS, DES SCHÖPFERS SELBST; während der, der mit seinem Bewußtsein das Gegenteil fördert, Seinen Kummer nur vergrößert.‘

„All dem Gesagten zufolge, mein Junge, waren noch kaum drei Jahre verflossen, als einerseits alle gewöhnlichen Wesen der Stadt Dschulfapal und ihrer Umgebung und auch vieler anderer Länder des Kontinents Asien nicht nur wußten, daß dieser göttliche Seins-Impuls des ‚echten Gewissens‘ in ihnen vorhanden ist, und daß er am Funktionieren ihres gewöhnlichen ‚Wachbewußtseins‘ teilnehmen kann, und auch daß in allen Bruderschaften des großen Propheten Aschiata Schiämasch alle Eingeweihte und Priester erklärten und anzeigten, was und wie es gemacht werden müsse, damit dieser göttliche Impuls am Funktionieren des besagten gewöhnlichen ‚Wachbewußtseins‘ teilnehme, und daß anderseits fast jeder dort danach zu streben und zu trachten begann, ein Priester der Bruderschaft Hichtwori zu werden, von der viele Niederlassungen in jener Periode schon gegründet worden waren und fast selbständig in vielen anderen Ländern des Kontinents Asien funktionierten.

„Und diese fast selbständigen Bruderschaften entstanden dort in der folgenden Weise:

„Als die allgemeine Arbeit der in der Stadt Dschulfapal gegründeten Bruderschaft endgültig geregelt war, sandte der Sehr Heilige Aschiata Schiämasch die besagten ‚Großen Eingeweihten‘ mit entsprechenden Instruktionen in andere Länder und Städte des Kontinents Asien, damit sie auch dort ähnliche Bruderschaften stifteten, während er selbst in der Stadt Dschulfapal blieb und von dort aus die Tätigkeit seiner Helfer leitete.

„Und es ergab sich dann schließlich, mein Junge, daß alle deine Lieblinge, diese seltsamen dreihirnigen Wesen, mit allen ihren vergeistigten Seins-Teilen wünschten und danach strebten, in ihrem gewöhnlichen Wachbewußtsein das echte göttliche objektive Gewissen zu haben, weshalb fast alle asiatischen Wesen jener Zeit — unter der Leitung der ‚Eingeweihten‘ und ‚Priester‘ der Bruderschaft Hichtwori an sich selbst arbeiteten, um die Resultate der in ihrem Unterbewußtsein vorhandenen

Gegebenheiten, die das echte göttliche Gewissen hervorbringen können, in ihr gewöhnliches Bewußtsein zu übertragen, und um dadurch die Möglichkeit zu haben, einerseits vielleicht ein für allemal die Böses erzeugenden Folgen der Eigenschaften des Organs Kundabuffer auszurotten, sowohl die, die sie selbst erworben hatten, als auch die, die erblich auf sie gekommen waren, und anderseits bewußt an der Verminderung des Kummers UNSERES GEMEINSAMEN VATERS DES UNEND-LICHEN mitzuwirken.

„All dem zufolge herrschte bereits in jener Periode im gewöhnlichen Prozeß der Seins-Existenz auch deiner Lieblinge, besonders derer, die auf dem Kontinent Asien existierten, in ihrem ‚bewußten Wach-‘ und auch in ihrem ‚passiv-instinktiven‘ Zustand die Frage nach dem Gewissen vor.

„Selbst jene damaligen dreihirnigen Wesen, in deren Bestand der Geschmack an diesem göttlichen Impuls noch nicht gedrungen war und die in ihrem sehr sonderbaren nur ihnen eigenen Bewußtsein nichts als leere Kunden betreffs dieses Seins-Impulses hatten, der auch in ihnen vorhanden sein könnte, bemühten sich ebenfalls, sich in allem gemäß dieser Kunde zu äußern.

„Das Resultat all des Gesagten war, daß bereits nach zehn irdischen Jahren jene zwei Hauptformen der gewöhnlichen anomal gewordenen Seins-Existenz verschwanden, aus denen hauptsächlich die meisten verderblichen Ursachen kamen und noch kommen, die insgesamt mehr und mehr alle möglichen Arten nichtiger Faktoren hervorbringen, die verhindern, daß sich die Bedingungen zu einer wenn auch nur äußerlich normalen Seins-Existenz deiner dortigen unglückseligen Lieblinge bilden können.

„Und zwar hörten zuerst ihre zahlreichen Gemeinschaften mit den verschiedenen Organisationsformen für ihre äußere und sogar innere Existenz, oder, wie sie selbst

398

sie nennen, ihre ‚Staats-Ordnungen‘, einfach zu bestehen auf, und zweitens verschwanden ebenfalls ganz von selbst in diesen besagten zahlreichen Gemeinschaften die verschiedenen sogenannten ‚Kasten‘ und ‚Klassen‘, die sich lange zuvor dort eingebürgert hatten.

„Und meiner Meinung nach war es, wie du später sicher einsehen wirst, gerade diese zweite der zwei erwähnten wichtigsten Formen der gewohnten Seins-Existenz, die sich in anomaler Weise eingebürgert hatten, nämlich die gegenseitige Zuteilung zu verschiedenen Kasten und Klassen, die dort den Grund dazu bildete, daß sich im ganzen Bestand deiner unglückseligen Lieblinge jene besondere psychische Eigenschaft kristallisierte, die im ganzen Weltall ausschließlich nur dem Bestande jener dreihirnigen Wesen anhaftet.

„Diese ausschließlich eigentümliche Eigenschaft bildete sich in ihnen bald nach der zweiten transapalnischen Umwälzung dort und ging, indem sie sich allmählich entwickelte und stärker in ihnen wurde, erblich von Geschlecht zu Geschlecht über, und kam auf die gegenwärtigen Wesen schon als ein gesetzmäßiger und unvermeidlicher Teil ihrer allgemeinen Psyche; und diese besondere Eigenschaft ihrer Psyche nennen sie selbst ‚Egoismus‘.

„Später, an der entsprechenden Stelle meiner weiteren Erzählungen betreffs der dreihirnigen Wesen, die auf dem Planeten Erde existieren, werde ich dir eingehend erzählen, durch welche Verhältnisse der von ihnen anomal eingerichteten äußeren Seins-Existenz dort deine Lieblinge zunächst sich gegenseitig zu verschiedenen Kasten zählten und wie durch die darauf folgenden gleichen Anomalitäten diese dort eingebürgerte verderbliche Form der gegenseitigen Beziehung sich bis heute dort erhalten hat. Einstweilen mußt du wissen, daß die außerordentlich sonderbare Eigenschaft ihrer allgemeinen Psyche, der Egoismus, in ihrem allgemeinen Bestande entstanden war, weil zufolge immer der gleichen anomalen Verhältnisse, die sich gleich nach der besagten zweiten transapalnischen Umwälzung eingestellt hatten, ihre allgemeine Psyche zwiespältig geworden war.

„Dies wurde mir besonders klar, als ich mich während meines letzten persönlichen Aufenthaltes auf der Oberfläche deines Planeten für den erwähnten ‚Legomonismus‘ betreffs der Überlegungen des Sehr Heiligen Aschiata Schiämasch unter dem Titel ‚Der Schrecken der Situation‘ sehr interessierte und im Verlauf meiner weiteren eingehenden Nachforschungen und Untersuchungen über seine weitere Sehr Heilige Tätigkeit und deren Resultate nach den Gründen forschte, weshalb und auf welche Weise die Kristallisationen der erwähnten Faktoren, die aus den Emanations-Teilchen des Kummers unseres GEMEINSAMEN VATERS DES SCHÖPFERS stammen, zur Verwirklichung des göttlichen Seins-Impulses des objektiven Gewissens in ihrem Bestande vor sich gehen, und zwar in ihrem besagten ‚Unterbewußtsein‘, wodurch die endgültige Degeneration vermieden wurde, der alle Gegebenheiten unterliegen, die in ihren Bestand zur Erweckung der heiligen Seins-Impulse Glaube, Liebe, Hoffnung gelegt sind. Ja, ich überzeugte mich, daß diese sonderbare Ungereimtheit einen der vielen weisen Sprüche unseres hochgeschätzten unersetzlichen Mulla-Nassr-Eddin rechtfertigt, der da sagt:

„ ‚Jedes-wirkliche-Glück-kann-dem-Menschen-ausschließlich-nur-aus-einem-schon-erfahrenen,-ebenso-wirklichen-Unglück-kommen.‘

„Die besagte Zwiespältigkeit ihrer allgemeinen Psyche kam daher, weil einerseits verschiedene sogenannte ‚Individuelle-Initiativen‘ allmählich immer mehr aus jener in ihrem Bestande entstandenen Lokalisierung entsprangen, die immer in ihrer Wachexistenz vorherrscht und die nichts anderes ist als nur das Resultat zufälliger Eindrücke aus von außen kommenden und durch ihre anomale Umgebung bedingten Wahrnehmungen, die sie insgesamt ihr Bewußtsein nennen, und weil andererseits ähnliche ‚individuelle-Initiativen‘ in ihnen, wie es ihnen zukommt, aus jener normalen Lokalisierung entsprangen, die es im Bestande jedes Wesens gibt und die sie ihr ‚Unterbewußtsein‘ nennen.

„Und da die erwähnten ‚individuellen-Initiativen‘ aus diesen zwei verschiedenen Lokalisierungen während ihrer Wachexistenz stammen, ist jeder von ihnen im Prozeß seiner täglichen Existenz gleichsam in zwei selbständige Persönlichkeiten gespalten.

„Es muß hier bemerkt werden, daß eben diese besagte Zwiespältigkeit die Ursache davon war, daß aus ihrem Bestande allmählich jener den dreihirnigen Wesen notwendige Impuls verlorenging, der da heißt ‚Aufrichtigkeit‘.

„Die absichtliche Verdrängung des soeben erwähnten Impulses, genannt ‚Aufrichtigkeit‘, wurde später unter ihnen sogar zur Gewohnheit, und so werden die dreihirnigen Wesen dort vom ersten Tage ihrer ‚Geburt‘ an, von ihren Erzeugern oder, wie sie sagen ‚Eltern‘, an einen vollkommen entgegengesetzten Impuls gewöhnt, genannt ‚Verlogenheit‘.

„Ihre Kinder anzuhalten und sie zu lehren, anderen in allem unaufrichtig und falsch entgegenzutreten, gilt den Wesen des Planeten Erde der jetzigen Zeit sogar als Pflicht ihren Kindern gegenüber und eben das bezeichnen sie mit dem berühmten Wort ‚Erziehung‘.

„Sie ‚erziehen‘ ihre Kinder so, daß sie nie so handeln können und dürfen, wie das in ihnen vorhandene Gewissen sie instinktiv leitet, sondern nur so, wie es im Handbuch für ‚guten Ton‘, das gewöhnlich von verschiedenen ‚Hasnamuss-Kandidaten‘ verfaßt ist, vorgeschrieben ist.

„Wenn diese Kinder dann heranwachsen und verantwortliche Wesen werden, machen sie selbstverständlich ihre Äußerungen und Handlungen genau so automatisch, wie man es sie während ihrer Bildung ‚lehrte‘, wie man es ihnen ‚suggerierte‘, so, wie man sie ‚dressierte‘, kurz, wie man sie ‚erzog‘.

„Und alldem zufolge wird bei den Wesen dieses Planeten von der ersten Kindheit an das ‚Gewissen‘, das in ihrem Bewußtsein sein könnte, nach ‚innen‘ vertrieben und ist deshalb, wenn sie erwachsen sind, nur noch in ihrem ‚Unterbewußtsein‘ vorhanden.

„Demzufolge nimmt das Funktionieren der erwähnten Gegebenheiten, die in ihrem Bestande den besagten göttlichen Impuls Gewissen hervorbringen, schon seit langem nicht mehr an jenem Bewußtsein teil, in dem ihre tägliche Wachexistenz verläuft.

„Und deshalb, mein Junge, findet die Kristallisation der von Oben stammenden göttlichen Äußerungen für die Gegebenheiten zur Entstehung dieses heiligen ‚Seins-Impulses‘ in ihnen nur in ihrem ‚Unterbewußtsein‘ statt, das nicht länger am Prozeß ihrer gewöhnlichen täglichen Existenz teilnimmt, weshalb diese Gegebenheiten allein jener ‚Degeneration‘ entgingen, der alle übrigen heiligen Seins-Impulse, die in ihrem Bestande vorhanden sein sollten, unterworfen wurden, nämlich die Impulse ‚Glaube‘, ‚Liebe‘ und ‚Hoffnung‘.

„Und sollten sich selbst aus irgendeinem Grunde die Wirkungen der in ihrem Bestande kristallisierten göttlichen Gegebenheiten für die besagten Seins-Impulse jetzt in ihnen aus ihrem Unterbewußtsein zu äußern beginnen und danach streben, am Funktionieren ihres anomal geformten gewöhnlichen Bewußtseins teilzunehmen, so würden sie, sobald sie dies nur feststellen, sofort Maßnahmen anwenden, um dies zu vermeiden, weil es in den dort herrschenden Verhältnissen für jeden schon

402

ganz unmöglich geworden ist, mit dem Funktionieren dieses göttlichen Impulses des echten objektiven Gewissens in ihrem Bestande existieren zu können.

„Seitdem der Bestand deiner Lieblinge von dem besagten ‚Egoismus‘ vollends durchdrungen ist, bildet diese besondere Seins-Eigenschaft in ihnen den Hauptfaktor zur Förderung der allmählichen Kristallisation der Gegebenheiten ihrer allgemeinen Psyche für noch einige schon ganz ausnehmend eigenartige Seins-Impulse, die es unter den Namen ‚Schlauheit‘, ‚Neid‘, ‚Haß‘, ‚Heuchelei‘ ‚Verachtung‘, ‚Hochmütigkeit‘, ‚Selbsterniedrigung‘, ‚List‘, ‚Ehrgeiz‘, ‚Falschheit‘ und so weiter gibt.

„Diese soeben von mir aufgezählten ganz ausnehmend eigenartigen Eigenschaften ihrer Psyche, die nicht in dreihirnigen Wesen vorkommen sollten, waren schon vor der Periode des Sehr Heiligen Aschiata Schiämasch im Bestande der meisten deiner Lieblinge vollends kristallisiert und zu unvermeidlichen Attributen der Psyche eines jeden von ihnen geworden; als aber im Prozeß ihrer Seins-Existenz die neuen, ihnen von Aschiata Schiämasch absichtlich eingepflanzten Existenz-Formen sich langsam festsetzten und automatisch beibehalten wurden, verschwanden diese sonderbaren zuerst in ihrer Psyche vorhandenen Eigenschaften vollends aus dem Bestande der meisten dreihirnigen Wesen dort. Später jedoch, als sie alle Resultate der sehr heiligen Arbeiten des das Wesen liebenden Aschiata Schiämasch vernichtet hatten, entstanden diese selben für sie so verderblichen psychischen Eigenschaften wieder aufs neue in ihnen allen und bilden jetzt schon die Grundlage des gesamten Wesens der dortigen gegenwärtigen dreihirnigen Wesen.

„Also, mein Junge, als im allgemeinen Bestand deiner Lieblinge die Gegebenheiten, die diesen ‚einzigartig-sonderbaren‘ Seins-Impuls ‚Egoismus‘ hervorbringen, entstanden und diese ‚einzigartige-Eigenschaft‘ durch ihre allmähliche

Evolution und durch die von ihr verursachten Faktoren
für andere besonders seltsame Seins-Impulse zweiten
Ranges in ihrer allgemeinen Organisation den Platz des
,Einzigen-ganz-autokratischen-Herrschers‘ einahm, wurde nicht nur jede Äußerung, sondern sogar, wie man sagt,
der ,Drang-zum-Entstehen‘ eines solchen göttlichen Seins-
Impulses hindernd für die Handlungen dieses ,ganz auto-
kratischen Herrschers‘. Und als demzufolg deine Lieblinge
später notgezwungen, sowohl bewußt als auch unbewußt,
immer und in allem seine Teilnahme am Funktionieren
jenes Teiles ihres Bewußtseins, unter dessen Kontrolle es
ihnen eigen geworden war, ihre ,Wachexistenz‘ zu verbringen, beseitigen mußten, wurden auch die Wirkungen
dieser göttlichen Gegebenheiten allmählich gleichsam
aus dem Funktionieren ihres gewohnten Bewußtseins
,verdrängt‘ und nahmen nur noch am Funktionieren ihres
besagten Unterbewußtseins teil.

„Und erst als meine eingehenden Untersuchungen und
Forschungen mir all dies klar gemacht hatten, verstand
ich, warum dort ihre Einteilung in verschiedene ,Klassen‘
und ,Kasten‘ entstanden war und noch besteht, die durch
ihre Folgen besonders verderblich für sie ist.

„Meine späteren eingehenden Untersuchungen und
Nachforschungen zeigten mir auch klar und deutlich,
daß selbst in den Wesen der Jetztzeit in jenem Teil ihres
Bewußtseins, das sie selbst ,Unterbewußtsein‘ nennen,
die erwähnten Gegebenheiten, mit denen sie in ihrem
Bestand den göttlichen Grund-Impuls des Gewissens
erwerben können, tatsächlich noch in ihnen kristallisiert
werden und folglich noch während ihrer ganzen Existenz
vorhanden sind.

„Daß aber diese Gegebenheiten zu diesem göttlichen
Seins-Impuls noch kristallisiert werden und die Äuße-
rungen dieser Gegebenheiten weiterhin am Prozeß ihrer
Seins-Existenz teilnehmen, wird bei den besagten Unter-

suchungen auch noch durch das bewiesen, was mir während der Betrachtungen vom Planeten Mars aus häufig recht viele Schwierigkeiten machte.

„Die Sache ist die, daß ich vom Planeten Mars aus durch mein ‚Teskuano‘ frei und ohne Schwierigkeiten die Existenz, die auf der Oberfläche anderer Planeten jenes Sonnensystems vor sich ging, beobachten konnte, wogegen die Existenz, die auf deinem Planeten stattfand, zu beobachten manchmal eine reine Qual war und zwar wegen der besonderen Färbung seiner Atmosphäre.

„Und diese besondere Färbung entstand, wie ich später herausfand, deshalb, weil dort von Zeit zu Zeit im Bestande dieser Atmosphäre große Quantitäten jener Kristallisationen erscheinen, die häufig vom Bestand dieser deiner Lieblinge durch jenen besonderen inneren Impuls ausgestrahlt werden, den sie selbst ‚Gewissensbiß‘ nennen.

„Und dies geschieht deshalb, weil in jenen von ihnen, die zufällig einen sogenannten ‚Schock für organische Scham‘ erfahren, die aus ihren früheren Eindrücken kommenden Assoziationen, die, wie ich dir schon sagte, meistens aus allem möglichen sogenannten ‚Unsinn‘ bestehen, geändert und beruhigt werden und manchmal sogar eine Zeitlang vollkommen aufhören.

„Demzufolge entsteht dann automatisch in diesen drei-hirnigen Wesen dort eine solche Kombination des Funktionierens in ihrem allgemeinen Bestand, die zeitweise die in ihrem Unterbewußtsein vorhandenen Gegebenheiten freiläßt, um den göttlichen Impuls Gewissen zu äußern und ihn am Funktionieren ihres gewohnten Bewußtseins teilnehmen zu lassen, eben mit dem Ergebnis, daß dieser ‚Gewissensbiß‘ in ihnen vor sich geht.

„Und da dieser Gewissensbiß die Entstehung der erwähnten sonderbaren Kristallisationen mit sich bringt, die mit ihren anderen Ausstrahlungen zusammen von ihnen ausgehen, so ist das Resultat, daß die Gesamtheit all dieser

Ausstrahlungen gelegentlich der Atmosphäre ihres Planeten eben jene besondere Färbung gibt, die das Seins-Seh-Organ diese Atmosphäre nicht leicht durchdringen läßt.

„Hier mag noch gesagt werden, daß es diesen deinen Lieblingen, besonders den gegenwärtigen, ‚ideal‘ gelingt, diesem inneren Impuls, genannt ‚Gewissensbiß‘, nicht zu gestatten, lange in ihrem allgemeinen Bestand anzudauern.

„Sobald sie das Aufkeimen des Funktionierens eines solchen Seins-Impulses in sich verspüren oder sogar nur das sogenannte ‚Jucken‘ zu seiner Entstehung, geben sie ihm sofort ‚eins-auf-den-Kopf‘, wie man sagt, worauf sich dieser noch nicht ganz geformte Impuls sofort wieder in ihnen beruhigt.

„Für dieses ‚Ducken‘ jedes Keims eines in ihnen erwachenden ‚Gewissensbisses‘ haben sie sogar mehrere sehr wirksame besondere Mittel erfunden, die jetzt dort unter den Namen ‚Alkoholismus‘, ‚Kokainismus‘, ‚Morphinismus‘, ‚Nikotinismus‘, ‚Onanismus‘, ‚Mönchismus‘, ‚Atheismus‘ gehen und andere Mittel, deren Namen auch auf ‚ismus‘ enden.

„Ich wiederhole, mein Junge, daß ich dir bei passender Gelegenheit noch ausführlich erklären werde, welche Resultate aus den anomal eingebürgerten Verhältnissen der gewöhnlichen Existenz dort zu Faktoren für die Entstehung und dauernde Existenz der für sie selbst so verderblichen Einteilung in verschiedene Kasten wurden.

„Über all das werde ich mit dir sicherlich später einmal sprechen, weil die Kunden, die diese dortige Anomalität beleuchten, dir als gute Gegebenheiten zum weiteren logischen Vergleich dienen können, damit du besser die Seltsamkeit der Psyche der dir lieben dreihirnigen Wesen verstehen kannst.

„Einstweilen höre aufmerksam zu und nimm die Kunde in dich auf, daß, da die erwähnte besondere psychische

Eigenschaft, der ‚Egoismus‘, sich im allgemeinen Bestand dieser deiner Lieblinge vollends geformt hatte und da später auch noch andere sonderbare Seins-Impulse zweiten Grades, die ich schon erwähnte, aus ihm entsprangen und noch weiter entspringen und auch weil die Teilnahme des Impulses des heiligen Gewissens an ihrem Wachbewußtsein völlig fehlte, strebten die dreihirnigen Wesen, die auf dem Planeten Erde entstehen und existieren, sowohl vor als auch nach der Periode der sehr heiligen Tätigkeit Aschiata Schiämaschs immer danach und streben auch jetzt noch danach, im Prozesse ihrer gewöhnlichen Existenz nichts als ihr eigenes Wohl zu suchen.

„Da aber überhaupt auf keinem Planeten unseres großen Weltalls genug von dem, was für das gleiche äußere Wohl aller notwendig ist, vorhanden ist und sein kann — es sei denn, daß es nach ihren sogenannten ‚objektiven Verdiensten‘ geregelt wird — so ist es dort dazu gekommen, daß das Wohlergehen eines einzelnen immer auf der Not vieler basiert.

„Eben diese ausschließliche Berücksichtigung ihres eigenen persönlichen Wohles hat allmählich in ihnen die schon von mir aufgezählten besonderen und noch nie dagewesenen Eigenschaften ihrer Psyche kristallisiert, als da sind ‚Schlauheit‘, ‚Verachtung‘, ‚Haß‘, ‚Unterwürfigkeit‘, ‚Lügenhaftigkeit‘, ‚Schmeichelei‘ und so weiter, die wiederum einerseits zu Faktoren für dreihirnigen Wesen nicht geziemende Äußerungen wurden und andererseits die Ursachen zur allmählichen Vernichtung all jener inneren ihnen von der Großen Natur gegebenen Möglichkeiten, Teilchen eines ‚vernünftigen Ganzen‘ zu werden.

„In jener Periode, als die Resultate der sehr heiligen Arbeiten des das Wesen liebenden Aschiata Schiämasch schon mit den Prozessen ihrer sogenannten ‚inneren‘ und ‚äußeren‘ Seins-Existenz allmählich zusammenflossen und als demzufolge die Gegebenheiten für den göttlichen

Impuls ‚Gewissen‘, die in ihrem Unterbewußtsein erhalten geblieben waren, allmählich am Funktionieren ihres ‚Wachbewußtseins‘ teilnahmen, begann auch auf diesem Planeten sowohl die persönliche als auch gemeinsame Seins-Existenz fast so vor sich zu gehen, wie es auf den anderen Planeten unseres großen Weltalls geschieht, wo es dreihirnige Wesen gibt.

„Damals begannen diese deine Lieblinge auch, zueinander Beziehungen zu haben nur entsprechend den verschiedengradigen Äußerungen des EINZIGEN GEMEINSAMEN SCHÖPFERS; und einander je nach den durch ‚Seins-Partkdolgpflicht‘ persönlich erreichten Verdiensten Achtung zu zollen, das heißt, entsprechend den persönlichen bewußten Bemühungen und absichtlichen Leiden.

„Deshalb hörten eben in jener Periode die zwei besagten verderblichen Hauptformen ihrer gewöhnlichen Seins-Existenz, nämlich ihre einzelnen selbständigen Gemeinschaften und die Einteilung der Wesen in diesen Gemeinschaften in verschiedene ‚Kasten‘ oder, wie dort manchmal gesagt wird, in verschiedene ‚Klassen‘ auf.

„In jener Periode begannen auch auf deinem Planeten alle dreihirnigen Wesen sich selbst und die ihresgleichen nur als Wesen zu betrachten, die in sich ein Emanations-Teilchen des Kummers unseres GEMEINSAMEN VATERS DES SCHÖPFERS tragen.

„Und all das geschah damals deshalb, weil, als die Wirkungen der Gegebenheiten des göttlichen Seins-Impulses am Funktionieren ihres gewöhnlichen Wachbewußtseins teilzunehmen und die dreihirnigen Wesen untereinander nur gemäß ihres Gewissens sich zu äußern begannen, dies zum Resultat hatte, daß selbst Gutsbesitzer aufhörten, ihren Sklaven die Freiheit zu nehmen und verschiedene machthabende Wesen auf eigenen Antrieb hin auf ihre unverdient erworbenen Rechte verzichteten, da ihr Gewissen erkannte und fühlte, daß sie diese Rechte und

408

Ämter nicht zum allgemeinen Wohl, sondern nur zur Befriedigung ihrer verschiedenen persönlichen Schwächen behaupteten und einnahmen, als da sind ‚Eitelkeit‘, ‚Selbstliebe‘, ‚Selbst-Beruhigung‘ und so weiter.

„Natürlich gab es auch in jener Periode — wie auf allen übrigen Planeten des Weltalls, auf denen dreihirnige Wesen mit verschiedenen Graden von Selbstvervollkommnung vorkommen — alle möglichen Häupter, Direktoren und ‚Ratgeber-Spezialisten‘, die zu solchen hauptsächlich durch ihr Alter und ihre sogenannte ‚Wesens-Kraft‘ wurden; aber sie wurden solche weder durch Erbrecht noch durch Wahlen, wie es dort vor der segensreichen ‚Aschiatischen-Epoche‘ der Fall gewesen war und wie es nachher wieder der Fall wurde und noch heute ist.

„Alle diese Häupter, Direktoren und Ratgeber erhielten ihre Posten gemäß der von ihnen persönlich erworbenen objektiven Verdienste, die auch von allen Wesen ihrer Umgebung wirklich empfunden wurden.

„Und dies ging in der folgenden Weise vor sich:

„Alle Wesen auch dieses Planeten fingen damals zu arbeiten an, um in ihrem Bewußtsein dieser göttlichen Funktion des echten Gewissens inne zu werden und eigneten sich deshalb, wie es überall im Weltall geschieht, die sogenannten ‚Seins-verpflichtolnischen-Bestrebungen‘ an, die aus den folgenden fünf bestehen nämlich:

„Das erste Streben — in ihrer gewöhnlichen Seins-Existenz alles für ihren planetischen Körper wirklich Notwendige zufriedenstellend zu haben.

„Das zweite Streben — immer ein unablässiges instinktives Bedürfnis nach Selbstvervollkommnung im Sinne des Seins zu haben.

„Das dritte — das bewußte Streben, die Gesetze der Weltschöpfung und Welterhaltung immer mehr und mehr kennenzulernen.

„Das vierte Streben, — so bald und so rasch als möglich die Schuld für ihr Entstehen und die Individualität ihrer Existenz abzuzahlen, um danach frei zu sein, soviel als möglich den Kummer UNSERES GEMEINSAMEN VATERS erleichtern zu helfen.

„Und das fünfte — das Streben, der schnelleren Vervollkommnung anderer Wesen, sowohl der uns ähnlichen als auch der Wesen anderer Formen beizustehen bis zu dem Grade des heiligen ‚Martfotai‘, das heißt, bis zum Grad der Selbst-Individualität.

„In jener Periode, als jedes irdische dreizentrische Wesen sich nach diesen fünf Streben richtete und bewußt an sich arbeitete, brachten es viele von ihnen bald zu Resultaten objektiver Verdienste, die auch anderen sichtbar wurden.

„Diese objektiven Verdienste zogen natürlich, wie man zu sagen pflegt, die Aufmerksamkeit der Wesen ihrer ganzen Umgebung auf sich, die daraufhin solche Vervollkommnete aus ihrer Mitte auszuzeichnen und ihnen alle mögliche Achtung zu zollen begannen; gleichzeitig strebten sie freudig danach, die Aufmerksamkeit dieser ausgezeichneten Wesen zu verdienen und ihren Rat und Beistand zu gewinnen, um selbst die gleiche Vervollkommnung wie diese zu erreichen.

„Und diese ausgezeichneten Wesen jener Periode begannen ihrerseits den, der am meisten erreicht hatte, herauszustellen, und dieses hervorragende Wesen wurde dadurch automatisch, weder erblich noch durch andere Rechte, zum Haupt von ihnen allen; wo immer es als Haupt anerkannt wurde, folgte man seiner Leitung und nicht allein in den verschiedenen benachbarten Teilen der Oberfläche deines Planeten, sondern sogar auch auf andern Kontinenten und Inseln.

„In jener Periode wurden die Ratschläge und Anweisungen und überhaupt jedes Wort ihrer Häupter zum heiligen Gesetz für alle dreihirnigen Wesen dort und wur-

410

den von ihnen mit Freude und Ergebung ausgeführt; nicht, wie es dort geschehen war vor den Resultaten, die durch die sehr heiligen Arbeiten Aschiata Schiämaschs erreicht worden waren oder wie es wieder geschah, seit die Früchte seiner sehr heiligen Arbeit vernichtet worden sind und wie es auch heute noch geschieht.

„Heutzutage nämlich erfüllen die sonderbaren dreihirnigen Wesen, deine Lieblinge, alle Befehle und Anordnungen ihrer Häupter und ihrer sogenannten ‚Könige‘ nur aus Furcht vor deren sogenannten ‚Bajonetten‘ und ‚verlausten-Zellen‘, von denen viele ihren Häuptern und Königen zu Gebote stehen.

„Die Resultate der sehr heiligen Arbeiten Aschiata Schiämaschs übten damals einen sehr bestimmten Einfluß auf die schrecklichste Seltsamkeit der Äußerung der Psyche deiner Lieblinge aus, nämlich auf ihren unwiderstehlichen Drang, ‚periodisch-die-Existenz-der-anderen-zu-vernichten‘.

„Der Prozeß ihres gegenseitigen Vernichtens, der aus dieser schrecklichen Eigentümlichkeit ihrer Psyche kommt, hörte vollständig auf dem Kontinent Asien auf und geschah nur noch gelegentlich auf jenen großen und kleinen Festlands-Oberflächen deines Planeten, die weit weg vom Kontinent Asien lagen. Und dort geschah er noch weiter, weil der Einfluß der ‚Eingeweihten‘ und ‚Priester‘ sich nicht bis auf diese Entfernung erstreckte und den Bestand der Wesen, die auf diesen Festländern vorkommen, nicht erreichen und somit nicht ändern konnte.

„Das erstaunlichste und bezeichnendste Resultat der sehr heiligen Arbeiten Aschiata Schiämaschs in jener Zeit aber war, daß nicht nur die Existenzdauer dieser Unglückseligen ein wenig normaler wurde, das heißt, sich zu verlängern begann, sondern daß auch das, was sie ihre ‚Sterblichkeitsziffer‘ nennen, sich verringerte, und sich gleichzeitig eine Anzahl von Resultaten zur Verlängerung ihres Geschlechts zeigte, das heißt, daß sich ihre, wie sie sagen, ‚Geburtsziffer‘ um ein Fünftel verminderte.

„Dadurch wurde praktisch ein kosmisches Gesetz demonstriert, das sogenannte ‚Gesetz-des-Ausgleichs-der-Vibrationen‘, die aus den Evolutionen und Involutionen kosmischer Stoffe stammen, die für den Hocherhabenen All-kosmischen Trogoautoegokraten benötigt werden.

„Die besagte Abnahme sowohl ihrer ‚Sterblichkeit‘ als auch ihrer ‚Geburtsziffer‘ begann deshalb, weil, als sie einer für dreizentrische Wesen normalen Existenz näherkamen, sie aus sich selbst die Vibrationen ausstrahlten, die den Bedürfnissen der Großen Natur besser entsprechen, dank derer sich in der Natur das Bedürfnis nach solchen Vibrationen verminderte, das im allgemeinen durch die Vernichtung der Existenz der Wesen hervorgerufen wird.

„Dieses kosmische Gesetz des ‚Ausgleichs der Vibrationen‘ wirst du auch sehr gut verstehen, wenn ich dir gelegentlich, wie ich dir schon oft versprach, eingehend überhaupt alle kosmischen Grundgesetze erklären werde.

„Auf diese Weise, mein Junge, und in dieser Folgerichtigkeit wurde in jener Periode dank der bewußten Arbeit des Sehr Heiligen Aschiata Schiämasch das besagte noch nie dagewesene Wohl geschaffen, aber zum größten Kummer aller mehr oder weniger bewußt denkender Individuen aller Vernunftgrade vernichteten diese Unglückseligen selbst bald, nachdem der Sehr Heilige Aschiata Schiämasch diesen Planeten verlassen hatte, so wie es ihnen in Fleisch und Blut übergegangen war, alles vollständig, selbst das, was ihre Vorfahren Gutes erreicht hatten und vernichteten es dermaßen und wischten alle jene Wohltaten so vollständig von der Oberfläche ihres Planeten weg, daß selbst nicht einmal ein Gerücht davon die gegenwärtigen Wesen erreichte, daß es einmal auf ihrem Planeten solch eine Seligkeit gegeben habe.

„In einigen Inschriften, die aus alten Zeiten auf die

gegenwärtigen Wesen jenes Planeten kamen, blieb jedoch die Kunde erhalten, daß es einst auf ihrem Planeten eine sogenannte Art von ‚Staatsordnung‘ gegeben habe und daß an der Spitze dieses Staates Wesen standen, die das Höchste erreicht hatten.

„Und auf Grund dieser Kunden erfanden die gegenwärtigen Wesen einfach einen Namen für diese ‚Staatsordnung‘ und nennen sie eine ‚Priesterordnung‘ und begnügen sich damit.

„Worin aber diese ‚Priesterordnung‘ bestand, wie und warum sie war...? Ist es den gegenwärtigen Wesen auf dem Planeten Erde nicht gleich, womit sich diese alten Wilden beschäftigten?...“

XXVIII. Kapitel

DER HAUPTSCHULDIGE AN DER VERNICHTUNG
ALLER SEHR HEILIGEN ARBEITEN
ASCHIATA SCHIÄMASCHS

„Du erinnerst dich, mein Junge, daß ich dir schon sagte, daß die damals in der Stadt Babylon von fast der ganzen Erdoberfläche versammelten Gelehrtenwesen zwar nicht den Hauptanstoß zur Entstehung jener Faktoren dort gaben, die die völlige Vernichtung der noch erhaltengebliebenen Reste der wohltätigen Resultate der bewußten Arbeit des Sehr Heiligen Aschiata Schiämasch für die folgenden Generationen deiner Lieblinge bewirkten, dafür aber — wie es schon lange zuvor für die meisten irdischen Wissenschaftler ‚neuen Formats‘ selbstverständlich geworden war — wie ansteckende Bazillen unbewußt die Verbreiter der schon vor ihnen entstandenen verschiedenen Übel sowohl für ihre eigene als auch für die folgenden Generationen waren.

„Alle weiteren großen und kleinen verderblichen Taten und unbewußten üblen Äußerungen der wissenschaftlichen Wesen der damaligen Zeit, die die Vernichtung auch der letzten Reste der für die dreihirnigen Wesen dort segensreichen Resultate der Sehr Heiligen Arbeiten des das Wesen Liebenden Aschiata Schiämasch bewirkten, wurden — wie meine späteren eingehenden Nachforschungen betreffs seiner weiteren Sehr Heiligen Tätigkeit mir klar machten — durch die ‚Erfindung‘ eines zu seiner Zeit sehr berühmten gelehrten Wesens, das auch zu der Zahl der Gelehrten ‚neuen Formats‘ gehörte, verursacht, namens ‚Lentrohamsanin‘.

414

„In dem Bestand dieses dreihirnigen Wesens war der ‚höchste-Seins-Teil‘ bekleidet und bis zum erforderlichen Grade objektiver Vernunft vervollkommnet, und später wurde er, wie ich dir schon sagte, einer von jenen dreihundertdreizehn höchsten Seins-Körpern, die ‚ewige Hasnamuss-Individuen‘ genannt werden und deren weiterer Existenzplatz im Weltall auf jenem kleinen Planeten ist, der unter dem Namen ‚ewige Vergeltung‘ existiert.

„Eigentlich müßte ich jetzt, wo ich von diesem irdischen dreihirnigen Wesen Lentrohamsanin rede, mein Versprechen erfüllen und dir ausführlich den Ausdruck Hasnamuss erklären, aber ich ziehe vor, dies etwas später an der entsprechenden Stelle meiner Erzählung zu tun.

„Also, mein Junge, die erwähnte ‚böse Erfindung‘ oder, wie sie selbst, das heißt, die modernen irdischen Gelehrten, diese Erfindung eines Wissenschaftlers ‚neuen Formats‘ nennen, das ‚Werk‘ oder sogar die ‚Schöpfung‘ war, wie ich dir schon sagte, vor mehr als zwei Jahrhunderten vor jener Periode geschaffen worden, gerade als ich während meines fünften Aufenthaltes dort zum erstenmal in die Stadt Babylon geriet, wo — teilweise aus Zwang und teilweise freiwillig — gelehrte Wesen von fast der ganzen Oberfläche ihres Planeten versammelt waren.

„Die böse ‚Erfindung‘ jenes dortigen Gelehrten eines früheren Jahrhunderts gelangte bis auf die gelehrten Wesen der besagten Babylonischen Epoche durch ein sogenanntes ‚Kaschiraitlir‘, auf dem diese Erfindung des besagten Gelehrten Lentrohamsanin von seiner eigenen Hand aufgezeichnet war.

„Hier finde ich es angebracht, dir etwas ausführlicher die Entstehungsgeschichte dieses Lentrohamsanin zu erzählen und auch hervorzuheben, durch welche zufälligen Umstände seiner Umgebung er später dort ein ‚großer Gelehrter‘ und eine ‚Autorität‘ für fast alle seine Zeitgenossen auf der ganzen Oberfläche deines Planeten wurde.

„Diese übrigens sehr charakteristische Geschichte kann dir klar zeigen, wie es schon seit langem im Existenzprozeß der dir lieben dreihirnigen Wesen gang und gäbe geworden ist, daß einige unter ihnen sozusagen ‚Autoritäten‘ zuerst für andere gelehrte Wesen ‚neuen Formats‘ werden und später für alle übrigen unseligen gewöhnlichen Wesen dort.

„Die Einzelheiten betreffs der Umstände der Entstehung und weiteren Heranbildung dieses Lentrohamsanin zu einem verantwortlichen Wesen wurden mir zufällig klar bei meinen Nachforschungen darüber, welche Seiten der sonderbaren Psyche deiner Lieblinge als Grundlage für die allmähliche Veränderung und zuletzt völlige Vernichtung all jener besonderen wohltätigen Formen verschiedener Gebräuche und Sitten im Prozeß ihrer Seins-Existenz dienten, die in diesen ihren Prozeß eingeführt und festgelegt worden waren durch die vollkommen voraussehende Vernunft unseres Kosmischen Höchsten Sehr Heiligen Aschiata Schiämasch in der Periode seiner Selbst-Vorbereitung auf seinem Weg, das zu werden, was er jetzt schon für das ganze Weltall ist.

„Damals eben erfuhr ich, daß dieser Lentrohamsanin auf dem Kontinent Asien entstanden war oder, wie man dort sagt, ‚geboren wurde‘, in der Hauptstadt Niewiens, in der Stadt Kronbuchon.

„Die Empfängnis zu seinem Entstehen kam durch das Verschmelzen zweier heterogener Exioächary zustande, die sich in zwei dortigen bereits betagten dreihirnigen kestschapmartnischen Wesen gebildet hatten.

„Seine Erzeuger oder, wie man dort sagt, Eltern, hatten zum Sitz ihrer dauernden Existenz die Hauptstadt Niewiens gewählt und waren drei irdische Jahre vor der Entstehung dieses später universellen Hasnamuss dorthin gezogen.

„Er war für seine betagten und sehr reichen Eltern, was

man nennt, ‚der Erstgeborene‘, obgleich schon oft zuvor ein Verschmelzen ihrer Exioächary stattgefunden hatte, aber da sie, wie ich herausfand, von Geschäften zur Erwerbung von Reichtümern ganz in Anspruch genommen waren und nicht darin gestört werden wollten, nahmen sie bei jeder Verwirklichung dieser heiligen Verschmelzung jedes Mal ihre Zuflucht zu einem sogenannten ‚Tüssy‘ oder, wie deine gegenwärtigen Lieblinge sagen, zu einem ‚Abort‘.

„ ‚Die-Quelle-des-aktiven-Prinzips-seiner-Entstehung‘ oder, wie man dort sagt, sein ‚Vater‘, besaß am Ende seiner Tätigkeit, die darin bestand, Reichtümer anzuhäufen, mehrere eigene ‚Karawanen‘, und er besaß auch mehrere eigene ‚Karawansereien‘ zum Austausch der Waren in verschiedenen Städten dieses selben Niewiens.

„Und die ‚Quelle-des-passiven-Prinzips-seiner-Entstehung‘, das heißt, seine ‚Mutter‘, war zuerst ihrem Beruf nach eine sogenannte ‚Tussidschi‘ und organisierte später auf einem kleinen Berg eine sogenannte ‚Heilige Stätte‘ und verbreitete mit Erfolg unter den übrigen Wesen Aufklärungen betreffs deren angebliche Bedeutung, nämlich daß, wenn kinderlose Wesen des weiblichen Geschlechts diesen Platz besuchen, sie die Möglichkeit erwerben, Kinder zu bekommen.

„Als dieses Ehepaar, wie man sagt, ‚im vorgerückten Alter‘ sehr reich geworden war, zog es nach der Hauptstadt Kronbuchon, um dort nur zu seinem Vergnügen zu existieren.

„Bald empfanden sie, daß es ohne ein wirkliches Resultat oder, wie sie dort sagen, für ‚Kinderlose‘, kein volles Vergnügen geben kann, und taten von dieser Zeit an alles, ohne eine Ausgabe zu scheuen, um ein solches Resultat zu erhalten.

„Sie besuchten zu diesem Zweck alle möglichen dafür existierenden ‚heiligen Stätten‘, natürlich mit Ausnahme ihres eigenen ‚heiligen Berges‘, und nahmen ihre Zuflucht zu den verschiedensten sogenannten ‚medizinischen Mitteln‘, die da das Verschmelzen heterogener Exioächary fördern sollten; und als dann endlich zufällig ein solches Verschmelzen stattgefunden hatte, entstand eben nach der bestimmten Zeit jenes langersehnte Resultat, das später ‚Lentrohamsanin‘ genannt wurde.

„Gleich vom ersten Tage an waren die Eltern von diesem, wie sie sagten, ihnen von Gott gesandten Resultat oder ‚Sohn‘ ganz begeistert und gaben große Summen für sein Vergnügen und für seine sogenannte ‚Erziehung‘ aus.

„Es war ihr ‚Ideal‘, ihrem Sohn die beste ‚Erziehung‘ und die vorzüglichste ‚Bildung‘ zu geben, die auf Erden möglich war.

„Zu diesem Zweck mieteten sie verschiedene sogenannte ‚Erzieher‘ und ‚Lehrer‘ sowohl aus dem Lande ‚Niewiens‘ als auch aus verschiedenen fernen Ländern.

„Diese letzteren, das heißt, diese ausländischen ‚Erzieher‘ und ‚Lehrer‘, führten sie besonders aus dem Lande ein, das jetzt ‚Ägypten‘ heißt.

„Als sich dieses irdische sogenannte ‚Papa-und-Mama-Söhnchen‘ dem Alter eines verantwortlichen Wesens näherte, war er, wie man dort sagt, sehr ‚gebildet‘ und ‚wohlerzogen‘, das heißt, er hatte in seinem Bestande bereits sehr viele Gegebenheiten für alle möglichen ‚Seins-Egoplastikuren‘, die den anomal eingerichteten Verhältnissen ihrer Existenz zufolge in verschiedenen zweifelhaften und phantastischen Kenntnissen bestanden, und als er dann ein verantwortliches Wesen wurde, reagierte er automatisch auf alle möglichen zufälligen Schocks.

„Und als dieses später ‚große gelehrte Wesen‘ das Alter eines verantwortlichen Wesens dort erreichte, besaß er, obgleich er tatsächlich viele selbst erworbene Kenntnisse oder, wie sie sagen, großes ‚Wissen‘ hatte, trotzdem kein

418

diesen Kenntnissen oder diesem Wissen entsprechendes ‚Sein'.

„Als nun dieses ‚Mama-und-Papa-Söhnchen' unbedingt ein Gelehrter ‚neuen Formats' dort werden wollte, hatte er einerseits, weil überhaupt kein Sein in seinem Bestande vorhanden war, und andererseits, weil schon zu dieser Zeit jene Folgen der Eigenschaften des Organs Kundabuffer sich in ihm kristallisiert hatten, die dort unter dem Namen ‚Eitelkeit', ‚Eigenliebe', ‚Großtuerei' und so weiter existieren, den Ehrgeiz, ein berühmter Gelehrter nicht nur unter den Wesen Niewiens, sondern auch für die ganze Oberfläche ihres Planeten zu werden.

„Und deshalb träumte er nur davon und dachte mit seinem ganzen Bestande nach, wie er dies erreichen könnte.

„Viele Tage lang dachte er ernstlich darüber nach und beschloß endlich, zu allererst eine Theorie über einen Gegenstand zu erfinden, an den noch keiner vor ihm jemals gedacht hatte und zweitens diese Erfindung auf ein solches ‚Kaschiraitlir' aufzuzeichnen, wie noch keiner zuvor sie aufgezeichnet hatte und wie auch keiner in der Zukunft es werde tun können.

„Und von diesem Tage an machte er sich an die Ausführung dieses Beschlusses.

„Mit Hilfe seiner vielen Sklaven verfertigte er zuerst ein noch nie dagewesenes Kaschiraitlir.

„Damals wurden die Kaschiraitlir im allgemeinen nur aus dem einen oder anderen Teil einer einzelnen Büffelhaut gemacht. Lentrohamsanin aber machte sein ‚Kaschiraitlir' aus hundert zusammengebundenen Büffelhäuten.

„Diese Kaschiraitlir wurden später durch sogenanntes ‚Pergament' ersetzt.

„Und als nun dieses noch nie dagewesene Kaschiraitlir fertig war, zeichnete er, der spätere große Lentrohamsanin, darauf seine Theorie über diesen Gegenstand auf, den zu berühren tatsächlich niemandem zuvor in den Sinn gekommen war — und wahrhaftig, es war auch kein Grund dazu.

„Und zwar begann er mit diesen ‚Klügeleien‘ die damals bestehende sogenannte ‚Ordnung-der-gemeinschaftlichen-Existenz‘ in jeder möglichen Weise zu kritisieren.

„Dieser Kaschiraitlir begann so:

„‚Das größte Glück des Menschen besteht darin, von keiner anderen Persönlichkeit abzuhängen und von allen fremden Einflüssen freizubleiben.‘

„Ein andermal will ich dir erklären, was deine Lieblinge, die seltsamen dreihirnigen Wesen dort auf dem Planeten Erde, im allgemeinen unter Freiheit verstehen.

„Dieser später universelle Hasnamuss zeichnete weiter folgendes auf:

„‚Es ist nicht zu leugnen, daß wir heutzutage in der jetzigen Staatsordnung viel besser leben als je zuvor; wo aber ist jene wirkliche Freiheit für uns, von der unser Glück abhängen muß?

„‚Arbeiten und schuften wir jetzt nicht genau soviel wie in der früheren Staatsordnung?

„‚Haben wir nicht im Schweiße unseres Angesichtes zu arbeiten und zu schuften, um Gerste zu ernten, die wir unbedingt zum Leben brauchen und um nicht wie ein eingesperrter Hund vor Hunger zu sterben?

„‚Unsere Häupter, Führer und Ratgeber reden uns fortwährend von einer anderen Welt, wo es besser sein soll als hier auf Erden und wo das Leben für die Seelen jener Menschen, die hier auf Erden ‚würdig‘ lebten, in jeder Hinsicht glückselig sei.

„‚Leben wir hier denn nicht würdig?

„‚Schuften wir denn nicht im Schweiße unseres Angesichtes, um unser tägliches Brot zu verdienen?

„‚Wenn alles, was unsere Häupter und Führer zusammenreden, wahr ist und ihre eigene Lebensart hier auf Erden wirklich würdig dem entspricht, was von ihren

Seelen für die andere Welt erwartet wird, dann sollte natürlich Gott und muß ihnen sogar auch in dieser Welt mehr Möglichkeiten geben als uns nur gewöhnlichen Sterblichen.

„‚Wenn all das, was unsere Häupter und Meister uns vorreden und uns glauben zu machen suchen, wirklich wahr ist, so laßt sie es uns gewöhnlichen Sterblichen durch Taten beweisen!

„‚Laßt sie es uns durch Taten beweisen, sei es auch nur damit, daß sie eine kleine Portion gewöhnlichen Sandes, in dem dank unseres Schweißes unsere tägliche Gerste wächst, in dieses tägliche Brot verwandeln.

„‚Laßt unsere jetzigen Häupter und Führer dies tun und ich will der erste sein, der hinläuft und niederkniet und ihre Füße küssen wird.

„‚Solange dem aber nicht so ist, müssen wir selbst kämpfen und selbst unser wirkliches Glück und unsere wirkliche Freiheit zu erreichen uns bemühen und auch trachten, uns davon zu befreien, Schweiß vergießen zu müssen.

„‚Zwar sind wir jetzt acht Monate im Jahr frei von allen Sorgen um den Erwerb unseres täglichen Brotes; aber wie vergehen jene Sommermonate, wo wir unseren Schweiß vergießen müssen, um die uns nötige Gerste zu bekommen?

„‚Diese Schwierigkeiten kennt nur der, der jene Gerste sät und mäht.

„‚Für acht Monate sind wir frei, jedoch nur von physischen Arbeiten, dagegen aber verbleibt unser Bewußtsein, das heißt, unser teuerster und höchster Teil, Tag und Nacht in der Knechtschaft jener trügerischen Ideen, die uns die ganze Zeit von unseren Führern und Beratern eingetrichtert werden.

„‚Nein, genug davon! Wir müssen selbst ohne Hilfe dieser jetzigen Berater und Führer, die dies ohne unser

Zutun geworden sind, unsere echte Freiheit und unser wirkliches Glück zu erreichen versuchen.

„ ‚Echte Freiheit und wirkliches Glück können wir aber nur dann erreichen, wenn wir alle für einen und einer für alle einstehen.

„ ‚Um uns ein glückliches Leben zu schaffen, müssen wir vor allem alles Alte vernichten.

„ ‚Und dies müssen wir tun, um Platz zu machen für das neue Leben, das wir schaffen werden und das wirkliche Freiheit und echtes Glück bieten wird.

„ ‚Nieder mit der Abhängigkeit von anderen!

„ ‚Wir wollen selbst die eigenen Herren unserer Lage sein und nicht länger die als Herren anerkennen und unser Leben regieren lassen, die ohne unsere Zustimmung und ohne unsere Einwilligung regieren.

„ ‚Unser Leben muß von denen gelenkt und geleitet werden, die wir selbst aus unserer Mitte wählen und zwar ausschließlich von solchen Menschen, die selbst für ihre tägliche Gerste arbeiten.

„ ‚Und diese Führer und Berater müssen wir aus unserer Mitte auf Grund gleicher Rechte wählen, ohne Unterschied des Geschlechtes und Alters durch allgemeine, direkte, gleiche und offene Wahl.‘

„Damit endete das besagte berühmte Kaschiraitlir.

„Als dieser spätere universelle Hasnamuss Lentrohamsanin mit dem Aufzeichnen dieses tatsächlich nie zuvor dagewesenen Kaschiraitlir fertig war, veranstaltete er ein sehr großes und kostspieliges Bankett, zu dem er alle gelehrten Wesen aus ganz Niewiens einlud und sogar ihre Reisekosten auf sich nahm, und am Ende dieses Banketts zeigte er ihnen sein Kaschiraitlir.

„Und als die ‚Gelehrten‘, die zu diesem Fest gratis dorthin aus fast ganz Niewiens gekommen waren, jenen tatsächlich nie zuvor dagewesenen Kaschiraitlir sahen, waren sie zuerst so verblüfft, daß sie, wie man dort sagt, wie ‚versteinert‘ gafften und erst nach geraumer Zeit begannen, einander mit erstaunten Blicken anzusehen und flüsternd ihre Meinungen auszutauschen.

„Sie fragten sich hauptsächlich, wie es möglich war, daß nicht ein einziger Gelehrter oder ein einziges gewöhnliches Wesen gewußt oder vermutet hatte, daß es in ihrem eigenen Lande einen Gelehrten von solchem Wissen gab.

„Plötzlich sprang einer von ihnen und zwar der älteste, der sich des besten Rufes erfreute, wie ein Knabe auf den Tisch und legte mit lauter Stimme und mit einer Betonung, die schon von altersher den Gelehrten ‚neuen Formats‘ dort eigen ist und bis auf die gegenwärtigen Wissenschaftler gelangte, folgendes dar:

„ ‚Höret zu und seid euch dessen bewußt, daß wir alle, die hier versammelten Vertreter der irdischen Wesen, die dank unserer großen Wissenschaften eine selbständige Individualität schon erreicht haben, das Glück haben, als erste mit unseren eigenen Augen die Schöpfung eines Messias von göttlichem Bewußtsein zu schauen, der uns von oben gesandt ist, um uns Welt-Wahrheiten zu offenbaren.‘

„Darauf begann ihre gewohnte üble sogenannte gegenseitige ‚Aufblähung‘, die schon seit langem von den gelehrten Wesen ‚neuen Formats‘ geübt wird und derzufolge vor allem keine wahren Kenntnisse, die zufällig auf sie kommen, sich unter ihnen entwickeln können, wie das sonst überall im Weltall einfach mit der Zeit allein geschieht, sondern wodurch im Gegenteil die bereits erworbenen Kenntnisse vernichtet und ihre Besitzer seichter und seichter werden.

„Und die übrigen gelehrten Wesen dort fingen an, Lärm zu machen und die anderen wegzustoßen, um näher an Lentrohamsanin heranzukommen, und indem sie ihn ‚ihren-lang-ersehnten-Messias‘ nannten, drückten sie ihm durch bewundernde Blicke ihr, sagen wir, ‚hohes Gekitzel‘ aus.

„Das Interessanteste von all dem aber war, daß der Grund, weshalb alle übrigen Gelehrten sich so sehr verwunderten und ihrem ‚wissenschaftlichen Geplärr‘ so vollen Ausdruck gaben, in einer besonderen, höchst seltsamen Überzeugung lag, die sich in der Psyche deiner Lieblinge gebildet hatte, durch immer dieselben anomal eingerichteten Verhältnisse der gewohnten Existenz, daß, wenn jemand ein Anhänger eines schon berühmten und wichtigen Wesens wird, er dadurch allen anderen Wesen fast ebenso berühmt und wichtig zu sein scheint.

„Infolgedessen äußerten sich sofort alle übrigen Gelehrten der damaligen Zeit im Lande Niewiens diesem Lentrohamsanin gegenüber sehr anerkennend, da er sehr reich und, was am wichtigsten ist, schon berühmt war.

„Und als, mein teurer Junge, die gelehrten Wesen Niewiens nach jenem besagten Bankett nach Hause zurückkehrten, fingen sie sofort an, unter ihren Nachbarn und später in immer weiteren Kreisen erstens die Nachricht von dem nie zuvor dagewesenen Kaschiraitlir zu verbreiten und zweitens dann mit Schaum am Munde jedermann von den Wahrheiten der Offenbarungen, die jener große Lentrohamsanin auf seinem Kaschiraitlir aufgezeichnet hatte, zu überzeugen und sie allen zu beweisen.

„Das Resultat von all dem war, daß die gewöhnlichen Wesen sowohl der Stadt Kronbuchon als auch anderer Teile des Landes Niewiens über nichts anderes als diese ‚Offenbarungen‘ redeten.

„Und allmählich spalteten sich — wie es dort gewöhnlich vorkommt — die Wesen in zwei völlig entgegengesetzte Parteien, von denen die eine an der ‚Erfindung‘ des später universellen Hasnamusses festhielt und die andere für die bereits bestehenden und gut fixierten Formen der Seins-Existenz eintrat.

„So ging es fast für ein ganzes irdisches Jahr weiter, und in dessen Verlauf nahmen die Reihen der gegnerischen Parteien überall zu, und es gedieh auch eine ihrer sonderbaren Eigenschaften, namens ‚Haß‘ gegeneinander, der dazu führte, daß eines traurigen Tages plötzlich in der Stadt Kronbuchon zwischen den Wesen, die Anhänger der einen oder anderen der zwei erwähnten entgegengesetzten Strömungen waren, ihr Prozeß des sogenannten ‚Bürgerkrieges‘ ausbrach.

„Bürgerkrieg ist dasselbe wie Krieg, der Unterschied ist nur der, daß im gewöhnlichen Krieg Wesen einer Gemeinschaft die Wesen einer anderen Gemeinschaft vernichten, wogegen im ‚Bürgerkrieg‘ der Prozeß der gegenseitigen Vernichtung unter den Wesen ein und derselben Gemeinschaft vor sich geht, in der Art, daß der Bruder seinen Bruder zur Seite schafft, der Vater seinen Sohn, der Onkel seinen Neffen und so weiter.

„Während der ersten vier Tage, als dieser greuliche Prozeß in Kronbuchon auf seiner Höhe war, und die Aufmerksamkeit der übrigen Wesen des ganzen Landes Niewiens darauf konzentriert war, war es in anderen Städten noch verhältnismäßig ruhig, außer daß hier und dort gelegentlich kleine sogenannte ‚Scharmützel‘ stattfanden. Als aber am Ende des vierten Tages in Kronbuchon jene die Oberhand gewannen, die für die Lentrohamsaninsche Erfindung waren, das heißt auf Seiten der Gelehrten standen, von dieser Zeit an begann der gleiche Prozeß auch in allen anderen großen und kleinen Punkten auf der Oberfläche Niewiens.

„Jener weitverbreitete schreckliche Prozeß dauerte an, bis ‚Horden‘ von Gelehrten erschienen, die, wie man sagt, da sie ‚festen-Grund-unter-ihren-Füßen-fühlten‘, die übriggebliebenen Wesen zwangen, die Ideen Lentrohamsanins anzuerkennen und sofort alles andere zu vernichten. Und von da an wurden alle dreihirnigen Wesen Niewiens

Anhänger der Lentrohamsaninschen Erfindung, und damit
war bald in jener Gemeinschaft eine eigentümliche sogenannte ‚Republikanische-Staats-Ordnung‘ hergestellt.

„Noch etwas später begann die Gemeinschaft Niewiens,
die in jener Periode groß und, was man nennt, stark war,
— wie es auch dort üblich ist — mit den benachbarten
Gemeinschaften Krieg zu führen, um auch ihnen ihre
neue Form von Staatsordnung aufzudrängen.

„Von dieser Zeit an, mein Junge, begannen auf dem
damals größten Kontinent deines Planeten unter diesen
seltsamen dreihirnigen Wesen die Prozesse ihrer gegenseitigen Vernichtung wieder wie früher vor sich zu gehen; und gleichzeitig wurden dadurch jene verschiedenen
segensreichen Formen der gewöhnlichen Seins-Existenz
langsam verändert und schließlich vernichtet, die durch
die ideal-voraussichtige Vernunft unseres jetzt Höchsten
Sehr Heiligen Aschiata Schiämasch sich schon eingebürgert
hatten.

„Darauf begannen auch auf der Oberfläche deines Planeten wieder ihre zahlreichen einzelnen Gemeinschaften
zu entstehen, mit allen möglichen ‚Formen-innerer-Staats-
ordnung‘, um dann wieder vernichtet zu werden und dem
Entstehen anderer Platz zu machen.

„Obschon jene verderbliche Erfindung des jetzt universellen Hasnamusses Lentrohamsanin sogleich zur Wirkung
hatte, daß jene Gewohnheit unter deinen Lieblingen wieder entstand, in einzelnen abgesonderten Staaten zu existieren, und daß sie ihre periodische gegenseitige Vernichtung wieder aufnahmen, fuhren doch in vielen neu
entstandenen selbständigen Gemeinschaften des Kontinents Asien die Wesen noch weiter fort, in ihrer gewohnten
Existenz viele nie zuvor dagewesene weise-vorausgesehene
Gebräuche des Sehr Heiligen Aschiata Schiämasch für
ihre gewohnte Seins-Existenz zu befolgen, eben die, die
schon unzertrennbar mit ihrem automatisch dahinfließen-

den Prozeß der täglichen Existenz verschmolzen waren.

„An der völligen Vernichtung dieser in einigen Gemeinschaften noch erhaltengebliebenen Gebräuche und Sitten waren aber die Gelehrten schuld, die damals in der Stadt Babylon versammelt waren.

„Und sie waren aus folgendem Grund daran schuld:

„Als sie wegen der berühmten Frage nach dem Jenseits eine ‚all-planetische Konferenz‘ aller Gelehrten veranstalteten, war zufällig unter den Gelehrten, die auf eigenen Antrieb nach Babylon gekommen waren, der Urenkel Lentrohamsanins, der auch ein ‚Gelehrter‘ geworden war.

„Dieser brachte mit sich in die Stadt Babylon eine genaue Kopie des besagten Kaschiraitlir, diesmal aber auf Pergament, so wie sein Großvater selbst es zuerst aufgezeichnet und wie er es ererbt hatte.

„Und gerade auf der Höhe des ‚Wahnsinns‘ betreffs der Frage nach der Seele las er in einer der letzten großen allgemeinen Versammlungen der Gelehrten den Inhalt jener schädlichen Erfindung seines Urgroßvaters vor, worauf es durch den seltsamen Verstand jener ‚Jammer-Gelehrten‘ geschah — wie es auch heute unter den Gelehrten dieses sonderbaren Planeten der Fall ist — daß sie von einer sie interessierenden Frage sofort zu einer anderen übergingen und zwar von der Frage über die Seele zu der Frage über die sogenannte Politik.

„Darauf fanden in der Stadt Babylon wieder allenthalben Versammlungen und Diskussionen statt, diesmal betreffs der verschiedenen Arten von ‚Staats-Ordnungen‘, die schon bestanden oder ihrer Meinung nach neu geformt werden sollten.

„Allen ihren Diskussionen legten sie natürlich jene Wahrheiten zugrunde, die in der Erfindung Lentrohamsanins angepriesen und diesmal auf Pergament dargelegt waren, das von seinem Urenkel dorthin gebracht worden war und von dem fast jeder Gelehrte damals in Babylon ein Kopie in seiner Tasche trug.

„Mehrere Monate diskutierten und stritten sie und spalteten sich wieder einmal wie zuvor in Parteien, und zwar spalteten sich alle Gelehrten, die damals in der Stadt Babylon waren, in zwei selbständige sogenannte ‚Sektionen‘ unter den folgenden Namen:

„Die erste: die Sektion der ‚Neomofisten‘,

„Die zweite: die Sektion der ‚Paleomofisten‘.

„Jede dieser Sektionen gelehrter Wesen gewann bald Anhänger unter den gewöhnlichen Wesen dort in der Stadt Babylon, und sicherlich würde auch dies alles wieder zu einem ‚Bürgerkrieg‘ geführt haben, wenn nicht der persische König, der von all dem erfuhr, ihnen sofort eins auf den ‚gelehrten Kopf‘ gegeben hätte.

„Einen Teil dieser Gelehrten ließ er köpfen, andere mit Läusen zusammen einsperren und wieder andere wurden nach Gegenden verschickt, wohin man auch jetzt noch, wie Mulla-Nassr-Eddin sagt, ‚keinen französischen Champagner‘ einführen würde.

„Nur einige, von denen es sich herausstellte, daß sie sich mit all dem nur aus, wie man dort sagt, offensichtlicher Verrücktheit‘ beschäftigt hatten, durften in ihre Heimat zurückkehren, und jenen unter ihnen, die an ‚politischen Fragen‘ gar nicht teilgenommen hatten, war es nicht nur völlig erlaubt, in ihre Heimat zurückzukehren, sondern ihre Rückkehr wurde auf Befehl des persischen Königs sogar mit allen möglichen ‚Ehrenbezeugungen‘ begleitet.

„Und, mein Junge, jene babylonischen Gelehrten, die aus irgendwelchen Gründen übrigblieben und sich über fast die ganze Oberfläche ihres Planeten zerstreuten, trieben — der Trägheitskraft zufolge — ihr ‚Klügeln‘ weiter und legten diesen ‚Klügeleien‘, die sie natürlich nicht bewußt, sondern einfach mechanisch machten, jene zwei Hauptfragen zugrunde, die während der besagten babylonischen Ereignisse entstanden waren und sogar das Tagesgespräch bildeten, nämlich die berühmten Fragen betreffs der ‚Seele-des-Menschen‘ und der ‚Form-der-Staatsordnung‘.

„Und das Endresultat dieser ihrer ‚Klügeleien‘ war, daß auf dem ganzen Kontinent Asien in verschiedenen Gemeinschaften Bürgerkriege ausbrachen und zwischen verschiedenen Gemeinschaften Prozesse gegenseitiger Massenvernichtung.

„Die sich so vollziehende Vernichtung der Reste der Resultate der bewußten Arbeiten des Sehr Heiligen Aschiata Schiämasch dauerte auf dem Kontinent Asien ungefähr anderthalb Jahrhunderte, trotzdem aber blieben während dieser Zeit hier und dort noch die von Aschiata Schiämasch geschaffenen Formen für eine segensreiche Seins-Existenz bestehen und wurden trägheitshalber bei-behalten.

„Als aber in diesen asiatischen Kriegen und Bürger-kriegen auch die dreihirnigen Wesen teilzunehmen be-gannen, die auf dem benachbarten Kontinent entstanden und existierten, der jetzt Europa heißt, und als Kriegs-scharen mit dem erz-eitlen siegreichen Griechen, namens ‚Alexander von Mazedonien‘, an ihrer Spitze auszogen und fast den ganzen Kontinent Asien durchkreuzten, fegten sie schließlich, wie man sagt, von der Oberfläche jenes unglückseligen Planeten alle Gebräuche, die dort ein-gerichtet und noch erhalten waren und befolgt wurden, ‚endgültig weg‘ — und fegten sie so endgültig weg, daß sogar nicht eine Spur von Erinnerung davon zurückblieb daß es dort auf der Oberfläche ihres Planeten einmal solch einen ‚Segen‘ gegeben hatte — der absichtlich eigens für ihre dortige Existenz einst von einer solchen Vernunft geschaffen worden war, deren Träger heutzutage einer unserer sieben ALLER ALLER HEILIGSTEN ALL-

KOSMISCHEN INDIVIDUEN ist, ohne deren Mitwirkung sich sogar unser EINS-SEIENDER GEMEINSAMER VATER nichts zu verwirklichen entschließt.

„Und nun, mein Junge, wo du durch meine Erzählung über Lentrohamsanin bis zu einem gewissen Grad eine klare Vorstellung von den Folgen gewonnen haben mußt, die das Tun eines solchen typischen Vertreters der ‚ewigen Hasnamuss-Individuen‘ unter den dreihirnigen Wesen des Planeten Erde auf die folgenden Generationen hatte, scheint es mir am Platze, dir, wie ich versprach, ein wenig eingehender die Bedeutung des Wortes ‚Hasnamuss‘ zu erklären.

„Im allgemeinen bezeichnet man mit dem Wort ‚Hasnamuss‘ jene selbständigen Individuen, in denen durch sogenannte ‚individuelle Impulse‘ ein gewisses ‚Etwas‘ entsteht, das an der sogenannten ‚abschließenden Bildung‘ dieser selbständigen Individuen teilnimmt, sowohl derer, die die höheren Seins-Körper in sich bekleidet haben als auch derer, die nur aus dem planetischen Körper allein bestehen.

„Dieses ‚Etwas‘ entsteht in diesen einzelnen kosmischen Individuen und fließt im Stoffwechselprozeß mit den Kristallisationen zusammen, die sich unter der Wirkung des ganzen Spektrums des sogenannten ‚Nalu-ossischen Impulses‘ auf Grund des heiligen kosmischen Grundgesetzes Heptaparaparschinoch bilden.

„Wenn man diese einzelnen sieben Aspekte des ganzen ‚Spektrums des Nalu-ossischen Impulses‘ den Vorstellungen deiner Lieblinge gemäß beschreibt und in ihrer Sprache ausdrückt, kann man sie folgendermaßen definieren:

1. Bewußte oder unbewußte Ausschweifungen aller Art.
2. Selbstbefriedigung durch Irreführung der anderen.
3. Der unwiderstehliche Drang, die Existenz anderer atmender Wesen zu vernichten.

4. Die Sucht, die Ausübung der von der Natur geforderten
Seins-Anstrengungen zu umgehen.
5. Der Versuch, durch alle möglichen Künste vor anderen
unsere ihrer Meinung nach physischen Fehler zu verbergen.
6. Ruhige Selbstzufriedenheit beim Gebrauch dessen, was
nicht selbst verdient ist.
7. Das Streben, zu sein, was man nicht ist.

„Dieses gewisse ‚Etwas‘, das im Bestand bestimmter
Individuen durch die angeführten ‚Nalu-ossischen Impulse‘
entsteht, hat, außer daß es der Grund für das ist, was man
nennt ‚vergeltende leidende Folgen‘, auch die Eigentümlichkeit, daß sobald die Wirkung von sogenannter ‚intensiver
Anstrengung‘ in einem dieser Individuen aufhört, die Ausstrahlungen dieses sich auf die eine oder andere Art äußernden ‚Etwas‘ eine größere Wirkung auf die um ihn herum haben und ein gleiches in ihnen hervorrufen können.

„Jedes dreihirnige Wesen kann während seiner planetischen Existenz eine von vier Arten von selbständigen
‚Hasnamuss-Individuen‘ werden.

„Zu der ersten Art von ‚Hasnamuss-Individuen‘ gehören die dreihirnigen Wesen, die, während sie in ihrem
Bestand jenes ‚Etwas‘ erwerben, nur erst aus einem,
dem planetischen Körper bestehen und im Prozesse ihres
heiligen Raskuarno den Folgen der in ihnen vorhandenen
Eigenschaften dieses ‚Etwas‘ unterliegen und somit als
solche für immer vernichtet werden.

„Zu der zweiten Art von ‚Hasnamuss-Individuen‘ zählen
die Kesdschan-Körper der dreihirnigen Wesen, an deren
Bekleidung in ihrem Bestand jenes gleiche ‚Etwas‘ teilnimmt und, — wie es einem solchen Entstehen zukommt
— die Eigenschaft ‚Turinurino‘ erwirbt, das heißt Nicht-
zerfallbarkeit in allen Sphären jenes Planeten, auf dem
sie entstanden sind; so wie sie sind, müssen sie existieren

und sich immer wieder in einer gewissen Weise bilden, bis das gewisse ‚Etwas‘ aus ihnen ausgemerzt sein wird.

„Die dritte Art von ‚Hasnamuss-Individuen‘ sind die höchsten Seins-Körper oder Seelen, während deren Bekleidung im allgemeinen Bestand dreihirniger Wesen dieses ‚Etwas‘ entsteht und teilnimmt und auch die Eigenschaft ‚Turinurino‘ erwirbt, diesmal jedoch in diesem höchsten Seins-Körper; das heißt diese Bildungen sind nicht nur in den Sphären jenes Planeten, auf dem sie ihr Entstehen hatten, dem Zerfall nicht unterworfen, sondern auch nicht in den anderen Sphären des großen Weltalls.

„Die vierte Art von ‚Hasnamuss-Individuen‘ gleicht der dritten mit dem Unterschied, daß der Hasnamuss der dritten Art noch die Möglichkeit hat, sich vielleicht doch einmal von diesem ‚Etwas‘ sozusagen zu reinigen, wogegen für diese vierte Art diese Möglichkeit für immer verloren ist.

„Deshalb heißt die vierte Art auch Ewiges Hasnamuss-Individuum‘.

„Für diese vier Arten von Hasnamuss-Individuen, die alle in ihrem Bestande dieses ‚Etwas‘ haben, sind die erwähnten ‚vergeltenden leidenden Folgen‘ verschieden und entsprechen sowohl der Natur jeder dieser vier Hasnamuss-Arten als auch den sogenannten ‚objektiven Verantwortungen‘, die aus der Urvoraussicht, den Hoffnungen und Erwartungen UNSERES ALLER VATER stammen betreffs dieser kosmischen Verwirklichungen.

„Bei den Hasnamussen der ersten Art, das heißt wenn das erwähnte ‚Etwas‘ von einem Wesen erworben wird, das nur aus einem ‚planetischen Körper‘ allein besteht, geht das Zerfallen seines planetischen Körpers nicht in der üblichen Weise vor sich, das heißt, das Funktionieren der verschiedenen Impulse in seinem Organismus hört nicht gleichzeitig mit dem Herannahen des heiligen Raskuarno auf, sondern der Prozeß des heiligen Raskuarno beginnt und geht teilweise in ihm schon während seiner planetischen Existenz vor sich, das heißt das Funktionieren der einen oder anderen selbständigen vergeistigten ‚Lokalisierung‘ hört nach und nach auf, an seinem allgemeinen Bestande teilzunehmen — oder, wie deine Lieblinge sagen würden, in einem solchen Wesen stirbt zuerst das eine seiner Gehirne mit allen ihm zukommenden Funktionen ab, und später stirbt das zweite und nur dann tritt der endgültige Tod des Wesens ein.

„Außerdem geht nach dem endgültigen Tod der ‚Zerfall aller aktiven Elemente‘, aus denen der betreffende ‚planetische Körper‘ gebildet war, erstens viel langsamer als gewöhnlich vor sich und zweitens mit der unauslöschlichen Wirkung der besagten während seines Lebens ‚empfundenen Impulse‘, die nur je nach der Proportion der Verflüchtigung der aktiven Elemente nachläßt.

„Für die zweite Art der Hasnamuss-Individuen, nämlich wenn der ‚Kesdschan-Körper‘ eines dreihirnigen Wesens zu einem solchen wird, sind die entsprechenden Folgen die, daß es einem solchen tatsächlich von der planetischen Bekleidung befreiten unglücklichen dreihirnigen Wesen, da es einerseits nicht die Möglichkeit hat, sich selbständig und ohne einen planetischen Körper zu vervollkommnen, nicht gelingt, aus seinem Bestand dieses verderbliche ‚Etwas‘, das es sogar nicht einmal immer durch eigene Schuld erworben hat, auszumerzen — jenes ‚Etwas‘, das immer und für alles im Weltall ein Hindernis für den richtigen Lauf des allgemeinen kosmischen Trogoautoegokratischen Prozesses ist —, und da es anderseits durch die Eigenschaft des ‚Turinurino‘ nicht dem Zerfall in irgendeiner Sphäre jenes Sonnensystems unterworfen ist, in dem es sich geformt hatte, muß es unbedingt sich wieder mit einem planetischen Körper bekleiden, und in den meisten Fällen mit der äußeren Form eines ein- oder zweihirnigen Wesens; und ob der kurzen

Lebensdauer der Wesen dieser planetischen Formen und ohne Zeit zu haben, sich einer bestimmten Form anzupassen, muß es immer wieder in der Form eines anderen Wesens des Planeten von vorne anfangen, mit der vollen Ungewißheit betreffs des Resultates seiner Bekleidung.

„Was schließlich die dritte Art von ‚Hasnamuss-Individuen‘ anbelangt, wenn nämlich der höchste Seins-Körper eines dreihirnigen Wesens zu einem solchen wird und dieses gewisse ‚Etwas‘ an seiner Bekleidung derart teilnimmt, daß er niemals die Möglichkeit verliert, sich davon zu befreien, ist es noch schlimmer, besonders weil er als eine höhere kosmische Entstehung, die nach dem voraussichtigen ERSTQUELLIGEN PRINZIP ALLES EXISTIERENDEN dazu bestimmt ist, der Regierung der ganzen sich entwickelnden Welt zu helfen, und auf dem vom Augenblick des Abschlusses seiner Bildung an, selbst wenn er noch nicht in Vernunft vervollkommnet ist, die Verantwortung für jede subjektive freiwillige wie unfreiwillige Manifestation gelegt ist — die Möglichkeit hat, jenes ‚Etwas‘ aus seinem Bestande auszumerzen, und zwar durch die Wirkung der Resultate der absichtlich verwirklichten ‚Partkdolgpflicht‘, das heißt durch ‚bewußte Arbeiten und absichtliche Leiden‘.

„Deshalb muß ein derartiger höherer Seins-Körper immer entsprechend leiden, da er schon das, was man nennt ‚Erkennungsgrad seiner eigenen Individualität‘ erreicht hat, bis dieses gewisse ‚Etwas‘ vollends aus seinem ganzen Bestand ausgerottet ist.

„Zum Platz für die leidende Existenz eines Hasnamuss-Individuums von solch hohem Range haben die HÖHEREN HEILIGEN INDIVIDUEN sogar absichtlich aus der Gesamtheit der großen kosmischen Konzentrationen vier in ihrem subjektiven Funktionieren unharmonische Planeten bestimmt, die in den verschiedenen entferntesten Ecken unseres großen Weltalls liegen.

„Einer von diesen vier unharmonischen Planeten, genannt ‚Ewige Vergeltung‘, ist besonders für die ‚ewigen Hasnamuss-Individuen‘ bereitet, und die anderen drei für jene ‚höheren Seins-Körper‘ der Hasnamusse, deren allgemeiner Bestand noch die Möglichkeit hat, einmal das erwähnte verderbliche ‚Etwas‘ aus sich auszuscheiden.

„Diese drei kleineren Planeten existieren unter den Namen

        1. Gewissensbiß,
        2. Reue,
        3. Selbstvorwurf.

„Es ist interessant, hier zu bemerken, daß von allen höheren Seins-Körpern, die sich mit allen möglichen äußeren Formen dreihirniger Wesen bekleidet und vervollkommnet haben, bis jetzt nur dreihundertdreizehn aus dem ganzen Weltall auf den Planeten ‚Ewige Vergeltung‘ kamen, wovon zwei ihr Entstehen auf deinem Planeten hatten und wovon einer der ‚höchste Seins-Körper‘ dieses Lentrohamsanin ist.

„Auf jenem Planeten ‚Vergeltung‘ müssen diese ‚ewigen Hasnamuss-Individuen‘ dauernd jene unglaublichen Leiden ertragen, die da ‚Inkaranudel‘ heißen, was wie das Leiden ist, das ‚Gewissensbiß‘ heißt, nur noch schmerzlicher.

„Der Hauptgreuel dieses Zustands jener höchsten Seins-Körper besteht darin, daß sie diese schrecklichen Leiden immer im vollen Bewußtsein der vollen Hoffnungslosigkeit ihrer Befreiung ertragen müssen.“